KB063894

태 평 양

물리 환경과 인간 사회의 교섭사

태평양 : 물리 환경과 인간 사회의 교섭사

초판 1쇄 발행 2016년 6월 20일

지은이	도널드 프리먼(Donald B. Freeman)
옮긴이	노영순
펴낸이	윤관백
펴낸곳	㈜도서출판 **선인**

등 록	제5-77호(1998.11.4)
주 소	서울시 마포구 마포대로 4다길 4(마포동 324-1) 곳마루 B/D 1층
전 화	02)718-6252 / 6257
팩 스	02)718-6253
E-mail	sunin72@chol.com

정가 30,000원
ISBN 978-89-5933-981-5 93300

· 잘못된 책은 바꿔 드립니다.
· www.suninbook.com

태 평 양

물리 환경과 인간 사회의 교섭사

도널드 프리먼 지음 · 노영순 옮김

 도서출판 선인

THE PACIFIC
Copyright ⓒ 2010 by Donald Freeman
Authorised translation from the English language edition published by Routledge
a member of the Taylor & Francis Group
All rights reserved.
이 책의 한국어판 저작권은 Imprima Korea Agency를 통해
TAYLOR & FRANCIS GROUP와의 독점 계약으로 선인에 있습니다.
저작권법에 의해 한국 내에서 보호를 받는 저작물이므로
무단전재와 무단복제를 금합니다.

이제까지 총서 편집자 제프리 스캠멀이 『해양과 역사』 총서(*Seas in History*)에 서문을 썼다. 그는 이 책에 무한한 열정을 보이며 저술을 의뢰했는데, 안타깝게도 완고를 보지 못하고 세상을 떠났다. 그가 쓴 서문에는 총서에 공통된 내용이 들어가고 마지막 한두 문장은 총서를 이루는 각 책의 특징을 서술한다. 이 책의 서문도 이러한 형식을 따랐다.

해양은 지구 표면의 약 3분의 2를 덮고 있다. 태곳적부터 바다는 인간에게 먹거리를 제공해왔다. 우리 시대에 바다는 상당히 다양한 자원의 보고로 인식되고 있다. 이들 자원 개발은 분쟁거리 중의 하나이다. 세계의 바다는 자연의 관대함을 보여주는 으뜸가는 예나 문명의 쓰레기를 손쉽게 버릴 있는 하치장 그 이상이다. 바다는 건너겠다는 의지와 건널 수 있는 수단이 없는 이들에게는 엄청난 장애물일 수 있다. 이와는 반대로 어떤 이유에서건 이를 이용하겠다고 마음먹은 이들에게 바다는 과학 발전의 강력한 자극제이자 기술 개발의 시험대가 될 수 있다. 바다는 지식, 사상, 종교를 자유로이 흐르게 함으로써 널리 흩어져 있고 근본적으로 서로 다른 문화와 경제를 통합할 수 있다. 해안지역을 따라 발전한 해항도시는 소재하고 있는 국가나 지역사회보다는 다른 해항도시들과 더 많은 공통점을 가진다.

바다는 그 자체로 본래 풍요롭기도 하거니와 수세기 동안 해양을 통해서만 멀리 있는 많은 지역들이 누리고 있는 풍요로움에 접근할 수 있었기 때문에, 육지 강대국들은 야심차게 제해권을 주장했다. 콜럼버스와 바스쿠 다 가마 시대 이래 유럽의 사상가들과 옹호론자들은 이러한 주장을 정당화하기도 부정하기도 했다. 실제이든 상상이든 바다에 대한 경제·정치·전략적 필요성이 대두되었으며, 이로 인해 근대국가 권력의 표상인 해군이 발전했다. 해상 무역을 위해 선박을 건조할 필요가 있었는데, 선박은 무엇으로 동력을 얻는가에 상관없이 오랫동안 당시 경제에서 가장 값비싸고 기술적으로 최첨단 제품에 속했다. 세계 해운 산업은 여타 사회 구성원들과는 근본적으로 다른 사회조직과 생활방식을 지닌 노동자들과 함께 발전했다.

그러나 바다의 역사에는 해양에 대한 인간 승리를 보여주는 감동적인 연대기, 해전, 화물 수송량, 선박 건조 그 이상이 있다. 모든 곳에서 바다와 해양은 인접하고 있는 문명에 커다란 문화적 영향력을 행사해 온 주체였다.

제프리 스캠멀

〈사진 1〉 복원된 라피타 도자기. B.C. 1200년경 제작. 2004년 바누아투의 테우마에 있는 초기 오스트로네시아인들의 매장지에서 발굴. 출처 : 바누아투국립박물관.

〈사진 2〉 타히티 섬의 빵나무. 카리브해 지역 노예들의 주식으로 적합하다고 여겨짐. 바로 이 이유 때문에 윌리엄 블라이가 영국군함 바운티호(*Bounty*)를 몰고 1787년 폴리네시아로 불운의 항해를 하게 됨. 저자의 사진.

〈사진 3〉 인데버2호(*Endeavour II*), 1769∼71
년 제임스 쿡이 남태평양 항해 시 이용했던
개장된 석탄선의 모형. 1997년 동부 오스트
레일리아 앞바다. 저자의 사진.

〈사진 4〉 19세기 의례적인 테 모코(*Te Moko*)
얼굴 문신을 하고 있는 마오리인 영주. 이런
복잡한 문양으로 얼굴이나 몸에 문신하는 문
화는 폴리네시아에서 오랫동안 널리 퍼져 있
었음. 출처 : 엘리제 르클뤼 1891. p.442.

〈사진 5〉 폴리네시아 최초의 기독교 교회. 1829년 런던선교회가 프랑스령 폴리네시아 무레아 섬 파페토아이에 세움. 저자의 사진.

〈사진 6〉 영국령 솔로몬 제도, 혼고에 있는 19세기 미션 채플. 출처 : Royal Commonwealth Society, Cambridge.

〈사진 7〉 대형 쌍동선 범선. 유럽인과 접촉할 시점 서부 태평양에서 섬과 섬 사이 항해에 일반적으로 사용됨. 19세기 후반. 출처 : Royal Commonwealth Society, Cambridge.

〈사진 8〉 '게 발'(crab's claw) 돛을 펴고 있는 멜라네시아의 쌍동선 범선. 뉴기니 섬 포트모 레스비. 19세기 후반. 출처 : 엘리제 르클뤼 1891, p.20.

〈사진 9〉 스페인령 필리핀 마닐라 항구의 풍경. 스페인-미국 전쟁으로 이 항구가 탈취되기 직전. 출처 : 엘리제 르클뤼 1891. p.262.

〈사진 10〉 비스마르크의 뉴기니 북동부 병합에 대한 대응으로, 1883년 11월, 파푸아 보호국의 주권을 선언하고 영국 국기를 게양하는 있음. 출처 : Royal Commonwealth Society, Cambridge.

〈사진 11〉 1883년 아시아 환태평양 지역에 수많은 인명과 재산 피해를 가져왔던 크라카타우 쓰나미로 난파된 네덜란드 외륜선. 출처 : 엘리제 르클뤼 1891. p.89.

〈사진 12〉 1889년 허리케인으로 사모아의 아피아에서 암초에 난파된 독일 전함 아들러호 (Adler)의 잔해. 이 폭풍은 독일과 미국 전함 6척을 파괴했으며, 이들 두 제국주의 강대국의 대치 상황을 종료시킴. 출처 : Royal Commonwealth Society, Cambridge.

〈사진 13〉 1981년 타이티의 파페에테에서 엘니뇨와 관련된 열대성 사이클론으로 파괴되거나 손상된 수많은 건물들 중의 하나. 저자의 사진.

〈사진 14〉 가장 빠른 범선들 중의 하나로 주로 차를 운반하는 데 종사했던 차 클리퍼, 커티삭호(Cutty Sark). 커티삭호는 중국에서 영국으로 새 시즌의 차를 신속하게 운송하기 위해 1869년에 건조됨. 사진은 2007년 커티삭호가 심하게 손상되기 직전 그리니치(런던)에서 촬영됨. 저자의 사진.

〈사진 15〉 2차 세계대전 당시 미국이 2700척 이상 건조한 수송선인 리버티 선(船), 예레미야 오브라이언호(*Jeremiah O'Brien*). 샌프란시스코 어항 선창인 피셔맨즈 워프에 정박해 있음. 리버티 선들은 일본과 독일의 패배에 중요한 역할을 했음. 저자의 사진.

〈사진 16〉 남태평양 혹등고래. 동부 오스트레일리아 연안. 대형 고래 종에 대한 모라토리엄 이래로 혹등고래의 개체 수는 증가하고 있으나, 일본 포경선의 위협과 지구온난화로 인한 먹이 부족으로 다시 위험에 처해 있음. 저자의 사진.

　이 책은 태평양이 인류사의 전개 과정에서 한 역할을 살펴본다. 이 책이 다루는 범주는 시공간적으로 매우 넓다. 우리는 세계에서 가장 큰 대양이 사실상 수반구(水半球) 지구의 모든 해안가나 인접지역에 살고 있는 인류의 3분의 1, 그것도 문자 기록 이후로만 보아도 수천 년의 역사를 가지고 있는 이들에게 미친 영향을 보게 될 것이다. 이 책은 고(故) 제프리 스캠멀이 기획한 연구총서『해양과 역사』의 마지막 권이다. 그는 저명한 해양역사가로 해양 탐험과 제국 팽창에 관한 수많은 저서를 펴냈으며 수천 년간 바다와 대양이 인간사에 미친 광범위한 영향을 폭넓고 깊게 이해하고 있었다. 제프리 스캠멀에게 이 책을 헌정할 수 있어 영광스럽게 생각한다.

　이 책은 단순히 태평양 지역에서 일어난 재난, 정복, 착취, 개발과 관련하여 의미 있는 사건을 연대순으로 기록한 것이 아님을 강조하고 싶다. 이런 방식을 취하면 대양은 단순히 인간 활동 서사의 변함없는 배경으로만 설정된다. 또한 이 책은 태평양 역사에 대한 백과지식적인 조사와 연구에 관심을 두고 있지도 않다. 이 책은 총서의 다른 책들과 마찬가지로 주제별, 학제 간 접근방식을 취한다. 다시 말해 유사 이래 현재까지 인간의 거주, 탐험, 교류, 발전의 중대 국면에서 역동적이고 변화무쌍한 환경으로서 태평양이 수행했던 복잡다단한 역할과 영향을 선별하여 분석한다. 시간 의존적인 방식에 비해 이러한 주제별 접근방식은 인문지리, 지구환경과학, 인류학, 사회학, 정치학, 경제학 등 서로 다른 학문분과에 바탕을 두고 있는 설명 방식과 지식을 종합하고 분석하는 데에 더 적합하다. 이에 더해, 역사적 사실에 대한 서로 다른 해석을 새롭게 조명하고, 새로운 통찰력과 관점에 대한 전망을 밝혀 줄 것이다.

이 책의 초점은 태평양의 물리적 측면과―광대함, 접근 불가, 유원(悠遠)함, 다양성, 가변성, 그리고 서로 다른 무수한 환경의 생산성이나 위험성과 같은― 인간 간의 상호작용에 있다. 예를 들어, 태평양의 광대함은 항해의 시대 태평양을 항해했던 이들에게 미친 괴혈병의 영향을 비롯한 다양한 주제들과 연관이 있으며, '거리의 횡포'(tyranny of distance)는 차, 밀, 양모와 같은 값나가는 상품을 원거리 시장으로 수송하는 데에 비용과 시간을 엄청나게 배가시키는 것으로 나타났다. 또한 이는 항해 시간을 단축하기 위해 쾌속범선이 ―클리퍼와 같은― 출현했음을, 그리고 항해 식량이 덜 필요하고 더 적은 선원으로도 쉽게 운항할 수 있는 수크너가 태평양의 어디에서나 흔히 눈에 띄었음을 설명하는 데에 도움이 된다. 접근성 문제는 북대서양에서 캐나다 북극해로 빠져 태평양으로 나가는 항로인 북서항로의 개척 노력, 풍랑이 거센 혼 곶을 통과하는 위험한 항해, 파나마운하의 건설 및 확장과 같은 문제들을 논의하는 장에서 반복적으로 등장한다. 원격성과 고립성은 범죄자 유배지, 범법자와 반란자의 탈출과 수색, 태평양에서의 핵무기 실험 '안전' 지대 물색이 논의되면서 주제 속으로 들어온다. 자원의 다양성은 고래와 수산자원의 개발, 열대의 산물과 광물, 태평양횡단 근대교역 체제에 관한 연구에서 많이 논의된다. 태평양 환경의 위험성에는 쓰나미, 열대성 질병, 저기압성 폭풍이 포함된다.

이 책은 태평양이 역사의 각 측면에서 한 역할을 다룬 여덟 개의 장으로 구성된다. 이들 측면을 드러내기 위해 사례 연구를 이용했다. 선택된 사례 대부분은 수반구의 역사적인 역할과 영향력을 포괄적이고 종합적으로 이해하는 데에 도움이 되는 수많은 논저들과 인터넷 자료에서 가져왔다. 이 책은 원사(原史)와 역사 시대 태평양 문화의 발전과 확장을 다룬 연구자들의 최근 학문적 성과를 반영했다. 이들 새로운 연구는 우리의 인식을 변화시키고 풀리지 않던 문제에 해답을 주며, 그리고 태평양에 어떻게, 언제, 왜, 그렇게 다양한 사람과 문화가 자리 잡았으며 다양한 환경과 어떻게 상호작용했는지에 대한 많은 신화를 잠재운다. 예를 들어, 과학자들이 엘니뇨가―전형적으로 태평양의 현상―

인간사에 깊이 관여했다는 사실이나, 지구온난화 시기 해수면의 상승으로 어떻게 환경이 재조정되었으며 태평양 해역의 약소국은 물론 인구 밀집지인 환태평양 주변지역 국가가 어떤 문제에 당면하게 되었는지를 완전히 이해한 것은 20년 정도밖에 되지 않았다. 우리가 지구 미래의 경제 발전소로 부상하고 있는 환태평양의 본질과 중요성을, 그리고 급속히 팽창하고 있는 국제통상의 동맥인 태평양 해로의 중요성을 인식하게 된 것도 최근에 이르러서이다. 아시아 환태평양 경제성장의 역할은 중국이 세계 경제 강대국으로 다시 부상하고 아시아 환태평양 지역을—이전에 몇 학자들이 해양아시아라고 불렀던 지역— 주도하게 될 상당한 잠재력을 발휘함에 따라 현재 더 철저한 조사와 연구의 주제가 되고 있다. 판 지질 구조와 이에 수반한 지각 응력의 산물인 환태평양 '불의 고리'가 가지고 있는 역학과 환경에 미치는 영향을 이해한 것 또한 비교적 최근의 일이다. 때문에 태평양이 역사에서 한 역할을 밝히려는 연구는 환태평양을 둘러싼 자연 지리, 정치 지리, 상업 지리와 역사 간의 상호작용을 무시해서는 안 된다. 이러한 분석은 탐험, 정착, 교역, 태평양 사람들의 투쟁과 같이 보다 익숙한 주제에 상호교류와 교섭에 도전적인 장애물이자 자극물로서의 대양 그 자체를 더하여 보완하게 한다.

태평양이 사람들의 운명은 물론 사회와 경제를 건설하려는 이들의 노력의 결과에도—긍정적이든 부정적이든— 영향을 주는 강력한 힘으로 작용하고 있음은 확실하다. 그렇다고 해서 태평양의 환경이 인간의 활동을 바로 직접적으로 결정해버린다는 의미는 아니다. 태평양의 환경은 특정한 여러 기회 그리고 제약이나 장애를 통해 사람들이 환태평양과 해양 섬에 정착·탐험하고, 그 토지와 자원을 이용·개발하는 과정에 영향을 미친다.

인간이 태평양의 여러 국면과 그 특징을 인식하고 이해하는 데에는 수세기가 걸렸다. 중국인과 다른 태평양 사람들의 초기 기록을 보면 태평양은 이들이 알고 있는 세계를 둘러싸고 있는 거대한 빈 공간으로 인식되었다. 물론 문자 기록 이전에 이 지역에 살았거나 이곳을 탐험했던 많은 이들은 이 대양의 특정한 부분에 대해 구체적인 지식을 가지고 있었으며, 실제 모험을 감행했던 신화적인 인물에 대한 영웅 전설과 서사시적 이야기의 형태로 그 지식이 후대로 전해졌다. 예를 들어 폴리네시아인들의 전통 설화는 구전역사로 해석될 수 있는

데, 이를 통해 한 번에 수주일 혹은 수개월 동안 눈에 보이지 않은 사방의 바다와 땅을 탐험할 수 있었던 유능하고 자신감 넘치는 항해자였던 조상들의 위대한 업적을 이야기하고 있다. 폴리네시아인의 조상이 —선도자인 오스트로네시아인, 멜라네시아인 그리고 서부 미크로네시아인이 개척했던 항로를 확장한— '근(近) 오세아니아'(Near Oceania)에서 우세한 무역풍을 거슬러 동쪽으로 퍼지면서 광대한 태평양을 정복했다는 사실은 더 이상 의심할 여지가 없다. 정말이지 태평양 사람들은 인간의 정주가 가능한 커다란 산호섬은 물론이거니와 이 수반구의 거의 모든 화산섬을 탐험하고 식민화했다. 이들이 아메리카의 연안지역과도 접촉했음을 보여주는 증거도 있다. 그럼에도 불구하고 이들의 영웅 전설이 펼쳐지는 무대는 범(汎)태평양이었다기보다는 명백히 태평양 내의 특정한 지역이었다.

이와 동시대에 아시아 환태평양에 있었던 보다 '선진' 국가들은 —중국, 일본, 동남아의 해양 국가를 포함해— 태평양을 더 널리 더 멀리 탐험할 수 있는 조직과 기술력을 갖추고 있었다. 일찍부터 이들이 중국식으로 표현하면 남양(南洋), 일본식으로 표현하면 남해(南海)에 있는 연안지역 사람들과 교류해왔다는 증거는 매우 풍부하다. 그러나 이들이 저 멀리 '텅 빈 동쪽'으로 갔었다는 사실을 입증해주는 믿을 만한 증거는 부족하다. 위험을 무릅쓰고 태평양 탐험을 시도했던 야심찬 이들이 있었다고 하더라도 이들이 이 먼 지역에 남긴 주목할 만하고 지속적인 흔적을 찾기는 어렵다. 중국인의 우주론에 의하면, 한족(漢族)이 거주하는 '한 가운데 있는 나라'인 중국이 세계의 중심이며, 서로는 야만인이 살고 있는 지역이, 동으로는 망망대해가 펼쳐져 있다. 이 우주론은 일정 부분 중국인이 중국의 안전과 문명으로부터 벗어나 위험을 무릅쓰고 애써 멀리 떨어진 곳으로 가려하지 않았던 이유를 설명한다. 신도(神道)에 기반을 둔 일본의 우주론에서 보면 산, 화산, 바다, 숲은 인간의 침입에 적대적일 수 있는 신의 영역이었다. 이 또한 일본인이 초기 역사 시대에 아주 멀리까지 항해하지 않은 이유를 추정할 수 있게 해 준다. 그럼에도 불구하고 앞에서 언급했듯이 중국인과 일본인은 탐험 정신이 있었던 유럽인 못지않게 남양과 남해라고 부르던 이 지역에 대한 개념과 지식을 가지고 있었다.

최소한 그리스-이집트 프톨레마이오스 왕조 이래 서구 문명사회는 북반구에 유라시아 대륙과 '균형을 이루는' 대륙이 남반구에 존재한다고 믿었다. 이런 믿음은 어떤 근거가 있는 과학적인 인식이라기보다는 철학적이고 유사-종교적인 추측으로 남반구에도 북반구 정도의 육지가 있을 개연성이 높다는 상상에서 비롯되었다. 뒤에서 논의하겠지만 남반구에는 광대한 대륙, 즉 미지의 남방대륙을 의미하는 테라 아우스트랄리스(Terra Austalis Incognita)가 존재한다는 믿음이 광범위하게 자리 잡았다. 이러한 관념은 유럽 여러 국가의 많은 탐험가와 자본가로 하여금 이 자원이 풍부한 대륙을 찾기 위해 여러 차례 시도를 거듭하도록 추동하는 힘이었다.

남방에 거대한 대륙이 있다고 믿었던 대다수 유럽인은 광대한 대양이 남반구를 차지하고 있다는 생각을 결코 할 수 없었다. 처음 서쪽으로 항해했던 당시 유럽인은 지구가 지금 우리가 알고 있는 실제 크기보다도 훨씬 더 작다고 믿었다. 때문에 콜럼버스와 그를 따라 신세계로 갔던 이들은 자신들이 아시아 해안에 있는 열도인 인도 제도에 닿았다고 생각했다. 환언하면 이들은 유럽과 아시아 사이에 있는 주요 수역은 '대양'(Ocean Sea, 콜럼버스는 스스로를 '대양의 제독'라고 칭했다) 자체를 의미하는 대서양이라고 믿었다. 실수로 '인디언'으로 불린 파나마의 다리엔 현지인들은 탐험가 발보아에게 파나마 남서쪽으로 바다가 있다고 알려주었다. 덕분에 이 수역을 눈으로 확인하고 '남해'(South Sea)라고 명명하면서도 발보아는 이 바다의 진상을 전혀 이해하지 못했다. 그와 동료들은 자신들이 세계에서 최대의 대양을 바라보고 있음을 전혀 상상도 할 수 없었다. '남해'는 19세기까지도 계속 태평양을 지칭하는 이름으로 사용되었다.

18세기 영국과 프랑스 '육지 이론가들'(dry land theorists)의 강력한 주장과 확고한 신념으로 인해, 태평양 탐험의 초기 내내 남반구의 수역은 전설적인 미지의 남방대륙을 감싸고 있는 정도의 크기라고 여겨졌다. 마닐라-아카풀코 갈레온 무역 시기부터 스페인 사람들은 자신들이 차지하고 있는 필리핀 동부에 이르기까지 북태평양에는 일정 정도 크기를 가진 육지나 섬은 없을 수 있다고 생각했지만 이런 확고한 믿음을 깨뜨리지는 못했다. 18세기 제임스 쿡과 같은 위대한 탐험가들의 시기에 이르러서야 이전 시기 '남해'라고 불렸던 바다가 실상은 거대한 대양이라는 사실이 알려졌다. 그러나 19세기 후반까지도 이 대양의 남방 경계선은 잘 알려지지 않았다. 엘리제 르클뤼의『신(新)세계지리』(*La Nouvelle Géographie universelle*)와 같이 남반구를 묘사하고 있는 1880년대 말의 지도들을 보면 남극대륙 대신에 '남극 제도'가 그려져 있다. 150년 전까지만 해도 이런 근거 없는 신화와 오해가 태평양 전체 혹은 대부분을 가리고 있었으며, 태평양에 대한 갖가지 중요한 태도를 형성시키거나 왜곡시켰다.

20세기의 지리학자 오스카 스페이트의 견해에 따르면 '태평양'(Oceano Pacifico)이라는 이름은 이 광활한 수면을 처음으로 횡단했던 마젤란과 동료들이 한 경험 때문에 생겨났음이 거의 확실하다(Spate 2004 : 8). 마젤란의 기록자였던 안토니오 피가페타는 1520년 마젤란이 지금은 그의 이름으로 불리는 폭풍이 휘몰아치는 해협과 비교해 너무나도 극명한 대조를 이루는 이 대양의 잔잔한 수면을 보고 경탄해 마지않았다고 기록했다. 최초로 태평양을 그려 넣고 태평양이라는 이름을 표기해 넣은 것으로 알려진 지도는—흔히 카스티글리오니 지도라고 언급되는— 1529년 디에고 리비에로가 마젤란 탐험대의 생존 선원들에게서 주워들은 개략적인 정보를 바탕으로 작성했다. 1555년 리처드 이든이 영어로 '태평양'(Pacific Ocean)이라는 명칭을 처음 썼다고 한다. 그러나 그는 태평양보다는 '남해'라는 명칭을 더 자주 사용했다. 유럽에서 태평양이라는 이름이 보편적으로 사용된 것도 그리고 태평양이 가지고 있는 고유성을 이해하게 된 것도 매우 느리게 진행된 과정이었으며, 다른 곳에서는 더욱 더 그러했다. 마젤란보다 앞서 어떤 비유럽인이 이 수반구에 대한 현실적인 개념을 가지고 있었음을 보여주는 신뢰할 만한 지도나 비문 자료는 없다. 때문에 스페이트는 '"태평양"은 유럽인이 만든 것이다'(Spate 2004 : 32)라고 주장한다.

태평양 영역에 대한 이해는 태평양에 살고 있던 이들과 이곳에 갔던 이들에 의해 수세기 동안 서서히 이루어졌다. 태평양에 있는 다양한 문화는—아시아, 폴리네시아, 멜라네시아, 미크로네시아, 아메리카 인디언, 이뉴잇, 유럽의 문화—서로 다른 시각으로 태평양을 바라보고 그 변화를 인식했다는 사실을 염두에 두면서 문화적인 편견을 최소화할 필요가 있다. 태평양에 대한 관점의 변화와 태평양이 한 역사적인 역할은 이 책의 중요한 주제이다. 현재 경제 지구화 시대에 태평양을 이해하는 방식과 이에 부여하는 의미는 이전의 그것들과는 다르며, 이 지역에 살고 있는 이들과 이에 대해 글을 쓰고 있는 이들의 문화적 · 정치적

시각에 따라서도 다르며 다양해질 수밖에 없다. 이 수반구가 인간의 역사에 한 역할을 이해하기 위해서는 그 지리적인 규모, 환경적인 다양성, 가변성을 먼저 인식해야 한다. 다음 장의 주제는 바로 여기에 있다.

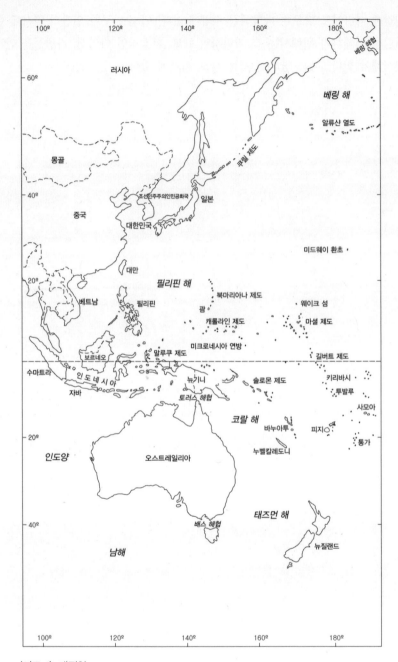

〈지도 1〉 태평양.

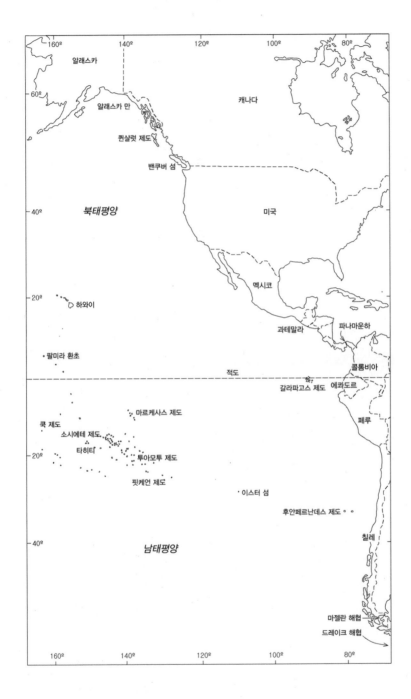

1장

태평양 이해하기
: 환경의 영향과 결과

서론에서 밝힌 바와 같이 복잡한 환경을 가진 수반구 태평양을 현재의 수준으로 이해하는 데에는 수세기가 걸렸다. 비교적 최근까지도 근거 없는 믿음이나 잘못된 정보가 널리 퍼져 있었다. 연구자들은 태평양에서 일어나는 물리적 과정, 태평양 주변지역과 섬의 인간이나 생물과의 상호작용에 대해 우리가 모르는 부분은 아직도 많다는 점을 지적한다. 또한 태평양에 대한 사람들의 사고방식에도 여전히 그릇된 부분들이 있다. 태평양이 인류사에서 한 영향력 있는 역할 그리고 지식이 증대하면서 바뀐 태평양에 대한 사고방식을 이해하기 위해 이 수반구의 자연환경이 가지고 있는 몇 가지 중요한 측면을 다룰 필요가 있다. 이 장은 태평양에서 가장 핵심적인 물리적 영향과—지리적, 기후-해양학적, 지질 구조적인 영향—다음 장에서 논의될 태평양의 역사와 발전을 이해하기 위해 역동적인 환경으로서의 이들 물리적 영향 간의 상호작용에 초점을 둔다.

지리적 영향

〈지도 1〉에는 바다와 육지의 특징, 현대의 국민국가, 아직 독립되지 않은 영토를 비롯해 현재 태평양의 지리가 포괄적으로 묘사되어 있다. 이 지도는 다른 대양들과 비교해 태평양의 광대한 규모, 초기 인간 문명 진원지들로부터의 접근불가와 유원함(이로 인해 태평양은 늦게야 인간의 탐험과 정착이 이루어진 가장 고립

된 변경이었다), 고군분투하고 있는 수십 개의 태평양 국가를 구성하는 작고 흩어져 있으며 기라성처럼 놓여 있는 섬들을 비롯해 몇 가지 중요한 태평양의 지리를 개괄하는 데에 도움이 될 것이다. 이들 섬 국가 대부분은 이전 식민지였으며, 파푸아뉴기니, 솔로몬 제도를 포함해 어떤 섬 공동체는 양립할 수 없는 집단이 식민세력하에서 강제로 통합된 경우도 있으며, 많은 태평양 국가들이 불확실한 미래와 마주하고 있다. 앞서 말한 대로 태평양 역사에 미친 지리적 영향력을 논의하기 위해 태평양 해역에 있는 화산섬과 산호섬은 물론, 환태평양의 동부와 서부 지역도 모두 논의에 포함시켜야 한다. 이 광대하고 다양한 지리적 범주를 이해하기 쉽게 다루기 위해 태평양을 세분할 필요가 있다. 이 책은 태평양을 중남태평양(*central-south Pacific*), 아시아 환태평양(*Asian Pacific rim*), 아메리카 환태평양(*American Pacific rim*)의 세 지역으로 나눈다. 태평양을 다룸에 있어 대양 분지는 물론 주변지역을 포함한 이유는 다음과 같이 단순하지만 중요한 사실에 기반하고 있다. 오랫동안 태평양의 인류사를 형성하는 데에 기여했던 지역이자 대양 분지를 둘러싸고 있는 주변지역을 이해하지 않고서는 태평양에 영향을 주었으며 주고 있는 사건과 역사적인 영향력을 파악할 수 없다. 여기에서는 단지 편의를 위해 태평양을 세 지리적인 영역으로 나누었을 뿐 각 지역이 고유한 특징을 가지고 있다거나 한 지역에서 일어난 사건이나 영향력이 다른 지역과는 상관이 없다거나 미치지 않았음을 의미하지는 않는다.

태평양의 광대함과 원격성

태평양은 세계 대양들 중에서도 가장 크고 가장 깊다. 약 166.3백만㎢(64.2백만sq.mi)에 이르는 태평양의 표면적은 지구 표면의 3분의 1에 해당한다. 태평양에는 지구 전체 표면수의 45%가 넘는 물이 있다. 우주에서 보면 태평양은 지구(地球)가 아니라 수구(水球)이다. 동쪽 가장자리는 북극에서 남극까지 거의 끊이지 않고 이어져있는 대륙인 아메리카와 닿아 있으며, 서쪽 경계는 동아시아와 동남아의 연안, 거의 연속적인 인도네시아와 멜라네시아의 열도, 오스트레일리아의 동부 연안과 접해 있다. 남극대륙을 둘러싸고 있는 남양(南洋, 남극해라고도 한다)에 이르기까지 환태평양에는 다른 바다로 트인 규모가 500㎞가 넘는 사이공간이

드물다. 남위 약 40도의 태평양에서 북쪽으로 향하는 관문이나 열려있는 출입구
는 많지 않으며 좁다. 오직 하나의 크다고 할 수 없는 해협, 즉 베링 해협이 태평
양과 북극해를 연결하고 있다. 믈라카, 순다, 롬복-마카사르, 댐피어, 토레스 해협
과 같이 좁고 대부분은 수심이 얕은 해협을 지나면 인도양과 만난다. 오직 인공의
파나마운하를 지나야만 카리브 해와 대서양에 이른다. 남위 약 40도에서 극지로
태평양에 들어가는 가장 일반적인 관문은 서로는 배스 해협과 태즈먼 해를 거치
거나, 동으로는 드레이크 해협을 거치거나 마젤란 해협 또는 레마이레 해협(Strait
of Le Maire)을 통해서이다.

　이렇듯 다른 수역에서 태평양으로 접근하기는 언제나 어려웠으며 빙 돌아서 가
야 했다. 이런 사실은 왜 이 광대한 대양이 200년 전만 해도 거의 개척되지 않은
변경으로 남아 있었는지를 설명한다. 〈지도 1〉을 통해서도 태평양의 광대한 규모
가 그대로 드러난다. 태평양의 남북 길이는 14,500㎞ (베링 해협에서 남극 연안에
있는 마리버드랜드까지), 최대치 동서의 길이는 16,600㎞에 (동쪽의 파나마에서
서쪽의 말레이시아반도까지) 이른다.

　사람들이 광대한 태평양을 횡단하여 널리 펼쳐져 있는 수많은 섬들과 주변지역
에 정착하면서 마주했던 난관과 도전은 이 책에서 계속 반복될 주제다. 그러나
모든 항해자들이 이러한 난관을 잘 헤쳐 나간 것은 아니었다. 다음 장에서 논의되
겠지만, 초기 유럽 탐험가를 너무나 겁에 질리게 했으며 괴혈병과 사고사로 수많
은 목숨을 앗아갔던 태평양의 거대한 규모는 다른 한편으로는 수세기 동안 새로
이 안착할 섬을 찾아 이 광활한 수역을 거리낌 없이 가로 지르며 모험했던 폴리네
시아인과 같은 이들에게는 그렇게 위협적으로 느껴지지 않았던 것 같다. 태평양
의 원격성, 접근 불가능성, 공백성에 대한 서로 다른 인식으로 인해 최근 군사전
략 기획자는 물론 예전 서양의 탐험가와 식민주의자들은 태평양에 대해 서로 다
른 다양한 태도를 취했다. 어떤 이들에게 태평양은 너무나 멀리 있어 정착할 곳이
못되는 장소였다. 네덜란드인이 그 예를 제공한다. 이들은 아주 일찍 더 이상 남
태평양의 먼 곳을 탐험하는 것은 무익한 활동이라고 결론지었다.

　이주의 시대에 유럽인들 대부분은 멀리 떨어진 오스트레일리아나 누벨칼레도
니(뉴칼레도니아)와 같은 태평양의 섬들보다는 상대적으로 가까운 북미 식민지가
위험부담이 더 적은 정착지라고 인식했다. 태평양의 섬들은 영구적인 추방 장소

로 여겨지는 경향이 있었으며, 바로 이러한 이유 때문에 영국과 프랑스 정부는 이곳을 범죄자와 정치범들을 투기하는 장소로 이용했다. 또한 이 광대한 태평양은 자신의 과거로부터, 사법당국의 응징과 처벌로부터 자유롭기를 원했던 이들에게 가장 집요하고 끈질긴 추적자조차도 따돌려 버릴 수 있는 은신처를 제공했다. 조난자, 해변 부랑아, 도망자, 자진 망명자에 관한 많은 이야기 거리로 인해 태평양은 사라지고 다시는 돌아오지 않는 것이 가능한 장소라는 일반적인 인식이 더욱 굳어졌다.

광대함과 원격성이라는 특징으로 인해 태평양은 영국, 미국, 프랑스, 러시아가 원자 탄두, 열원자 탄두, 탄도 미사일을 비롯한 군무기를 실험하는 장소와 위험 물질을 처리하는 공간이 되었다. 예를 들어, 핵무기 실험이 10년 넘게 유예되고 있음에도 불구하고 2008년 2월 미국은 파편이 '아무에게도 해를 미치지 않고' 광대한 대양에 떨어질 것이라고 주장하며 위험한 히드리진 연료를 탑재한 쓸모가 없어진 정찰 위성을 격추시키기에 알맞은 장소로 북태평양을 선택했다. 위험한 활동을 수행하기에 적당한 '멀리 떨어진' 태평양을 이용한다는 생각은 격추된 정찰 위성의 궤도 아래에 자신들이 살고 있음을 두려워했던 마셜 제도의 주민들에게는 이해될 수도 용납될 수도 없는 사고방식이었다. 태평양의 규모나 원격성이 인간의 인식과 행동에 영향을 미치는 방식을 보여주는 예는 얼마든지 더 있다. 예를 들어 태평양의 물리적 규모에 걸맞게 태평양 주변지역의 해안선은 매우 길며 섬도 아주 많다. 이러한 지리적인 사실로도 우리는 바다를 인식하는 방식이나 해양을 이용하고 개발하는 활동이 환태평양 문화의 일부분을 구성하고 있음을 확실히 알 수 있다. 물론 이들 문화에서 태평양에 대한 인식이나 태도는 놀랄 정도로 다양하게 드러난다.

접근불가능성과 고립

태평양 역사에 미친 지리적인 영향 가운데 하나는 태평양의 접근불가능성이다. 이는 지구의 다른 곳에서 온 항해자, 무역상인, 정주자들에게 커다란 영향을 미쳤는데, 이에 대해서는 다음 장에서 자세히 다룬다. 물리적인 요인과 정치적인 요인 모두가 태평양으로의 접근을 제한시켰다. 이러한 제한을 넘어 태평양으로 항해하는 길목에 있는 몇 안 되는 해협, 항구, 강들은 격렬한 경쟁이 불붙는 장소가 되었다. 아시아 환태평양에서는 믈라카, 순다, 롬복-마카사르, 댐피어 해협이 향료무역 시기와 초기 식민지 확장 시대에 전략적인 장소로 간주되었다. 홍콩, 하이퐁, 상하이, 마카오, 요코하마(橫浜), 뤼순(旅順) 항구와 같은 양항(良港)은 물론 양쯔 강(揚子江, 長江, 아시아에서 가장 긴 강), 후앙허(黃河), 아무르 강(黑龍江), 메콩 강과 같이 서태평양의 주변해역으로 흘러나오는 몇 안 되는 큰 강은 수세기 동안 이 지역에서 일어난 주요한 갈등의 중심에 있었다. 이들 강 유역과 인접한 연안 평지에 아시아 인구의 약 3분의 2가 거주하고 있다.

콜롬비아 강을 끼고 있는 오리건 컨트리의 경우나 칠레와 볼리비아 간의 아타카마 국경 분쟁에서 보듯이 서태평양과 동태평양 모두에서 태평양 주변지역의 내지에서 태평양으로 접근하기 위해 때로 전쟁이 일어나고 정치적 긴장 수위가 높아졌다. 전략적인 파나마 지협과 파나마운하에 대한 통제는 최근 마누엘 노리에가 정권 시기 미국의 무력 공격을 정당화시킨 이슈였다. 지구온난화와 극지방 만년설이 녹는 현상이 가속화되면서 캐나다 북극 연안의 섬들에 대한 주권 문제와, 대서양과 태평양 사이 전천후 국제 해운 항로가 될 수도 있는 통로와 그 바다를 둘러싼 주권 문제는 논란과 분쟁을 일으킬 것으로 보인다. 이미 북극 수역에서 사용할 쇄빙 셔틀 탱크가 한국과 다른 곳에서 건조되고 있다.

거리의 횡포 : 흩어져있고 파편화된 태평양의 영토들

가장 강력한 국가에서 가장 취약한 국가까지 태평양에 있는 국가들 대부분은 흩어져 있고 파편화되어 있으며 도서로 구성된 영토를 가지고 있는 탓에 국내 교통 통신과 상업에 어려움을 겪고 있다. 다음 장에서 더 분명해지겠지만, 어떤 경우에는 이 때문에 이들 국가의 행정과 발전은 매우 힘들어진다. 가장 강력한 태평양 국가 미국조차도 본토와 알래스카나 하와이와 같이 멀리 있는 주와의 교통 통신에 드는 비용은 만만치 않다. 마찬가지로, 일본, 뉴질랜드, 필리핀, 인도네시아, 파푸아뉴기니는 국가를 구성하는 수많은 섬에 정부의 서비스를 제공하고 상거래를 원활하게 하고 사람들이 서로 교류하고 여행하는 데에는 정치·사회적 어려움뿐만 아니라 경제적 비용도 상당히 많이 소요된다. 파편화된 국가가 작고 빈곤하다면 문제는 몇 배로 증폭된다. 피지, 솔로몬 제도, 바누아투, 키리바시, 북마리아나 제도, 마셜 제도와 같은 태평양의 미소국가(微小國家)를 구성하는 널리 산재해 있는 섬들은 어떤 경우에는 수백 ㎞ 바다를 사이에 두고 떨어져 있으며 적절한 교통 통신망도 부족하다. 바운티호(Bounty)의 반란을 일으켰던 이들이 피난처로 삼았던 외딴 섬 핏케언은 1767년 필립 카터릿이 발견했던 때와 큰 차이 없이 아직 도 고립되어 있으며 접근하기 어렵다. 바운티호 반란자들이 남긴 약 50명의 후손 과 타히티인 동반자들이 아직도 거기에 살고 있다. 남태평양에 있는 영국의 마지 막 해외 영토인 핏케언 제도는 지리적 고립을 상징하는 대표적인 경우이다.

태평양 영역의 지리적인 변동성

태평양과 같이 광대하고 다양한 환경에 놓인 인간의 활동을 설명함에 있어 이 해양 영역을 편의상 세 지리 영역으로 나누어 살펴볼 필요가 있다. 첫 번째 지리 영역은 중남태평양 해역이다. 이 해역은 태즈먼 해, 코랄 해와 같은 얕은 대륙붕 과 함께 매우 깊은 수역에 가로놓인 심해 평원들로 구성되며, 이 광대한 해역의 표면에는 멜라네시아, 미크로네시아, 폴리네시아를 구성하는 화산섬, 산호섬, 대 륙 섬들이 산재해 있다. 그리하여 중남태평양은 지리적으로 광대한 지역, 즉 전체 태평양의 절반정도를 아우르며 적도의 남과 북 모두에 걸쳐있다. 중동부분, 즉 폴 리네시아 삼각지의 주요 제도는 화산섬과 산호섬으로 이루어져 있다. 여기에는 적도 북쪽에 있는 하와이, 피닉 제도와 함께 마르케사스, 갬비어, 투아모투, 라인, 소시에테, 오스트랄(투부아이), 쿡, 통가, 사모아, 리우에, 토켈라우 제도가 있다. 서쪽 부분인 멜라네시아의 뉴브리튼, 뉴아일랜드, 부갱빌 섬을 해외 영토로 가진 파푸아뉴기니와 같은 섬 그룹은 누벨칼레도니와 피지의 주요 섬들인 비티레부 섬 과 바누아레부 섬과 마찬가지로 고대의 결정질 암석으로 이루어진 지리 용어로는 대륙 지각의 파편(대륙형 소암반)으로 여겨진다. 이들 대륙 섬의 경관은 대해의 한복판에 있는 화산섬의 경관과는 뚜렷한 차이를 보인다. 중북부문, 즉 미크로네 시아는 더 높은 화산섬, 얕은 산호섬이거나 솟아오른 산호 지대이며, 여기에는 마 셜 제도, 키리바시, 미크로네시아연방, 북마리아나 제도가 속한다.

두 번째 지리 영역은 아시아 환태평양이다. 여기에는 시베리아, 한국, 중국, 베 트남의 해안 지대와 연안의 섬 그리고 그 주변 바다인 오호츠크 해, 동해, 동중국해, 황해, 남중국해, 통킹 만, 타일랜드 만, 자바 해, 반다 해, 필리핀 해가 포함된다. 그리고 좀 더 멀리 아시아 대륙붕의 서쪽 끝을 따라 사할린 섬, 쿠릴 제도, 일본 열도, 대만, 필리핀에서 인도네시아에 이르는 다도해가 펼쳐진다. 여기에서 우리는 매우 두드러진 아시아 문화 경관을 볼 수 있다. 가장 동쪽으로는 확연히 유럽적인 문화를 가진 오스트레일리아의 해안 지대, 연안의 제도, 암초와 주변 바다가 이 지리 영역에 들어간다.

태평양의 세 번째 지리 영역은 아메리카 환태평양이며, 여기에는 알류샨 열도, 알래스카, 캐나다의 서부 연안(퀸샬럿 제도와 밴쿠버 섬과 같은 부속 제도를 포함), 미국의 태평양 연안, 멕시코, 중앙아메리카 지협이 이에 속한다. 또한 북미와는 다른 지질 역사를 가지고 있는 콜롬비아에서 혼 곶까지의 태평양 연안지대도 이 지리 영역의 일부를 구성한다. 갈라파고스와 후안페르난데스 제도와 같은 연안의 섬들도 이 범주에 든다.

아메리카 환태평양의 문화는 주로 유럽에서 기원했다. 남부 지역 대부분에는 북미 원주민의 문화에 히스패닉의 영향이 더해졌으며, 북서 해안을 따라서는 아메리카 원주민과 이누잇 문화에 앵글로색슨의 영향이 더해졌다. 남쪽으로 환태평양은 드레이크 해협을 넘어 남극 반도와 남극대륙의 인접 해양으로까지 계속된다. 이곳에 영구적인 정착지는 적지만 과학자들이 현재 지구온난화의 시대에 빙붕(氷棚)의 융해, 오존층의 변동, 그리고 크릴새우, 펭귄, 바다표범과 어류 개체군의 감소를 비롯한 남극 환경의 변화를 조사하면서 점차 중요한 지역이 되고 있다.

기후-해양학의 영향력

기후와 해양학의 현저한 영향력에 대해 기본적인 지식을 갖게 되면 인간의 거주, 자원 이용, 특정한 역사적인 사건과 같은 주제에 대한 논의를 보다 쉽게 이해할 수 있다. 예를 들어, 해류는 항해를 돕기도 하고 방해하기도 하며 어류와 고래와 같은 자원의 이용에 영향을 미친다. 태평양에서 중요한 기후와 수로(水路)의 영향력에는 변하는 대기 순환과 해수 순환의 상호작용이 포함되는데, 이로 인해 우세 무역풍의 양상과 난류와 한류의 흐름이 바뀐다. 이는 지금 전 세계 기후 변화의 주요 기제로 인정되고 있으며, 인간의 산업생산 활동도 기후 변화에 영향을 미친다. 태평양 안과 주변의 생물 군집과 인간 공동체에 미치는 기후 변화의 효과는—강우상(降雨相)과 온도상(溫度相) 모두에 영향을 주는— 21세기에 더욱 현저해 지고 있다. 기후 변화는 해수면 변화, 열대성 질병과 해충의 온대 지역으로의 침투, 그리고 엘니뇨 남방진동(ENSO) 주기를 가속화뿐만 아니라 그레이트배리어 리프와 같은 산호초의 존재 자체를 위협한다. 엘니뇨 남방진동 현상이 이제 기후 변화의 주된 요소로 인식되고 있다. 엘니뇨가 가져올 수 있는 결과 그리고, 심한 가뭄, 홍수 범람, 파괴적인 폭풍에 미치는 영향은 최근에야 밝혀지고 있다.

태평양의 수역

지구 표면의 거의 3분의 1을 덮고 있는 태평양 해역의 물은 각기 다른 온도와 염도(鹽度)를 가진 여러 겹의 물길이 끊임없이 순환하고 있는 형상이다. 태평양의 표면 염도는 지구의 대양 가운데에서 가장 낮다(대서양이 가장 높은 염도를 보인다). 태평양의 산도(酸度)는—역사적으로 중간 정도인— 현재 태평양 환경에서는 너무나 중요한 산호와 같은 해양 생물을 곧 위협할지도 모를 수준으로 올라가고 있다. 태평양의 발전과 밀접하게 관련된 이들 환경적인 위협은 8장에서 논의한다.

환류(해류의 순환 체계)는 열에너지를 열대 태평양 지역의 따뜻한 표면에서 적도 지방을 기준으로 남과 북의 높은 위도로, 그리고 해수면과 대양심도에 배분한다. 이 수직혼합(垂直混合)은 열염분 순환이라고 부르며, 고기후학자 윌리스 브뢰컬이 따뜻한 표면 해류가 열을 극지로 나르고 그 다음에는 갑자기 고위도에서 거꾸러져 차갑고 깊은 해류를 결성하는 '전 세계 대양 컨베이어 벨트'(global ocean conveyor belt)라고 명명한 현상의 일부분이다(Broecker and Peng 1982; Linden 2006 : 29). 그리하여 동서순환과 남북순환 그리고 각기 다른 온도와 염도를 가진 해양수의 기류 혼합은 북반구와 남반구 모두에서 해양 열전달에 관여한다. 북반구에서 시계 방향으로 흐르는 대양 환류에는 북적도 해류, 일본 해류, 북태평양 해류, 캘리포니아 해류가 있다. 남반구에서 반시계방향으로 도는 대양 환류에는 남적도해류, 동오스트레일리아 해류, 서풍 해류, 훔볼트(페루) 해류가 포함된다. 적도를 따라 분리된 두 환류는 적도반류이며, 수많은 분기 해류(分岐海流) 또는

'급수류'(給水流)는 태평양의 각기 다른 지역에서 각지 다른 염도와 온도를 가진 물을 혼합시킨다. 때때로 표면 해류는 일시적으로 흐름이 느슨해지거나 심지어는 방향을 바꾸기도 하는데, 이는 환경과 인간에게 지대한 영향을 미친다.

태평양 해류와 지구의 열평형

태평양은 태양으로부터 받는 열을 모든 대기, 대양과 바다, 지구의 대지에 배분하는 글로벌 시스템에서 매우 중요한 역할을 담당한다. 이 책의 맥락에서 이 복잡한 열분배 시스템을 이해하는 것은 여러 모로 중요하다. 첫째, 이 시스템은 태평양의 수많은 이들이 의존하는 몬순(계절풍)과 무역풍의 '정상적인' 양상을 설정하는 데에 필수적인 기능을 한다. 둘째, 이 수반구에서 열에너지가 퍼지고 순환하는 방식은 다양한 인간 환경과 그 변화에 심대한 영향을 미친다. 아래에서 설명할 엘니뇨 남방진동(ENSO)을 비롯해 우리가 최근에야 알게 되고 이해하기 시작한 몇 가지 환경적인 영향은 그야말로 광범위하다. 셋째, 지구온난화라는 상황에서 열배분 시스템은 어떤 곳에는 영향을 덜 미치지만 어떤 곳에는 급격하고 심각한 변화를 가져올 수 있다.

매일 지구가 받는 태양 복사열의 양은 크게 변함이 없지만 매일 물, 공기, 대지로 배분되는 양상은 상당히 변화무쌍하다. 지구의 지축이 기울어져 있기 때문에 (태양 주위의 지구 궤도선에 비해 23.5도) 북회귀선과 남회귀선 사이에 있는 지역은 가장 강렬한 복사열을 받는다. 남반구에서의 한 여름은 태평양으로 기울어져 있는 남회귀선을 따라 태양광선이 수직으로 내리쬐는 때이다. 남반구에서의 한 겨울은 남반구가 태양의 반대 '방향에 놓이고 북회귀선이 태양의 수직 광선을 받을 때이다. 태평양 반구는 주로 물로 이루어져 있다. 물은 태양의 열을 육지보다 더 효과적으로 보유하고 이를 더 느리게 내놓는다. 때문에 지구 표면의 거의 3분의 1을 차지하고 있는 태평양이 지구 전체에 태양열을 재분배하는 기능과 역할은 보통 생각하는 것보다 지대하다. 또한 태평양은 매우 깊은 대양이기에 보유하고 있는 열의 총량도 거대하다.

요약하자면, 지구의 열 순환 패턴은 육지와 바다의 배열, 공기와 대양 순환의 위도대역, 지축의 기울기, 해류의 형성과 하층과 상층의 바람의 양상 그리고 땅·물·공기가 태양 복사열을 흡수하고 내보내고 배분하는 능력 차이에 따라 달라진다.

최신세(홍적세)의 마지막 빙하기에 수반되었던 아주 장기간의 추운 기후에 이어 약 만 년 전에 시작된 적어도 현재의 지질시대에—상대적으로 따뜻한 홀로세 혹은 제4기— 태평양의 장기 기후 패턴은 상당히 안정적이라고 추정되었다. 최신세에는 네 번의 빙기(氷期)가 있었는데, 이 중 최근의 빙기(위스콘신 빙하기)는 약 13만 년 전 짧고 온화한 간빙기—헴 간빙기— 이후에 시작되었다(Linden 2006 : 41). 남극대륙, 북미, 북부 유라시아를 덮고 있던 대륙의 만년설이 아주 많은 물을 얼려 가지고 있는 바람에 대양이 지금보다는 훨씬 낮았던 태평양에서의 최신세의 상황을 알려주는 증거는 여러 곳에서 수많은 모습으로 발견된다. 예를 들어 지금은 수몰된 지역이지만 예전에는 마른 대지였던 곳에서 발견되는 원주민들의 패총, 사구 형성물, 이전에는 다른 것들과 인접해 있었지만 지금은 고립되어 존재하는 식물과 동물의 종, 지협을 넘나든 초기 인간의 이동 증거, 높이 솟아 있는 산호초 등이 그 증거이다.

앞으로 논의하겠지만 태평양과 다른 곳의 환경이 안정적이거나 아주 점진적으로 변화할 것이란 과거의 추정은 최근 이루어진 과학적인 발견으로 인해 새롭게 조명되고 있다. 예를 들어, 현재 해수면은 지난 6000년간 안정된 상태를 유지했는데, 최신세와 초기 홀로세에 환태평양과 태평양 섬들을 둘러싸고 심한 해수면 변동이—현재 수준을 기준으로 상하로— 잦았다는 증거가 있다. 이들 최근의 발견에 따르면, 태평양은 급속하고 극단적일수도 있는 환경 변화에 중추적인 역할을 해왔다. 다시 말해, 인간 역사에서 태평양이 수행한 역할을 이야기한다는 것은 이 대양 영역에서 인간의 정주와 탐험을 자세히 서술하는 것보다 훨씬 더 복잡하고 심오한 작업이다. 이는 또한 인간 역사에 한 태평양의 역할을 완전히 이해하려면, 태평양 해역 그 자체는 물론 태평양의 주변지역을 종합적인 시각을 가지고 기술해야 할—이 책이 지향하고 있는 바처럼— 필요성이 있음을 의미한다.

대기의 순환 패턴

태평양의 표층수가 전달하는 열은 또한 상층 대기로 분배된다. 따뜻한 물은 증발하면서 동시에 위에 있는 공기에 열을 전달하며, 더워진 수증기 기둥이 올라가면서 무풍대, 열대 수렴대(ITCZ), 몬순기압골 등 여러 가지로 불리는 저기압대를 형성한다. 더 차고 더 조밀한 공기가 적도대 주변의 남과 북으로부터 열대수렴대로 빨려 들어가면서 열적도(熱赤道)의 ―지구에서 가장 온도가 높은 지역― 계절 변화와 함께 남과 북으로 움직이면서 몬순의 바람 반전을 만들어낸다.

몬순(계절풍)과 무역풍

아시아는 세계의 어느 지역보다도 계절풍 순환으로 가장 커다란 영향을 받는다. 대륙의 대지(북에는 중앙아시아, 남에는 오스트레일리아와 아프리카)가 겨울에는 차가워지고 여름에는 더워지면서 그 위에 있는 기단도 번갈아 더워지고 차가워진다. 이는 마치 거인이 겨울에는 대체로 건조하고 하강하는 찬 고기압의 공기를 토해내고, 그 다음 반년의 여름 동안에는 공기를 빨아들여 표면을 뜨겁게 달구어 저기압 셀을 수직으로 오르게 하는 형상 같다. 이렇게 위로 올라간 대기 수분은 데워진 육지나 대양의 표면에 계절적인 폭우라는 형태로 방출된다. 아시아는 대부분 농업용 관개와 도시의 물 공급 모두를 바로 이들 몬순에 ―즉 계절에 따라 교대로 남풍과 북풍으로 바뀌며 지구의 자전에 의해 일정 부분 동쪽과 서쪽으로 휘어지는 바람― 의존한다.

저기압 몬순 기압골에서 가열된 공기의 상승 기둥은 상층 대기권에서 수평으로 남과 북으로 퍼진다. 이는 수분을 잃고 중위도에서는 차갑고 건조한 고기압권으로 하강하다 남부와 북부의 저기압 셀 벨트에서는 다시 더 극지방을 향해 상승한다. 그리하여 태양으로부터 받은 열은 대류 그리고 지표면 근처에서 흐르는 바람(무역풍, 사이클론, 몬순)과 상층 대기권에서 움직이는 바람(제트 기류)에 의해 수직·수평적으로 배분된다. 특히 서태평양에서 위로 상승하는 기단에 전달된 태양의 열은 해수면을 상승시키는 저기압을 만들어내는데, 이는 예전 선원들에게는 너무나 중요했던 서쪽으로 부는 무역풍의 효과를 가중시킨다. 이 무역풍은 따뜻한 태평양의 지표수를 동쪽에서 밀어내는데, 이로 인해 미대륙 연안을 따라 심해로부터 솟구쳐 오르는 영양분이 풍부한 차가운 물이 그 자리에 들어오게 한다. 이는 태평양 어장에서 매우 중요한 요소이다.

남반구와 북반구 각각에서 적도 지역과 차가운 고위도 사이에는 위도 대역에 따라 배열된 세 개의 대기 셀 시스템이 있다. 적도의 계절풍대와 인접해 수직으로 움직이는 이들 대류 셀은 해들리 순환이라고 부른다. 이는 1735년에 처음으로 대기 순환 이론을 제시한 조지 해들리의 이름에서 비롯되었다(Emanuel 2005 : 42). 해들리 순환은 지구 강수량의 대부분을 제공한다. 다시 말해 전 지구 강수량의 약 40%가 적도대와 위도 15도 내에 집중되어 있다. 서부 태평양은 3대 최대 강우량 지역 중의 하나이다. 해들리 순환은 또한 수평 순환 요소도 가지고 있는데, 이를 처음 발견한 인도계 영국인 과학자의 이름을 따서 워커 순환이라고 부른다. 이 대기 순환은 원심력과 지구의 서에서 동으로의 회전이 결합한 결과로 발생한다. 이 과정에서 적도 지역의 남과 북에 있는 기단이 순환하고 소용돌이치거나 비틀리며 움직인다. 이 합성력은 1835년 처음으로 이를 묘사했던 프랑스 출신 수학자이자 물리학자인 구스타브-가스파드 코리올리의 이름을 따서 코리올리 힘(코리올리 효과)이라고 부르는데, 이는 태평양의 인간과 생물에게 너무나 중요한 저기압성 순환과 고기압성 순환의 원인이다.

　해들리 순환의 극지 방향으로는 이른바 페렐 순환이라고 부르는 중위도에서 서에서 동으로 진행하는 차고 선회하며 하강하는 공기의 고기압 시스템이 있다. 이들 셀에서 소용돌이치며 하강하는 기류는 적도를 향해 선회하면서 대양의 습기를 받아들이는데, 이는 항해의 시대 수 세대에 걸친 선원들과 상인들에게는 너무나 중요했던 무역풍을 만든다. 이 바람은 중위도에서 두드러지는데, 페렐 순환은 상당히 안정적으로 동쪽으로 움직이며 북반구에서는 시계방향으로 남반부에서는 반시계 방향으로 일어나기 때문이다. 무역풍은 태평양에서는 물론 인도양과 대서양에서도 발생한다. 적도를 중심으로 양쪽에서 일어나는 현상은 서로 '거울 이미지'와 같다. 북반구에서 북동 무역풍이면 남반구에서는 남동무역풍이다. 특이하게도 무역풍은 북태평양이나 지구의 다른 대양에서는 안정적이지만 열대 남태평양에서는 그렇지 않다. 여기에서는 때로 강력한 서풍이 동경 160도 주변에서 적도 수렴대를 따라 수백 km에 이르는 무역풍대에서 발생하기 때문이다. 불안정한 무역풍이 존재한다는 사실이 선원들에게 엄청나게 중요했음을 보여주는 사례는 아주 많으며, 폴리네시아인들의 동부 태평양 지역에서의 초기 정착에도 도움을 주었다. 동부 태평양 지역에서 이주 흐름은 아시아 환태평양에서부터 우세한—그러나 전적으로 안정적이라고는 할 수 없는— 무역풍을 거슬러 일어났다.

　중위도 고기압 셀의 극지 방향 사분면, 특히 남태평양에서 가파른 기압 경도는 소용돌이 바람을 다른 저기압 셀의 벨트에 넣게 되는데, 이 결과 남위 40~50도에서(북반구에서는 대륙으로 인해 이 현상은 북극 가까운 곳에서는 발생하지 못한다) 정동으로 거의 끊이지 않고 계속되는 돌풍을 유발시킨다. 이에 걸맞게 이들 남부 대양 지역은 노호하는 40도대 질풍노도의 50도대라는 이름으로 불린다. 이 이름은 산더미 같은 파도와 가공할 만한 바람을 견뎌야 했던 선원들이 붙인 것이다. 이들 저기압 셀의 상승 공기는 상층 대기권에서 좀 더 차가워서 극지방 위로 내려오며 그 결과 극고압부라고 알려진 고기압 지역 주위에 제3의 순환 밴드를 형성한다. 상층부 대기권에서 빠른 속도로 부는 바람 띠인 제트 기류는 진동 경로를 따라 지구를 도는데, 이 과정에서 열을 재분배하고 지표 일기계가 작동하는 것을 돕는다. 제트 기류는 따뜻한 기단과 차가운 기단의 경계 역할을 하는 측면이 있는 반면 제트 기류의 경로는 계절의 추이와 함께 남쪽 혹은 북쪽으로 진동한다. 그러나 어떤 상황하에서 제트 기류는 정상적인 트랙에서 벗어나게 되는데, 이 경우 지구의 어떤 지역에 이례적이고 비정상적인 기후 상태를 유발시키며 때로는 역사적인 사건에 커다란 영향을 미치기도 했다.

태평양의 열대성 사이클론

열대성 사이클론 혹은 열대성 저기압은 남·북반구의 저위도와 중위도의 넓은 대역에 있는 세계의 주요 삼대 대양의 상공에서 발생한다. 단연코 태평양에서 일어나는 경우가 가장 많으며, 강한 열대성 저기압은 북반구에서는 중미 연안, 아열대 서태평양, 필리핀 해, 남중국해에서 생긴다. 보다 약한 열대성 저기압은 북부 아열대 대서양과 카리브 해, 벵골 만, 아라비아 해에서 발생한다. 남반구에서, 가장 심각한 열대성 저기압은 코랄 해, 북부 오스트레일리아 연안, 아열대 인도양 멀리 모잠비크 연안에서 형성된다. 남미 대륙의 대서양 방면과 태평양 방면에서는 열대성 저기압이 발생하지 않으며, 적도의 남위와 북위 약 8도 이내 지역의 바다는 열대성 저기압이 없는 지대이다. 이 적도 지역에서는 코리올리 힘의 전향력이 강할 수 없기 때문에 순환하는 기단이 형성될 여지가 없다. 대신 통상적인 평온상태, 일정하지 않은 미풍, 집중적이고 국지적이며 회오리치지 않는 스콜과 뇌우가 있다. 이 지대는—적도 무풍대— 적대 수렴대(ITCZ)의 계절에 따라 남과 북으로 움직인다.

극지로 8도, 특히 북반구에서는 서부 태평양과 남중국해, 남반구에서는 코랄 해에서 규모가 크고 심각한 영향을 주는 열대성 저기압이 몬순기압골 지역에서 자주 형성된다. 이는 계절풍이 불안정해지고 방향을 바꾸기 시작하는 더운 계절의 말기에 형성된다. 이런 일이 발생하면 통상 하지 이후에 태양의 직사광선 아래에 놓인 대양의 표면은 급격하게 데워지며, 열과 습기는 계속 수직 기둥을 이루며 위의 대기로 올라가 매우 강력해질 수도 있는 열 셀(heat-cell) 폭풍을 만들어낸다. 이는 코리올리 힘에 의해 생긴 대기 순환의 영향으로 기압골 선을 따라 모이면서 파괴적인 저기압성 폭풍으로 발전한다. 열대성 폭풍의 풍속이 일정 정도 시간당 120km(75마일)를 넘어서면 이 열대성 저기압은 1급 허리케인이 된다. 1979년 10월 1일에 북서 태평양에서 일어났던 5급 허리케인의 풍속은 시간당 300km(190마일)에 달할 수 있었다. 이런 강력한 폭풍은 중국해에서 태풍이라고 불리는데 이는 서쪽으로 그리고 극 쪽으로 이동하는 경향이 있으며 육지나 고위도에 근접해 보다 찬 바다 위에서 세력을 잃어버리는 것이 일반적이다. 남태평양에서 열대성 저기압이 두드러지게 발달하는 지역은 서경 약 140도에서 오스트레일리아 본토, 그리고 남위 8도에서 30도까지 확장되어 있다. 일반적 혹은 '정상적인' 기후 조건하에서라면 동부 태평양에서 열대성 저기압이 발생하는 경우는 드물다. 열대성 저기압이 잘 형성되는 지역에서는 맹렬한 바람뿐만 아니라 밀려드는 조수와 갑자기 불어난 홍수로 커다란 피해가 발생하기 쉽다. 통상적으로 태평양에서 간만의 차는 크지 않지만 열대성 저기압하에서 기압이 너무 낮아지면서 대양의 표면은 문자 그대로 용승하며 거센 바람이 파도를 더욱 거칠게 하여 폭풍 해일을 가져온다. 폭풍 해일은 평시보다 수위를 수 미터나 높일 수 있고 태평양 연안과 섬 생태계와 공동체를 대대적으로 파괴할 수 있다.

엘니뇨 남방진동(ENSO)

최근 더 잦은 빈도로 발생하고 있는데, 북태평양과 남태평양에서 우세한 동풍은 엘니뇨/라니냐로 알려진 역풍과 역류 현상으로 교란된다. 이러한 교란상태는 태평양과 다른 곳에서의 기후 변동에 강력한 영향을 미친다는 사실이 최근에야 알려지게 되었으며, 역사적으로 태평양 지역에서의 인간 활동에 심대한 영향을 미쳐 왔음도 새로이 인식되었다. 엘니뇨/라니냐의 영향에 대해서는 관련된 내용을 언급하는 장에서 자세하게 논의할 것이지만, 그 사실적인 영향력을 알기에 앞서 먼저 이 자연 현상의 물리적인 특징을 이해할 필요가 있다.

태평양에서 엘니뇨 관계 사건들은 수세기 동안 기록되어 왔다. 엘니뇨(남자아이)라는 이름은 페루 북부 파이타 근처 해안에서 차고 영양분이 풍부하며 북으로 흐르는 홈볼트 해류에 의지해 멸치류와 좀 더 큰 물고기를 그물질하며 경제적 생계를 유지했던 페루인 어부들이 처음으로 사용했다. 16세기 이 어부들은 3년에서 5년에 —때로는 더 자주 때로는 덜 자주— 한 번씩 크리스마스를(Corriente del Niño, 혹은 아기예수 탄생일) 전후해 일반적으로는 차가운 표층수를 대신해 영양분이 많은 하층 해수의 용승을 막는 남쪽으로 흐르는 따뜻한 역류가 나오고 그렇게 되면 어획량이 급감한다는 사실을 발견했다. 평균적으로 엘니뇨는 수주 혹은 수개월 동안 지속되지만, 때때로 따뜻한 역류가 보다 더 강하거나 더 오랫동안 지속되는 일도 발생했으며 이런 경우 태평양의 기후 양상과 해류에 더 크고 더 지속적인 영향을 가져다주었다. 부진한 어획량은 어부들의 생계를 위협했을 뿐만 아니라 이들 어류를 먹이로 한 동부 태평양의 바닷새와 해양 포유동물에게도 엄청난 재앙이었다. 또한 이 현상은 일반적으로는 건조 지대인 페루 연안에 폭우를 가져왔으며 태평양의 다른 지역에는 가뭄을 일으켜 농사에 지장을 주었으며 심각한 식량난을 야기했다. 엘니뇨 현상이 널리 알려졌지만 그 원인은 오랫동안 미스터리로 남아 있었으며 이들 현상에 대한 정확한 예견은 과학자의 능력 밖에 있었다. 그러나 이례적이고 파괴적인 기후 사건, 예를 들어 하와이와 타이티에서 재앙에 가까운 수준의 허리케인이 발생할 확률이 높아지는 것 등은 엘니뇨와 관련 있는 것으로 알려졌다. 그 개연성은 엘니뇨가 발생한 해 동안에는 3배나 더 높아질 수 있다.

엘니뇨보다는 덜 흔하지만 또 하나의 정반대의 영향이 주기적으로 태평양의 '정상적인' 기후 양상과 조류 현상을 교란시킨다. 라니냐(여자아이)라고 불리는 이 영향은 태평양 세계에서 처음으로 믿을 만한 기후 기록이 나타나게 된 19세기 중반부터 관찰되었다. 1차 세계 대전을 전후해 대대적인 지리적 규모로 기후 모델링이 시작되었을 때까지는 광대한 지역에 걸친 이례적인 기후 현상이 실상 엘니뇨와 라니냐—거대하고 양 극단 사이를 오락가락하는 대양 기후의 극과 극이라고도 생각할 수 있는— 진동과 관련 있음을 알지 못했다.

1924년 인도에서 연구하고 있던 기상학자 길버트 워커는 자신의 기후학 사무실에 고용된 많은 이들을 이용하여 세계의 기온과 기압, 강수량, 바람 그리고 다른 변수들에 관한 정보를 수집, 가공하고 도표로 작성했다. 워커는 세계 기후 패턴은 거대한 천칭과 같아서 한 지역에서의 상승은 다른 지역에서의 하강으로 '균형을 이룬다'는 결론에 이르렀다. 그는 태평양 주변지역과 해역 전체에 영향을 주는 이 거대한 천칭의 '중심축'은—그는 이를 남방진동(Southern Oscillation)이라고 명명했다— 대략 중앙 태평양에 있는 국제 날짜 변경선에 위치하고 있음을 알게 되었다(Katz 2002 : 97-112). 워커는 이 진동이야말로 태평양의 대부분과 아마도 세계의 다른 지역을 괴롭혔던 가뭄에서 홍수 그리고 다시 가뭄으로의 불가사의한 기후 변화의 진짜 이유라고 확신했다. 예를 들어 1877~8년 극심한 가뭄이 중국, 인도, 오스트레일리아를 덮쳐 상당한 작물과 가축 피해가 발생했으며 급기야 아시아에 대기근이 닥쳤다. 2년 동안 중국 북부에는 비 한 방울 떨어지지 않았으며 9백만이 넘는 중국인이 아사하는 처참한 결과를 가져왔다. 동시에 보통은 건조한 페루와 칠레 연안 지역에는 대단히 파괴적인 홍수가 일어났으며 도로와 마을 그리고 농작물을 쓸어가 버렸으며 거대한 지역의 표층 토양을 영구히 앗아갔다. 그러나 엘니뇨나 라니냐 사건을 예고하는 복잡한 기후 현상의 내습이 이제 정확한 데이터로 기록될 수 있었지만, 그 이유는 각국에서 온 과학자들로 이루어진 팀이 엘니뇨 사건 초반을 실제로 목격했던 제1국제지구관측년인 1957~8년까지도 여전히 불분명했으며 밝혀지지 않았다. 이 과학자들은 엘니뇨 남방진동의 뒤에서 작용하는 복잡한 구조를 더 잘 이해하기 위해 대기와 해수의 온도 그리고 순환 데이터 등 필요한 관측을 할 수 있었다.

노르웨이계 미국인 과학자 야코브 비에르크네스는 세계의 과학자들이 관측했던 바를 설명하기 위해 1969년 하나의 이론을 발표했다(Mattewman 2002 : 186-9). 태평양 동부와 서부 간의 주요한 환경 차이를 영속화시킨 그의 설명은 태평양에 있는 해류와 열염(熱鹽) 층들의 구조에 대한 이해 그리고 중첩 대기와 제트 기류에 관한 이해에 기반을 두고 있다.

엘니뇨와 라니냐의 원인과 결과

엘니뇨 남방진동 그리고 역사상 수백만 태평양 사람들에게 영향을 미친 수없이 많은 환경 재앙을 설명하는 이론은 현저히 서로 다른 기온과 염도를 가진 해수는 쉬이 섞이지 않는다는 관찰로부터 시작된다. 열대 태평양에서 데워진 표층수는 기온이 상승하면서 더 가벼워지고 더 빠르게 확산되는데, 이는 수온이 급격히 변하는 수온 약층이라고 불리는 하부 경계선에 의해 보다 차가운 표면 아래의 해수와는 분리되어 있다. 이 수온 약층은 통상 동쪽에서 서쪽으로 가면서 비스듬하게 내려가는데, 이 때문에 칠레와 캘리포니아 연안 근처에서 표면의 따뜻한 층은 몇 미터밖에 안되지만 보르네오와 말레이시아 근처에서는 수백 미터에 달한다. 따뜻한 층의 두께에 차이가 있는 것은 서쪽으로 진행하는 우세한 북동 무역풍과 동남 무역풍 기류 때문이다. 이는 동부 태평양의 따뜻한 표면 해수를 완전히 밀어내 서부 태평양에 모이게 하여 때로는 그곳의 수면을 50cm나 올려놓는다. 물에 떠있는 빙산과 비슷한 방식으로, 대양의 정상적인 수준 위에 불거져 나와 있는 온수층은 아래에는 훨씬 더 큰 규모의 온수층을 가지고 있으며, 표면 아래에 수백 미터의 깊이로까지 확장되어 있으면서 서부 태평양의 수온 약층을 아래로 내리 누른다. 이 온수층은 우세한 무역풍이 계속 부는 한 서부 태평양의 대륙 주변부와 섬들을 따라 계속 커진다. 반대로 동부 태평양에서는 온수층이 서쪽으로 빠져나가면서 대양 깊은 곳에서 나온 차가운 냉수가 표면으로 솟아오른다. 이 격동적인 용승으로 많은 어류에게 먹이를 제공했던 작은 해양생물, 특히 역사적으로 페루 연안에 풍부한 거대한 멸치 떼와 영양분이 같이 올라온다. 차가운 기류는 동부 태평양에서 기온에 영향을 미쳐 고기압 환경 조건을 조성해 무역풍은 서쪽으로 밀려 태평양을 가로지르게 된다.

그러나 몇 년에 한번 씩 우세한 남동 무역풍과 북동 무역풍은 통상 더 찬 동부 태평양 위에서는 고기압을 그리고 더 따뜻한 서부 태평양에서는 저기압을 특징으로 하는 워커 순환이 갑자기 붕괴되거나 역전하게 됨에 따라 불안정하게 된다. 따뜻한 서부 태평양 표면을 아주 높이 유지시켜주는 우세한 무역풍이 없으면 태평양은 '평평한' 대양 표면을 재설정하려고 하며, 따뜻한 표층수는 '아래로' 흘러 동부 태평양 쪽으로 돌아간다. 따뜻한 층이 서부에서 얇아지면서 수온 약층은 위쪽으로 올라오는데 그러면서 찬물이 서부 태평양 표면에 이르게 된다. 표면 아래 수 미터에서 따뜻한 물줄기를 동쪽으로 몰고 가는 캘빈 파(波)라고 부르는 거대하고 느리게 움직이는 물결이 동쪽으로 움직이며 대양 표면과 동부 태평양의 수온을 올리고 통상적으로는 건조한 남미 아열대 연안에 저기압에 습기를 동반한 저기압성 셀을 만들어낸다. 역으로 이제 더 차진 서부 태평양 위의 공기는 냉각되고 하강하는 고기압권을 형성하며 비를 가지고 있는 몬순은 기능할 수 없게 되어 동아시아와 오스트레일리아에 가뭄이 온다. 페루 연안의 따뜻한 표층수는 심해의 영양분이 풍부한 물의 용승을 억압하게 되고, 멸치류와 이보다는 큰 어류 그리고 이를 먹이로 하는 바닷새를 떠나가게 만들며, 연안 조업은 일시적으로 멈출 수밖에 없다. 그러나 1972~3년 5장에서 자세하게 논의하겠지만 페루의 멸치 어업은 완전히 내려앉았다. 엘니뇨로 대양이 따뜻해지면서 다 큰 멸치가 플랑크톤 먹이 원을 찾지 못해 알을 낳지 못했으며 남획으로 다 큰 멸치의 씨가 마르면서 엘니뇨가 끝난 후에도 멸치를 찾아보기 힘들었던 것이다.

엘니뇨 사건이 일어나는 동안 열대성 저기압은 동부 태평양의 하와이, 타이티를 비롯한 여러 지역에서 더욱 잦아졌으나 오스트레일리아의 동부 연안과 남중국해에서는 덜 흔하게 나타났다. 예를 들어 1981~2년 상당히 강력한 엘니뇨 사건 동안, 이 지역 역사에서 유례를 찾아보기 힘들 정도로 계속된 열대성 저기압이 타이티를 강타했으며 코코넛과 바나나 농장에 심각한 피해를 입히고 수도 없이 많은 주택을 파괴하고 관광 산업에도 강력한 일격을 가했다(사진 13 참조).

그러나 몇 주 혹은 몇 개월이 지나면 엘니뇨를 추진하는 캘빈 파는 불안정해지고, 캘빈 파보다는 속도가 느리지만 따뜻한 물을 서부 태평양으로 다시 밀려 보내는 로스비 파(波)로 알려진 일종의 역류파에 의해 대체된다. 이로 인해 페루 연안에는 냉수의 용승이 다시 복구되고 엘니뇨 사태는 종결되고 기상 조건은 보다 정상적인 양상으로 되돌아간다. 그러나 때때로 동부 적도의 태평양에서는 차가워지고 서쪽에서는 데워지는 현상이 계속되어 라니냐가 발생하는 정도까지 이른다. 그러면 아메리카 환태평양 지역은 거대한 홍수, 격렬한 폭풍 그리고 다른 이례적인 기상 악화 현상을 경험한다. 그때, 제트 기류는 아메리카 환태평양 지역을 따라 적도의 남과 북의 우세한 양상을 바꾼다. 시원한 동부 적도 태평양 위의 '저지' 고기압(沮止高氣壓) 셀이 극 제트 기류를 보다 낮은 위도로 향하게 한다. 북반구에서 이 라니냐가 유발한 극 제트 기류의 남쪽으로의 이동은 서부 캐나다에서의 겨울 강수량 증가와 관련이 있다. 이것이 중부 미국 상공에서 약화된 태평양 제트 기류와 만나면서 로키 산맥 동부의 미국·캐나다에 걸친 대초원 지대에는 혹독한 겨울 기후를—강력한 라니냐 사건이 일어나고 있던 2008년 1월에 닥친 파괴적이고 예기치 못했던 토네이도와 같은—, 시에라 산맥에는 폭설을, 남서부 미국과 북부 멕시코에는 심각한 가뭄을 가져왔다.

태평양에서 엘니뇨 남방진동이 인간사에 미친 영향력은 역사상 여러 사건에서 볼 수 있다. 보통 때는 예상할 수 없었던 곳에서 이례적으로 높은 빈도와 강도를 가진 재앙적인 수준의 홍수와 가뭄, 열대성 저기압, 어종 멸실, 바닷새와 해양 포유동물의 개체 수 급감은 모두 엘니뇨 남방진동과 관련이 있으며 이는 또한 태평양 국가에서 일어난 인간의 불행과 재난과도 관계가 있다. 일본을 침략하는 몽골 함대를 두 번이나 파괴해버린 '가미카제'(神風)는 틀림없이 이러한 엘니뇨 남방진동이 만들어낸 결과였을 것이다. 우세한 동풍을 거슬러 태평양을 횡단한 폴리네시아인의 이주도 동쪽으로의 항해를 더 빠르고 덜 위험하게 해주었던 서쪽으로 향하는 엘니뇨 바람과 역류가 일어났던 해에 집중적으로 발생했을 것이다. ―분명히 이러한 해에 성공적으로 이주할 가능성이 더 높았다― 역으로 라니냐로 발생한 중앙 태평양에서의 가뭄으로 마오리인들은 서쪽으로 이주할 수밖에 없었을 것이며 그 과정에서 뉴질랜드에 정주하게 되었다고 보인다.

갑자기 예기치 못하게 바람의 방향이 역전되면서 수많은 태평양 탐험가가 조난을 면할 수 있었다. 프란시스 드레이크 경을 예로 들면 그의 배 골든하인드호(*Golden Hind*)는 1580년 술라웨시에서 거의 기적적으로 재난을 비켜갔다. 그러나 바람 방향의 역전은 다른 이들을 불시에 덮쳐 목숨을 앗아가기도 했다. 이런 일이 보터니 만을 떠난 후 라 페루즈의 두 척의 배에 일어났던 것 같다. 잘 알려져 있는 도너 대(隊)의 비극은 ―캘리포니아로 이주하다가 1846년 계절 아닌 눈보라에 갇히게 되었던― 십중팔구 라니냐의 결과였을 것이다. 1877~8 누벨칼레도니의 원주민인 카낙인들이 프랑스 식민주의자들에 저항해 일어난 봉기는 엘니뇨가 야기한 가뭄이 원인이었다. 1997~8년 엘니뇨로 아시아 환태평양을 따라 광범위한 지역에 가뭄이 닥쳤으며, 이에 더하여 기름야자나무 농장을 확장하기 위해 인도네시아에서 있었던 현명하지 못한 산림 개간이 원인이 되어 전 지역을 두꺼운 희뿌연 연기로 뒤덮은 전례 없이 커다란 숲 화재가 발생했다. 2007~8년 라니냐 사건은 동부 오스트레일리아 일부에서 십 년이 넘게 지속되었던 가뭄을 끝내고 폭우가 쏟아졌으며 홍수로 이어졌다. 같은 사건은 구정 시기 중국에 기록적인 폭설을 가져왔다. 일반적으로 라니냐 사건이 일어나는 동안 일본 남부, 필리핀 제도, 대만 그리고 중국의 남부 지방에 태풍이 상륙할 가능성은 20% 이상 증가한다.

태평양 기후에 미치는 산악 효과

화산 작용에 의해 만들어진 화산섬이나 환태평양 지역에서 습기를 포함한 계절 풍과 산지 지형이 결합하면 '바람 부는 쪽'의 산지에 (계절풍에 노출된) 집중 호우 를 그리고 산으로 막혀 바람이 가려지는 쪽에는 '비 그늘'을 만들어낸다. 이를 산 악 효과라고 한다. 비를 품은 바람은 화산섬이나 다른 높은 산의 경사면을 만나면 위로 올라가게 되며 때가 되면 비를 내린다. 기단이 산을 넘어가면서 바람이 가려 지는 쪽의 경사면에 있는 더 건조하고 하강하는 공기는 비를 품지 못해 반건조의 상황을 연출한다. 이 산악 효과의 전형적인 예는 하와이의 '큰 섬'(big island)에서 발견된다. 하와이 마오나로아 산과 마우나케아 산의 바람이 불어오는 쪽(동쪽)에 는 빽빽한 젖은 경엽 식물이 자라고 있으나, 이들 산과 바람이 가려지는 쪽(서부 해안) 사이 비 그늘 지역에는 방목장 소들의 먹이터전이 되는 건조한 목초지가 형성되어 있다. 이 산악 효과로 인해 아메리칸사모아 제도 투투일라 섬의 파고파 고 항구를 내려다보고 있는 산은 아주 적절한 이름인 '레인메이커'(Rainmaker) 산 으로 불린다.

지구온난화와 태평양

지구온난화는 세계의 어느 곳만큼이나 태평양에도 영향을 미치고 있지만, 남극 과 북극에서 그 효과는 그 어느 곳에서 보다도 더욱 빠르게 진행되고 있다. 예를 들어, 북태평양 해류에 영향을 미치는 북극해에서 1987년 여름 해빙기(解氷期) 말 에 남아 있던 해빙(海氷)은 7.5백만㎢(2.9백만 평방마일)였는데, 2007년 여름이 끝 나갈 무렵에는 4.1백만㎢로 줄었다. 과학적인 모델을 이용해 예견한 바에 따르면 이 비율로 여름마다 빙하가 손실된다면 2025년에는 태평양과 남극해 사이에 여름 동안에는 상선이 다닐 수 있을 정도의 항로가 열리게 되며, 2040년이 되면 영구적 인 해빙은 북극해에 남아 있지 않게 된다.

지구온난화와 관련된 해수면 상승과 태풍 활동의 증가로 태평양에서는 다른 충 격적인 변화도 일어나고 있다. 여기에는 수온 상승의 결과 그레이트배리어리프를 따라 있는 산호의 백화 현상(白花現像), 많은 유용한 어종이 찬물에 있는 영양공급 원을 얻지 못하고 해파리가 점령한 온수 '사막'으로 바뀌면서 비롯된 상업 어업의 쇠퇴, 방파제 구실을 하는 보초도(堡礁島)의 사라짐, 낮은 해안가 습지로의 바닷물 침투, 이밖에도 태평양 환경에 부정적인 영향을 주는 수많은 변화가 포함된다.

기온이 올라가고 강수량이 낮아지면서 태평양 주변에서 심각한 화재가 점점 더 자주 발생하고 있다. 자연식생(自然植生)이 압박을 받고 있는데, 전통적인 방식으로 경작하는 이들과 대단위 경작 면적을 확보하려는 상업적 농장주들이 모두 매년 잡목림 지대를 태우면서 상황은 더욱 악화되고 있다. 1979년과 2002년에 동남아의 거대 지역에 짙은 연기가 자욱했는데, 그 여파는 호흡기 질환의 증가는 물론 가시거리가 줄어들자 선박과 항공기가 서로 충돌하는 여러 건의 사고에까지 미쳤다. 2008년 지구온난화로 고연소위험 시즌이 길어지면서 캘리포니아 연안 지역에서 화재가 수없이 발생했으며 사람들의 거주지역뿐만 아니라 막대한 면적의 숲을 파괴시켰다. 2009년 초 동남부 오스트레일리아에서의 기록적인 기온 상승과 가뭄으로 가장 치명적인 산불이 발생해 몇 마을 전체를 완전히 소각시켜 버렸다.

태평양의 생물상(生物相) 변화도 지구온난화에서 기인한다. 이는 열대성 질환과 식물, 동물, 해충의 피해가 날로 증가하는 데에서 아마도 가장 두드러지게 나타나고 있다. 예를 들어 말라리아나 뎅기열과 같은 습윤 열대의 질병은 예전에는 이들 질병의 매개체인 모기가 살기에는 너무 기온이 낮다고 생각했던 지역으로 현재 번지고 있다. 말라리아(*Plasmodium spp.*)는 여러 종의 아노펠레스 모기에 의해 매개되며, 서부 열대 태평양의 섬들과 주변지역, 특히 인도네시아, 파푸아뉴기니, 솔로몬, 바누아투에서는 풍토병이다. 뎅기열은 서부 태평양과 열대 아메리카 전체에 널리 서식하고 있으며 최근 수십 년간에는 활동 범위를 열대 심지어는 아열대 북부 오스트레일리아로 넓히고 있는 아에데스 아에기프티(*Aedes aegypti*) 모기에 의해 전염된다. 활동 범위를 확장하고 있는 또 다른 태평양의 질병은 일본뇌염, 발진티푸스, 황열병이다 (후자는 중미에 널리 퍼져 있던 질병이며, 과거 파나마운하의 건설과 운영을 어렵게 했던 주요 장애물이었다).

지질 구조의 영향

태평양의 지질 구조 혹은 지질학 요인도 인간사에 중요한 영향력이었다. 예를 들어 지각 변동과 관련된 화산 활동은 어떤 다른 대양 영역에서 보다 태평양의 해역과 주변지역에서 더 활발하다. 이러한 지각 변동을 일으키는 힘은 공간적으로 무작위로 아무데나 존재하는 것이 아니라, 여기 저기 산재해 있는 활화산 그리고 지질 구조 판들의 경계에 있는 섭입대(攝入帶)로 구성되는 커다란 고리처럼 생긴 화산대인 '불의 고리'에 집중되어 있다(지도 2). 아래에서 자세하게 논의될 불의 고리는 지구에서 지질학적으로 가장 활동적인 지역인 태평양이 가지고 있는 가장 특기할 만한 물리적 특징 중의 하나이다. 대부분 태평양의 화산섬과 주변지역은 화산에서 기인했다는 사실은 한편으로는 이지역이 비옥한 토양과 다우 기후(多雨氣候)를 가지고 있음을 다른 한편으로 폭발적 화산 분화, 주요 지진, 쓰나미와 같은 인간사에서 가장 커다란 재앙의 주된 원인임을 설명하는 데에 도움이 된다.

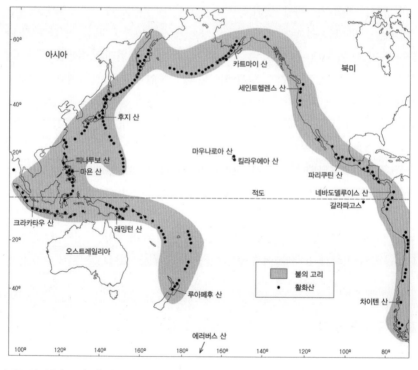

〈지도 2〉 불의 고리. 출처 : USGS.

지질 구조의 기원과 섬의 다양성

대륙 섬과 해양 섬

이 책에서 중남태평양이라고 정의된 지역에는 인간, 육상의 동식물 그리고 육지새와 바닷새에게 주거지와 서식지를 제공하고 있는 10,000개가 넘는 섬들이었다. 여기에 썰물 때에는 수면 위로 모습을 드러내는 수천 개의 산호섬, 암초, 모래톱이 더해진다. 서로 다른 지질 구조상의 기원을 가진 현저히 다른 형태의 섬들이 태평양에 존재하고 있으며 이들의 대조적인 환경은 인간의 생활공간에 수많은 도전과 기회를 제공하고 있음을 인식할 필요가 있다. 뉴기니, 뉴브리튼, 부갱빌과 같은 섬은 '대륙' 섬으로 대륙과 같은 결정질 암석으로 되어 있다. 누벨칼레도니와 피지 제도의 주요 섬인 비티레부와 바누아레부도 대륙의 암석 형태를 띠고 있다. 이들은 본질적으로는 대양 표면 위로 튀어나와 있는 현무암질 해저 화산의 맨 윗부분에 해당하는 소시에테, 하와이, 마르케사스, 사모아 제도 등을 비롯한 화산섬과는 매우 다르다. 그야 말로 수도 없이 많은 산호섬은―나지막한 산호섬이나 솟아있는 산호대(珊瑚臺)― 제3의 유형에 속한다. 이는 마셜 제도, 키리바시, 북부 쿡 제도, 투아모투 제도, 토켈라우, 미크로네시아연방공화국에서 현저하게 보이는 섬 유형이다.

대륙 섬은 후기 홍적세에 해수면이 올라가면서 본토와 고립되었던 대륙의 일부분이거나, 수억 년 전에 존재했으며 대륙화강암이나 편마암과 같은 암석으로 이루어진 곤드와나 로라시아와 같은 초대륙(超大陸)에서 떨어져 나와 '떠다니고 있는' 지질 조각이다. 곤드와나의 주요 조각에는 아프리카, 남극대륙, 인도, 오스트레일리아가 포함되지만 위에서 언급한 태평양의 대륙 섬들도 이 범주에 속한다. 말레이시아, 이란, 터키, 이베리아 반도, 미국 동남 연안 지대와 같은 유라시아와 북미(로라시아)의 일부분도 예전에는 곤드와나의 일부분이었다. 여기 저기 흩어져 있는 조각들은 지질학적 층위, 광물학적 특징, 비교적 불모의 토질, 독특한 동식물 속(屬)들을 통해 그 유산을 드러내고 있다. 동, 니켈, 금을 비롯해 귀중한 광물이 파푸아뉴기니, 부갱빌, 누벨칼레도니, 그리고 주요 대륙의 주변지역에 풍부히 매장되어 있다. 이들은 2억 년도 훨씬 전에 곤드와나 초대륙이 산산조각 나면서 지각 변동에 의해 빗겨져 나온 결정질암과 퇴적암 사이에 끼어든 형태를 띠고 있다.

이와는 다른 지질 구조의 역사를 가지고 있는 열대 태평양의 제도에는―하와이, 보라보라, 타이티와 같은 화산섬― 통상 토지가 비옥하고, 초목이 울창하며, 비가 만들어낸 계곡이 발달해 있다. 일반적으로 가장자리를 두르고 있는 거초 암초(裾礁暗礁)들로부터 보호받고 있는 이들 화산섬은 태평양 문화가 발전하는 데에 좋은 환경을 제공해왔다. 낮은 산호섬과 환초도 화산 활동 덕분에 존재하게 되었다. 해저의 분화구―해산(海山)― 주변, 또는 오랜 세월에 걸쳐 침식되어 대양 표면 위로 조금밖에 나오지 않은 예전 화산섬 주위에서 산호가 자라면서 대양 표면으로 솟아 거초 암초가 형성되었기 때문이다. 비를 품은 바람을 가로채 붙잡기에는 턱없이 낮게 솟아 오른 낮은 섬들과 산호섬들은 종종 '사막 섬'의 전형으로 연중 대부분 건조하며, 열대 계절풍이나 수렴대(收斂帶)와 관계있는 계절에 따른 대류성 폭풍에 기대해 약간의 물을 얻을 수 있을 뿐이다.

태평양 해저 : 판구조론의 중요성

태평양에서 가장 깊은 곳(11,330m)은 챌린저 해연(海淵)이라고 부르며 괌의 남서쪽 해구에 있지만, 태평양 해저의 대부분은 평균 수심이 4300m에 달하는 평평한 해전 평원이다. 태평양 대부분의 아래 이 '해저'(海底)는 대부분 마그네슘이 풍부한 규산염 광물로 이루어진 비교적 얇고 끊임없이 움직이는 두터운 암석 지각(地殼)이다. 곳곳의 해저 산마루와 해구들이 이 암석 지각을 여러 부분으로 갈라놓아 금이 간 달걀껍질과 상당히 비슷하면서도 거대하고 단단한 판들의 모자이크처럼 보인다. 태평양 해저의 지각과 주변지역을 구성하는 판들의 움직임을 감지할 수는 없어도 과학적으로 측정은 가능한데, 이는 50년 전에서야 비로소 잘 이해하게 된 판구조론(플레이트 텍토닉스)이라고 부르는 메커니즘의 일환이다. 대양 아래에 있는 이들 지각판의 두께는 대륙 밑의 것과 비교해 얇기 때문에 여러 곳에서 지각 심약지점인 '핫 스팟'이 생기며, 이들 핫 스팟에서 마그마 기둥이 터져 나오고 해저 화산이 만들어진다. 예를 들어 이스터 섬에서 북서로 약 1000km 지점에 해양 표면에 닿지 못한 해저 화산들인 평정해산(平頂海山, 기요)이 많이 있다. 10만km²가 넘는 지역에 1000개 이상의 화산이 있으며 많은 화산이 활화산이고 끊임없이 커지고 있다. 이곳은 아마도 지구에서 평정해산이 가장 집중되어 있는 곳일 것이다.

해양저(海洋低) 확장설과 중앙 태평양의 '핫 스팟'

해저 확장으로 영향을 받고 있는 지역이 태평양에는 여럿 있다. 가장 주목할 만한 해저 확장은 동태평양해팽(東太平洋海膨, 東太平洋海隆, 東太平洋海嶺)이다. 이는 바하 캘리포니아에서 남서쪽으로 확대되면서 갈라파고스 제도와 마르케사스 제도 사이를 지나 오스트레일리아 대륙과 남극대륙 사이에 있는 환남극산맥과 만난다. 미국 태평양 연안과 접한 지질판의 ―후안데푸카 판이라고 불리는― 서쪽 가장자리 또한 새로이 해저가 밀려나오고 있는 전형적인 확장(열개작용) 지역이다. 이러한 해저 확장은 금속성 물질을 함유하고 있는 지구의 핵과 규토질의 맨틀에서 나온 대류열을 동력원으로 삼는다. 대서양과 여타 대양 지역에서는 물론 중앙 태평양에서도 뜨겁고 가소성 있는 암석인 마그마는 이들 판-경계선과 고립되어 있는 지각 약점 아래에서 표면으로 솟아오른다. 용해된 '베개' 용암들로 모습을 드러내면서 화산 분출물은 해양저의 측면으로의 확장을 추동하는 한편, 측면으로 퍼지면서 해저 상승에도 영향을 미친다. 이렇게 대양 한가운데서 일어나는 상승은 잇달아 일어나는 운동과 지각 암석의 응결로 인한 압박을 못 이겨 일어나는 단열대(斷裂帶)를 동반하기도 한다. 거대한 지질 컨베이어 벨트처럼 지각은 대양의 한복판 화산 통로에서 멀리로 움직여 가며 떠도는 지각이 되어 새로운 화산 활동의 중심지를 만들어낸다. 열 기둥(열상류)이라고 부르는 해저 마그마의 용승이 수직으로 밀고 나가 대양 표면 위로 나타나면 대양 한복판에 화산섬이 만들어지며, 단 하나의 핫 스팟 위에서 지각의 측면 운동은 결국 갈라파고스와 하와이 제도에서 보는 바와 같이 화산섬들로 이루어진 체인 혹은 군도를 만들어낸다.

갈라파고스 제도는 매년 수 cm씩 남동쪽으로 움직이고 있다. 하와이 제도의 8개 주요 섬이 있는 지역에서 지각 판은 북서쪽으로 움직이고 있으며, 새로운 화산 활동이 지금 하와이 체인의 동남쪽 말단 아래에 위치하고 있는 핫 스팟에서 집중적으로 발생하고 있다. 실제로는 지구에서 가장 커다란 순상(楯狀) 화산인 하와이 주도에서는 활동적인 두 개의 화산 통로인 마우나로아와 킬라우에아가 있다. 이 두 산은 합해 지난 30년간만 해도 '큰 섬'에 약 10억㎥의 새로운 현무암질 암을 가져다주었다. 또한 지각 판은 다른 대륙 조각들과 충돌하는 지점을 향해 움직이는 빙산과 유사하게, 그 사이에 끼어 있는 보다 가벼운 대륙 암석 조각들을 이동시킨다. 지각 판의 가장자리 근처에 종종 있게 되면서 이들은 이차적인 화산 특징을 보이며 솟아나고 있는 보다 최근 용암으로 일부분은 덮인다. 중남태평양 해역을 둘러싸고 있는 얕은 주변 바다는 오스트레일리아와 아시아, 특히 태즈먼 해(타스만 해라고도 함)와 코랄 해의 대륙붕을 확장시켰다. 어떤 주변지역에서 암석은 대양저의 마그네슘과 철이 풍부한 시마와 실리콘-알루미늄이 풍부한 대륙의 시알 사이로 들어간다. 남미의 안데스 산맥에서 이렇게 중간에 들어가 있는 암석인 안산암(安山岩)이 흔하게 발견된다.

섭입대와 '불의 고리'

인접한 지각 판들 간의 충돌은 종종 섭입대를 수반하는데, 한 판의 가장자리가 이 판 위로 올라오는 인접한 지각 구조 플레이트 아래 맨틀로 내려가도록 힘을 받기 때문이다. 이러한 섭입대는 자주 깊은 해구(海溝)를 형성시키며 또한 특히 대륙적 암석을 가지고 있는 한 플레이트가 대양 마루를 구성하는 물질인 현무암으로 구성된 인접한 플레이트를 타고 위로 올라가는 곳에서 강렬한 지진과 화산 활동 지대를 만들어낸다. 지각이 대륙성 플레이트 밑으로 뒤틀리며 들어감에 따라 이는 다시 용해되며 단층과 습곡 운동은 거대한 압박을 조성해 때로는 쓰나미가 동반되는 심각한 지진을 초래한다. 또한 판의 움직임은 대륙성 암석에 금과 약점을 만드는데, 이를 통해 용해된 규토질의 마그마는 폭발적이고 측면이 가파르고 원추형의 성층화산으로 표면으로 밀려나온다. 너무나 자주 그리고 너무나 활발하게 이러한 활동이 일어나서 이 지역은 환태평양 불의 고리라고 명명되었다.

불의 고리에서 섭입대, 심각한 지진, 화산 활동이 일어나는 지역에는 북미, 중미, 남미의 거의 전 연안 지역, 북부 변두리에 있는 알류샨 해구, 쿠릴 해구, 그리고 아시아 환태평양을 따라 일본, 보닌(오가사와라 제도, 1968년에 일본에 반환됨), 마리아나, 팔라우, 필리핀 해구, 뉴질랜드 동쪽에 있는 케르마데크-통가 해구가 포함된다. 사람들에게 압도적인 영향을 미쳤던 최근 분출한 화산들이 이 고리 주위에 산재해있다(지도 2). 대부분 아메리카 환태평양의 지형은 동부 태평양 해저의 대양 판 위를 타고 올라가고 있는 남미와 북미 대륙성 지각 구조 판들의 상대적인 움직임으로 주로 설명된다. 남에서 북으로 이 '해저'는 남극 판, 나스카 판, 코코스 판, 태평양 판, 후안데푸카 판으로 구성된다. 해양 마루의 섭입대는 남아메리카 판, 파나마 지협의 태평양 연안, 북쪽으로는 남부 멕시코, 오리건과 워싱턴 연안, 남부 알래스카-알류샨 도련을 따라 일어나고 있다. 캘리포니아 연안과 퀸샬럿 제도 서부를 따라 지질 구조 판들은 악명 높은 북미 서해안의 대단층인 샌엔드레어스 단층과 같은 변환 단층대를 따라 서로 부딪치거나 미끄러지게 된다. 북미와 남미 대륙판들의 뒤틀린 가장자리는 안데스 산맥, 태평양 코스트 산맥, 캐스케이즈, 시에라네바다 산맥과 같은 높은 대산맥으로 솟아올랐다. 컬럼비아 강, 프레이저 강과 같은 몇 큰 강은 남북으로 뻗어 있는 산맥을 뚫고 흘러 북부 태평양에 도달한다. 그러나 남미의 몇 중요한 강들은 남태평양으로 흐른다.

북아메리카 판 아래에 끼어있던 암석의 재용해와 하향 요곡을 초래한 후안데푸카 판의 동쪽 가장자리의 섭입대는 1981년 세인트 헬렌스 산의 분화 원인이었다. 최근 인도네시아 제도에서 일어난 엄청나게 파괴적인 지진들도 순다 판 밑으로 인도양 판이 섭입한 결과이다. 태평양의 여러 섭입대 해구는 지구에서 가장 깊은 곳들로, 특히 괌 섬 근처 마라아나 해구에 있는 챌린저 딥은 앞서 언급했다. 나중에 더 살펴보겠지만 이들 지각의 하향 요곡과 강렬한 화산 활동이 일어나는 지대는 태평양의 역사에서 상당히 중요했으며 지금도 중요하다.

인류사의 한 요인으로서의 '불의 고리'

불의 고리(화산대) 그리고 특히 가장 특기할 만한 특징인 수많은 활화산은 태평양 역사의 여러 측면에 오랫동안 영향을 미쳐왔으며 계속 이 지역에서 나오는 뉴스의 일부분을 이루고 있다. 그 영향력은 긍정적이기도 부정적이기도 하다.

긍정적인 측면에는 보면 앞에서 언급했던 바와 같이 태평양의 섬들과 주변지역의 기름지고 비옥한 토양은 이들 화산 활동 덕분이다. 화산이 밀어낸 영양소가 풍부한 용암과 화산재 구름은 수세기가 넘게 많은 인구를 지탱할 수 있는 깊고 생산적인 토양을 만들어냈다. 일본의 토양이 비옥한 것은 혼슈(本州) 섬에 있는 후지 산(富士山), 규슈에 있는 아소 산(阿蘇山)과 사쿠라지마 산(櫻島山)과 같은 화산 덕분이다. 이들은 본질적으로 아시아 대륙의 가장자리에서 솟아오른 구간인 일본 산계(山系)의 일부분이다. 이 산계로 인해 일본에는 산이 많고 표면적의 15%만이 인간의 정착에 유리한 평지이다. 비슷하게 뉴질랜드의 북도(北島)도 루에페후 산과 같은 화산 덕분에 땅이 기름지다. 필리핀, 자바, 발리에서 매우 많은 인구는 마욘 산, 바토르 산, 메라피 산과 같은 화산 주변의 풍부한 화산암류 토양(화산토)에 의존하고 있다.

부정적인 측면에서 보면 폭발적인 화산 분출은 북부 수마트라의 토바(B.C. 69000년), 숨바와 섬에 있는 타보라(1815년), 자바 서부의 크라카타우(1883년)에서 있었던 거대한 화산 분화와 같이 수천 명을 죽이고 거대한 지역을 황폐화시키고 심지어 지구의 기후 패턴도 바꾸어 놓는다. 토바 화산 분출은 약 2800㎦의 암석을 가루로 만들었으며 전 세계로 충격파를 보냈으며 성층권(成層圈)을 화산재로 채웠으며 1000㎦가 넘는 화구호(火口湖)를 남겼다고 추정된다. 두터운 화산재 구름이 상층 대기권에 수년간 머물러 있으면서 햇빛을 차단했기에 겨울이 6년간이나 계속되었으며 전 세계에 커다란 영향을 미쳤다. 수많은 동식물 종이 대량으로 죽었으며 인류도 거의 멸종 위기에 처했던 것으로 보인다. 이분화가 일어난 지 수백 년 동안 기후는 홍적세 빙하 최대기 만큼 혹은 그보다 더 추웠다. 토바의 대재앙과는 비교도 할 수 없지만 지역적으로는 상당히 파괴적이었던 태평양에서의 잘 알려진 화산 폭발을 비롯해 보다 최근에 일어난 몇 화산 분화를 보면 태평양의 불의 고리가 인간 역사에 미치는 영향력을 분명히 가름할 수 있다.

예를 들어, 필리핀 제도에서 약 10개의 화산이 활화산으로 알려져 있다. 루손 섬에 있는 피나투보 산은 거의 500년간이나 휴면 상태에 있다가 1991년 맹렬히 분출해 700명이 넘는 이들을 죽음으로 몰고 갔다. 이 분화는 또한 미국의 최대 해외 공군기지 중의 하나인 클라크 필드를 포기하게 만들었다. 알바이에 있는 마욘 산도 위험한 산인데, 이는 지난 400년 동안 40번 이상이나 분화했으며, 특히 1814년 2월에 있었던 분화는 두 개의 마을을 완전히 파괴하고 다른 두 마을에도 커다란 피해를 입혔으며 1600명의 목숨을 앗아갔다. 마닐라 남부 바탕가스에 있는 타알 화산 또한 매우 활동이 활발해 지난 500년간 30번이나 분화했는데 1911년 1월에 있었던 분화는 특히 격렬했다. 최근 파괴적인 영향력을 발휘했던 환태평양의 화산 분화에는 1985년 콜롬비아에 있는 네바도 델 루이스 산 분화가 포함된다. 이 폭발로 화산이류(火山泥流)가 발생했는데, 이는 곧 아르메로 도시를 2만 명이 넘는 이들과 함께 땅 속으로 파묻어 버렸다. 세인트헬렌스 산이 1981년 분화하여 워싱턴 주에 살고 있던 20여 명이 목숨을 잃었다. 1951년에 뉴기니의 래밍턴 산이 분화했으며 1994년에 래밍턴 산, 불칸 산, 타부르부르 산이 분화해 뉴브리튼 라바울 시를 거의 완전히 폐허로 만들어 버렸다. 비교적 평온했던 하와이의 킬라우에아 화산은 1970년대 이래로 여러 차례 분화했으며 재산을 파괴하고 많은 이들의 생명을 앗아갔다.

화산 폭발 이외에도 불의 고리 주위에서 일어나는 지각 변동은 상당히 파괴적인 지진과 쓰나미의 원인이 된다. 예를 들어 일본에서 1923년의 관동대지진(関東大震災)과 그 결과 도쿄 시에서 일어난 화재로 14만 명이 목숨을 잃었으며, 고베의 주요 건물과 사회공공기반시설이 지진의 흔들림을 견딜 수 있도록 설계된 도시에서 1995년 고베(神戸)지진이 발생했음에도 약 6000명을 죽였다. 이들 지진은 가장자리에서 화산 활동이 활발한 캄차카 반도, 쿠릴 제도, 일본의 주요 섬인 홋카이도, 혼슈, 규슈, 시코쿠로 이루어져 있는 아시아 판의 가장자리 밑으로 서부 태평양판이 침강하면서 일어났다. 태평양 불의 고리의 아메리카 쪽을 보면 1906년 샌프란시스코에서 일어난 지진과 화재로 수백 명이 죽었으며 같은 해 칠레 발파라이소에서 일어난 지진도 비슷한 결과를 가져왔다.

쓰나미

일본어 '쓰나미'(津波)는 태평양 안과 주변에서 자주 일어나는 현상이며 불의 고리에서 판구조(플레이트 텍토닉스)와 화산 활동 모두와 관련을 가지고 있는 현상을 의미하는 용어이다. 때로 해일(海溢)이라고 잘못 알려지기도 하는 이 현상은 지진파(地震波)이다. 이는 섭입이나 대양에서 화산 폭발이 일어나는 동안 해저의 일부가 갑자기 위로 움직이면서 발생한다. 열대성 사이클론과 같은 기상 사태를 동반하는 조수나 폭풍에 기인한 해일과는 달리, 쓰나미는 기상(氣象)이나 수상(水象) 현상과는 아무 관계가 없다. 그 원인은 순전히 지질 구조상의 문제이며, 이러한 이유로 인해 쓰나미는 예견하기기 어렵다. 시간당 수백 ㎞를 가는 이 지진에 의한 해파(海波)는 바람에 의해 생긴 파도와 비교해 파장이 매우 길며 깊은 바다에서 이 해파는 배 밑으로 거의 눈에 띄지 않고 지나갈 수 있다. 그러나 섬이나 대륙 연안의 가장자리 근처 얕은 물에 다다면서 어떤 쓰나미는 높이가 수십 미터에 달하며 세차고 파괴적인 물의 장벽으로 변해 연안의 저지대를 침수시키고, 사람, 가축, 집, 작물 등을 쓸어가 버리거나 망가트린다.

태평양 역사에는 쓰나미가 관련된 재난은 적지 않았다. 지난 300년간 불의 고리 주변에서 발생한 몇 쓰나미는 역사 기록 이후 가장 치명적이고 희생이 큰 자연재해를 대표한다.

페루의 도시 리마와 카야오는 1746년 지진과 그 여파로 발생한 쓰나미로 파괴되었으며 4000명 이상이 목숨을 잃었다. 1883년 크라카타우 화산섬 폭발 결과 발생한 쓰나미는 화산 폭발보다도 더 많은 사람의 목숨을 앗아갔으며, 그 영향은 광범위했다(사진 11). 전체 사상자 수는 정확하게 가늠할 수 없었다. 1896년 혼슈의 산리쿠(三陸) 연안은 2만7천 명을 죽인 치명적인 쓰나미로 폐허가 되었다. 다시 1933년 3월 3일 진앙지가 도쿄 북쪽으로 약 200㎞ 떨어진 태평양 아래에서 일어났던 지진은 홋카이도에 있는 광대한 연안 지역과 혼슈에 있는 요코하마와 산리쿠 주변을 흔적도 없이 날려 버렸다. 이 지진으로 야기된 쓰나미가 7시간 후에 호놀룰루를 강타했으며 10시간 30분 후에는 샌프란시스코를 덮쳤으며 22시간이 흘러서는 칠레의 이키케에 당도했다. 하와이는 수차례 파괴적인 쓰나미의 공격을 받았으며 여러 해항도시가 쑥대밭이 되었다. 1946년 4월 1일 알류샨 열도에서 일어난 지진으로 발생된 파괴적인 쓰나미는 힐로 시 일부를 무너뜨렸으며 쓰나미의 접근을 경고해 주민들이 피할 시간을 주도록 고안된 경보 사이렌이 울렸음에도 불구하고 98명이 목숨을 잃었다. 일본과 칠레에 있는 해항도시들과 마찬가지로 힐로는 1960년 5월 22일 이제까지 기록된 가장 강력한 지진이―남아메리카 판 아래로 나스카 판이 섭입하면서 발생했으며 릭터 규모 9.5로 기록된 초강력지진― 불러온 쓰나미로 커다란 타격을 받았다. 이 파열(波列)은 칠레에서 2000명, 일본에서 122명, 하와이에서 61명의 인명 피해를 가져왔다. 북아메리카 서부 연안에서 일어난 최근 가장 큰 지진과 쓰나미 가운데 하나는 1964년 3월 28일 알래스카 프린스윌리엄 해협 근처에서 일어났다. 이는 코디액 섬사람 122명을 죽음으로 몰고 갔으며 브리티시 콜롬비아, 오리건, 캘리포니아 연안에도 영향을 미쳤다. 북미 판의 밑으로 태평양 판이 섭입한 것이 지진의 원인이었다. 1998년 7월 17일 15m가 넘는 지진파가 세 차례나 뉴기니의 북부 해안을 강타해 웨스트 세픽 연안에 살고 있던 2200명을 쓸어갔다. 원인은 해저에서 일어난 비교적 보통 수준의 지진이 대륙붕에서 해저 산사태나 침전물 폭락을 야기한 데에 있었다. 2007년 4월 1일 솔로몬 제도의 수도이며 과달카날 섬에 있는 호니아라에서 북서쪽으로 345㎞에 있는 지조 근처에서 진도 8.1의 지진이 일어났으며 곧이어 밀려온 쓰나미로 수많은 인명 손실과 함께 솔로몬 제도의 수많은 연안 마을을 물바다로 만들었다. 이 지진은 불의 고리 중에서도 특히나 활동적인 부분에서 오스트레일리아 판과 여러 다른 대륙 판 조각들이 태평양 판 밑으로 쑥 들어가는 섭입 수역(攝入水域)에서 일어났다.

파괴적인 쓰나미는 태평양에서 가장 빈번히 발생하지만 다른 대양에서도 일어난다. 최근 들어 가장 치명적이었던 쓰나미가 2005년 12월 26일 인도양에서 발생해 수마트라, 태국 남부, 인도, 스리랑카, 그리고 멀리 동아프리카에서도 커다란 인명손실을 가져왔던 사실이 이를 잘 보여준다.

쓰나미는 일반적으로 파괴적이지만 때로는 인간에서 유용한 지식을 주기도 한다. 예를 들어 쓰나미 파(波)가 먼 해안에 도착하는 시간인 지진 시간 그리고 쓰나미의 이동 속도는 수심의 제곱근에 따라 다르다는 사실 등에 관한 지식에 바탕을 두어 태평양의 평균 수심이 1856년에 처음으로 추정되었다(Strahler 1963 : 318).

환경 효과의 상호작용

산호초, 환초, 암초

중앙 남태평양은 오랫동안 수많은 종류의 산호가 무성하게 자랄 수 있는 최적의 좋은 환경이었다. 남회귀선과 북회귀선 사이 표층수 온도는 중앙 태평양과 남서 태평양의 현저한 특징인 거대한 산호초, 환초, 암초를 만들어내는 산호충과 같은 작은 해양 생물의 생존에 필요한 최소한의 수온인 섭씨 17.5도 아래로 내려가는 경우가 드물다. 말미잘, 해파리와 다른 강장동물과 관련 있는 산호충은 맑고 따뜻하며 염분이 함유된 낮은 수심에서 모든 바위나 심지어 죽은 산호충의 몸체에 대거 달라붙어 석회(탄산칼슘)를 분비하면서 번성하는 군집생물체이다. 이는 굳어지면서 석회암초(石灰岩礁)를 만든다. 이 석회암초는 산호충의 연한 몸체를 보호하지만 가장 단단한 강철로 선체를 두른 배의 바닥을 찢어놓을 수 있을 정도로 강하기도 있다. 산호초는 북동 오스트레일리아의 대륙붕을 따라 나있는 그레이트배리어리프와 같이 보초(堡礁), 그리고 태평양과 다른 지역의 화산섬, 산호섬, 대륙 섬, 해양 섬을 가리지 않고 수도 없이 많은 섬들을 둘러싸고 있는 거초(裾礁)를 포함해 여러 다른 형태를 띨 수 있다. 산호초는 초기 서부 태평양 탐험 역사에 대거 등장하는데, 대부분이 처참한 조난, 비극적인 죽음 그리고 상업 교역소 설치나 제국주의적 점령 시도와 그 좌절의 주요 원인으로 나타난다. 보잘 것 없는 산호충이 인간의 야망과 운명에 미친 영향을 보여주는 수많은 예는 다른 장에서 논의된다.

산호초는 아메리카 환태평양의 차가운 바다에서는 덜 흔하며 신선하고 흐리거나 오염된 물을—여린 산호초를 죽이는 환경 조건— 대양으로 쏟아내는 커다란 강어귀 주변에는 없다. 심지어 표층수의 온도와 염도의 급격한 상승이나 저하도 산호충의 일시적 자연 소멸을 묘사하기 위해 사용되는 용어인 백화 현상을 유발시킬 수 있다. 지구온난화로 인해 21세기 바로 초엽에 태평양 대부분에서 살아있는 산호에게 만성적인 마름병이 일어날 것이라는 우려가 있다. 악마불가사리와 파랑비늘돔과 같이 산호초를 먹이로 하는 종들의 공격도 태평양에서 얼마간 산호초 파괴를 앞당기고 있으며 폭풍이나 대양의 표면 온난화로 손상된 산호초의 재생을 방해하고 있다. 태평양의 일부에서 산호초의 성장은 이제 수백 년 전 그 어느 때보다도 느려지고 있다.

앞서 언급한 바와 같이 산호초가 대양 표면 위로는 보이지 않고 가라 앉아있는 해산(海山) 주위를 빙 두르고 있는 거초를 형성하는 곳에서 나타나는 결과는 환초(環礁)이다. 환초는 비교적 얕은 초호(礁湖)를 둘러싸고 있는 가느다란 산호 띠의 형태를 띤다. 거초에 싸여있거나 혹은 초호 그 자체인 산호섬은 때로는 산호 조각들과 모래가 오랜 시간 동안 쌓이면서 굳어지고 바다와 파도의 작용 또는 해수면 저하로 수면 위로 올라오면서 형성된다. 산호섬에는 여러 지상 생명체나 바닷새 군락의 먹이가 되는 강인한 식물 종들이 뿌리를 내리기도 한다. 덜 영구적인 산호 구조인 암초(暗礁)는 초호 안에 있는 작고 낮은 모래섬으로 파괴적인 강한 파도로부터 바깥쪽에 있는 보초나 거초에 의해 보호를 받는다. 많은 이들에게 환초와 암초는 목가적인 남태평양(South Seas)과 동의어가 되었으며, 사실 몇 군데는 현재 인기 있는 관광지이다. 이중에는 세계에서 최대의 산호환초 중의 하나인 북부 쿡 제도에 있는 아이투타키가 들어가 있다. 그러나 다른 환초들은 프랑스령 폴리네시아에 있는 모루로아 환초, 마셜 제도에 있는 비키니 환초, 그리고 키리바시에 있는 키리마티(크리스마스) 섬과 같이 좀 더 해로운 국면들과 동의어가 되었다. 이들 모두는 서구 군사 강국들이 핵무기를 실험하는 장소였다. 이러한 국면에 대해서는 이 책의 후반부에서 논의된다.

가장 크고 가장 잘 알려진 태평양의 산호초는 그레이트배리어리프이다. 이는 북으로는 토레스 해협에서 시작해 퀸즐랜드를 따라 남으로는 글래드스턴 시 근처의 레이디 엘리엇 섬까지 2000km가 넘게 펼쳐져 있다. 이는 북부에서는 거의 끊임없이 이어져 있으며 대륙붕 가장자리에서는 깊은 곳에서부터 솟아올라 있다. 케언즈 근처 남쪽에서 그레이트배리어리프는 수백 개의 암초들로 구성된다. 이 보초와 오스트레일리아 연안 사이에는 휘트선데이 섬과 힌친부룩 섬 그룹과 같은 대륙 섬들은 물론 일련의 초호와 물길이 있다. 이들 대륙 섬은 과거 마지막 홍적세 말기에 해수면이 올라가면서 점차 물에 잠기게 된 연안 산맥의 봉우리였다. 마지막 빙하기의 절정기에 퀸즐랜드 연안의 해수면은 지금보다 100m 정도 낮았으며, 암초가 형성되고 있던 때에 그리고 해수면 상승이 연안 섬들을 본토와 분리시키기 전에 아시아와 뉴기니에서 지협을 거쳐 도착한 원주민들이 이 지역을 차지하고 있었다는 증거가 있다. 항해의 시기 동안 이 지역은 수많은 배의 묘지였지만, 세심한 해도 작성으로 암초 안쪽의 수역은 해운을 위해 훨씬 안전한 장소가 되었다. 정확하게 표시된 물길과 이 그레이트배리어리프 안에서 북쪽으로 부는 바람은 커다란 배들조차도 항해가 가능하도록 했으며, 그 결과 이는 동부 오스트레일리아 항구들과 아시아 환태평양 간의 좀 더 직선적인 수송 항로가 되었다.

고립 효과로 생긴 생물다양성

태평양은 세계 최고의 생물다양성을 가지고 있다. 예를 들어 아주 오랫동안 생물학적인 고립을 경험했던 오스트레일리아의 조류상(鳥類相區)과 남미와 중미의 신열대구(新熱帶區)에는 68 조류과(鳥類科) (그중 고유종은 31), 오스트레일리아 지역에 83 조류과 (그중 고유종은 15)를 포함해 세계에서 가장 많고 가장 다양한 조류가 있다. 필리핀, 동부 인도네시아, 뉴기니, 솔로몬 제도를 둘러싸고 있는 바다와 암초를 포괄하는 코랄 트라이앵글로 알려진 지역의 해양 생물다양성도 세계 최대이다. 또한 끊임없이 새로운 종들이 발견되어 이미 매우 풍부한 생물다양성을 더욱 높이고 있다. 모든 종류의 어류의 절반뿐만 아니라 모든 산호초의 3분의 1, 모든 관련 해양 생물의 4분의 3이 있는 코랄 트라이앵글의 핵심지역은 새로운 종을 확산하는 저수지 역할을 했다. 홍적세 동안과 그 이래 해수면의 변동은 여러 종들의 개체를 교대로 분리시키고 다시 재결합시켰으며, 이 과정을 통해 열대 태평양에서 해양 생물의 다양성은 증가했을 뿐만 아니라 강인성과 복원력도 높아졌다(Glover and Earle 2004 : 91).

태평양 해역의 산재된 섬들 사이에 존재하는 광대한 해양의 거리 또한 이들 고립된 지점들에서 그 지역의 동식물상이 독특한 군집을 이루면서 발전하도록 하게 했다. 새로운 접촉이 있었다면 이는 조류나 바람에 떠밀려온 통나무들에 있던 특정 식물, 새, 곤충, 동물 종들 때문이었다. 몇 백 년 전인지 알 수 없는 오랜 시간 동안 고립된 종들은 갈라파고스 제도, 하와이 제도 혹은 로드하우 섬을 비롯한 섬들의—뒤에 다시 논의하겠지만— '새로운' 적합한 환경에서 돌연변이를 만들고 적응하면서 다양화시켰다. 이들 다양한 생물종들은 이 영역 각지에 퍼졌던 태평양 사람들이 이용하고 어떤 경우에는 전멸시킨 자원 환경을 창조해냈다. 최근 코랄 트라이앵글과 태평양의 다른 곳에서 해양 생물다양성을 보호하기 위한 국제사회의 노력은 해양 환경 보존에 관한 관심을 드러내는 새로운 시대를 예고하고 있다. 2009년 미국은 북부 마리아나 제도, 중앙 태평양(웨이크 섬에서 팔미라 환초까지), 아메리칸사모아 근처 로즈 환초 주변 해역을 세 개의 '해양국립기념물'(Marine National Monuments)로 지정했다. 캘리포니아보다 더 넓은 태평양의 지역을 아우르고 있는 이 거대한 해양자원 보존 지역에서 상업 어업, 석유와 가스 시추 및 채굴 금지와 같은 제한이 가해지게 될 것이다(Regas 2009).

고대 곤드와나 대륙의 조각들을 나르는 지각 판(텍토닉 플레이트)의 느린 움직임으로 —위에서 묘사했듯이— 점차적인 분리와 그리고 궁극적으로는 언젠가 하나의 종이였던 것에서 새로운 식물과 동물로의 진화를 가져왔다. 사이에 있는 거리가 더 멀어짐에 따라 유라시아와 아프리카의 '원천'(source) 지역에서 점차 더 적은 종들이 이주해왔다. 고립된 대륙 오스트레일리아와 그리고 뉴기니, 뉴질랜드, 누벨칼레도니, 피지와 같은 조각들은 한때는 단일한 속(屬)들에 속했던 동식물들의 독특한 변종들로 채워지게 되었다. 그리하여 아카시아, 유칼립투스, 프로테아,

아우레카리아(aurecarias)와 같은 곤드와나 대륙 식물 속(屬)들이 떠다니는 곤드와나 암석 조각들 위에서 변하는 환경 조건에 적응하면서 다양한 새로운 종(種)들로 발전했다.

　동부 오스트레일리아로의 첫 탐험에서 조지프 뱅크스는 보터니 만에서 당시 과학계에 알려지지 않은 새로운 십여 종의 식물 표본을 발견했다. 지각 판들의 충돌로 곤드와나의 대륙 암석이 로라시아 대륙 암석 바로 옆에 놓였던 곳에서만 그리고 빙하 시기 동안 해수면이 낮아지면서 이전에는 분리되어 있던 육괴(陸塊)들 사이에 지협(랜드 브리지)이 만들어진 곳에서만 이 두 고대 초대륙에서 온 동식물들이 섞이게 되었다. 이러한 지역의 하나가 발리 섬과 롬복 섬 사이에 있는 롬복 해협을 통과하는 선을 따라 있는데, 이는 1850년대에 이를 발견한 영국 동식물학자 알프레드 러셀 월리스의 이름을 따 월리스 선(線)이라고 부른다. 그는 이 선 양쪽의 동물상이 현저히 다르다는 사실에 주목했다. 아시아 종과 오스트레일리아 종 사이를 가르는 이 동물상 경계에 대한 세련화는 이후 보퍼트에 의해 이루어졌다. 라이데커 선(線)이라고 부르는 그의 선은 좀 더 동쪽에 위치하며 티모르와 아라푸라 해를 가로지르며 말루쿠와 서 뉴기니를 지난다. 현재는 월리스 선과 라이데커 선 모두 똑같이 중요하다고 인정받고 있다. 라이데커 선은 서쪽으로 퍼져가는 오스트레일리아의 동식물상의 육생 경계를 표시하는 반면, 월리스 선은 동쪽으로 퍼져가는 아시아 종들의 경계를 나타낸다. 그리하여 이 두 선의 중간에 있는 지역은 곤드와나와 로라시아 대륙의 동물상이 모두 군집해 있는 점이지대이다. 식물 종을 보면 분계선은 더 서쪽에 있으며, 말레이시아와 인도네시아의 거의 모든 도서와 반도 지역은 곤드와나 군집의 일부분이다.

　곤드와나와 로라시아 동식물상이 만나고 중첩되는 두 번째 경계지역은 파나마 지협에 있다. 이상의 두 예 모두에서 동물상의 혼종을 가져온 판 충돌은 지질학적인 시간 척도로는 비교적 최근에 일어났음을 시사하는 증거가 있다. 최근 발견된 증거는 대서양과 태평양 간의 바닷물 혼합과 열 순환을 종결지은 300만 년 전 파나마를 가로지르는 심해 물길이 차단되면서 주로는 북 대서양에 있는 대양과 대기의 열평형이 교란됨으로써 홍적세 빙하기가 왔을 수 있음을 말해 준다(White 2000 : 173).

　태평양에서 현저하게 나타나는 공간적·물리적 특징을 다룬 이 장은 이 수반구에서 계속해 일어났으며 여전히 일어나고 있는 환경 조건들의 변화를 일종의 스냅사진을 보여주는 식으로 간략하게 묘사했다. 이들 변화에는 지각 변동으로 야기된 비옥한 화산섬들의 보급, 사람들이 선호하는 태평양 주변지역의 환경뿐만 아니라 화산폭발과 쓰나미가 가져오는 파괴적인 결과, 태평양 지역의 경제 발전에는 너무나 중요한 광물자원의 침식과 퇴적, 주기적인 해수면의 상승과 하강을 —먼 과거에 태평양 사람들이 이동할 수 있는 길이 되어준 지협을 생기게 하고 섬들 간의 거리가 가까워지자 사람들이 섬을 징검다리 삼아 이주할 수 있도록 해주었다— 포함해 홍적세 빙하기 이래 계속되고 있는 지구 기후 변화의 영향도 포함된다.

　해수면 변동의 결과이든 지각 변동의 결과이든 과거의 환경 변화로 야기된 다른 중요한 영향에는 타라와 섬이나 니우에 섬과 같이 수많은 융기한 산호대(珊瑚臺) —이제는 사람이 살 수 있는 태평양 섬들인—그리고 시드니, 밴쿠버, 샌프란시스코 항구와 같이 '침수된' 계곡(溺谷)들의 형성이 포함된다. 지구 열평형의 주요 메커니즘으로 작동하며 가뭄과 홍수의 발생에 영향을 미치는 태평양에서의 바람과 해류 시스템의 변화를 이해하는 것도 필요하다.

　중대한 변화는 엘니뇨 남방진동의 빈도와 강도가 눈에 띄게 증가한 것이다. 현재 급격한 지구온난화 국면은 태평양 전 지역에서의 인간의 거주, 농업, 도시화, 어업, 자원 이용에 엄청난 영향을 미치고 있다. 이런 환경적인 영향이 과거, 현재, 미래에 태평양에서 인간의 거주에 주는 영향을 이해하는 것이 중요하며 여러 문화가 태평양에 확산되고 태평양 환경에 적응하는 방식을 이해하는 것 또한 긴요하다. 다음 장은 태평양에 사람들이 정주하게 되는 문제, 즉 수세기에 걸쳐 일어나는 과정이며 첫 유럽인이 이 영역에 끼어들어오기 전부터 이 수반구의 구석구석까지 뻗쳐있던 풍부하고 복잡한 문화 모자이크를 만들어냈던 과정에 초점을 둔다.

2장 태평양의 사람들

: 선사시대부터 최초 유럽인의 등장까지

아시아에 기원을 두고 있는 태평양 사람들

　고고학적, 유전학적, 언어학적 증거는 아시아가 '스프링 보드' 역할을 했음을 말해 준다. 인류의(그리고 아마도 그 이전 인류의 조상) 이주 물결은 아시아에서 동쪽과 남서쪽으로 흘러 태평양 제도와 태평양 주변지역으로 퍼져나갔다. 최근 플로레스 섬에서의 발견으로 '플로레스인'이라고 불리는 작은 인류의 조상이 18000년 전에 동부 인도네시아 제도에 살고 있었음이 밝혀졌다. 당시 동부 인도네시아제도는 뉴기니, 오스트레일리아, 타스마니아와 함께 사훌이라고 명명된 하나의 대륙으로, 크고 작은 섬들이 여기 저기 흩어져 있는 좁다란 한 두 개의 해협을—소위 월리스선을 따라 나있는 틈새와 같은— 사이에 두고 순다라고 명명된 아시아 본토 영역과는 떨어져 있었다. 아시아 환태평양과 주변의 제도에 정착했던 최초의 인류는 네그리토 수렵·채집인이었다. 이들은 신체적으로 동부 아프리카 숲 지대의 완도로보인(人), 벵골 만의 안다만인, 말레이시아 산악지대의 세마이인와 테미아르인과 유사했다. 널리 수용되고 있는 '아프리카 기원설'에 따르면 숲에 살고 있는 네그리토인들은 홍적세 시기 순다 본토와 사훌을 잇는 지협을 통해 널리 퍼졌다. 사훌에서 일부 네그리토인은 좁은 해협을 건너 현재 필리핀과 대만으로 들어왔다. 필리핀 유적지에서 발견된 고고학적 증거에 따르면 이들의 정주는 22000년 이전으로까지 거슬러 올라간다. 중부 필리핀, 특히 네그로스 섬과 (이들 네그리토인의 이름을 딴) 멜라네시아의 일부 지역에는 아직도 상당한 규모의 네그리토인들이 살고 있다.

타스마니아의 팔라와인, 오스트레일리아의 원주민들과 같은 다른 홍적세 이주민들은 최소한 40000년 이전부터 수차례 지협을 건너 이 대륙으로 이동했다. 곧 이들의 석기 문화와 애니미즘도 이곳에 퍼졌다. 본토 원주민은 유전학적으로 인도 아대륙의 드라비다인 그리고 중앙아시아의 코카서스인과 유사하다. 만년이 덜 된 홀로세에 도착한 보다 근래의 이주민은 인도의 들개, 파푸아뉴기니의 노래하는 개와 유사한 사냥개 딩고를 데려왔다. 1800년경 유럽인과 접촉할 당시 약 5천 명이었으며 네그리토인과 비슷한 특징을 가지고 있는 팔라와인은(Windschuttle and Gillin 2005) 바스 해협을 가로지르는 지협이 마지막 빙하기에—B.C. 6천 년경에 끝난 위스콘신 빙하기— 물속에 가라앉으면서 이곳에 고립되었다. 이전에 이들 문화는 원시적이고 사냥개도 없었다고 간주되었으나 최근의 고고학적 증거에 의하면 팔라와인은 본토 원주민처럼 식용작물 재배와 조개류 채취는 물론 커다란 육지 유대류 동물사냥에 기반을 둔 세련된 문화를 발전시켰다. 초기의 백인 정착민들과 함께 들어온 질병과 폭력으로 1876년에 이르러서는 순수 혈통의 팔라와인은 절멸했다. 오스트레일리아의 태평양 연안 지역에 있는 본토 원주민 부족들은 반유목 생활을 하다가 공인된 부족 영토로 편입되었다. 유럽인과의 접촉 시 대륙에는 전체적으로 50만이 넘는 원주민과 250개의 언어집단이 있었다. 백인의 정주와 함께 원주민의 숫자는 곤두박질쳤으나, 현재 특히 퀸즐랜드의 북부에서는 증가 추세에 있다.

아시아로부터 이주한 초기 정주민을 이어 수세기 후에는 말레이시아 반도와 인도네시아로부터 오스트로네시아인의 이주 물결이 이어졌다. 오스트로네시아인의 한 집단이 (포모사인) 대만으로 퍼졌으며 다른 수많은 집단들은 (말라요-폴리네시아인이라고 언급되는 이들) 동부 인도네시아, 필리핀, 뉴기니, 그리고 더 멀리 태평양 동쪽으로 이주했다. 현재에도 필리핀인의 95% 이상은 일정 정도 오스트로네시아인의 혈통을 이어받고 있는데, 예를 들어 중부 필리핀의 비자야인과 루손의 일로카노인이 그렇다. 동족인 차모로인은 괌과 마리아나에 정착했다. 수백 개에 이르는 서로 다른 오스트로네시아 언어를 사용하는 집단들이 뉴기니(파푸아 언어 클러스터), 멜라네시아, 폴리네시아에 정착했다.

초기 오스트로네시아인이 '근 오세아니아'(Near Oceania) 제도에 퍼지기 시작했을 당시 배 만드는 기술은 멀리 서부 멜라네시아와 미크로네시아에까지 항해할 수 있을 정도로 발전했음은 확실하다. 최소한 5500년 이전에 원(原)-오스트로네시아어가 발전했던 것으로 보이는 대만이 미크로네시아와 서부 멜라네시아로의 이주민을 방출한 주요 근원지라고 주장하는 연구자들이 있지만 이에 대해서는 논란의 여지가 있다. 그럼에도 불구하고 현재 대만 인구의 2%는 오스트로네시아어 방언을 사용했던 원주민의 후손이다. 비교적 최근까지도 대부분의 오스트로네시아 공동체는 사냥, 채집, 어로 그리고 기장, 쌀, 후에는 타로토란, 얌, 사탕수수를 거두는 원예 농업에 의존했다. 오스트로네시아의 가축은 통상 개, 돼지, 닭이며, 도자기 스타일은 끈 무늬 장식을 특징으로 한다.

일부 고고학자들은 최초의 이민자가 일찍이 28000년 전에 '근 오세아니아'에 발을 디뎠다고 생각하지만 이를 증명할 수 있는 자료는 부족하다(Harley, Woodward and Lewis 1998 : 418). 아마도 북 솔로몬 제도는 B.C. 10000년경에 네그리토가 차지하고 있었으며, 말라요-폴리네시아인이 B.C. 1500년경에는 파푸아에 정착했으며, B.C. 1000년경에는 바누아투와 피지 제도에 이르렀다고 보인다. 현재 최소한 15개의 파푸아 언어가 솔로몬 제도에서 사용되었다고 알려져 있으며, 최근 고고학자들은 멀리 동쪽으로 사모아와 통가의 여러 지역에서 멜라네시아와 서부 폴리네시아 일각에서 흔히 발견되는 독특한 장식 스타일을 가지고 있는 라피타 도자기 파편들을(사진 1) 발견했다(Storey 2006 : 8). 천 년이나 지속된 알 수 없는 '휴지기'를 지나 폴리네시아 문화에 속한다고 보이는 사람들이 동쪽으로 이동을 재개하여 '근 오세아니아'로 이주했다. 이들은 서기가 시작되고 몇 세기 안에 통가와 사모아를 거치고 중남태평양을 건너 마르케사스, 타이티, 하와이, 라파누이(이스터 섬), 라로통가(쿡 섬)에 퍼졌으며, 다시 또 1000년대 초기에는 아오테아로아(뉴질랜드)에 정착했다. 또 다른 이주 물결은 인도네시아와 멜라네시아에서 북쪽으로 향해 북태평양의 동부 미크로네시아 제도로 들어갔다.

아시아 환태평양의 영향력 있는 문화

아시아는 대다수 태평양 사람들의 근원지였다. 때문에 태평양 역사에서 한 역할을 평가하기 위해서 뿐만 아니라 15세기 초부터 18세기 말 사이 그 영향력이 시들해진 이유를 설명하기 위해서도 아시아 환태평양의 영향력 있는 문화와 사회를 파악해 볼 필요가 있다. 홍적세 기간과 그 이후 처음으로 사람들이 태평양에 살게 된 때에 아시아 환태평양은 인간이 거주하고 정착지를 확대하기에 아주 좋은 환경을 가지고 있었다. 해안 평야, 비옥한 강 유역, 숲으로 뒤덮인 고지대는 농업을—이동 농업이든 정주 농업이든— 중추로 한 촌락 기반 사회와 소규모 부족 국가들 혹은 왕국들의 대지였다. 이들은 화전 경작에 적합한 숲 지대에 의존하면서 이동 경작을 하는 과정에서 얻은 식물 뿌리, 과일, 채소 작물은 물론 고지대에서 쌀과 밀을 경작하면서 내지에 정착하게 되었다. 물이 있는 논에서 경작한 쌀과 양식한 물고기, 마른 땅에서 얻은 나무 작물은 메콩, 짜오프라야, 후앙허(黃河), 시장(西江), 양쯔강(揚子江, 長江)과 같이 동쪽으로 흐르는 아시아의 대규모 하천 유역과 델타 지역에서 중요해졌다. 믿을 만한 연간홍수량과 비옥한 토사는 집약적이고 정주하며 이루어지는 논농사에 좋은 환경을 조성해주었다. 주요 강의 하류에는 일반적으로 배가 다닐 수 있었기에 수상 교역이 발전할 수 있었으며 강 어귀와 연안에서의 어업은 무수히 많은 작은 촌락의 버팀목이 되었다. 거대하게 뻗어있는 아시아 환태평양의 연안 지대에는 광대한 감조 습지(減潮濕地), 맹그로브로 가득 찬 강어귀(河口), 연안 섬들이 있었다. 그리하여 아시아 사회는 항해에 익숙해 있었으며 아주 오래 전부터 해안 지역 가까이에 살고 있었다. 아시아 사회는 일종의 바다의 문명을 아시아 태평양 연안을 따라 있는 섬들과 반도들에 그리고 종국에는 더 멀리 일본, 대만, 필리핀, 인도-말라야 제도에 확산시키면서 앞서 있었던 수렵채집 문화를 흡수하고 대체했다.

동남아의 비옥한 화산섬과 충적토 하천 유역에서 말레이 인구 밀도가 증가함에 따라, 협력 생산과 수력 관계 기술에—수전 경작을 위해 언덕을 계단식으로 만드는 작업을 가능하게 했던— 기반을 둔 보다 집약적인 수전 쌀 경작이 발전했다. 이 집약적인 관개 미작은 동남아에서 유래되었으며, 일찍이 B.C. 1000년 시기 필리핀의 이푸가오와 같은 문화들의 중추였다. 전통적인 수력 조절 방법을 이용한 계단식 농작은 오늘날에도 자바, 발리, 루손과 같은 상당히 많은 산악 지형에서 여전히 볼 수 있다. 프라우과 아웃리거와 같이 속도가 빠르고 내항력(耐航力)이 있는 범선을 이용한 수상 통상과 교역은 일상적으로 일어났다. 도자기와 금속공예품은 물론 향료, 쌀, 사고(사고 야자나무에서 나오는 쌀알 모양의 전분), 마른 생선의 교역으로 수세기 동안 지속된 네트워크가 만들어졌다.

교역과 함께 우주 내에서 인간의 위치에 대한 새로운 생각도 나타났다. 이에는 환생과 만신전에 대한 믿음을 가지고 있는 힌두교, 그리고 B.C. 6세기에 등장한 힌두교의 한 분파이며 상식적인 의미에서 종교라기보다는 인간 행동 지침이라고도 묘사되는 불교가 포함된다. 이들 신앙은 인도에서 동남아, 인도네시아로 퍼져나가면서 현지의 믿음과 결합되고 시간이 흐르면서 다양한 지역적 변형들을 낳았다. 대승 불교는 베트남, 중국, 한국, 일본 도처에 이르렀는데, 그곳에서 이전부터 있었던 주로 애니미즘적 신도, 도교, 유교 문화에 영향을 미쳤다. 소승 불교는 동남아에서 더 널리 퍼졌다. 500년 정도가 지나 처음으로 기독교가 아시아의 일부 지역에 모습을 드러냈으며, 수세기 후에 이슬람이 들어와 말라바르 연안의 구자라트 상인들과 함께 벵골, 수마트라, 말레이 반도의 항구들, 인도네시아 향료제도와 남부 필리핀에까지 확산되었다. 중앙아시아도 수세기 동안 지속되었던 실크로드를 따라 들어온 무슬림 상인들의 영향을 받았다. 그러나 북부 필리핀, 한국과 다른 동부 아시아에서 우세한 기독교는 스페인과 포르투갈 가톨릭 선교사 혹은 북부 유럽과 미국의 개신교 선교사들의 개종 노력이 빚어낸 보다 최근의 결과물이다.

교역은 서부 태평양에 종교와 기술을 전파시킨 주요 문화 에이전트였으며, 이는 동시에 일부 해항도시나 수출입항 그리고 그 지배 엘리트를 엄청나게 부유하게 만들었다. 강 유역 정치 조직체 간의 경쟁력이 증대하고 약해짐에 따라 왕국과 제국들이 아시아 환태평양 지역에서 흥망성쇠를 거듭했다. 페르시아와 아랍 상인들은 기원 후 천 년 동안 중국과 활발하게 교역했다. 대양 항해에 능숙하고 계절에 따라 바뀌는 몬순을 아주 잘 이해했던 남인도의 촐라 상인들과 인도네시아의 말레이인들은 B.C. 300년부터 계속해 멀리 베트남, 중국의 연안 그리고 인도네시아에 있는 지역들과의 해상 교역에 활발히 종사했다. 이들은 선체를 티크로 만들고 2개에서 4개에 이르는 돛을 달아 400톤을 실을 수 있었던 콜란디아(Colandia)를 포함한 잘 건조된 범선을 이용해 말라바의 후추, 스리랑카의 계피, 사암과 자바의 쌀과 말린 생선, 트르나테에서는 육두구, 플로레스에서는 목향을 모아, 이들을 멀리 현재 중국의 북부 연안 지역에까지 실어 나르고, 거기에서 비단과 도자기를 가지고 돌아왔다.

결국 여러 대제국이 환태평양을 따라 등장하게 되었으며 이들은 이전의 정치 조직체들보다 더 지속적이고 더 영향력이 있었다. 그중 중국, 일본, 한국이 주목할 만한데, 이들의 권력과 환태평양에 대한 지배력은 아시아 태평양 무대에 있는 다른 정치 조직체들과 비교해 태평양의 역사적인 역할과 더 강력하고 밀접하게 연관되어 있다고 보인다.

해양 강대국을 향한 중국의 노력

중국은 과거 사천 년간 세계에서 가장 인구가 많은 나라였으며, 중국인들은 수상 운송, 청동기와 철기 기술 그리고 상업에 정통했다. 이로 인해 중국의 경제·정치·문화적 영향력은 아시아 환태평양에 널리 퍼졌다. 조와 수수 경작을 위해 비옥한 황토 고원을 향해 중앙아시아로부터 동쪽으로 이주물결이 계속되고 봉건주의적 사회 체제를 조직하면서 중국 문명은 일어났다. 갑골, 나무나 대나무, 후에는 화선지 위에 쓴 그림문자에서 기원한 한자라는 문어는 중국의 행정 체제와 통상 체제를 조직하는 데에 중요한 역할을 했다. 마차, 청동기 문명으로 인해 중국은 전쟁, 수송, 농업, 도시와 운하 건설에서도 아시아 최고가 되었다. 최초의 대도시는 (현대 기준으로) 중국에서 B.C. 1800년경 상(商) 나라 때에 세워졌으며, 500년이 넘게 장기간 지속되면서 다른 도시들도 발전했다. 이를 이어 900년이 넘게 존재했던 주(周) 나라에서는 봉건 제후들이 중국을 분할 지배했으며, 이 시기 동안 집약적인 관개 농업이 빠르게 발전되고 도시의 인구는 증가했으며 곡물을 생산 지역으로부터 급성장하고 있던 도시로 실어 나르기 위해 운하 체제가 발전했다. 금속 통화 사용, 옥과 철기 제품 그리고 문자 기록은 모두 애니미즘과 조상 숭배에 기반하고 있었던 중국 문명의 번영에 공헌했다. 이 시기 대단히 영향력 있었던 학자인 공자는 자신이 죽은 B.C. 479년 이후 2000년이 넘도록 문명화된 사회로서의 중국의 우위를 확고하게 해 준 가부장적 철학 체계를 세웠다고 평가된다.

당시 중국은 웨이허(渭河)와 후앙허의 풍부한 충적토 분지에서 문화와 인종은 같지만 10여 개 이상으로 나누어진 정치 조직체들로 구성되었으며, '중국'(中國)의 서부와 남부에는 이와 인접한 보다 약한 국가들이 있었다. 중국이 끊임없이 야만족의 침입으로 인해 위협받고 있었던 서북쪽에는 상당한 무장을 갖춘 국가 진(秦)이 있었다. 진은 나머지 중국을 중앙아시아에서 오는 침략자들로부터 방어 했을 뿐만 아니라 B.C. 221년 진시황 아래서 중국을 통일시켜 제국으로 발전했다. 현대 중국을 이르는 영어 차이나(China)는 이 강력했던 진(秦) 제국의 이름에서 유래했다.

무엇보다도 파편화되어 있던 이전 방어 성벽을 복원시키고 확장하여 중국이 서쪽으로부터 약탈적인 유목민족을 물리칠 수 있는 믿을 만한 방어선인 만리장성을 구축하게 한 이가 진시황이었다. 이 성벽은 상업 문명을 진작시키는 데에 필요한 안전을 확보해 주었다 새로운 단일통화가 사용되었으며 아시아 환태평양 지역의 다른 정치 집단들과 교역하고 있었던 연안 도시들의 중요성이 커졌다. 중국의 도기, 비단, 자기, 차 그리고 질 좋은 제조상품들은 수요가 아주 많았으며, 관개 쌀 생산 농업에 기반을 확실히 하고 있던 중국의 부를 더욱 증가시켜 주었다. 1974년에 한 농민에 의해 발견된 산시성(陝西省) 시안(西安) 근교에 있는 시황제의 무덤은 그가 사망한 B.C. 210년경 중국의 군사력을 들여다 볼 수 있게 한다. 시황제의 유골을 지키는 테라코타 전사와 기병대들은 1979년에 처음으로 일반인에게 공개되었으며, 이제 병마용갱(兵馬俑坑)은 수많은 관광객의 관심을 끌고 있다. 이 유적지의 80% 정도가 아직 발굴되지 않은 상태라고 한다.

시황제의 자손이 하나도 살아남지 못함에 따라 새로운 왕조 즉 한(漢)이 들어섰다. 강력한 한의 황제 무제(武帝)는 요역과 징병제를 이용하여 중국의 국력을 강화시켰다. 무제의 군대에는 대량 생산된 철과 동으로 만든 무기로 잘 무장된 기병대가 있었다. 황제의 유능한 관료들이 수행한 인구조사에 따르면 기원 후 2년도에 한의 인구는 거의 6천만 명이었으며, 무역 네트워크는 인도, 아랍 세계 그리고 로마 제국을 포함해 당시 알려진 전 세계를 망라했다. 중국의 실크와 로마의 은·금화의 교환은 스트라본, 대 플리니우스와 같은 당대인들의 여러 자료에 잘 기록되어 있다(Freeman 2003 : 70-1).

중국은 당(唐) 왕조(618~970) 시기에 실력주의 사회가 되었다. 행정과 세금 징수는 관료에 기반하고 있었는데, 이들 관료는 생산을 통제하고 상인 계급의 권력을 억제했다. 그럼에도 불구하고 당 왕조 시기에 해상 교역은 발전했으며, 광둥(廣東)항은 이란, 스리랑카, 말레이에서 온 배들이 빈번히 들락거리는 주요 교역 중심지로 부상했다. 당의 수도 창안(長安)은 백만 명 이상이 거주하는 당시 세계 최대 도시였다. 1700km에 달하는 운하를 이용해 중국 경제를 주도하기 시작한 양쯔강 유역에서 장안으로 쌀을 수송했다. 당 시기 학자와 관료는 일상적으로 화선지와 먹물을 사용해 정보를 기록하고 전달했다. 화선지와 먹물은 서기 2세기 이래로 중국에서 사용되었다. 천문학과 수학 분야에서의 연구와 조선기술의 발전에서 알 수 있듯이 이 시기 중국은 해외와 접촉하고 해양으로 확장할 수 있는 능력과 관심을 가지고 있었다. 중국은 이미 일찍이 B.C. 2세기 한 왕조 때 환태평양의 강대국으로 부상했으며, 당의 황제 통치하에서 중국의 예술, 수공예, 문학은 남양(南洋)-남중국해 해역에 있는 주변 문화들로 퍼져나갔다. 중국은 남으로 홍하 델타 지역을 제압한 뒤 안남(安南)이라 명명하고 중국의 한 지방으로 편입시켰다. 이곳은 10세기 당 왕조의 끝에 가서야 중국으로부터 독립할 수 있었다.

힌두교의 일부 신념체제를 편입한 한 불교 종파인 대승불교를 포함해 인도와 동남아와의 접촉으로 새로운 사상과 철학의 원천이 마련되었다. 본질적으로는 자연주의적이거나 범신론적인 믿음 체계인 도교 또한 중국에서 다시 흥성했으며 한국과 일본 같은 주변지역으로 들어갔다.

태평양에 대한 중국의 영향력은 송(宋) 왕조(960~1270) 시기에 절정에 달했다. 이 시기에는 재통일과 번영의 시기로 거대한 원양 상선대와 안전을 확보하기 위한 해군이 등장했다. 남양과의 접촉에는 대형 원양선 정크(戎克船)가 이용되었다. 이 정크는 티크로 건조되었으며 여러 수밀횡격벽(水密橫隔壁), 5개 이상의 돛대, 수심에 따라 조절이 가능한 용골, 현수타, 추신설비인 고(篙)·장(漿)·노(櫓), 그리고 넓은 화물 적재실을 갖추고 있었다. 일부 정크는 1000명 정도의 사람을 태울 수 있었다.

대양 항해를 돕기 위해 천문학과 지도제작에 대한 연구도 장려되었다. 1054년 송 왕조 시기 중국의 천문학자들은 오늘날에도 관측할 수 있는 게 성운을 만들어낸 초신성 폭발을 처음으로 기록으로 남겼다. 중국의 지도 제작자들 또한 아시아 환태평양 연안 지역에 대해 놀라울 정도로 정확한 지도를 만들어냈다. 여기에는 중국의 대형 정크가 드나들기에 적합한 가항 물길을 상세히 표시한 측량 수심이 포함되어 있어 정크가 바닥이 평평하게 건조되어 있었음에도 불구하고 특히 화물을 잔뜩 적재하게 되면 안전 항해를 위해 깊은 수심이 필요했던 대형 정크에게 유용한 정보를 제공했다.

중국인은 지구 자기학이 서양인에게 알려지기 수세기 이전에 나침반을 발명했다. 나침반을 항성 항법과 함께 사용하고 계절풍에 대한 지식을 활용하여 이들은 멀리 동 아프리카 연안까지 이르는 원거리 교역에 종사했다. 그럼에도 불구하고 송 왕조 시기의 중국 사회는 매우 보수적이었는데, 아마 지적이고 기술적인 성취에 대해 지나치게 자신만만했던 것 같다.

1279년 중국은 몽골의 침입을 받았으며 송 왕조는 멸망했다. 침입자는 거칠고 무지했으며 자신들보다 중국 한족이 50배나 더 많았음에도 불구하고 특히 이 때문에도 이들을 더 잔인하게 다루었다. 칭기즈 칸 아래에서 몽골은 멀리 터키, 동유럽, 그리고 인도차이나에까지 —1253년 타이족을 윈난(雲南) 지방에서 몰아냈다— 대부분의 유라시아에 공포 정치를 확산시켰다. 칭기즈 칸의 손자, 쿠빌라이 칸의 통치기에 마르코 폴로는 중국에 도착했다. 1299년에 처음 출판된 여행기 『동방견문록』(Travels)에서 그는 후세를 위해 13세기 중국을 통찰력을 가지고 자세하게 묘사했지만, '대 칸'(the Great Khan)이 창조했다고 믿었던 문명의 상당 부분이 이전 송 왕조와 관련 있음을 정당하게 평가하지는 못했다. 지상 전쟁과 정복은 몽골을 사로잡았으나, 1274년 그리고 다시 1281년 쿠빌라이는 거대한 함대를 구축했으며 이를 이용해 일본을 침입하고자 했다. 일본 열도에 대한 두 차례에 걸친 해상 침략은 재난으로 끝났다. 일본에서는 신의 위력으로 일어나는 바람을 의미하는 '가미카제'(神風)로 불렸으나 실제로는 이례적으로 강력한 태풍이 일어나 두 차례의 침입은 실패했으며 몽골 함대는 엄청난 피해를 입었다. 1292년 쿠빌라이의 자바 공격 시도도 실패했다. 그러나 1277년에서 1287년까지 미얀마와 인도차이나(베트남과 참파)에 대한 지상 전쟁에서는 이보다 더 성공적이었다. 함대를 손실한 이후 몽골 제국 원(元)의 황제들은 해상 교역을 기피하게 되었으며, 원의 영향력을 확장시키고 강화시키는 하나의 방법으로서의 해양국가 건설에 환멸을 느끼고 이에서 멀어져 갔다.

엘니뇨 남방진동(ENSO)의 (1장에서 논의한 엘니뇨/라니냐 남방진동) 빈도와 광범위한 작용에 대해 현재 우리가 알고 있는 지식은 중국 원 왕조의 몰락을 재촉하는 데에 영향을 미쳤던 사건들을 새롭게 바라볼 수 있는 통찰력을 제공한다. 가미카제 태풍은 황해와 동해의 북부 연안을 따라 때 아닌 폭풍우가 휘몰아치는 날씨를 가져온다고 알려진 라니냐의 결과일 가능성이 농후하다. 다른 한편, 중국 인구를 8천만 정도로 끌어 내린 1333년의 무시무시한 기근은 당시 서부 태평양을 강타했던 심각한 엘니뇨 관련 가뭄의 전형적인 특징을 보여주고 있다. 이를 이어 1351년에는 라니냐 상황으로 돌아갔을 것이다. 이로 인해 황해에 전례 없이 큰 홍수가

나고 전 마을들을 휩쓸어가고 쌀 작물을 망가트렸으며 백만 명 이상의 목숨을 앗아갔다. 남부 중국 연안 지역과 양쯔강 유역 쌀 재배 지역은 엄청난 손해를 입었으며 그 지역에서 1356년에 농민반란이 일어났다. 경제는 물론 이 나라에 대한 몽골의 지배력이 약해지고 결국에는 무너졌다.

새로운 중국의 황제, 홍무제(洪武帝)가 난징(南京)에서 권력을 장악했으며 1368년 몽골을 그 거점인 북부와 남서부에서 몰아내고 조상의 땅인 몽골 지역으로 퇴각하게 했다. 이리하여 중국 한(漢) 문명의 부흥을 이끌 명(明) 왕조(1368~1644)가 들어섰다. 명은 1402~21년 베이징(北京)을 제국의 웅장한 수도로 재건했으며, 만리장성과 대운하의(B.C. 5세기에 시장(西江), 양쯔강, 후앙허 유역을 연결하기 위해 건설했던 1750㎞에 달하는 운하) 복구와 확장에 착수했다. 명의 통치하에서 1403~1433년 사이 중국 제해권과 남양에서의 통상 확대는 최고조에 달했다.

명 해양제국의 흥망성쇠

1398년 홍무제가 세상을 떠나자 그 자손들 간에 권력 투쟁이 이어졌다. 그 아들 중의 하나인 주체(朱棣)는 1402년 암살 시도에서 화를 면했는데, 강력한 환관 전사들의 도움으로 권력을 잡았으며 스스로를 황제로 선언했다. 영락제(永樂帝)를 칭한 그는 전통적인 관료 지배 계급을 억압하고 핵심 환관 집단에 의존하면서 제국을 통치했다. 주체가 윈난 지역에서 몽골을 축출할 당시 젊은 무슬림 환관 정화(鄭和)는 그 수하로 들어가게 되었다. 얼마 되지 않아 영락제가 중국을 장악해 감에 따라 정화는 가장 신임을 얻은 가장 유능한 장수가 되었다. 영락제는 중국을 세계적인 강대국으로 다시 활성화시킨다는 야심찬 계획을 실행하기 시작했다. 이와 함께 정화에게 중국을 해양 제국의 중심으로 만들 거대한 조선 프로젝트를 감독하도록 했다. 이 해양제국은 동아시아와 동남아의 국가들을 아우를 것이며 이들을 중국의 해군력으로 보호하고 중국의 헤게모니를 인정하는 모든 나라들과 교역과 조공 관계를 수립할 것이었다. 정화는 거의 절반은 사막인 중국의 남서 지역 출신으로 해양에 대한 경험이 없었음에도 불구하고 놀라운 조직자로서의 능력을 발휘했으며, 그의 감독하에서 거대한 대형 선박 건조 작업이 명의 이전 수도 난징에서 그리 멀지 않은 연안지역인 룽강(龍江)에서 시작되었다. 2003년에 난징 근교에서 이루어진 고고학적 발굴로 최소한 34개의 조선소와 건선거(乾船渠)가 그 모습을 드러냈는데,

이는 당시 중국이 대량 생산 시스템을 이용해 초대형의 선박을 건조할 능력을 가지고 있었음을 보여준다. 이들은 약 120m의 길이와 50m의 넓이를 가진 60척의 거대한 보물선 함대를 건설하겠다는 정화의 목적을 달성시켜 주었을 것이다. 고고학자들이 이 유적지와 양쯔강을 따라 있는 건선거들에서 발굴한 거대한 방향타와 닻들은 정화 함대의 선박이 엄청난 크기를 자랑했음을 증거하고 있다.

그리하여 주체의 야심 찬 프로젝트하에서 양쯔강 델타지역의 교역 대도시들을 부흥시키고 한국, 일본과 우호관계를 수립하고 남양에 장거리 탐사 사명을 띤 대형 정크 함대를 파견하면서, 중국은 15세기에 오래 지속되지는 못했지만 태평양 해양강대국으로 부상했다.

중국 함대의 첫 목적지 중의 하나는 1400년경에 믈라카 해협에 세워진 세계적 상업 중심지 믈라카였다. 이 지역의 우세한 세력이었던 샴, 파사이(북부 수마트라), 자바가 전략적인 믈라카 해협에 경쟁 항구가 들어서는 것을 달가워하지 않았기 때문에 이 중계무역지 믈라카의 앞날은 초기 몇 년간은 불안정했다. 1403년 윤경(尹慶) 태감(太監)이 지휘하는 소함대가 믈라카에 기항했으며, 믈라카 지도자들에게 충성 서약, 중국에의 조공 약속에 대한 답례로서 영락제의 보호를 제안했다. 중국과의 제휴는 믈라카라는 새로운 항구도시가 적대적인 지역에서 살아남기 위해 필요한 일종의 보험 정책이었다. 1405년 이번에는 정화 제독이 이끈 더 강력한 중국 함대가 두 번째로 믈라카를 방문함으로써 믈라카는 앞으로 권력과 행운을 갖게 될 길을 준비할 수 있었다. 특히 정화의 배에서 내려 정착하게 된 수많은 중국인들은 현지에서는 부킷 차이나라고 불리는 공동체를 세웠으며 오늘날에도 여전히 번창하고 있다.

이처럼 고의적으로 중국인을 해외에 영구 정착시킨 예는 제국 중국의 해외 식민화 역사에서 찾아보기 드물다. 이는 중국이 전략적인 믈라카 해협에 있는 이 중계항구 도시가 인도, 아라비아 만 그리고 멀리 유럽으로까지 연결되는 중국의 교역 생명선 상에서 중요한 위치를 차지하고 있다고 인식했음을 뜻한다. 믈라카 해협의 수로는 해적들의 출몰에 매우 취약했기 때문에 믈라카라는 보호 기지는 중국의 무역 교통을 안전하게 확보하는 데에 필수적이었다. 62척의 배에 3만 명을 태운 정화의 거대한 함대는 믈라카를 떠나 인도로 항해했으며, 거기에서 구자라트와 다른 무슬림 교역 항구들과 관계를 수립했다. 이 함대는 장기 원양 항해에 적합한 장비를 갖추고 있었다. 이 함대에는 특히 거대한 배에 승선하고 있는 수천 명의 선원들이 괴혈병에 걸리지 않도록 하기 위해 콩나물을 얻을 수 있는 콩나물 콩, 가축들, 상당한 식수를 실을 수 있도록 특별히 설계된 선박들이 포함되어 있었다. 중국 선원들은 별자리표, 주요 지형지물과 항해지시가 표시되어 있는 뱃길 지도 그리고 원시적이었지만 효과적인 나침반을 이용해 항해했다.

정화의 감독하에서 중국 도자기는 인도에서 말라바르 연안에서 온 향료와 아라비아 산 유향과 교역되었다. 같은 해인 1405년 중국의 선박은 처음으로 지금 케냐와 탄자니아의 연안에 해당하는 동 아프리카 항구들에 모습을 드러냈다. 과거 몇 십 년간 수행된 고고학적 발굴로 중국의 청자 접시를 포함해 중국과의 교역을 보여주는 물품들이 세상에 알려졌다. 이르는 기항지마다 각지의 통치자들로부터 조공과 우호 확약을 얻어냈으며 정치 관계를 보다 확고하게 하기 위해 중국으로 돌아오는 길에 그 사절단과 동행했다. 심지어 살아있는 기린이 1416년에는 중국으로 보내져 영락제에게 진상되었다. 황제는 이 이국적인 동물을 신과 조상의 은덕이라며 그의 권력을 지지하지 않았던 이들의 의구심을 떨쳐버리는 데에 이용했다. 기록이 많이 남아 있는 정화의 탐험들에 주목하면서 가빈 멘지스는 정화 제독의 함대는 태평양과 인도양 심지어는 더 멀리까지 더 야심찬 항해를 했다는 증거도 있다고 믿는다(Menzies 2003 : 38). 그러나 대부분의 주류 고고학자들과 역사학자들은 이러한 주장을 미심쩍어 한다.

정복이나 전쟁보다는 무역과 조공에 기반을 둔 세계교역제국이 들어서면서 중국은 15세기 세계의 대 무역국이 되는 것처럼 보였다. 만약 그렇게 되었다면 태평양의 이후 역사는 아주 다른 면모를 띠었을 것이다. 그러나 이런 일은 발생하지 않았다. 황제의 정책에 대한 하늘의 분노 징후라고도 해석되었던 일련의 자연 재해가 계속되었고 1424년 영락제는 죽었으며, 그를 계승한 황제들의 통치기에 중국은 점차 내향적으로 되어갔다. 1430년 잠시 영락제의 손자가 그의 교역 네트워크를 소생시켰지만, 정화는 제7차이자 마지막 중국의 남양으로의 대탐험 중에 1433년 인도 연안의 바다에서 숨을 거두었다. 그 이후 교역 함대에 대한 재정지출에 반대하고 야만의 땅에서 상품을 들여올 필요가 없다고 믿었던 중국 보수파 엘리트가 다시 정권을 잡았다. 대 함대는 해체되었으며 선박 건조와 항해를 중시하는 세력의 힘은 약화되었다. 중국은 이전에 가지고 있었던 해외 교역 네트워크와 공조체제를 유지하기 원치 않았으며, 심지어 국민들이 해외로 나가는 것도 금지시켰다. 중국인의 해외 무역에 대한 명의 금지는(海禁政策) 1567년에 결국 폐지되었지만, 그때에는 이미 영락제하에서 시작된 활력은 사라지고 없었다.

15세기부터 20세기까지 광대한 태평양 지역의 기술과 문화 발전에 중국이 본질적으로 별다른 역할을 하지 못했다는 사실은 논쟁과 논란의 주제이며 많은 이들이 만족할 만한 설명을 제시하기 위해 노력해 왔다. 현재 그 이유는 영락제의 개인적 성향, 이 시기 중국 엘리트 사이에 만연했던 음모와 미신, 영락제 후계자들이 가지고 있었던 보수주의, 16세기부터 20세기 초까지 중국을 지배했던 만주족 청(淸)의 외국배타주의 등을 중심으로 제시되고 있다. 만주족 청 왕조 시기 중국에서 그리고 이와 마찬가지로 배타적이었던 일본에서 상황이 이러하자 해양 권력의 공백상태가 야기되었다. 이 공백을 서부 태평양에서는 새로이 팽창하고 있던 유럽 식민 세력들이 채우게 되었다. 이 부분은 유럽 팽창 시기 태평양의 역사 전개에 속하며 이는 나중에 다루어질 것이다.

초기 일본 : 사회 혼란과 내향성

일본은 단순히 아시아 환태평양의 일부가 아니라, 지리적으로 뉴질랜드나 필리핀보다 더 화산 활동이 활발한 환태평양 화산대의 일부이다. 일본열도를 구성하는 주요 섬들인 홋카이도(北海道), 혼슈(本州), 규슈(九州), 시코쿠(四国)에는 산이 많으며 인간의 정주에 적합한 연안 지형은 좁고 불연속적이다. 일본은 경작 가능한 지표면이 15% 이하이지만, 집약적인 관개 경작 방법을 이용해 생산성은 매우 높다. 초기 일본인은 해외 교역에 종사할 정도로 원양 항해가 가능한 선박을 건조하지 않았지만 대신에 혼슈와 시코쿠 제도 사이에 있는 보호 수역인 세토나이카이(瀨戶內海)에서 작은 돛단배 혹은 범선을―중국인의 작은 정크와 비슷한― 이용해 제도 간 교역에 집중했다. 일본 제도를 한국과 중국 본토와 분리하고 있는 좁고 다소 얕은 동해는 외부 침략자들로부터 일본을 지켜줄 수 없었으나 앞에서 언급한바 몽골과 같은 침략자들의 시도는 극적인 상황으로 인해 실패하기도 했다.

초기 정주자들 대부분은 아마도 시베리아에서 일본 제도로 왔으며, 이들 초기 정착민 중에서 잔류 개체군인, 아이누는 북부에 있는 제도인 홋카이도의 소수민족을 구성하고 있다. 이들은 일본의 지배적 개체군과는 유전자 상으로 다르다. 이들은 중앙아시아의 고대인들과—서양 코카서스 인종도 여기에서 기원했다— 더 관련이 있다. 털이 많은 남성 얼굴과 같이 일정한 생리적인 특징은 이들 두 개체군에 공통적으로 나타난다. 이와는 달리 대부분의 근대 일본인의 조상은 동남아에서 기원했을 것으로 보이며, 일찍이 5만 년 전에 한반도를 거쳐 주요 섬으로 건너간 이들도 있었음은 의심할 여지가 없다. 현재 일본인의 조상으로 추정되며 소위 야마토(大和)라 불리는 호전적인 무리는 북쪽으로 이주하여 오사카 주변지역을 차지했다. 이들은 기본적으로는 정령신앙이지만 인간을 신격화하는(일본의 천황은 20세기 중반까지도 이들 중의 하나로 간주되었다) 종교적 믿음인 신도(神道)를 가지고 왔다. 중국인과 한국인도 약 4세기부터 줄곧 일본으로 이주했으며 야마토 지배자들에게 영향을 미쳤다. 여기에는 야마토의 수도·나라(奈良)의 도시계획, 한자에 기반을 둔 문자사용이 포함된다. 이 새로운 이민자들은 이 제2의 고향에 7세기 즈음하여 불교를 가져왔는데, 불교 사찰은 정신적인 영향력뿐만 아니라 정치적인 영향력을 미치게 되었다. 790년 일본의 원주민인 아이누는 통치자에 저항하여 반란을 일으켰다가 잔혹하게 진압당했다. 794년에 수도를 교토(京都)로 옮겼다. 정치권력과 군사 권력은 천황 가문에서 봉건 시대의 지배자들인 다이묘(大名)들에게도 넘어갔지만 교토는 1869년까지 천 년이 넘게 일본의 수도로 남아 있었다. 다이묘들은 세습 계급 사무라이(侍) 무사에 근간해 권력을 유지했다.

15세기 말 일본은 골육상쟁의 전쟁으로 흔들렸으며, 다이묘 군 지도자들이 이 나라의 많은 지역을 통제함에 따라 일본 사회는 분열되었다. 외부로부터 들어온 종교와 기술의 영향으로 인해 일본 문화와 사회에 격변이 일어나면서 상당히 격동적이고 불안정한 시기가 되었다. 17세기 중반 포르투갈 상인들은 다이묘들 간의 전쟁에 혁명적인 변화를 가져온 화기를 가지고 일본에 도착했다. 이들은 또한 일본 기존 종교 권력구조에 도전장을 내민 예수회 선교사들을 통해 기독교를 전파했다.

수세기에 걸쳐 일본은 외국의 문화, 종교, 경제, 정치에 영향을 주고 그 영향을 받았다. 6세기 말 처음으로 문헌에 나타난 일본의 토착 종교인 신도에는 동아시아 본토에서 5세기 이후 동해를 건너 들어온 불교와 도교의 영향이 반영되어 있다. 일련의 일본 정부들은 신도를 통일된 일본 국가의 지도 철학으로 구축했다. 일본에서 신도는 불교, 유교와 같은 다른 아시아의 종교들 그리고 심지어 잠시

기독교와도 함께 공존했다. 불교, 유교, 기독교가 모두 외부에서 일본사회로 들어왔음을 감안해 본다면 일본 사회에 미친 해상 문화와 철학의 영향이 컸음을 알 수 있다. 중국의 통치 방식은 특히 다이카 개신(大化改新, 646~710)에 지대한 영향을 미쳤는데, 당시 당(唐)의 황제들은 한반도에서 지금의 베트남에 이르는 넓은 동아시아 지역에 대한 통제를 강화하고 있었다.

포르투갈의 예수회 스승들로부터 영향을 받았으며, 일본식으로 개조한 포르투갈 머스킷 총으로 군대를 무장시킨 나고야(名古屋) 지역의 다이묘, 오다 노부나가(織田信長)가 교토에서 권력을 장악했으며 그곳의 유력 세력과 불교도를 탄압하고 학살했다. 그의 후계자이자 친-예수회 장군인 도요토미 히데요시(豊臣秀吉)는 교토에서 권력을 공고히 하고 교역을 확대하면서 잠시 해외 제국을 건설하려는 야망을 가졌다. 1592년 도요토미 히데요시는 중국을 공격하기 위해 함대를 파견했으나 한반도에서 벌어진 일련의 전장에서 패배했다. 이후 그는 당시 상업적으로 강력해진 예수회 선교사들에게서 등을 돌렸다. 그의 사후 계승 투쟁이 뒤따랐으며 승리는 이에야스라는 이름을 가진 도쿠가와(德川家康) 가문의 쇼군(將軍)에게 돌아갔다. 도쿠가와 이에야스는 1600년 일본을 통일하고 곧 수도를 에도(江戸, 지금의 도쿄)로 옮겼다. 도쿠가와 이에야스와 후에 그를 계승한 도쿠가와 히데타다(德川秀忠)는 경쟁 상대인 쇼군의 가족을 수도에 인질로 잡아두는 방식으로 이들을 통제했다. 일본 남부 사쓰마(薩摩)에서 온 일본 세력이 1609년 류큐(琉球) 제도에 있는 오키나와를 점령했으며, 류큐가 중국의 조공국임을 이용하여 만주 청과 비공식적인 교역을 하면서 이득을 얻었다. 그에 반해 도쿠가와 히데타다는 일본인의 이동을 심하게 제한했으며, 외국인 선교사들이 일본인을 기독교로 개종하는 데에 성공하자 1614년 외국인 선교사를 위험 세력으로 간주하고 모두 추방했다(Frost 2008 : 49).

1636년 실패한 시마바라의 난(島原の乱)으로 정점에 달한 불안정, 궁정 음모, 계략이 지속되는 정세에서 도쿠가와 쇼군들은 대부분의 해외 교역을 금지시키고 일본인의 해외출국을 불법화했으며 일본인 기독교도를 박해했다. 이들은 나가사키(長崎)에 있는 하라성(原城)에서 그 지역 기독교의 학살을 마지못해 도와주었던 네덜란드인을 제외하고 모든 외국인 상인들을 쫓아냈다. 이후 네덜란드인의 일본 교역 독점은 나가사키 항에 있는 데지마(出島) 섬에서 수행되었으며, 1년에 한 번 네덜란드인들은 쇼군에게 조공하기 위해 에도를 방문할 수 있었다. 일본에서 독점을 유지하고자 네덜란드는 일본 통치자의 경멸하고 업신여기는 취급을 견디었다. 이런 배타적이고 봉건적인 통치는 사무라이 계급의 지지를 받으면서 19세기까지 계속되었다. 외국의 영향력 밖에 머물고자 했던 여러 노력에도 불구하고 19세기에 도쿠가와 쇼군은 일본사회에 대한 통제력, 특히나 날로 강력해지고 있었던 상인 계층에 대한 지배력을 잃기 시작했다.

16세기 대형 어선과 교역 함대와 전함으로 한국을 침략하고 중국 연안을 급습하면서 매우 외향적이었던 시기를 지나 일본은 1609년부터 메이지 유신이 있었던 1868년까지 집권한 도쿠가와 쇼군 시기에 내향적으로 돌아섰다. 이 250여 년간 스스로 선택했던 고립시기 동안 일본의 산업 기술과 선박건조 기술은 본질적으로 제자리걸음을 했다. 그러나 메이지 유신 이래 일본은 안정과 번영 그리고 미래 발전이 해양세력으로서의 역량과 태평양 안팎에서의 해양 교역에의 참여 혹은 통제에 달려 있음을 인식하게 되었다. 해양 강대국의 위상은 일본이 러시아를 패배시킨 이후 확립되었으며, 20세기의 또 다른 태평양 세력인 미국과의 전쟁으로 해군력이 심하게 훼손된 2차 세계대전까지 지속되었다. 그 이후 일본의 상선이 필요한 원자재와 연료를 일본으로 가져가고 그 수출품을 세계 시장으로 실어 나르면서 일본은 세계의 대양에서 평화로이 존재하고 있다.

한국과 대만 : 중일 경쟁의 피해국

길이 600km의 한반도는 지금 북부의 강경파 공산주의 국가 조선인민공화국과 서구지향적인 남부의 대한민국으로 분단되어 있는데, 긴 역사를 통해 고유한 문화 영역으로서 수많은 격변과 변화를 겪어왔다. 북부와 동부는 대부분 산지로 이루어져 있기에, 이 반도에 최초에 정착한 이들이 바닷사람과 어부들이었다고 해도 놀랄 일은 아니다. 약 B.C. 2000년경 농업은 급속하게 팽창하고 있던 한반도 인구의 대들보가 되었다. 한반도의 번영은 이후 중국의 주목을 끌게 되어 B.C. 109년 중국의 침입을 받았다. 중국의 영향, 후에는 일본의 영향, 그리고 이따금씩 발생하는 전쟁은 이후 한국 역사의 전형적인 특징이 되었다. 북부의 산악 지대에는 보다 군사적인 국가들이 들어섰는데, 이들은 신라와 같이 보다 상업 지향적이고 친중국 성향을 가지고 있었던 남부의 국가들과 적대관계에 있었다. 939년 신라는 북부의 호전주의 국가 고려에게 무너졌다. 중국을 점령하면서 몽골은 한국도 침입했으며, 사실 쿠빌라이 칸은 실패로 끝났지만 일본을 공격하기 위한 침입 함대를 구축하는 데에 한국의 해양에 관한 전문 지식과 기술을 이용했다.

명이 몽골을 중국으로부터 몰아내자 한국도 그 통치에서 벗어났으며, 예술과 기술 방면에서 급속한 발전을 이루었다. 지금의 서울에 수도를 둔 조선은 아시아 환태평양의 주요 쌀농사 지대가 되었다. 한국의 학자들은 중국의 문자처럼 수백 개의 한자 부수가 아니라 오직 28개의 자모음으로 이루어진 탁월한 한글과 활자를 만들어냈다. 일본의 쇼군 도요토미 히데요시가 16세기 말 한국을 침입했을 때 그의 함대는 한국의 철갑선으로─세계에 처음으로 알려진 '거북선'─ 이루어진 함대의 공격을 받아 황급히 흩어져야 했다. 이들 노로 젓고 장갑을 두른 바지의 상부 구조를 온통 커다란 철 못으로 무장한 거북선은 이순신 장군의 작품이었다. 거북선은 도요토미 히데요시가 감행한 수차례의 공격을 막아내는 데에 기여했으며 도요토미 히데요시가 죽고 나자 일본은 관심을 국내로 돌리고 아시아 본토를 침입하려는 시도를 하지 않았다. 그러나 푸지엔(福建), 저장(浙江), 광둥(廣東) 지방에서의 왜구의 발호와 한반도 연안과 황해 주변의 산둥(山東) 지방에서의 왜구의 급습은 17세기 만주 청에게 커다란 골칫거리였으나 이를 막기 위해 별다른 조치를 취할 수는 없었다. 만주 청이 중원을 지배할 당시 한반도는 전반적인 쇠락과 내분을 경험했는데 급기야 19세기가 바뀌는 무렵에 대기근이 발생했다. 질병이 만연했으며 당쟁이 끝임 없이 지속되면서 발전의 기회가 차단되었다. 한국인의 외부인에 대한 배타적인 태도로 인해 유럽과 미국의 세력들과도 충돌했다. 이런 사건들은 서구가 아시아 환태평양 지역에 식민주의적 팽창을 하고 있던 시기에 발생했는데, 이에 대해서는 후술하게 될 것이다.

공식적으로는 여전히 만주인이 지배하는 중국의 종주권을 인정했던 한국에서의 혼란한 시국은 청일전쟁으로 알려진 1894~5년 전쟁의 화약고가 되었다. 1894년 한국 정부의 요청으로 중국은 한국 남부에서 발생한 동학 봉기를 진압하기 위해 군대를 파견했다. 군사적으로 산업적으로 강해지고 있던 일본은 이 조치를 1885년 중국과 일본이 서명한 톈진조약(天津條約, 이홍장-이토 히로부미 조약)에 위배된다고 보았으며, 중일의 상호 협의 없이 일방적으로 한반도에 간여할 수 없도록

하고자 했다. 이어진 군사적 충돌에서 중국은 성공적으로 대응하지 못했다. 1895년 초 일본은 만주에 있는 산둥(山東)과 랴오둥 반도(遼東半島)의 영토뿐만 아니라 한반도와 그 정부에 영향력을 행사하게 되었다. 전쟁을 종결한 시모노세키(下関) 평화 협정에서 일본은 중국에게 한국에 대한 이해관계를 포기하고, 4개의 항구를 더 국제 무역에 개방하고, 대만(포모사) 제도와 펑후(澎湖) 제도를 일본에 양도하라고 요구했다.

대만은 오랫동안 중국 본토와 일본의 무역 상대였으며 유럽인들과도 주도적으로 교역을 하고 있었다. 1644년 만주가 중국을 지배하자 명의 장군, 정성공(鄭成功)은 자신의 군대를 이끌고 대만으로 철수했으며 이 섬을 만주가 지배하는 본토를 공격하기 위한 기지로 삼았다. 그는 1662년 네덜란드 동인도회사의 요새인 질란디아 요새를 쳐서 네덜란드 상인들을 몰아냈지만, 그가 죽은 지 얼마 되지 않아 1683년 대만은 만주 중국의 한 지방으로 편입되었다. 이후 대만은 중국 남부의 연안 도시들을 급습했던 해적들의 거처가 되었으며, 이런 현상은 일본이 1895년 전쟁으로 무기력한 청으로부터 이 섬을 양도받는 시점까지 계속되었다. 일본은 새로이 획득한 이 땅에 많은 투자를 하여 교육, 인프라, 농업 그리고 도시 중심지를 개선했다. 한국, 중국, 일본과는 달리 대만은 20세기에 벌어진 전쟁들이 가져온 황폐함을 경험하지 않았으며, 번창한 민주주의 국가가 되었다. 그러나 베이징(北京)에 있는 정부는 대만을 중국에 '반항적인' 지방이라고 간주하고 있기에 사실상의 독립 국가로서의 대만의 미래는 불투명해 보인다.

필리핀

7100개가 넘는 섬들로 —그중에서 약 1200개의 섬에 사람이 살고 있다— 이루어진 제도 필리핀은 보르네오와 대만 사이에 위치하고 있으며, 적도와 북회귀선 사이 아시아 대륙붕 가장자리에 있는 불의 고리 안에 들어가 있다. 전체 육지면적은 30만km²로 일본의 육지면적보다 약간 작다. 필리핀 육지면적의 거의 절반을 차지하는 최대 크기의 두 섬은 필리핀에서 가장 도시화되고 가장 발전한 지역인 루손 섬과 이보다 인구 밀도가 낮고 숲으로 뒤덮인 '변경' 지역으로 필리핀 무슬림 소수인의 (로마 가톨릭은 9천6백만 필리핀인들이 믿고 있는 지배적인 종교다) 본고장인 민다나오 섬이다. 이들보다 작고 중부에 있는 섬들은 모두 비자야로 알려져 있다. 앞서 언급했듯이 비자야는 소수민족 네그리토인들의 본고장이다. 이들은 문화적으로도 생리적으로도 인도네시아 제도의 말레이인들과 연관이 있는 대다수 필리핀인들과는 다르다.

식민시기 이전 필리핀 사회는 느슨한 봉건제를 따라 조직되었다. 개별 종족은 바랑가이라고 부르는 자치 국가를 만들고 그 지도자 혹은 다투가 세습 귀족의 지지를 기반으로 통치하는 형태였다. 대다수 사람들은 정령 신앙을 가진 농민이거나 어민이었으나, 귀족을 위해 일하는 사실상의 노예와 같은 최하층 계급도 있었다. 유럽인의 도래 이전에 이미 중국 본토, 동남아, 인도의 무슬림 지역과 교역 관계를 수립하고 있었다. 이러한 상업적 접촉의 결과 이슬람은 필리핀에도 전파되었다. 그러나 교역과 토지를 통제하기 위한 내부 구성원 간의 반목과 내전이 자주 발생했다. 불행히도 이곳에 도착한 첫 유럽인이었던 포르투갈 탐험가 페르디난드 마젤란은 이들 종족 간 분쟁에 간여했으며 그 결과 목숨을 잃었다. 1542년 빌라로보스는 이 제도를 합병한다고 선언했으며 스페인의 필립2세에게 경의를 표하고자 필리핀 제도라고 명명했다. 1571년 레가스피가 마닐라를 점령하고 식민 수도이자 주요 항구로 건설하면서(사진 9), 300년이 넘게 지속될 스페인 지배 시기가 시작되었다.

인도네시아

3000개의 섬으로 구성된 인도네시아 제도는 지구에서 가장 인구밀도가 높은 지역 중의 하나이다. 약 2억3천만 인도네시아 인구 중에서 절반이 넘는 이가 자바섬에 살고 있다. 300년이 넘게 네덜란드의 식민지였던 근대 인도네시아에서 주요 민족 집단은 자바인, 순다인, 마두라스인이며, 이들은 각자의 언어, 문화, 예술을 가지고 있다. 독특한 힌두문화를 가진 발리인, 롬복의 사삭인, 보르네오의 다약인 그리고 기타 여러 지역의 여러 다른 민족들을 포함하여 수없이 많이 민족 집단들이 이 제도의 각기 다른 섬들을 차지하고 있다. 이들은 B.C. 3000년에서 B.C. 1000년 사이에 정착한 초기-말레이인, 그리고 관개 벼농사 농법에 관한 지식을 가지고 1000년도 이전에 이 제도에 들어온 오스트로네시아인 혹은 개화말레이인과 같이 앞에서 논의한 바 있는 동진 이주 물결을 타고 온 이들의 후손들이다. 기원후 첫 세기에 말레이 세계는 인도, 인도차이나, 중국 본토와의 교역을 통해 연결되어 있었으며 힌두교, 불교 나중에는 이슬람이 말레이인들의 삶으로 들어왔다. 8세기에는 중북부 자바에 있는 힌두국가 마타람, 자바의 산악지대에 보로부두르라는 인상적인 사원을 남긴 불교 국가 사일렌드라, 그리고 수마트라의 스리비자야와 같이 무역에 기반을 강대한 국가들이 나타났다. 14세기에는 자바에 중심을 둔 왕국 마자파히트가 인도네시아 제도의 대부분을 통치했다. 북부 자바의 연안 도시들이 북부 수마트라, 말레이시아의 믈라카 그리고 동부 인도의 무슬림들과 맺고 있었던 통상 관계로 인해 이슬람 신앙이 인도네시아에 소개되었다. 가톨릭의 포르투갈과 개신교의 네덜란드가 이전에는 동인도라고 불린 이 지역을 수세기 동안 정치적으로 지배했음에도 불구하고 현재 인도네시아의 절대 다수는 이슬람을 믿고 있다. 유럽인에게 너무나 중요했던 향료 제도인 트르나테와 티도레는 역사 시기 대부분 동안 이슬람 술탄들이 통치했다. 향료 재배지에 뒤늦게 들어온 기독교가 술라웨시, 암본, 티모르-레스트에 진출했지만, 이웃한 무슬림 공동체와 문화적 긴장은 여전히 팽배하다.

아메리카 환태평양 지역의 사람들

고고학자들은 홍적세 최대빙하기에 노출되었던 육교를 건너 아시아에서 온 이주의 물결로 아메리카에 사람들이 거주하게 되었다고 본다. B.C. 18000년 전까지도 태평양의 해수면은 오늘날의 수준보다 100m나 낮았으며 이후 천천히 상승하여 약 5500년 전에 오늘날의 수준에 이르렀다. 그러나 아시아로부터의 이주 물결은 약 B.C. 6000년 북미 서부의 저지대로부터 퇴각한 위스콘신 빙하기 훨씬 이전에 알래스카로 넘어오기 시작했다. 남미에서 발견된 몇 고고학적 증거는 15000년 전에 이 대륙에 사람이 거주하기 시작했음을 보여준다. 최근 페루에서 발견된 동굴의 퇴적물은 거의 10000년 전에 이 지역 사람들은 다양한 품종의 감자와 고구마를 재배했음을 암시하고 있다(Fernández-Armesto 2003 : 19).

위스콘신 빙하기 동안 북부 코르딜레라 대륙 빙하는 산이 많은 서부 연안과 워싱턴 주 올림픽 산지에서 동으로는 로키 산맥의 프론트 산맥 북으로는 얄류산 열도에 (당시에는 육지의 돌출된 부분이었던) 이르는 서부 내지를 덮고 있었다. 그러나 대부분의 북부 유콘, 알래스카, 시베리아의 극동은 빙하-없는 지역으로 베링이라고 부르는 육교를 구성하고 있었다. 로키 산맥의 계곡을 따라 나 있는 빙하-없는 회랑지대를 사이에 두고 코르딜레라 대륙 빙하와 북미 대륙의 북부를 거의 다 덮고 있었던 거대한 로렌타이드 빙상이 있었다. 빙하-없는 베링 지역 그리고 남으로 빙하-없는 콜롬비아와 미주리 강에 이르는 회랑지대는 툰드라 초목으로 덮여 있었으며 이는 거대한 코끼리 매머드, 대형 순록 카리부, 아메리카 들소 바이슨에게 먹이를 제공했다. 빙하-없는 통로를 가로질러 아시아에서 온 이주자들은 이들을 사냥하며 살았던 것으로 보인다. 퇴각하고 있는 위스콘신 빙상 옆으로 나 있는 이 경로를 따라 산재해 있는 세로 홈이 있는 포인트형 석기와 동물들의 뼈에 대한 고고학적 발굴이 이런 사실을 증명한다. B.C. 9000년경 빙하-없는 회랑지대는 상당히 넓어졌으며, 기후 온난화는 매머드와 카리부와 같이 툰드라에 살던 동물들을 위협했으며, 가문비나무, 자작나무, 독미나리, 오리나무와 같은 산림지대의 식물이 툰드라에 난입하면서 이들의 먹이원은 급속하게 줄어들었다.

B.C. 8000에서 B.C. 5000년 사이, 현재의 초원과 산림 식물대가 생겼을 당시 이미 매머드와 마스토돈 같이 툰드라에서 살던 거대 초식 동물들은 멸종했지만 들소, 큰 사슴 종류인 엘크, 사슴 그리고 소·말처럼 발굽이 있는 유제 동물들은 많이 서식하고 있었다. 태평양 연안가의 초기 아메리카 원주민들은 사냥-채집인, 어부, 초기 농부로서의 삶을 살았다. B.C. 3500년경 해수면이 안정되자, 언어 산란지 그리고 돌고래, 수달, 바다사자와 같은 해양 포유류와 조개류가 풍부한 연안지역에 어촌이 생겨났다. 패총의 크기로 판단해 보건데 이들 반영구적인 마을의 규모는 상당히 컸을 것으로 보인다.

고(古)-이뉴잇과 아메리카 원주민 문화

B.C. 8000년경, 최초의 아시아 이주민을 뒤이어 알류트와 관련 북부 집단의 조상들이 서서히 가라앉고 있었던 베링 육교를 건넜으며, 이주한 땅에서 해양 포유류와 어류를 잡는 북극 사냥꾼으로서의 삶에 적응했다. 고고학적 증거에 따르면

알래스카와 캐나다 북극지방에 정착한 이들은 북 아시아에서 이주한 이들이었다. 이어진 이주의 물결로 전(前)-도싯 문화, 도싯 문화, 투리 문화, 현(現)-이뉴잇 문화라고 알려진 새로운 문화들이 들어왔다. 투리는 개가 끄는 썰매, 가죽으로 만든 배, 북극 고래를 사냥하는 작살을 가지고 들어왔으며, 처음으로 유럽인과—896년과 1500년 사이 잠시 그린란드와 뉴펀들랜드 북부에 정착했던 고대 스칸디나비아인(Norse)— 접촉을 가졌다. 캐나다의 북극권 지역에는 식량원이 안정적이지 않고 —이동하는 카리부와 같이— 드문드문 흩어져 있어 많은 사람들이 정주할 수 없었다. 그러나 북서 태평양 해안가에서 식량 획득가능성은 훨씬 더 높았으며, 산란하는 연어, 바다수달, 물개, 조개류가 풍부하여 사람들이 대거 몰려 살게 되었다. 사람들이 해안가에 정주해 살면서 문화를 형성하고 빙하기 이후 아시아로부터 새로운 이주 물결이 중단된 결과 서로 다른 언어 지역들이 발전하게 되었다. 북미 태평양 연안에 살았던 사람들은 주로 해양 포유류와 어류를 잡아 자급하는 삶을 살았지만, 유럽인과 접촉할 당시 이들은 하이다, 샐리시, 틀링깃, 와카시, 침샨과 같이 독특한 문화들을 상당히 발전시키고 있었다. 이들은 서로 교역을 위해 접촉했을 뿐만 아니라 내지에 있는 거주민들과도 교역 관계를 유지했는데, 대부분은 포인트형 석기 제조에 필요한 흑요석과 같은 유용한 광물 그리고 여러 실용적이고 장식적인 용도에 사용한 뿔 조개 등을 교환했다.

태평양 해안 문화를 잘 보여주는 예는 침샨 문화이다. 유럽과 처음 접촉할 당시 그 주민들은 산이 많은 해안지대, 섬 그리고 스키나 강과 나스 강 근처의 협만(峽灣), 그리고 현재 프린스루퍼트가 위치하고 있는 브리티시콜롬비아를 차지하고 있었다. 처음 유럽인이 그 땅을 밟았던 18세기에 그 인구는 약 만 명이었다. 대규모의 패총들로 보아 계속해서 정주했거나 반영구적으로 정주했던 수많은 마을들이 있었음을 알 수 있다. 이들 마을의 친족집단들은 주변지역에서 어로, 사냥, 채집을 하며 필요한 자원을 확보했다. 후배지라고 할 수 있는 이들 주변지역에는 사냥감을 사냥할 수 있거나 따먹을 수 있는 열매나 과일과 같은 것을 철에 따라 구할 수 있는 연안과 내지 지역이 모두 포함되었다. 때때로 침샨인들은 포틀래치 행사를 거행하기 위해 대거 한 자리에 모였다. 여기에서 큰 뜻을 품은 '위대한 사람들'은 자신이 쌓아왔던 부를 관대하게 나누어주면서 자신들의 위신과 영향력을 증가시켰다(MacDonald, Coupland and Archer 1987 : 삽화 13). 침샨의 포틀래치는 값비싼 교역 물품을 널리 다른 지역으로 분배하는 하나의 수단이었다. 돌아오는 겨울을 대비해 여름에 남은 것들을 축적하고 나서, 마른 연어와 다른 소비재와 같은 가공 식품을 카누에 싣고 나스 강과 스키나 강 유역의 상류와 해안가를 따라 산재해 있는 마을들로 돌아갔다. 때때로 인접 부족을 급습하여 얻은 노예도 포틀래치 행사에서 분배되곤 했다.

남쪽으로 더 내려간 태평양 해안 후배지에는 선진적인 아메리카원주민의 문화가 번창하고 있었다. 옥수수는 메소아메리카 사람들의 주식으로 그 재배는 B.C. 1500년 이후에 급속하게 퍼져나갔으며, 멕시코에서 온 세련된 스타일의 도자기는 지금 미국과 남부 캐나다의 연안을 따라 북부로 퍼져나갔다. B.C. 1000년경 도시 문명의 첫 꽃이 인공 언덕 위에 건축물을 세우는 올멕의 문화를 포함해 아메리카 환태평양 지역에서 피기 시작했다.

과테말라, 벨리즈, 온두라스, 남부 멕시코에서 250년경에 마야 문명이 나타났으며, 후에는 멕시코에 아즈텍 문명과 페루의 잉카 문명이 일어나 쿠스코와 마추픽추와 같은 도시들과 사원들을 세웠다. 이들 놀랄만한 건축물은 결국 정복자 스페인 사람들에 의해 파괴되거나 약탈되었으며, 이를 벗어난 경우에도 16세기에 불가사이하게 버려졌다. 왜 그런지 알 수 없지만 이들 선진 사회는 태평양 저편에 있는 이들이 창조해냈던 세련된 해양 전통을 가지고 있지 않았다. 콜롬비아 이전 안데스 산지인들은 라마와 알파카를 사육하고 여러 종류의 감자, 고구마를 재배했다. 그러나 건조하고 바위투성이며 험한 남미 해안 지대는 해양 문화의 발전을 어렵게 했다. 남미 남단에 있는 파타고니아와 티에라델푸에고의 너도밤나무 숲과 펠드에서 원시적인 사냥-채집인들은—아메리카원주민과는 관계가 없어 보이는— 아마도 만 년 전에 이 지역을 식민지로 만들었으나 첫 유럽인이 침입했을 때에는 얼마 남아 있지 않았다.

태평양 해역의 문화 영역들

태평양의 주요 문화 영역을 범주화하기 위해 일반적으로 사용되었던 용어인, 멜라네시아, 폴리네시아, 미크로네시아는 프랑스 탐험가 뒤몽 뒤르빌이 1820년에 처음으로 사용했다(Cambell 1990 : 14). 태평양 문화 영역의(지도 3) 패턴을 보면, 크게 보아 이들은 응집력 있는 단위들이지만 이들 가장자리에서는 다른 문화들이 혼종화되고 문화적인 차이가 모호해짐을 알 수 있다. 그럼에도 불구하고 태평양의 문화를 이렇게 삼등분하는 방식은 몇 고고학자들이 내세우는 '근 오세아니아'와 '원 오세아니아'와 같은 모호한 이분법보다는 여러 가지 면에서 유용해 보인다(Harley, Woodward and Lewis 1998 : 418). 뉴질랜드, 핏케언 섬, 이스터 섬을 제외하고 태평양의 거의 모든 사람이 살고 있는 멜라네시아, 폴리네시아, 미크로네시아는 북회귀선과 남회귀선 사이에, 즉 적도를 중심으로 남북 위도의 약 24도 이내에 위치한다. 이들 문화 영역에서 인구가 이동하면서 태평양 사람들의 구성도 달라지고 있다. 뉴질랜드, 하와이, 타이티와 같은 지역으로는 인구 순유입이 일어나고 마르케사스, 키리바시, 투발루와 다른 곳에서는 인구의 순유출이 발생하고 있다.

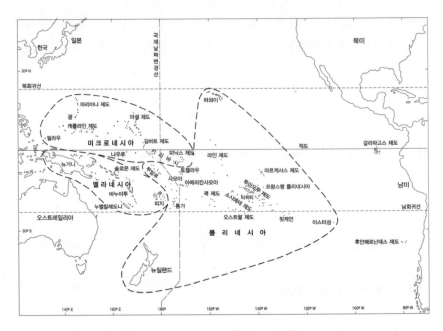

〈지도 3〉 태평양의 문화 영역 : National Geographic(1989 : 449)와 Harley Woodward and Lewis (1998 : Fig. 11.1) 참고.

멜라네시아인

국제날짜변경선 서쪽으로 태평양에 사람이 거주하고 있는 주요 제도 특히 뉴질랜드, 파푸아뉴기니는 물론 피지, 바누아투, 누벨칼레도니, 솔로몬, 산타크루즈, 부갱빌이 있다. 이들은 대부분 아주 오래된 곤드와나 대륙의 화강암 조각들이지만, 화산 작용으로 만들어진 화산섬과 산호섬들도 오스트레일리아 지각 판의 경계 근처에 생겨났다. 이 지역에는 다양한 언어가 있고 자급자족적 생계농업, 어로와 교역을 중심으로 한 다양한 생활 방식이 있음에도 불구하고 통합적이면서도 독특한 멜라네시아의 문화적 특색과 신체적 특징이 분명하다. 유전학적으로 파푸아인과 다양한 오스트로네시아인의 혼혈로 탄생한 멜라네시아인들은 폴리네시아인들과는 별다른 관계가 없었다. 그러나 비교적 최근 멜라네시아인들은 폴리네시아인들과의 접촉, 식민시기 이래로 이곳에 왔던 유럽인, 남아시아인, 동아시아인들과의 만남으로 인해 혼혈인도 많다.

멜라네시아 문화 지역은 태평양이라는 대양의 한 가운데 위치한 제도들 중에서 가장 먼저 대량으로 인구가 유입되었던 곳임이 자명해 보인다. 이 지역은 인구의 근원 지역인 아시아에 가깝고 앞서 언급했듯이 홍적세 말기와 완신세 초기에는 육교(지협)와 '징검다리' 역할을 한 섬들이 존재하고 있었기에 동쪽으로의 인구 이동이 비교적 쉬웠기 때문이다. 언어와 민족이 상당한 다양하다는 점은 서부 뉴기니에서 동으로 피지에 이르는(지도 3) 거대한 활모양을 하고 있는 이 광범위한 문화 영역으로 와서 사람들이 거주하게 된 데에는 아주 길고 긴 과정이 있었음을, 그리고 그 과정에서 아마도 수백 년에 걸쳐 유전자 풀을 채우고 계속 뒤섞였음을 보여주고 있다. 현대 멜라네시아인의 주요 조상인 오스트로네시아인은 동남아에서 와서 약 B.C. 1500년경에 현재 이들의 거주지에 정착했다. 일부 연구자들은 파푸아인과 네그리토인은 25000년 전에 솔로몬 제도와 아마도 토레스와 뱅크스 제도에 이르렀다고 보기도 한다.

이들의 확산을 보여주는 고고학적 증거는 뉴기니에서 바누아투, 피지, 통가, 사모아에 이르기까지 여러 지역에서 발견된다. 여기에는 B.C. 1200년 이전으로 확인되는 라피타 도자기를 포함한 많은 유물들이 포함된다(사진 1). 1000년에서 1400년 사이 동쪽에 있는 폴리네시아인 집단들이 '역류해' 바누아투와 피지와 같은 멜라네시아의 지역으로 이주해 들어와 정착했다. 뒤몽 뒤르빌은 서부 남태평양 거주자들을 멜라네시아인이라고 부르며 이들의 특징을 검은 피부라고 했지만, 실상 피부의 색깔은 올리브에서 거의 짙은 남빛까지 아주 다양하며 마찬가지로 머리카락 또한 직모로 죽 뻗은 경우도 있고 부스스하고 상당히 곱슬거리기도 한다. 인종 다양성은 앞서 언급한 바와 같이 1200개가 넘는 수많은 멜라네시아 언어에도 반영되어 있다. 언어학자들은 이들 언어의 대부분을 오스트로네시아 언어 클러스터의 변이형으로 분류하지만, 파푸아와 솔로몬 제도의 고지대에는 언어학자로서는 도저히 이해할 수 없는 기원을 가진 비-오스트로네시아 언어들도 있다.

서부 멜라네시아 : 뉴기니와 솔로몬 제도

많은 서부 멜라네시아 문화들, 특히 뉴기니, 뉴브리튼, 부갱빌 고지대의 문화는 토지와 촌락 생활에 중점이 있다. 이들이 살고 있는 세계에 대한 거시적인 안목을 가진 해양 전통을 보여주는 문화는 드물다. 이들 중 일부는 다른 이들과 상업적이고 사회적인 교섭 네트워크를 발전시켰다. 특히 파푸아뉴기니 주위에서 인접한 지역 간의 단거리 교역 관계가 발전했지만 원거리 교역에 종사한 상인은 매우 적다. 그러나 나중에 논의할 바와 같이 멜라네시아 트로브리안드 제도인의 쿨라 링 교역은 주목할 만한 예외에 속한다. 뉴기니, 뉴브리튼, 누벨칼레도니에는 외부 세계와 정기적인 접촉을 가진 적이 없고 해양 전통이라고는 아무것도 가지고 있지 않은 채 산악지대나 숲 속에서 살고 있는 씨족들이 있다. 서부 멜라네시아 전체에서 노동과 사회적 역할에 대한 성별 분업이 상당히 확고히 자리 잡고 있어 여성과 남성은 상당 기간 동안 떨어져 지낸다. 외부인에 대한 불신과 혐오뿐만 아니라 애니미즘과 마법에 대한 믿음은 이들 씨족에 토대를 둔 멜라네시아 사회의 특징이었다. 외부인에 대한 혐오로 인해 불행하게 조난당한 이들이 이유 없이 살해되기도 했다. 1836년에 조난된 찰스이튼호(*Charles Eaton*)의 생존자들이 토레스 해협에 있는 오리드 섬과 머리 섬에서 살해당한 유명한 사건은 비극적이지만 드물지 않은 일이었다(Goodman 2005 : 6-7).

서부 멜라네시아 사회들은 숲을 개간하여 화전을 일구며 행하는 생계 농업에 기반을 두고 있었으며, 마을 근교 특히 해안을 따라 영구적인 밭을 일구어 코코넛, 고구마, 타로토란 등을 재배해 다른 농작물이나 가축 혹은 생선과 교환했다.

씨족들은 영토 의식도 강했으며 토지 소유권은 모계나 부계를 따라 상속되었다. 멜라네시아의 제도에서 더 높고 더 숲이 우거진 내지는 말라리아와 기생충이 우글거리는 해안가 저지대보다 건강에 더 좋은 경향이 있었다.

동부 멜라네시아 : 바누아투, 누벨칼레도니 피지의 문화들

이전에는 영국과 프랑스가 공동 주권을 가졌던 뉴헤브리디스였으나 1980년 독립한 1200㎞ 길이의 긴 바누아투는 코랄 해에 있는 83개의 화산섬들로 이루어져 있으며 지리적으로 환태평양 화산대의 주요 부분에 위치한다. 이 제도는 남위 13도에서 21도까지 뻗어 있으며 토레스와 뱅크스 그룹, 북부의 커다란 섬인 에스피리투산토, 말레쿨라, 펜테코스트와 암브림, 그리고 세퍼드 제도와 에파테(수도인 포트빌라의 소재지), 그리고 남부 그룹인 에로망고, 탄나, 아네이튬을 포함한다. 이 제도의 이름은 1774년 제임스 쿡 선장이 제2차 태평양 탐험 시에 명명했다. 서부 멜라네시아에서처럼 토지에 대한 강한 애착, 생계 원예농업에 대한 의존 그리고 성별 역할의 차이가 바누아투 제도에서도 분명히 보였다. 공동체 내에서 남성의 지위는 선물 교환에 따라 달라졌다. 더 높은 사회적 지위는 탄나 섬에서의 네코비아 축제(nekowiar)와 같이 선물을 나누는 의식에서 더 많은 관대함을 발휘하는 행위와 밀접하게 관련되어 있었다. 에스피리투산토 섬에서 행해졌던 남자 성인의식에서는 현재 번지 점프의 전신인 랜드 다이빙과—높은 비계(飛階)를 세워 놓고 넝쿨식물로 만든 긴 밧줄을 이용한— 같은 담력 시험이 포함되었다. 매년 4월과 6월 사이에 행해진 이 의식이 거행된 시점은 자급자족에 기반한 공동체가 의존하고 있는 얌의 추수 감사절이라고 할 수 있다. 바누아투는 유럽인과 접촉했던 초기에 시련을 겪었다. 5장에서 논의하겠지만 유럽인들은 19세기 이 제도를 값싼 기간계약노동(indentured labor)의 공급처로 이용했으며 백단목 등을 착취했다. 기독교 선교사들의 도래 그리고 2차 세계대전 당시에는 연합군의 유입도 멜라네시아 문화에 영향을 주어, 탄나 섬의 적화(積貨) 신앙과 같은 독특한 종교적 활동을 하나의 유산으로 남기기도 했다.

자신들을 '카낙'(Kanaks)이라고 부르는 누벨칼레도니의 멜라네시아인들은 오스트로네시아어를 사용하며 이전에는 생계 원예농업, 어로와 교역에 의존했던 씨족 기반 사회이다. 부계혈통을 따라 상속되는 토지는 카낙의 사회 조직에서 중요한 요소이다. 여성은 토지 소유로부터 배제되어 있으며 씨족 내 권위 있는 남성들에게 순종하는 것이 관례이다. 누벨칼레도니에 대한 프랑스의 식민 통치로 카낙의 삶에는 중대한 변화가 일어났으며, 프랑스인 정주인과 니켈 채광 회사에 의해 토지로부터 소외되면서 8장에서 논의할 바와 같이 정치적인 긴장이 초래되었다.

피지는 330개가 넘는 섬으로 이루어진 제도로, 그중에서 비치레부와 바누아레부가 제일 크고 사람이 가장 많이 살고 있다. 가족, 씨족, 부족의 위계적인 조직과 부계로 이어지는 토지 상속을 특징으로 하는 피지의 토착 문화는 대부분 멜라네시아적이지만, 지도자가 능력이 아니라 세습에 의해 결정되는 것과 같이 이웃하는 폴리네시아 지역으로부터 영향을 받은 부분도 있다. 피지 제도에서는 수많은 언어와 방언이 사용되고 있는데 영어와 전통적인 전국 방언인 바우안어(Bauan)의 사용이 특기할 만하다. 특히 큰 섬들의 내지에서 농업은 씨족 경제의 대들보였지만, 어로와 교역도 중요했으며, 드루아(drua)라고 불리는 대형 쾌속 쌍동(雙胴) 범선이 제도 간 교역, 습격과 전쟁을 위해 건조되었다. 유럽인과 처음으로 접촉이 있었던 시점 식인의례는 일반적이었으며, 얀고나(yaqona) 혹은 카바를 마시는 일은 공식적인 의식의 중요한 부분이었다.

영국 식민지 시기 남아시아인들이 대거 피지로 왔는데, 이들은 여전히 주요한 제도들을 상당정도 차지하고 있는 사탕수수 농장들에서 기간계약노동자로 일했다. 이들 후손들은 번성하여 피지에서 수적으로나 경제적으로 우세한 집단이 되었다. 피지는 문화적으로 폴리네시아에 속하는 라우 제도를 경계로 통가 집단과 분리되어 있으며, 북으로는 로투마 섬을 경계로 미크로네시아에 속하는 키리바시와도 떨어져 있다. 태평양에서 멜라네시아인의 민족지적 특징은 피지-통가 지역보다 더 동쪽으로는 확산되지 않았다. 바로 근처에 있는 사모아는 말할 것도 없이 그 유전학적·민족지적으로는 폴리네시아에 속하지만, 최근에는 이 지역이 약 천년간의 휴지기 이후 폴리네시아인이라고 볼 수 있는 이들이 동부 중앙 태평양으로 퍼져나갔던 문화적 관문으로 역할 했음을 보여주는 증거들이 나오고 있다.

폴리네시아인

폴리네시아인은 지리적으로 인도양의 마다가스카르 고지에서부터 태평양의 먼 구석까지 분산되어 있는 광범위한 말레이-폴리네시아 언어 집단에 속한다. 많은 연구자들은 폴리네시아인이 멜라네시아인과 미크로네시아 차모로인과 함께 이 광범위한 말레이-폴리네시아 어족의 동부 분파에 속한다고 범주화한다. 이들의 언어와 방언은 소수의 자음, 다수의 모음과 이중모음, 때로는 성문 폐쇄음으로 인해 분리된 음을 특징으로 한 동남아의 반도와 제도의 수많은 오스트로네시아어와 비-오스트로네시아어에서 나왔다(Belich 1996 : 17). 과거에 폴리네시아인들은 중앙 태평양에 온 후발후자이며 먼저 와있던 멜라네시아 거주자들을 정복하고 대체하고 무력화시키고 동화시켰으며, 동시에 아오테아로아(뉴질랜드), 라파누이(이스터 섬), 하와이와 같이 더 멀리 떨어져 있던 섬들뿐만 아니라 동부 태평양의 섬들을 발견하고 정착했다고 알려졌었다. 그러나 최근 연구에 의하면 더 서쪽에 있는 집단들과의 언어적인 유사성에도 불구하고 현재 폴리네시아 문화 지역에 속한다고 확인되는 이들은 아시아 환태평양에서 최근에 이주해 들어온 것이 아니다. 이들은 B.C. 2000년경과 B.C. 500년 사이 피지의 바로 남부와 동부에 있는 제도를 차지하고 있었던 고립된 오스트로네시아 집단이었으며 여기에서 다시 더 멀리로 이주 항해를 한 것으로 보인다.

폴리네시아인의 문화적 '표식'에는 공동 집단생활 방식, 특정한 사회 계급, 친족, 상속 시스템, 그리고 중요한 사람은 '마나'(mana)가 —지위와 권력의 신성— 깃들여있다는 생각, 폴리네시아 각지에서 그 특징과 이름이 비슷하게 나타나는 신들과 반신들 가계와 존재에 대한 믿음, 신들이 환경적인 측면을 통제하며 인간 삶에서 허용되는 것과 금지되는 것 즉 타부(tapu)를 정한다는 믿음, 상징적인 무늬로 얼굴이나 몸을 문신하는 관습, 강한 해양 전통, 그리고 독특한 기술로 만든 돌 조각품이 포함된다(Campbell 2008).

폴리네시아인들은 태평양 제도를 별다른 어려움 없이 식민화했다. 이러한 사실은 이들이 세련된 해양 전통을 가지고 있었음을, 그리고 당시 태평양 환경이 상당히 동질적이었으며 식민자들의 생활방식은 (항해, 농경, 어로, 새 사냥, 다양한 해산물과 지상 먹거리 채집) 물론 이들이 가져간 식물과 동물의 (고구마, 사탕수수, 바나나, 초식성의 쥐, 닭, 개, 돼지) 생장에도 적합했음을 말해준다. 유럽인들이 처음 탐험했을 당시에도 폴리네시아 문화 지역에는 사람이 살 수 있지만 살지 않는 섬들은 거의 없었음은 주목할 만한 사실이다. 핏케언이나 노퍽과 같이 주민이

별로 없는 섬들도 나중에 사람들이 빠져나가기는 했지만, 한 때는 초기 폴리네시아인들이 정주했던 곳이었다. 노퍽 섬은 1774년 제임스 쿡이 이를 재발견했을 때에 폴리네시아 쥐와 바나나 나무는 물론 이전에 케르마데크 제도 사람들의 흔적도 가지고 있었다. 시드니에서 북동쪽으로 780km에 있는 로드 하우 섬은 유럽인 정주 이전에 누군가 정착했었다는 흔적이 전혀 없는 거의 유일한 곳이다.

폴리네시아인의 기원과 확산은 고고학, 언어-민족지학, 그리고 구술과 예술전통에 대한 조사와 연구에 의해 입증된다. 〈지도 3〉에서 볼 수 있는 바와 같이 소위 '폴리네시아 삼각지대(Polynesian Triangle)'는 태평양의 넓은 지역을 포괄하고 있으며, 북동쪽으로는 저 멀리 하와이, 남서쪽으로는 아오테아로아(뉴질랜드), 동남쪽으로는 라파누이(이스터 섬)에 이른다. 투발루는 폴리네시아 문화 지역의 서쪽 경계를 이룬다.

폴리네시아인은 태평양 사람들 중에서 가장 탐험 정신이 뛰어나고 문화적으로도 동질적인 부분이 많았지만 그렇다고 해서 후대의 유럽, 미국, 일본 식민주의자와 제국주의자들이 했던 방식대로 폴리네시아 제국을 창조하기 위해 의식적으로 동부, 중앙 그리고 남부 태평양으로 확장해 나갔던 것은 아니었다. 그보다 이들의 이주는 작은 집단을 이루어 정착지를 만들기 위해 대담하고 신중하게 새로운 장소를 찾아 나섰던 바이킹이나 페니키아인들의 그것과 더 닮아 있다. 그리하여 이들의 이야기는 다음 장에서 다룰 제국주의자들이 행한 공식적인 '소유' 행위와 관련된다기보다는, 태평양에서의 인간의 거주라는 주제에 더 적합하다. 아오테아로아(뉴질랜드)의 마오리인, 하와이인, 사모아인, 타이티인, 쿡 제도인, 통가인 그리고 그 밖의 수많은 이들과 같이 서로 멀리 떨어져 있는 사람들의 언어들 간에 유사성이 있다는 사실은 이들의 기원이 같다는 분명한 증거가 된다. 광대한 대양의 거리 때문에 이들이 서로 오랫동안 고립되어 있었다면 서로의 언어가 달라졌을 것이라고 추측할 수 있지만, 폴리네시아의 경우 그렇지 않았다. 이는 수세기 동안 '모국'과 '자손' 식민지 간에 접촉이 유지되었음을 시사한다. 예를 들어 타이티인은 마오리인과 바다로 5000km 떨어져 있음에도 불구하고 마오리인이 하는 말을 대부분 이해할 수 있다. 제임스 쿡과 조지프 뱅크스는 1769년 동행한 타이티 샤먼 투파이아가 마오리인과 대화를 나눌 수 있음을 보고 이러한 사실을 처음으로 알게 되었다. 이와 극명하게 대조되는 예를 발견할 수 있는데, 파푸아뉴기니 고지의 외진 골짜기에서는 이웃한 각 언어 집단들의 지리적인 인접성에도 불구하고 문자 그대로 수백 개의 서로 완전히 다른 언어들이 발전했다 (오랜 기간 동안 이웃한 멜라네시아인들 사이에는 상당히 커다란 문화적 분리, 고립 그리고 외국인 혐오가 자리하고 있었다).

최근 DNA 연구는 멜라네시아인과 폴리네시아인은 유전자적으로 서로 밀접하게 연관되어 있지 않다고 결론지었다. 하디-와인버그 균형이론에 따르면 태평양에서 동쪽으로 이주한 소집단들은 이들을 오스트로네시아인 조상과 연결시켰던 유전적 요소를 잃어버렸다. 그러나 유럽과의 접촉 이전에 폴리네시아인과 아메리카인들 간에 접촉이 있었음을 보여주는 증거는 있다. 예를 들어 태평양 제도 어디에서나 볼 수 있는 아주 흔한 고구마(kumara)의 원산지는 중남미인데, 중남미에서 케추아어로 똑같은 명사로 불린다(Wright 2004 : 149). 그러나 라파누이와 같은 폴리네시아 제도들은 원래 아메리카에서 온 이들이 식민화했다는 주장은 만만치 않은 반증으로 반박되었다.

폴리네시아의 중심부

앞에서 언급한 바와 같이 유전자적으로, 언어·문화적으로 폴리네시아인이라고 볼 수 있는 사람들이 B.C. 2세기경 사모아-통가에 있는 '스프링 보드'에서 동으로, 남으로 그리고 북으로 퍼져나가기 시작했다는 사실은 이제 일반적으로 수용되고 있다. 현재는 독립 국가와 (예전 뉴질랜드에 종속되어 있던 서사모아) 미국의 식민지로 분할되어 있는 사모아 제도는 유럽과 접촉하기 이전에는 강하고 번창한 농경, 어로, 교역의 허브였다. 사모아독립국은 합해 185,000에 달하는 인구가 있는 두 주요 섬인 우폴루 섬과 사바이 섬을 둘러싸고 있는 제도들로 구성된다. 우폴루는 인구 밀도가 가장 높으며 주요 도시이자 항구인 아피아가 있다. 우폴루보다 크지만 인구는 적은 사바이에는 바위투성이에다가 숲으로 뒤덮인 내지에 비교적 최근에 형성된 드넓은 용암 평원이 있다. 여기에는 대가족들이 타로토란과 코코넛을 심은 밭 옆에 세운 벽이 없는 집(혹은 fale)에 거주하며 반농촌 공동체 생활에 기반하고 있는 전통적인 사모아 문화의 여러 요소가 남아 있다. 아메리칸 사모아의 중심은 약 7만 인구를 가진 투투일라 섬이다. 아마도 중앙 태평양에서 가장 뛰어난 항구인 파고파고는 아메리칸사모아의 수도이다. 아메리칸사모아는 독일과 영국 식민 군대와의 대립 상황에서 전함을 잃어버린 비극적인 사건 이후 1889년 미국에 의해 점령되었다. 미국과 유럽의 선교사들이 초기에 사모아 사회에 들어와 영향을 미치기 시작했으며, 오늘날 주민들은 독실하고 보수적인 기독교도들이다.

통가는 어떤 제국주의 강대국에 의해서도 식민화된 적이 없는 몇 안 되는 태평양 제도들 중의 하나이다. 이 폴리네시아 사람들은 오랫동안 전통적으로 왕에 의해 통치되었으나, 2008년 왕은 자진해 자신이 가지고 있었던 절대 권력을 의회 방식으로 운영되는 정부에게 내주었다. 누쿠알로파는 통가 그룹의 주요 섬이며, 정부의 소재지이다. 인접하고 있는 월리스와 푸투나 섬에도 폴리네시아인이 거주하고 있으며, 프랑스령에 속해 있다. 월리스 섬 사람들은 통가인과 비슷한 언어를 사용하며 푸투나 섬사람들은 변형된 형태의 사모아어를 사용한다. 많은 이들이 최근에 보다 취업 기회가 많은 누벨칼레도니로 이주했다. 투발루는 작은 독립국이며, 폴리네시아 전통 문화가 여전히 지배적이다. 그러나 이들 멀리 떨어져 있는 산호섬들은 해안가에서의 인간의 활동과 엘니뇨 활동 시기에 높아지기도 하는 해수면 그리고 지구온난화 등의 결과로 서서히 더 가라앉고 있다. 이곳 사람들은 인접한 키리바시 사람들과 마찬가지로 이미 태평양의 다른 곳에서 재정착하고 있다.

동부 폴리네시아의 거주민

마르케사스 제도

폴리네시아 문화에 속하는 이들이 동부 태평양에서 식민화된 첫 제도는 마르케사스로, 2세기 즈음에 이곳에 정착했다. 첫 이주자들이 마르케사스 제도를 차지하고 100여 년 후에 소시에테 제도와 쿡 제도에도 사람들이 정주하기 시작했다. 이들 화산섬은 열대 숲과 초목이 무성하게 우거져 있었으며 유럽인과 접촉하기 이전 시기에 농업 사회가 번영하고 있었다. 마르케사스 제도의 가장 큰 섬인 히바오아에는 파투히바, 누쿠히바, 우아후카와 마찬가지로 오래 전부터 사람들이 정주했다. 접촉 이전 시기에는 인구가 많았던 하카테아와 같은 몇 제도에서 최근 인구가 감소했다. 현재 마르케사스 제도는 전체적으로 인구가 줄고 있다. 접촉 이전 시기부터 있었던 커다란 돌로 세워진 제단(*marae*)과 거석조각이 제도에서 발견되는데, 이는 쌍을 이루며 양 방면으로부터 들어왔던 공격을 막아내는 데에 실패해 존속하지 못한 문명을 상기시켜준다. 기독교 개종자에게 그들의 조상을 섬기는 문화를 금지시킨 선교사들의 광신이 하나이며, 제도 곳곳에서 전 주민을 쓸고 가 버린 천연두, 인플루엔자, 홍역과 같은 유럽의 질병이 또 다른 하나였다. 이전에는 생동적이고 외향적이었던 마르케사스 제도의 폴리네시아 문화 기원에 관한 고고학적 연구가 현재 진행되고 있지만, 마르케사스 제도의 초기 거주민들에 대한 분명한 상을 그려내려면 아직 갈 길이 멀다. 무엇보다 이 제도는 약 3세기에서 5세기 사이 타이티와 하와이로의 첫 식민지 개척 항해를 위한 출발점이었다.

타이티와 무레아 섬

타이티와 무레아의 폴리네시아 문화만큼 유럽인의 상상력을 사로잡은 태평양 문화는 없을 것이다. 이들 섬을 처음으로 탐험한 이들은 뒤이어 들어온 유럽인에 의해 때가 묻기 전 이 섬사람들의 생활방식에 대해 자세히 기록해 두었다. 때문에 이들 첫 유럽인들의 일기나 저널을 읽어보는 것은 유익하다. 예를 들어 우리는 제임스 쿡의 일기에서 처음 유럽인과 접촉했을 당시 타이티에서 무엇이 생산되었는지를 알 수 있다. 타이티를 처음 방문했을 때 쿡은 빵나무, 코코넛, 바나나, 플랜틴(plantains), 고구마, 얌, 사탕수수에 더하여 다음과 같은 작물들을 묘사했다.

> 에그 멜로아(Eag melloa)라는 이름으로 알려지고 가장 맛있다고 여기지는 과일… 주민들은 페아(Pea)라고 부르는 살롭(Salop) 종류의 뿌리, 에더(Ether)라고 부르는 초목의 뿌리 그리고 구워서 먹으면 밤 맛이 나는 강낭콩과 같은 꼬투리에 있는 아후(Ahu)라고 불리는 과일, 그들이 화라(Wharra)라고 부르며 나무의 열매로 파인애플과 비슷한 과일, 나노(Nano)라고 불리는 나무의 열매, 영치식물의 뿌리, 그리고 테브(Theve)라고 불리는 초목의 뿌리(Cook's Journal, 13, July 1769' Grenfell Price 1971 : 35에서 인용).

일기의 같은 페이지에서 쿡은 타이티 가축에 대해서 다음과 같이 묘사하고 있다.

길들인 가축으로는 돼지(hogs), 닭(fowls), 개가 있는데, 우린 개가 식용으로 쓰인다는 사실을 알았으며 우리 중의 몇이 먹어보고 남해 개는 영국 양에 다음 간다고 한다. 이 가축들은 우리 개들은 아마도 반도 먹지 않을 채소만을 먹으며 지낸다.

세 번째 여행에서 쿡은 샌드위치 제도를(현재 미국의 하와이 주) 발견하고 명명했는데, 이때 그는 이 폴리네시아의 가축에는 '타히티'(Otaheiti)에서와 같은 돼지, 개, 닭이 포함되며, 야생 동물에는 쥐, 도마뱀, 새가 있다고 했다.

하와이 제도

북태평양에서 전형적인 화산섬으로 이루어진 제도인 하와이 제도는 500년경 마르케사스 제도와 타이티에서 왔을 것으로 보이는 폴리네시아 모험가들이 처음으로 발견했다. 이주 이전 이들이 고향에서 가져온 비슷한 식료품은 물론 귀족, 평민, 노예로 구성된 위계질서 사회, 신들과 반신들의 신전, 타부 체제를 포함한 언어와 문화의 특징이 이 제도에 뿌리를 내렸다. 다른 폴리네시아 지역에서와 같이 이후에도 하와이와 타이티-마르케사스 제도 간에는 왕복 항해가 수도 없이 계속되었을 것이다. 하와이 제도의 주요 섬마다 왕국이 들어서고 여러 왕국들 사이에 전쟁은 빈번하게 일어났다. 16세기와 17세기에 스페인 배들이 하와이 제도를 방문했을 것으로 보이지만 기록은 남아 있지 않다. 기록으로 남아 있는 첫 유럽인의 방문은 레절루션호(*Resolution*)라는 배를 몰고 1778년 하와이 섬에 있는 와이메아 만에 닻을 내린 제임스 쿡에 의해 이루어졌다. 1779년 하와이인들에게 죽임을 당하기 전 쿡은 얼마 후 유럽의 포경선, 무역가, 모험가, 선교사들의 맹렬한 공격으로 그 문화가 변형되기 이전 유럽 중심적인 시각에서 본 하와이의 문화와 환경의 특징에 대한 자세한 사항을 그의 일기에 기록했다. 불행히도 쿡은 1786년 프랑스 탐험가 라 페루즈가 처음 방문했고 묘사했던 두 번째 큰 섬인 마우이 섬에 정박할 적당한 장소를 찾지 못했다. 1790년 강력한 지도자, 카메하메하 1세는 케페니와이 전투 이후 그의 통치하에 하와이제도를 통일시켰다. 이어서 그는 마우이 섬에 있는 라하이나에 수도를 세웠다.

라파누이(이스터 섬)에의 정주와 인구 감소

폴리네시아 삼각지대의 극동 모서리에 있는 이스터 섬은 1722년 네덜란드 탐험가 야코프 로헤베인이 부활절 주일에 발견하고 이스터라고 명명한 이래 수세기 동안 탐험가들, 고고학자들, 방문자들에게는 하나의 수수께끼 같은 곳이었다. 이섬에는 최소한 별개의 두 폴리네시아 집단에 속하는 이들이 정착했는데, 처음 도착한 이들은 약 500년경에 아마도 마르케사스에서 온 것으로 보이며, 후발 주자들은 첫 정주자들과는 문화적으로 다른 폴리네시아인들이었다. 이스터 섬은 인구 증가로 점차 산림 식생이 무너짐에 따라 생태학적인 비극을 겪었으며, 시간이 지나면서 서로 싸우는 씨족들로 뭉쳐졌다. 이들은 사화산의 분화구 인근 채석장에서 가져와 해안을 등지고 마련된 제단 위에 모아이(moai)라 불리는 거대한 석조수호 조상의 상을 경쟁적으로 세웠다. 모아이는 점점 더 커졌으며 어떤 것은 높이 10m 무게가 80톤이 넘는다. 이 거석 모아이들을 조각하고 옮기고 세우는 동안 라파누이의 자원은 고갈되었다(Wright 2004 : 61). 희소한 자원에 대한 갈등은 먼저 정착한 이들의 문화와 나중에 정착한 이들의 문화 간의 내전으로 비화되었다. 결국 17세기 말경 잔인하고 파괴적인 전쟁으로 사람들은 전멸되다시피 했다. 5장에서 논의하는 바와 같이 1860년대에 페루 노예 상인들은 이 제도의 인구를 거의 완전히 없애버렸으며, 라파누이는 1888년 칠레에 의해 합병되었다.

아오테아로아(뉴질랜드)의 마오리인 정착지

아오테아로아에 마오리인들이 도래한 시기와 상황에 대해서는 이견이 존재한다. 어떤 유럽 학자들은 첫 마오리 정주자들은 대부분 1100년경에 이곳의 뭍을 밟았다고 주장한다. 이들은 상상력을 동원해 폭풍우가 몰아치고 빈사상태의 뱃사람들이 원래 의도한 항로를 크게 벗어났지만 행운이 따른 우연으로 인해 '긴 하얀 구름의 땅'을 발견했다고 설명한다. 그러나 방사선 탄소를 이용한 연대 측정 등 현재 이용 가능한 증거는 '모아 사냥인'(Moa hunters)이 —뉴질랜드 마오리인들의 조상들— 1300년경에 처음으로 이곳에 정주했음을 시사해 주고 있다. 사실 날개가 퇴화해 날지 못하는 타조목에 속하는 거대한 새 모아는 첫 폴리네시아 이주자들이 이 섬에 들어온 지 백년도 되지 않아 사냥으로 모두 멸종되었던 것으로 보인다. 이들의 항해는 바람으로 인해 항로를 벗어나서 생긴 결과가 아니라 장기간에 걸친 의도적이고 계획된 이주의 결과였을 것이다. 그러나 대부분의 다른 폴리네시아인들의 이주와는 달리 뉴질랜드로의 항해는 소시에테 제도에(서로 이해가 가능한 방언이 쓰이는 곳) 있는 원래 출발점에서 서쪽으로 쿡 제도에 있는 라로통가 섬을 경유해 이루어졌다. 마오리인 항해자들이 가지고 온 폴리네시아인에게 일반적이었던 가축과 농작물의 몇은 아마 뉴질랜드의 기후에 적합하지 않았을 것이며 그리하여 현재까지 살아남지 못했을 것이다. 예를 들어 유럽인과의 접촉 당시에 여러 품종의 고구마는 눈에 띄게 많이 있었지만 돼지는 없었다. 또한 여러 차례에 걸쳐 폴리네시아인들은 뉴질랜드 동쪽으로 800km 떨어진 채텀 제도에 정착했다. 1835년 채텀 제도의 온순한 모리오리 주민은 유럽인의 도움을 받은 호전적인 뉴질랜드 마오리인의 침입으로 전멸했다.

미크로네시아인

　미국 대륙보다도 더 큰 북부 중앙 태평양 지역을 포괄하고 있는 미크로네시아 여기저기에 흩어져 있는 섬들에 사람들이 정착하게 된 역사적 기원을 완전히 이해하려면 아직 갈 길이 멀다. 분명한 것은 첫 이주자들은 홍적세 시기 지협을 건너 도착한 것이 아니며, 서부에 있는 괌, 야프, 팔라우, 동부에 있는 폰페이(포나페), 콰잘레인, 마주로 섬을 식민화했을 당시 이들은 이미 전문적인 기술을 가진 선원과 항해자였다는 사실이다. 수천 년에 걸쳐 이주 항해가 거듭되었기에 초창기에 이 지역을 방문했던 유럽인들이 언급한 바와 같이 다양한 문화들이 형성되었다. 팔라우의 서쪽 섬들이 아마도 먼저 식민화되었으며 수백 년 뒤에 야프 섬과 마리아나 제도에도 정착했을 것이다. 원주민인 차모로인과 같은 독특한 집단들을 포함하여 이들 섬사람들의 유전자 구성과 문화 유형은 오스트로네시아 기원을 반영한다. 동쪽으로 더 나아가 추크 제도와 폰페이 섬은―1800년대 초에 허리케인으로 불모지가 된 고대 돌과 '암초 도시' 난 마돌과 함께― 동부 인도네시아, 뉴기니, 바누아투에서 북쪽으로 움직인 원(原)-폴리네시아인의 이주로 식민화되었다. 마셜 제도를 포함하여 극동의 미크로네시아는 피지와 키리바시에서 온 뱃사람들에 의해 개척되었던 것으로 보인다. 키리바시는 본래 사모아에서 온 항해자들의 후손이라고 주장하는 미크로네시아인이 정주했다. 타라와에는 가장 많은 인구가 집중되어 있으며, 이를 식민지화한 영국이 붙인 이름인 '길버트'(Gilbert)의 현지인 발음인 키리바시의 정부 소재지이다.

2차 세계대전 시기 타라와는 미국 해군과 점령하고 있던 일본인들이 격렬하게 싸움을 벌인 전쟁터였다. 현재 키리바시는 지구온난화로 해수면이 임계점에 달하고 있다. 때문에 그 지도자들은 많은 저지 섬들이 모두 물에 잠겨버리기 전에 주민들의 이민을 허용해 줄 것을 다른 태평양 국가들에게 요청하고 있다. 유럽 식민 강대국이 가장 마지막으로 공식 합병했던 키리바시, 바나바, 나우루와 같은 미크로네시아 섬들이 역설적으로 태평양에서 가장 먼저 버려질 섬들이 되어 가고 있다. 종종 불행한 결과를 촉발시켰던 유럽의 태평양 탐험과 합병이 3장의 주요 주제이다.

3장

태평양에 대한 소유권 주장

: 유럽, 아시아, 아메리카의 탐험과 병합

태평양에 대해 많이 알기도 전에 강대국들은 이를 탐냈다. 중국의 남양(南洋), '스페인의 호수'(Spanish Lake), 영국, 프랑스, 독일의 남해 식민지, 일본의 대동아 공영권, 미태평양 함대의 보호를 받는 '정당한 국익', 이 모두는 세계적인 강대국들이 사실상 매우 비슷한 방식으로 태평양의 상당 부분에 대한 소유권을 주장하거나 영향력을 행사하기 위해 했던 여러 가지 시도를 표현하고 있다. 이 장에서 강조할 바와 같이, 수백 년 동안 유럽이 수도 없이 태평양을 탐험하고 소유권을 주장하려 했던 시도는 태평양의 지리와 성격에 대한 지속적인 신화와 오해에서 비롯되었다. 또한 이러한 시도는 일반적으로 '발견자'가 주권을 주장하고 자원을 착취하고 어떤 원주민이라도 정복할 수 있는 당연한 권리를 가졌다는 전제하에서 이루어졌다.

처음 유럽의 관심은 전설적인 부를 약속하는 금과 향료가 있는 환태평양 주변 육지에—누구나 차지하는 자가 주인이 되는— 집중되었다. 인접한 '남해'(South Sea)는 이들의 야망을 실현시키기에—모호하게 정의한다면— 불편함을 가져다주는 장애물이었다. 환태평양에 점차 익숙해지고 그 해안가를 쓸고 가는 바다를 조사하기 시작하면서, 유럽인들은 더 먼 곳으로 탐험해야 할 다른 동기를 발견했다. 여기에는 저 광활한 바다에 어마어마한 크기를 가진 상상을 초월할 정도로 부유한 땅이 —미지의 남방대륙— 존재한다는 믿음, 그리고 유럽과 인도 제국(諸國)의 향료 제도를 신속하고 편리하게 연결시켜줄 항로가—북서항로와 같은— 있다는 추정이 포함되었다. 유럽인이 태평양을 잠식하게 된 부차적인 동기는 해역에 있는

'고결한 야만인' 사회라는 더없이 좋은 환경에서 선교활동에 종사하여 이들을 개종시킬 수 있다는 전망이었다. 태평양의 일정 지역에 대한 소유권을 주장하는 이들 시도에 정당성을 부여한 국가 운영 기술에는 다음과 같은 여러 가지 공통점이 있다.

- 강대한 지역의 부와 자원을 독점하거나 최소한 통제하고 조정하려는 국민국가의―단지 개인 모험가가 아니라― 열망
- 이런 적나라한 욕망을 이교도에게 문명과 계몽을 가져다준다고 묘사해 고결한 이타주의라는 가면으로 가리기
- 현지인으로 하여금 제국주의적 지배를 수용하도록 만들기
- 그리고 이것이 불가능하다면, 도전하는 이들이 태평양 현지인이든 동료 제국주의자이든을 막론하고 모두를 잠재우기에 충분한 군사력 확보하기

태평양의 첫 내습은 2장에서 언급했듯이 선사시대에 발생했으며 제국주의를 지향하는 국가가 아니라 작은 무리를 이룬 아시아인이나 오스트로네시아인 선원, 어부나 잠재적 정주자에 의해 일어났다. 이들은 이 광대한 대양 지역에 대해 어렴풋하게나마 알지 못했을 것이며, 태평양을 소유하겠다는 의도적인―최소한 유럽인들이 추구한 방식의― 목적도 가지고 있지 않았을 것이다. 유럽인의 습격은 앞에서 언급한 바처럼 비록 신화와 오해에서 동력을 얻었지만, 식민을 위한 새로운 땅의 합병, 교역 독점, 현지인 예속, 자원과 노동력 착취, 전략적인 이점이 있는 장소 탈취, 수익 창출 잠재력이 있는 과학 지식 습득과 같이 매우 실용적인 행동으로 귀결되었다. 아시아인 항해자들이 동남아의 남양 지역보다도 더 멀리 항해했다는 다소 빈약한 증거가 있을 수 있지만, 19세기까지 아시아 대륙에서 태평양의 먼 곳까지 가서 지속적으로 누구도 부인할 수 없을 정도로 명백하게 식민 활동을 하지는 않았다. 19세기가 끝나갈 무렵 일본은 대만과 아시아 환태평양을 따라 나 있는 몇 제도를 점령했으며, 중국, 일본, 인도는 자국민이 여러 태평양 제도로 기간계약노동을 위해 떠나는 것을 허용했다―최소한 금지하지는 않았다―.

부에 대한 욕망

태평양을 탐험했던 초기 유럽인 탐험가 대부분은 스페인인 또는 스페인 왕에게 고용된 포르투갈인, 바스크인, 이탈리아인이었다. 뭐라 해도 이들 유럽인 탐험가는 분명히 용감하고 대담한 바다사람들이었을 것이다. 이베리아 반도 출신 첫 탐험가들과 이탈리아인 콜럼버스와 같은 이들은 지구가 둥글다는 그때만 해도 검증되지 않은 초기 그리스-이집트 지도 제작자 프톨레마이오스의 견해를 수용했으며, 지구 둘레를 작게 추산한 그의 계산법도 받아들였다. 15세기 말 '대양'을 횡단한 지 몇 주되지 않아 신세계에 도착한 첫 항해자들은 프톨레마이오스의 추산과 맞아 떨어진다고 보아 자신들이 인도 연안 근처에 있다고 생각한 제도인 '인도 제도'(Indies)에 닿았음이 확실하다고 믿었다. 탐험이 더 진행됨에 따라 스페인과 포르투갈의 항해자들은 이들 '인도 제도'는 전혀 예상하지 못했던 새로운 대륙임을 알게 되었으며 결국 이 대륙에 아메리고 베스푸치를 기리는 이름을 주었다. 바로 이 대륙 넘어 아시아로 가기 위해서 건너야 하는 크기도 가름할 수 없는 또 다른 바다가 있었다.

발보아의 '남해' 소유권 주장

16세기 초는 유럽인이 처음으로 환태평양 동부와 서부 양쪽 모두에서 소유권을 주장한 시기였다. 1494년 알렉산더4세의 주재하에 포르투갈과 스페인 간에 체결된 토르데시야스 조약의 목적은 제국주의를 지향하는 두 기독교 국가 간에 물리적인 충돌을 미연에 방지하는 데에 있었다. 이 조약으로 스페인은 서반구의 (포르투갈령 브라질을 제외하고) 모든 땅을 식민화하고 이용할 수 있는 권리를 가졌으며, 이에 따라 아메리카 환태평양 지역에 재량권을 가지게 되었다. 결국 이 수반구 수역에 시선을 고정하고 이에 대해 공식적인 소유권을 주장한 첫 유럽인은 스페인 모험가 바스코 누녜스 데 발보아였다. 귀족 가문 출신이지만 매우 가난했던 발보아는 용병으로 파나마 지협에 도착했다. 그곳에서 그는 현지인들에게 호의적인 태도를 보임으로써 대개는 잔인하고 오만하고 무자비한 명문가 출신 정복자들을 의미하는 콘키스타도레스와는 다른 의미에서 유명해졌다. 그는 아메리카 원주민 친구들로부터 대산맥 너머 스페인령 카리브 서쪽에 광활한 바다가 있으며 그 대양을 남쪽으로 며칠 항해하면 위대하고 부유한 제국이 있다는 말을 들었다. 자신의 결단에 따라 발보아는 스페인인과 현지인으로 구성된 무장 소집단을 이끌고 다리엔에서 지협의 내지로 들어가 높은 곳에 올라갔으며 1513년 9월 25일에 남쪽 수평선에 있는 광대한 바다를 바라보았다. 4일 뒤 해안에 도착한 발보아는 이 '남해'(Austal Sea)와 주변의 땅을 '이제로부터 세계가 지속되는 한 영원히, 세상에 존재하는 모든 살아 있는 것들에 대한 최후의 심판까지' 스페인 왕의 재산에 속한다고 선언했다(Otfinosik 2005 : 45).

남쪽에 있는 전설의 제국을 찾으려는 발보아의 성급하고 재가를 얻지 않은 시도는 계속 실패했다. 그의 작은 범선들이 바다로 출항하기 무섭게 나무 좀 벌레가 —브로마 나무 벌레— 범선의 목재를 공격하는 바람에 번번이 뱃길을 되돌려야 했기 때문이다. 공격에 노출되고 몇 주 되지 않아 선체에 구멍을 뚫어 범선을 벌집같이 만들어 버리는 이 열대의 해양 생물체가 서식하기 어려운 목재를 사용해 소함대를 구축하려고 온갖 애를 썼음에도 불구하고 소용이 없었다. 열대 바다를 항해하는 선박의 목재 선체를 보호할 수 있는 물질로 싸주는 기술, 즉 먼저 얇은 판자에 섬유-역청 막을 만들어 고정시키고 후에 얇은 납판이나 동판으로 덮어주는 방식은 아직 일반적으로 이용되고 있지 않았다.

발보아의 상대적인 인도주의는 금과 다른 부에 대한 그의 욕망에 비하면 부차적이었다. 그는 필요하다면 무력으로도 잉카 제국을 취하고자 했다. 그가 정복 항해에 번번이 실패했으며 재가도 받지 않은 무단 행동을 했다는 말들이 세어나갔다. 반역 혐의로 체포된 그는 1519년 아크라스 광장에서 교수형에 처해졌다.

8년 뒤 발보아의 친구였던 프란시스코 피자로는 스페인 왕 카를 5세로부터 상상을 초월할 정도로 부유한 페루 제국에 대한 정복 허가를 받아냄으로써 동료를 배신한 대가를 받았다. 규모가 작지만 잘 무장된 스페인 기병 그리고 발보아의 것보다 더 견고한 함대를 이끈 피자로는 잉카의 수도 쿠스코를 약탈했으며 3톤으로 추정되는 금을 사원에서 벗겨갔다(Wright 2004 : 175). 1533년 피자로는 리마에 새로운 수도를 세우고 첫 총독이 되었다. 그 후 피자로는 잉카에 적대적인 부족 출신이며 세례를 받은 아메리카 원주민을 첩으로 삼았으며, 이 부족의 도움으로 잉카의 리마에 대한 반격을 격퇴시킬 수 있었다. 잉카의 지도자들이 인디언 동맹자들에게 죽임을 당한 후 잉카의 군대는 흩어졌다. 몇 년이 되지 않아 잉카 제국은 멕시코의 아즈텍 제국과 마찬가지로 천연두, 인플루엔자, 홍역, 선 페스트와 같이 외부에서 들어온 질병이 창궐하면서 더욱 약화되었으며 정복자들에 대한 군사적인 저항은 실패로 막을 내렸다(Wright 2004 : 112). 피자로의 무자비하고 탐욕스러운 약탈성은 1520년 에르난 코르테스가 아즈텍의 수도 테노치티틀란을 거짓과 기만을 이용해 약탈한 사건과 함께 환태평양에서의 추악한 스페인 점령의 선례가 되었다. 이 정복은 발보아가 처음으로 남해를 바라본 지 20년이 안되어 이루어졌으며, 10년이 좀 넘은 시점에 페르디난드 마젤란에 의해 현재의 이름 즉 태평양이라고 명명되었다.

부로 가는 길 : 유럽인의 최초 태평양 횡단 항해

광대한 태평양 해역을 횡단한 유럽인의 첫 항해 기록은 16세기 중반 포르투갈, 스페인, 영국 모험가에 의해서 이루어졌다. 발보아가 남해에 대한 전면적인 소유권을 주장한 지 60년이 지나지 않아 그리고 유럽인에게는 지구에 이런 지역이 존재한다는 사실이 잘 알려져 있지 않았던 그 시절에, 태평양 횡단 시도는 최소한 여덟 차례나 있었다. 대부분은 남미 최남단인 혼 곶을 돌거나 아메리카 연안 지역에서 서쪽으로 항해했지만 아시아에서 아메리카로 항해하는 시도도 몇 차례 있었다. 이들 항해 중에서 여기에서는 마젤란, 멘다냐, 드레이크가 이끈 선구적인 세 탐험 항해에 관해 논의할 것이다. 이들이 마주할 세계에 대해 거의 아무런 지식도 가지고 있지 않았다는 점을 감안해 본다면 이들 탐험가의 성격과 기대에 관한 몇 가지 질문을 해 볼 필요가 있다. 즉, 어떤 동기로 이들은 미지의 세계로 뛰어들었는가? 이들로 하여금 작고 장비도 제대로 갖추지 않은 범선을 이끌고 질병과 사고 사로 많은 이들이 죽어가는 상황에다가 거의 폭도에 가까운 선원들과 함께 태평양 횡단을 감행하게 한 태평양의 마력이 무엇이었는가? 증거로 볼 때 이들 모두는 주로 태평양에서 전설적인 부, 비옥한 땅, 유럽으로 회항하는 단기 항로를 발견할 수 있으며 만약 그렇게 된다면 부와 명예를 획득할 수 있다는—미지 세계로의 항해에 따르는 엄청난 위험을 감수할 가치가 충분한 목표— 확고부동한 믿음으로 인해 동기를 부여받았다. 경도에 대한 정확한 기록이 가능하기 이전에 행해진 이들 항해의 대략적인 경로가 〈지도 4〉에 나타나 있다. 이들이 한 발견의 중요성은 여전히 모호함에도 불구하고 유럽인이 태평양에 대한 개념을 발전시키기 시작했다는 점에 있다. 이들로 인해 이전에는 단지 추측에 지나지 않았던 것을 실체로 인식하면서 태평양에 대한 지평은 넓어져 갈 것이었다.

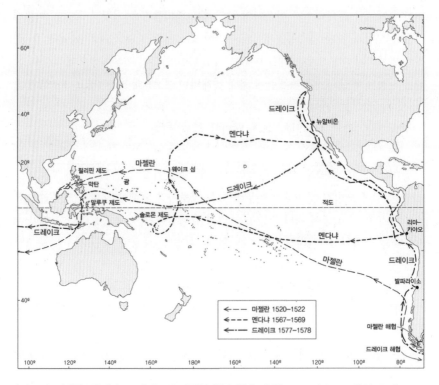

〈지도 4〉 마젤란. 멘다냐. 드레이크의 태평양 횡단 항해. 출처 : Lewis(1977 : 책의 표지).

마젤란, 태평양에 이름을 주다

비록 태생은 포르투갈인이었으나 1519~21년 동에서 서로 광대한 태평양을 횡단하는 첫 함대를 지휘했을 당시 페르디난드 마젤란은 스페인의 군주 카를 5세를 위해 일하고 있었다. 스페인 왕에게 태평양과 태평양에 있는 모든 영토를 '신세계' 소유지에 추가시키는 행위는 주권의 자연적인 연장이었다. 그럼에도 불구하고, 이내 '스페인의 호수'라고 불린 이곳을 처음으로 횡단한 이 장대한 항해가 발보아의 첫 발견 이후 7년도 되지 않아 이루어졌다는 사실은 주목할 만하다. 이 항해는 두 척의 캐럭—트리니다드호(*Trinidad*)와 산안토니오호(*San Antonio*)— 그리고 수백 년 전 첫 폴리네시아 항해자들이 태평양에서 사용했던 쌍동선보다 별반 크지 않은—그리고 바다를 항해하기에는 훨씬 덜 적합한— 세 척의 작은 범선인 캐러벨에 의해 수행되었다. 스페인에서 건조된 마젤란의 범선들은 아랍 디자인에서 채용한 큰 삼각돛을 달아 바람을 거스르며 항해할 수 있었다. 삼각돛이 없었다면 이들 범선은 서풍이 우세한 남미를 도는 데에 성공하지 못했을 것이다. 그럼에도 불구하고 선체가 부실하고 거의 끊임없이 수리를 해야 하는 형편없는 범선으로 태평양을 횡단했다는 사실은 너무나 놀랍다.

이전 1511년 마젤란은 말레이 반도에 있는 믈라카를 함락했던 포르투갈 군대에 속해 있었다. 그곳에서 그는 인도네시아 제도의 먼 동쪽에 있는 환상적인 향료 제도인 말루쿠 제도에 대해 알게 되었다. 포르투갈 귀족의 신임을 잃은 마젤란은 자신의 국적을 포기하고, 말루쿠 제도를 토르데시야스 조약하에서 스페인에게 허용된 세계의 일부분으로 만들 수 있는 정보를 가지고 있다고 공언하면서 스페인을 위해 일하겠다고 제안했다. 그는 새로 발견한 남해를 남대서양과 이어주는 단기 항로를—아직 발견되지 않았지만 실재한다는 소문이 자자했던— 통해 향료 제도에 닿을 수 있다고 카를 5세를 설득했다.

1519년 스페인을 떠난 마젤란은 전설 속의 남서 항로를 찾기 위해 대서양의 남미 연안을 따라 가능성이 있는 모든 작은 만(灣)들을 수도 없이 1년간 탐험하면서 선원들의 폭동을 진압하고 몇 부하들의 탈주를 경험했지만 결국 별다른 성과를 거두지 못했으며 지금 그의 이름을 가지고 있는 해협을 발견했을 뿐이다. 티에라델푸에고 제도의 북부에 위치하고 있는 좁고 험한 통로인 이 마젤란 해협에서 역풍과 역조로 인해 우여곡절을 겪는 바람에 항해는 느리기 짝이 없었지만 마젤란은 이를 통과해 서쪽으로 항해할 수 있었다. 예하 부대 지휘관 몇이 마젤란에 반기를 들고 저항했으며 두 명은 처형되었다. 한 범선의 조종사는 항해를 중단할 수 있는 기회를 포착해 배를 돌려 스페인으로 돌아가 버렸다. 다행스럽게도 마젤란의 형편없이 낡은 배들은 드레이크 해협, 혹은 티에라델푸에고와 스태튼아일랜드(로스에스타도스 섬) 사이에 있는 레마이레 해협에서 이후 탐험가들이 맞닥뜨렸던 산더미 같은 파랑과 강력한 역풍을 만나지 않았다. 영국인 모험가 프란시스 드레이크, 그리고 네덜란드 사령관 야코브 레 마이레와 빌렘 슈하우텐이 이후에 발견한 이들 수로들이 결국 '혼 곶을 도는' 더 바람직한 통로가—특히 태평양에서 남부 대서양으로 항해하는 경우에는— 되었다. 동쪽으로 향하는 배는 거의 일 년 내내 '노호하는 40도대 서쪽 해역에 이르기 전까지는 순항할 수 있었다. 그러나 미로와 같이 복잡하고 좁은 마젤란 해협은 더 남쪽에 있지만 혼 곶 주변의 좀 더 커다란 이들 다른 해협보다 훨씬 더 항해하기 어려웠다.

1520년 11월, 남은 3척의 배로 태평양에 이르자 마젤란과 선원들은 막 지나왔던 폭풍우 치던 남대서양과 대조적으로 이 해역은 너무나 평화롭다고 느꼈다. 이 탐험의 기록자였던 안토니오 피가페타에 따르면 '태평양'(Oceano Pacifico)이라는 이름은 마젤란 자신이 지었다고 한다. 태평양 해분 횡단 시 특별히 위험한 사태는 발생하지 않았지만 형편없이 낡은 마젤란의 선박 상태가 더욱 악화되고 선원들이 괴혈병에 시달리는 바람에 괌에 도착하는 데에는 거의 4개월이나 걸렸다. 마젤란의 선박은 수주가 더 지나 필리핀에 있는 세부에 도달했으며 1521년 3월 그곳에 닻을 내렸다. 살아남은 자에게는 전 항해 여정을 매우 수익성 높은 사업으로 만들어 줄 귀한 향료를 구하던 중 마젤란은 현명치 못하게 막탄과 세부 통치자들 간의 분쟁에 개입했으며 1521년 4월 27일 막탄에서 벌어진 소규모 접전에서 목숨을 잃었다. 원래 5척이었던 배 중에서 오직 빅토리아호(Victoria)만이 마젤란의 조종사 후안 세바스티안 델 카노(엘카노)의 지휘하에 같이 출발했던 수백 명 중에서 오직 31명만을 태우고 어렵사리 지구를 일주하고 희망봉을 경유해 스페인으로 귀환했다.

비록 많은 측면에서 참담한 결과를 초래했음에도 불구하고 마젤란의 항해는 세계에 관한 몇 가지 중요한 정보를 제공함과 동시에 수세기간이나 더 지속될 태평양 영역에 대한 추측과 신화를 부채질했다. 예를 들어 마젤란의 항해는 세계가 정말 둥글다는 사실을 증명했으며, 세심한 일기 일자와 스페인에 돌아왔을 때의 달력 날짜 간의 불일치로 입증되었듯이 지구를 동에서 서로 일주하면 하루를 잃게 됨을 알려주었다. 위도를 측정하는 도구가 없었음에도 불구하고 이 항해로 지구의 실제 둘레를 상당히 정확하게 추정할 수 있었다. 또한 마젤란의 항해는 필리핀을 스페인의 지배 반경 내로 귀속시키는 결과를 가져왔다. 그러나 카를 5세에게는 불행하게도 마젤란의 항해는 항해의 결과로 획득하기를 갈망해 마지않았던 귀중한 땅인 말루쿠 향료 제도가 토르데시야스 조약하에서는 포르투갈이 소유권을 주장할 수 있는 세계에 속해 있음을 드러냈다. 그러나 이 항해는 태평양에 있다고 알려진 광대한 대지에 대한 신화를 일소하는 데에는 아무런 역할을 하지 못했다.

멘다냐, 솔로몬왕의 광산을 찾다

유럽인의 태평양 해분 횡단 첫 왕복 항해에는 신화와 탐욕, 소유욕이라는 동기가 개입되었다. 젊은 스페인 귀족이자 항해사인 알베로 데 멘다냐 데 네이라는 페루 총독의 조카로 1567년 페루 카야오를 출발해 서쪽으로 태평양을 횡단하면서 (지도 4) 금이 대량으로 매장되어 있는 전설 속의 땅을 찾았다. 그의 부사령관인 페드로 사르미엔토 데 감보아는—오만하고 잔인한 콘키스타도레스 즉 정복자의 전형적인 인물이었던— 미지의 남방대륙의 실재를 굳게 믿고 있었다. 사르미엔토와 멘다냐는 이전 수많은 잉카 사원을 장식했던 금의 상당 부분은 태평양 어딘가에 있는 땅에서 가져왔다는 잉카의 전설에 현혹되어 있었다. 이 항해를 하면서 멘다냐는 태평양 해분에서 땅을 처음 발견하고 바로 이곳에 솔로몬 왕의 전설적인 광산이 있다고 생각했기에 솔로몬 제도라고 명명했다. 그러나 냉혹한 사르미엔토를 비롯한 스페인인들이 원주민을 학대했기에 탐험대는 필요한 식량을 얻을 수도 솔로몬 광산에 대한 실마리를 찾을 수도 없는 상태에서 뉴스페인으로 귀환해야 했다. 귀금속이 나는 전설적인 땅을 찾지는 못했지만 멘다냐는 태평양에 거대하고 부유한 대륙이 존재한다는 확신을 더욱 확고하게 가지게 되었으며 미지의 남방대륙을 찾아 식민화하기 위해 두 번째 시도를 감행했다. 태평양에서의 스페인 식민화 시도라는 맥락에서 나중에 논의하게 될 이 두 번째 항해는 그와 동행했던 불운한 식민지 개척자들에게 비참한 결과를 가져다주었다.

드레이크, 스페인의 태평양 독점에 도전하다

영국, 네덜란드, 프랑스, 러시아 그리고 그 밖의 지역에 있는 이들은 토르데시야스 조약을 지켜야 할 하등의 의무감도 느끼지 않았으며, 기회가 있을 때마다 스페인과 포르투갈에 도전했다. 1577~80년 세계 일주 항해를 한 첫 영국인 항해자가 된 모험가 프란시스 드레이크에게 동기를 부여한 것은 스페인이 약탈한 보물과 동양의 향료에 대한 욕망 그리고 스페인-포르투갈 조약에 대한 경멸이었다. 스페인은 태평양을 독점하고 있다고 지나치게 안이하게 생각하고 있었기 때문에 드레이크의 해적행위는 그만큼 더 쉬웠다. 태평양의 가장자리에 있는 여러 스페인의 도시에는 방어 시설이 부족했으며 상선은 방어용 무기를 거의 갖추고 있지 않았다. 그리하여 드레이크는 골든하인드호(*Golden Hind*)를 태평양의 아메리카 연안을 따라 북쪽으로 몰고 가면서 별다른 어려움 없이 스페인의 항구도시 발파라이소를 약탈했으며 보물을 잔뜩 실은 스페인 갈레온 아파레시다성모(聖母)호(*Nuestra Señora de la Concepción Aparecida*)를 탈취했다. 그의 태평양 횡단은 어떤 의미에서는 우연이었다. 왜냐하면 그 또한 태평양의 아메리카 연안과 대서양을 이어줄 지름길이 될 북서항로가 존재한다는 신화에 현혹되어 있었으며, 이를 찾아낸다면 길고도 먼 귀항 항해를 할 필요가 없다고 믿고 있었기 때문이다.

드레이크가 탐험한 항로를 보면(지도 4) 그가 발견하고 뉴 알비온(멕시코 이북 전체 북미)이라 명명한 곳을 영국의 영토라고 선언한 이후 밴쿠버 섬의 인근에서 수주를 보내면서 북서항로를 찾았지만 별다른 성과를 거두지 못했음이 드러난다. 북위 48도에 이르자 그는 극심한 추위와 역풍 그리고 해안선의 북서쪽 추세로 보며 이 시도를 포기해야 한다고 생각했다. 그는 틀림없이 카야오 근처에서 자신이 돌아오기를 기다리고 있을 스페인의 전함을 피하기 위해 서쪽으로 방향을 잡아 태평양을 횡단해 희망봉을 거쳐 고향으로 돌아왔다.

마젤란, 멘다냐, 드레이크의 항해 이후 수세기 동안 스페인은 1588년 케번디시 그리고 1593년 호킨스와 같은 몇 안되는 적대적인 침입자로부터 도전을 받았을 뿐 아메리카 환태평양과 북태평양에서의 교역을 독점할 수 있었다. 매년 아시아에서 교역 상품을 가득 실은 갈레온이 필리핀의 마닐라를 떠나 북태평양을 횡단하고 북미의 연안을 따라 남쪽으로 항해하여 아카풀코에 다다랐다. 가끔 문제가 발생하기도 했으나 1815년까지 매년 정기적으로 왕복항해가 이루어졌다. 1556년을 시작으로 포토시와 다른 곳의 광산에서 나온 은이 남미 연안을 따라 수송되었다. 카야오 항구는 칠레의 발디비아에서 멀리 북쪽으로 파나마 지협까지 뻗어있는 해운 네트워크의 허브였다. 볼리비아의 포토시, 세로 리코에서는 광산이 가동되고 있었던 300년 동안 수천 명의 흑인과 아메리카 원주민 노예 노동력이 동원되었으며 4만 톤 이상의 순은이 채취되었다. 바로 이 기간 동안 스페인은 태평양에서의 활동과 발견을 비밀에 부치는 정책을 유지했다. 이는 잠재적인 경쟁자에게 태평양의 어떤 지역을 합병하거나 식민화할 동기를 줄지도 모를 유용한 정보를 내주지 않겠다는 의도적인 노력이었다. 이 비밀주의가 바로 스페인이 실패한 근본적인 원인이 되었다. 스페인이 처음으로 탐험했지만 공식적으로 그리고 공개적으로 합병을 선언하지 않고 비밀주의를 유지했기 때문에 나중에 이들 지역을 다른 국가가 발견했다고 주장하는 경우 이에 반박하거나 대응할 수 없었기 때문이다.

아시아 환태평양

중국, 향료제도 그리고 이베리아인의 소유권 주장

1493년 바스쿠 다 가마가 희망봉을 돌아 인도로 항해한 이후 곧 다른 포르투갈인들이 아시아 환태평양에 들어왔다. 1511년 믈라카 해협은─향료제도와 아시아 환태평양의 무역항들로의 관문인─ 포르투갈인의 손에 놓이게 되었다. 포르투갈인들이 1514년 처음으로 중국에 도착했다. 이들의 공격적인 태도와 틈만 나면 해적질을 하려는 열망으로 인해 중국의 기독교 신앙를 가진 서양과의 관계는 틀어지게 되었다. 포르투갈은 멀리 중국 남부에 있는 교역항 마카오라는 한 곳에서만 무역을 할 수 있었다. 유럽이 중국 국가와 국민에게 영향을 미치는 것을 금했던 중국은 마카오를 예의주시하며 통제했다. 말루쿠 제도에 있는 향료 섬인 트르나테와 티도레의 무슬림 통치자들 간의 분쟁을 교묘하게 이용함으로써 포르투갈은 유럽뿐만 아니라 중국에서도 수요가 상당했던 정향과 육두구 교역을 독점할 수 있었다. 1525년 향료를 얻을 수 있는 또 다른 출처로 암본을 추가했다. 포르투갈은 새로 획득한 티모르 소유지에서 얻은 향이 좋은 장뇌와 백단목을 이를 귀히 여기는 중국인들에게 공급했다. 적어도 1650년에 마카오는 번화한 중계무역항이 되었다. '마카오 대선(大船)'이 매년 정기적인 교역에 종사하면서 동양의 여러 항구를 연결했다. 이는 남서몬순을 이용해 유럽과 인도의 상품을 인도의 말라바 연안에 있는 고아에서 믈라카까지 실어 날랐다. 그리고 믈라카에서 인도네시아의 향신료와 향료를 집산하여 이 왕복 교역의 허브인 마카오로 향했다. 마카오에서 이들 상품은 중국의 실크와 교환되었으며, 중국산 실크는 일본의 나가사키로 수송되어 칠기, 검 그리고 다른 양질의 금속제품과 교역되었다. 이들 상품은 다시 마카오로 수송되며 그곳에서 금, 진사(辰沙), 도자기와 거래되었다. 마카오 대선이 북동 몬순을 타고 포르투갈령 고아로 돌아오면 이들 상품은 그 시장에서 비싼 값으로 팔렸다. 이와 같은 포르투갈의 교역은 심지어 명(明) 조정이 약화되고 1583년 만주인이 중국의 중심지를 장악한 이후에도 계속되었다.

금광 열풍 : 중부 태평양에서 수포로 돌아간 스페인의 정착

다른 이베리아인들도 부를 찾아 연이어 태평양을 탐험했지만 그 누구도 처음으로 태평양을 횡단했던 항해자들의 성공을—비록 제한적이었지만— 재연해내지는 못했다. 마젤란이 올린 개가를 다시금 되풀이하고자 했으나 결국 실패했던 시도를 하는 과정에서 산레스메스호(San Lesmes)의 히로 선장이 지휘하는 7척의 바스크 범선으로 구성된 소함대가 1525년 마젤란의 항로를 따라 태평양의 향료 제도로 가기 위해 출항했다. 4척의 배가 폭풍우를 뚫고 마젤란 해협을 통과했으며 칠레 연안을 따라 북쪽으로 나아가다가 무역풍대에 들어서는 남쪽으로 항해했다. 강풍을 만난 산레스메스호는 다른 3척의 배와 떨어지게 되었으며 원래 의도한 목적지에 닿지 못했다. 수년 뒤 스페인 말을 할 줄 아는 폴리네시아인들이 투아모투 제도에 있는 하오 섬에서 발견되었는데, 이들은 산레스메스호 선원들의 자손으로 보였다. 1570년 스페인인 항해자 후안 페르난데스가 치유의 성모마리아호(Our Lady of Remedy)에 올라 칠레에 있는 콘세프시온에서 페루의 카야오로 항해하면서 지금 그의 이름을 가지고 있는 칠레 서부에서 약 400㎞ 떨어진 섬들을 발견했다. 페르난데스가 그곳에 세운 식민지는 유일하게 생존한 야생 염소와 토끼들만을 남기고 2년 후에는 버려졌다. 이후 치유의 성모마리아호를 타고 탐험 항해를 계속하던 페르난데스는 동부 태평양의 '풍요롭고 기분 좋은' 땅에—아마도 이스터 제도였을 것으로 보이는— 사는 하얀 피부의 거주민들을 만났다. 이는 수세기 동안 스페인이 발견하고도 비밀에 부쳐졌지만 『아리아스 메모리알』(Arias Memorial)이라고 불리는 기밀 서류에 기록되어 있던 지역 중의 하나였다.

솔로몬 제도로 첫 항해를 한 지 30년이 지나 후 여전히 그곳에서 엄청난 금광을 발견할 수 있다고 믿은 멘다냐는 산타크루즈 제도에 스페인 정착지를 세우기 위해 370여 명의 식민지 개척자들을 데리고 항해해 가던 도중에 마르케사스 제도를 발견했다. 불행히도 지도자로서의 무능력, 수많은 분파 갈등, 식민지 개척자들의 농경 기술 부족에다가 영양실조, 말라리아, 장티푸스, 적대적인 원주민의 공격으로 인해 정착지 건설은 실패로 돌아갔다. 멘다냐가 죽자 100여 명의 생존자들은 포르투갈인 부선장이자 1등 항해사인 페드로 페르난데스 데 키로스와 함께 멕시코와 페루로 돌아왔다. 그의 일기는 불행하게 끝난 이 시도에 관한 많은 정보를 제공하고 있다.

키로스는 주로 이후 1606년 태평양 항해 시에 에스피리투산토 섬을 발견하고 명명한 이로 기억되고 있다. 그가 그곳에 새로운 식민지를 세우기 위해 했던 여러 시도는 현지 섬사람들을 납치하고 무자비하게 학살한 행위로 얼룩져 있으며 결국 실패했다. 식량을 얻기 위해 원주민의 거주지를 급습하면서 감히 스페인인에게 도전하지 못하도록 '야만인들'에게 경고를 주기위해 섬사람들의 시체를 훼손하여 눈에 잘 띄는 장소에 걸어두었다. 당연히 키로스를 비롯한 스페인 식민지 개척자들은 이 무분별한 모험을 포기할 수밖에 없었다. 키로스의 배 캐피타나호(*Capitana*)에는 불행으로 막을 내린 식민지 모험에서 살아남은 생존자들이 타고 있었으며, 루이스 바에즈 데 토레스와 디에고 데 프라도 이 토바르가 지휘한 두 번째 배, 산페드리코호(*San Pedrico*)와 거리가 벌어지게 되었다. 사기가 저하된 키로스는 동쪽으로 항해한 반면, 토레스는 서쪽으로 배를 몰았으며 1606년 오스트레일리아의 북단과 남부 뉴기니 사이를 항해했다. 그러나 토레스는 이 위업이 가지고 있는 중요성을 깨닫지 못했으며 심지어 그의 항로를 차트에 기록조차 하지 않았다. 그는 남쪽에 보이는 땅이 단순히 또 다른 섬의 일부분이라고 믿었을 뿐 오스트레일리아 대륙의 북단이라고는 상상하지 못했다. 아마도 상당한 행운이 따라 주었기에 가능했지만 산호초와 예상치 못한 조류가 있는 이 얇고 위험한 수로를 성공적으로 통과했다는 것 자체도 중요한 성과였다. 다른 많은 스페인 탐험가처럼 그는 결국 필리핀에 닻을 내렸지만 그의 항해를 사람들에게 알리거나 그가 한 발견으로 인해 이익을 볼 기회를 누리지는 못했다. 수년 동안 스페인이 이를 비밀에 부쳤기 때문이다. 나중에야 그를 기념하기 위해 한 해협에 그의 이름이 주어졌다.

태평양에서의 영국인과 네덜란드인의 모험

드레이크 시대부터 소수의 영국인과 네덜란드인들이 동부 태평양으로 항해했지만 아메리카 환태평양은 여전히 거의 반박의 여지가 없는 스페인 영토였다. 혼곶을 돌았던 레 마이레와 슈하우텐의 1615년 항해를 예외로 한다면 네덜란드인의 관심은 동인도 제도에 국한되어 있었으며 이에 만족하고 있는 듯했다. 17세기 초 뉴홀란드(오스트레일리아) 해안을 따라서 행해진 몇 차례의 실망스런 모험 이후에 네덜란드는 태평양의 다른 지역에 대해서는 별다른 관심을 보이지 않았다. 비록 뉴홀란드를 조사했다고 기록된 첫 유럽인이었지만, 이들은 보기에 척박하고 적대적인 이 땅은 전설 속 미지의 남방대륙과는 아무런 상관도 없는 곳이라고 결론 내렸던 것 같다. 이런 부정적인 평가는 1605년 두이프겐호(*Duyfken*)를 몰고 케이프요크 반도의 서부 해안을 따라 항해했던 빌렘 얀스존, 1623년 같은 지역을 탐험했던 페라호(*Pera*)의 카르스텐스존과 아른헴호(*Arnhem*)의 멜리스준(Meliszoon)에 의해서도 반복되었다. 이들은 태평양과 오스트레일리아의 풍요로운 동부 해안에 거의 닿았으나 너무 일찍 실망한 나머지 돌아가 버렸다.

뒤에서 논의할 바와 같이, 1642년 아벨 타스만의 반디멘즈랜드(오스트레일리아의 태즈메이니아 주)와 스태튼 랜드(뉴질랜드)에 대한 비호의적인 평가는 네덜란드의 환멸을 더 심화시켰다. 1722년 네덜란드 서인도회사의 직원이었던 야코프 로헤베인은 아프리칸갤리호(*African Galley*) 선상에서 이스터 제도를 발견하고 그날이 그 해의 부활절 주일이었기에 이스터라는 이름을 붙였다. 그러나 로헤베인은 남태평양의 동부에서 육지를 보았다는 이전의 보고는 일고의 가치도 없다고 일축하며 남태평양에 상당한 크기의 대륙이 존재할 가능성은 없다고 생각했다.

'혼 곶을 도는' 데에 따르는 위험 : 영국 더 안전한 항로를 찾다

동부 태평양에서의 스페인의 우위는 17세기 말과 18세기에 점차 영국의 도전에 직면하게 되었다. 해적과 사략선(私掠船)업자가 '혼 곶을 도는'(rounding the Horn) 길고 위험한 항해를 감행한 첫 영국인이었다. 마젤란 해협을 이용하건 드레이크 해협이나 레마이레 해협을 이용하건 극도로 견디기 힘든 역풍이 이들의 진로를 방해하기는 마찬가지였다. 거대한 파도가 심심치 않게 배를 난타해 서쪽으로 밀어버리는 통에 선박과 선원의 손실이 컸다. 배는 자주 역풍에 밀려서 왔던 길로 다시 쓸려갔기 때문에―프란시스 드레이크의 골든하인드호(Golden Hind)가 경험했던 바처럼―'혼 곶을 도는' 위험한 항해는 수주 혹은 수개월까지 걸리기도 했다. 영국의 모험가들이 탄 배는 때로 심하게 손상되고 물이 새는 상태에서 태평양에 도착했지만 스페인의 적대감으로 인해 배를 수리할 안전한 장소를 찾을 수 없었다. 폭풍우를 헤치며 항해하는 와중에 생긴 손상으로 인해 나중에 태평양에 이르러서 배와 선원을 모두 잃어버리게 된 영국 소함대도 있었다.

1704년 심하게 물이 새고 있던 영국 사략선 클리크-포츠호(Clinque-Ports)에 승선하고 있던 알렉산더 셀커크는 재난이 임박했다는 예감을 느끼고 후안페르난데스 제도에 있는 한 섬의 연안에 내려줄 것을 요구했다. 그는 홀로 그곳에서 거의 5년을 조난자로 살았다. 이후에 셀커크의 우려는 이유가 있었음이 밝혀졌다. 클리크-포츠호는 정말로 남미 연안에서 바다 속으로 가라앉았으며 타고 있던 선원들은 수장되었거나 살아남았어도 스페인에 의해 투옥되었다. 셀커크의 이야기는 우즈 로저스가 지휘한 영국 사략선 두크호(Duke)와 자매선 더처스호(Duchess)에 의해 구조되면서 유명해졌다. 당시에는 마스아티에라로 알려져 있던 셀커크가 있었던 섬은 그의 모험을 소설화한 이야기 주인공의 이름을 따서 나중에는 로빈슨크루소 섬으로 불렸다. 그의 이야기는 대니얼 디포의 그 유명한 소설에서 불멸하게 된 셈이다.

그러나 이보다 더 처참했던 영국인의 항해가 이어졌다. 1741년 해군 준장 조지 앤슨은 괴혈병과 남해의 거친 폭풍으로 6척 전함의 선원들 상당수를 잃었다. 우여곡절 끝에 앤슨의 배가 후안페르난데스 제도에 도착했을 때 원래 정원 1961명 중에서 620명이 이미 사라지고 없었다(Lewis 1977 : 143).

악천후에 혼 곶을 도는 데에는 무서운 시련이 따랐기에 수년 동안 태평양으로 향하는 수많은 배의 갑판 위에서는 무법과 폭동이 끊이지 않았다. 예를 들어 파타고니아 해안에서는 페르디난드 마젤란과 프란시스 드레이크 모두 폭동을 제압하고 나서 주동자들을 고립시키거나 처형시켜야 했다. 이 멀고 매우 위험한 지역에서 언제든지 선원들이 폭동을 일으킬지도 모른다는 불안감은 고급 선원들의―또는 이들과 오래 고생을 같이 해 온 선원들의― 마음속에서 결코 떠난 적이 없었다. 영국 해군성이 요구한 요식적인 절차를 밟느라 일정이 지연되면서 겨울에 혼 곶을 돌 수밖에 없었던 윌리엄 블라이는 도중에 배를 돌려 더 오래 걸리지만 보다 안전한 동쪽 항로를 따라 희망봉을 거쳐 빵나무 열매를 얻기 위해 타이티로 향했다. 이어서 볼 바와 같이, 오래 걸리는 항로를 선택해 혼 곶을 돌았으며 선원들에게 형편없는 음식을 제공했다는 점 등이 타이티를 출항한 후 영국군함 바운티호 (*HMS Bounty*)에서 반란이 일어나게 되는 배경으로 작용했다고 볼 수 있다.

더 많은 영국인의 배가 남태평양에 있는 부유하고 비옥한 대륙을 찾겠다고 태평양에 들어옴에 따라 그리고 인도와 동아시아와의 교역이 증대함에 따라, 영국은 보다 안전하고 보다 짧은 해로를 찾아야 할 필요성이 시급하다고 느꼈다. 18세기 '혼 곶을 도는' 것은 죽을지도 모르는 위험과 같은 의미였다. 때문에 태평양 항해에 필요한 배의 선원을 모집하는 작업은 특히 영국의 항구에서는 무척이나 어려웠다. 혼 곶을 돌기 전에 식량을 준비하고 혼 곶을 지나 바로 다시 식량을 공급받아야 할 필요가 있었는데, 영국은 16세기에 영국인 항해자들이 보았다던 포클랜드 제도가 태평양으로 가는 도중에 들릴 수 있는 주요한 기항지가 될 수 있다고 생각했다. 아마도 북극을 경유하는 것을 포함해 보다 짧은 항로가 발견될 때까지는 말이었다. 이러한 맥락에서 1764년 해군 준장 존 '악천후 잭'(Foul Weather Jack) 바이런이 돌핀호(*Dolphin*)를 몰고 영국이 중간 기착지로 삼을 포클랜드 제도를 조사하고 합병하기 위해 파견되었다.

전설적인 멋진 남쪽의 대륙 : 영국의 자기기만

18세기 중반 스코틀랜드인 '육지' 이론가 알렉산더 달림플은 런던의 한 서점에서 우연히 『아리아스 메모리알』(*Arias Memorial*)의 사본을 발견했다. 이를 계기로 스페인의 비밀이었어야 할 『아리아스 메모리알』은 뜻하지 않게 영국으로 하여금 스페인이 통제하고 있던 태평양 지역으로 침입해 들어가도록 더욱 더 자극했다. 이 책의 발견으로 크고 부유하고 비옥한 대륙이 태평양의 동남부에 실재하고 있다는 달림플의 신념은 더욱 강해졌다. 그는 부지런히 땅을 '보았다는' 항해자들의 기록을 수집했으며, 이들을 선원의 일기에 나타난 새 떼, 해류, 부유물과 같이 땅 근처에서 발견되는 일화적인 '증거'와 결합시켰다. 달림플은 16세기 디에프에서 발행된 지도에서 가져온 출처가 불분명하고 사실이라고 보기에는 모호한 정보를 더하며, 『1764년 이전 남태평양에서 이루어진 발견들에 관한 해석』(*An Account of the Discoveries Made in the South Pacifick Ocean Previous to 1764*)이라는 제목의 두툼한 책을 1767년에 출판했다. 사실에 근거했다고 주장했던 이 책은 제임스 쿡의 항해로 이들 '발견'이 사실적인 내용을 기반으로 했다거나 중요하기는커녕 진부한 상상과 그랬으면 하는 바람에 바탕하고 있음이 드러날 때까지 그 시대의 많은 지리학자와 항해자의 사고에 영향력을 행사했다.

영국인은 네덜란드인과는 달리 멈추지 않고 지속적으로 태평양에 진출했다. 스페인과 적대했던 기간 동안 영국인은 칠레와 멕시코 간 해역 혹은 태평양을 건너 마닐라로 가는 해역을 정기적으로 왕복하는 보물선을 탈취하려는 꿈에 사로잡혀 있었다. 그러나 이들 또한 이전 영국인 탐험가들이 준 잘못된 정보의 희생자이기도 했다. 예를 들어 해적 에드워드 데이비스는 베츠러즈 딜라이트호(*Bachelor's Delight*)를 몰고 1687년 혼 곶을 거쳐 갈라파고스 제도로 가는 도중에 서쪽으로 육지를 보았다고 확신했지만 접근하지는 않았다. 당시 해도에 이 목격을 기록하고 '데이비스 랜드'라고 명명했다. 그러나 그 후로 이곳을 본 사람은 아무도 없었다.

이와 크게 다르지 않게, 18세기 영국인들의 태평양 탐험은 모두 남방대륙의 존재를 둘러싸고 혼란과 불확실성만을 가중시켰을 뿐이다. 무계획적으로 되는 대로 행해진 항해와 항해기록 일지에다가 선원이 위도를 계산할 수 없었다는 점이 더해져 전체적인 혼란이 초래되었다. 때문에 영국 해군성은 1764년 존 바이런의 항해로 이 모든 미스터리가 풀리기를 고대했다. 존 바이런은 포클랜드에서 서쪽으로 항해한 후에 남태평양에서 거대한 육지의 먼 연안을 언뜻 보았다고 생각했지만 이 모호하기 짝이 없는 목격의 실체를 확인하지는 못했다. 영국에게는 실망스럽게도 바이런은 전설적인 남방대륙을 발견하고자 했던 목적도 아시아의 태평양 연안에서 북해에 이르는 마찬가지로 찾기 힘든 북서항로를 발견한다는 목적도 달성하지 못했다. 바이런이 발견한 것은 비교적 적었는데, 이는 그가 불운하게도 아무 것도 없는 북태평양을 횡단하는 항로를 선택했기 때문이었다.

프랑스와 스페인이 태평양 탐험을 새롭게 준비하고 있다는 사실을 알고 1768년 영국 해군성은 사무엘 월리스에게 개장(改裝)한 돌핀호(*Dolphin*)를 지휘하게 하고 스왈로우호(*Swallow*)를 책임진 필립 카터릿과 함께 태평양을 탐험하고 미지의 남방대륙을 찾게 했다. 이 탐험을 하는 과정에서 월리스는 남대서양에서 태평양으로 가는 최선의 항로는 위험천만한 마젤란 해협을 통과하는 것이 아니라 이보다 더 넓은 레마이레 해협을 지나는 것이라고 보고했다. 월리스와 카터릿은 남방대륙을 발견하지는 못했으나, 1769년 월리스는 유럽의 상상력을 사로잡은 놀랄 정도로 매력적인 거주민들이 살고 있는 제도를 발견했다. 물론 이 제도는 소시에테 제도이며, 거주민들은 폴리네시아어를 말하는 타이티인이었다. 월리스는 정확한 위도와 경도 측정치를 제임스 쿡에게 제공할 수 있었다. 덕분에 금성의 태양면 통과를 관찰하기 위해 떠났던 그의 유명한 항해에서 제임스 쿡은 타이티를 찾기 위해 시간을 허비할 필요가 없었다. 반면 악천후로 월리스의 배로부터 멀어졌던 카터릿은 작은 섬을 발견했으며 그의 사관후보생 로버트 핏케언의 이름을 따서 명명했다. 그는 그 위치를 해도에 잘못 표기했는데, 이는 나중에 이 섬을 우연히 발견하고 추격하고 있던 영국 해군을 피해 그곳에 숨어 있었던 바운티호 반란자들에게는 뜻하지 않은 행운의 장소가 되었다.

바이런, 월리스, 카터릿의 항해는 태평양 탐험가로서의 영국인의 위상을 크게 드높이게 될 향후 제임스 쿡, 윌리엄 블라이, 조지 밴쿠버, 에드워드 에드워즈와 ─바운티호 폭도들을 바싹 쫓고 있었던 이─ 같이 당대 최고의 탐험가들이 행한 위대한 항해의 전조가 되었다. 1765년과 1793년 사이 모두 15척의 영국 범선이 탐험, 발견, 영토 소유 혹은 자원 개발을 위해 태평양을 오고갔다. 이들 대다수 배에게 있어 가장 중요한 목적은 미지의 남방대륙을 발견하는 것이었다.

신기루를 쫓아서 : 남쪽의 미지의 땅, 미지의 남방대륙

범선이 귀환할 때마다 기다려마지 않았던 남방대륙의 존재를 보여주는 확실한 증거는 없고 '목격'했다는 모호하기 짝이 없는 보고만 올라오는 것을 본 유럽인이 느꼈을 좌절감을 상상하기는 어렵지 않다. 사실 B.C. 4세기 아리스토텔레스 이래 유럽의 저술가들은 북반구의 커다란 대륙과 '균형'을 이루는 대륙이 틀림없이 남반구에 존재하고 있다고 상상했다. 때문에 심지어 수반구인 태평양의 범주에 대해 어떤 개념을 가지기 이전부터 유럽의 많은 항해자들은 전설적인 남방대륙을 먼저 발견하고 소유권을 주장하기 위해 서로 경쟁했다. 앞서 언급한 바와 같이 150년 이집트-그리스 지리학자 클라우디오스 프톨레마이오스는 이를 소유하게 될 유럽의 강대국을 정말이지 더욱 더 부유하게 만들어 줄 수 있는 거대한 대륙이 기후가 온화한 남반구에 있다는 가설을 제기했다. 16세기 지도 제작자들은 이 대륙의 존재에 대해 충분히 설득력이 있다고 보았으며 세계 지도에 개략적인 모습까지 그려 넣었다. 게라르두스 메르카토르와 아브라함 오르텔리우스는 문자대로 번역하면 『세계의 무대』(*Theatrum Orbis Terrarum*)라는 제목을 단 세계 최초 출판 지도책의 세계 지도에 '아직 발견되지 않은 남방대륙'(Terra Australis Nondum Cognita)이라고 명명한 육지의 윤곽을 그려 넣었다. 1550년에 이탈리아인 쟈코모 가스탈디가 만든 지도에는 '미지의 불의 대륙'(Terra de Fuego Incognita)이라는 이름의 육지가 아시아와 아메리카 대륙 사이 북중 태평양을 거의 꽉 채우고 있다. 네덜란드 항해자 아벨 타스만은 남서 태평양을 탐험한 기록상 최초의 유럽인이다. 그가 반디멘즈랜드에서 출항한 후 뉴질랜드를 보았으며 이 땅은 아르헨티나의 동남쪽에 위치하고 있는 스테턴 랜드라는 이름의 암석 노두(露頭)와 연결되어 있다고 생각해 이를 스테턴 랜드라고 불렀다. 이때 그는 자신이 전설적인 남방대륙의 서부 연안을 밟았다고 추론했다.

1657년 피터 헤이린은 『천지학』(*Cosmography*)이라는 저서에서 남방대륙이 존재함을 보여주는 증거가 계속 많아지고 있다고 설명하면서 이 땅을 찾기 위해 태평양으로 더 많이 항해할 것을 촉구했다. 만약 유럽의 국가들이 태평양에 대한 진실을 알았더라면 결국은 남방대륙의 신화를 타파해 버렸던 18세기의 대 탐험 항해를 감행하는 데에 필요했던 그렇게 많은 자금을 쏟아 붇지는 않았을 것이다. 그러나 영향력이 있는 유력 인사들은 한 목소리로 이전의 실패를 과소평가하며, 남방대륙의 발견은 단지 시간문제이며 발견자에게는 명망과 명예를 가져다 줄 것이며 그를 파견한 국가를 부유하게 만들어 줄 것이라고 호언장담했다.

그렇게 해서 수백 년간 유럽의 주요 해양 국가는 이 유명해진 육지를 찾기 위해 계속 탐험대를 보냈으며, 이들 중 몇은 이 땅의 대략적인 위치와 크기를 암시한다고 보이는 단편적인 정보를 가지고 귀환했다. 이들 초기 진출의 역사를 통해 점차적으로 드러난 결론은 만약 미지의 대륙이 존재한다면 이 대륙은 이제까지 알려진 모든 대륙과는 바다를 사이에 두고 떨어져 있음이 틀림없다는 것이었다. 영국에서 캠벨, 칼란더, 달림플이 주도한 '육지 이론가'들은 남방대륙은 타이티의 서부와 남부에 있으며, '케이프 서컴시즌(프랑스 탐험가 장 밥티스트 부베가 아프리카의 남쪽에서 보았던 부베 섬), 뉴질랜드의 서부 연안, 그리고 데이비스 랜드라는 신기루에 —이렇게 부를 수밖에 없었을 터인— 있는 갑(岬)과 곶(串)들로 구성되어 있다고 주장하기까지 했다. 이제 최종적으로 제임스 쿡이 남방대륙의 신화를 무너뜨리는 일만 남아 있었다.

신화를 타파하다 : 쿡의 첫 번째와 두 번째 항해

제임스 쿡 이전 태평양 중남부 항해를 통해 발견하고 소유권을 주장하게 된 대상의 가치는 불확실한 해도, 태평양의 극소 부분에 관한 사실만으로 이루어진 지식의 거대한 공백, 잠재적인 소유지를 해도에 표시하는 데에 도움이 되는 충분히 정확하고 신뢰할 수 있는 과학적인 계기의 부족으로 인해 미심쩍기 짝이 없었다. 태평양에서의 긴 항해 중에 특정한 때에 특정한 연안이나 섬을 목격하고 나서 정확하고 자세한 해도를 작성하는 작업은 그리 쉽지 않았다. 바다에서 수개월이나 수년을 보낸 배들은 여기저기 구멍이 생겨 물이 들어오고 수리를 해야 하는 경우가 많았다. 선원들은 크게 줄어들었고 살아남은 자들도 질병으로 심신이 쇠약해져 있었다. 식량은 떨어져 가고 배급할 수 있는 양은 언제나 빠듯했다. 그리고 긴 항해의 끝으로 갈수록 선원들이 빨리 고향에 돌아가고 싶어 하는 분위기가 압도하는 가운데서 새롭고 언뜻 보기에 불모의 땅을 충분한 시간을 가지고 탐사하는 일은 쉽지 않았다. 때문에, 뉴기니와 뉴브리튼의 가젤 반도를 방문한 최초 유럽인 중의 하나였던 영국의 탐험가 윌리엄 댐피어는 분명 정신적인 무기력 상태에서 1700년 이 지역을 그냥 지나치면서 그 연안선에 대한 전반적인 인상을 개략적으로만 기록하고 세인트조지 만과 같이 눈에 띄는 몇 장소에 이름을 붙였을 뿐이었다.

1767년 필립 카터릿이 같은 장소를 다시 방문하여 더 자세한 해도를 작성했으며 세인트조지 만은 사실 만이 아니라 해협임을 알게 되었다. 해도의 오류와 허술한 조사 방법은 아마도 변명의 여지가 있을 수 있으나, 일부 탐험가들이 실제로 하지도 않은 '발견'과 날조한 관측을 바탕으로 해도를 꾸미고 조작했던 경향에는 변명의 여지가 있을 수 없다. 그의 일기에서 제임스 쿡은 이렇듯 앞선 지도제작자와 항해자들이 가지고 있었던 악의적인 무책임을 신랄히 비난했다.

> 나는 이들이 [이전의 항해자들] 본 적이 없는 연안의 선을 만들고 들은 적도 없는 소리를 하며 게다가 '조사, 지도 등'의 제목을 달고 자랑스럽게 훌륭한 저작물인 양

내놓는 그런 부류의 사람들을 잘 알고 있다. 이들은 인과응보를 피해가지 못할 것이
며 이들의 모든 저작물은 반드시 오명을 안게 될 것이다(Baker 2002 : 153에서 인용).

쿡은 자신의 세 번의 항해가(지도 5에 나타난) 남기게 될 유산은 단순히 새로운
땅과 바다의 발견과 이에 대한 묘사가 아닐 것임을 잘 알고 있었다. 이에 못지않
게 쿡에게—그리고 해군성에게도— 중요한 것은 정확한 해도 작성, 정확한 경도
측정을 위해 달각도(lunar angles)와 크로노미터와 같은 새로운 항해 도구와 항해
기술 실험, 영국과 태평양 지역 교역 상대방 간의 단기 항로 탐사, 그리고 영국
왕을 대신해 바다에 있는 땅에 대해 소유권을 주장하는 행위였다. 이 모든 것은
영국 제국이 태평양으로 확장하는 데에 없어서는 안 될 중요한 선결 과제임을 쿡
은 잘 인식하고 있었다.

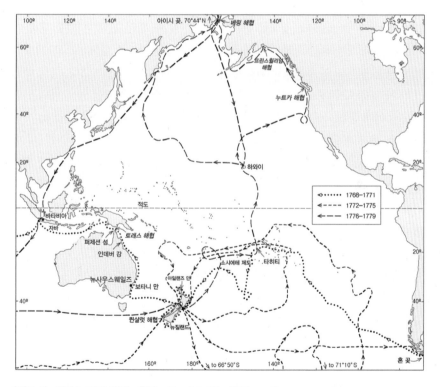

〈지도 5〉 제임스 쿡의 항해. 출처 : Grenfell Price(1971 : xxii).

쿡의 첫 번째 태평양 항해는 두 가지 목적을 가지고 있었다. 공개적으로 공공연하게 천명되었던 첫 번째 목적은 천문학자 에드먼드 핼리가 1769년 6월 3일에 일어날 것으로 예측했던 일식 유형에―금성의 태양면 통과― 대한 실험적인 관측이었다. 이 현상은 243년을 주기로 오직 4번 일어났다. 그러나 이 관측이 순전히 과학적인 성격만을 띠었다고 보기는 어렵다. 금성의 태양면 통과로 태양이 가려지는 시간을 실험적으로 기록하는 이 작업은―새로 발견한 타이티에서 수행하기로 예정되어 있었던― 매우 실용적인 목적을 가지고 있었다. 이는 세계 각지에 파견된 탐험대가 현지에서 금성의 태양면 통과 시간을 정확하게 관측하여 보내온 자료를 바탕으로 태양으로부터의 지구의 거리와 태양의 직경을 정확하게 계측하는 목적을 가지고 있었다. 쿡의 타이티에서의 관측도 그 일환이었다. 이렇게 해서 얻어진 관측 자료로부터 왕실 천문학자 네빌 매스켈라인은 운항 자료를 만들어내기로 되어 있었다. 이들 자료를 이용해 항해자는 향후 시간 소모적이고 힘든 수학적인 절차를 거치지 않고도 경도를 간단하게 계산할 수 있게 될 것이었다. 결국 이러한 관측과 기록 작업은 광대한 대양을 보다 확실한 해로로 항해하고 그 과정에서 발견한 땅과 교역 루트를 정확하게 해도에 표기하기 위한 열쇠였다. 영국 해군성은 이 일을 아주 중요하게 생각했기에 경도를 계산하는 신뢰할 만한 방법을 알아내는 이에게 당시에는 상당한 거액이었던 2만 파운드를 상금으로 내걸었다. 쿡과 그의 조교 천문학자 찰스 그린은 유감스럽게도 착시로 인해―쿡의 묘사에 따르면 금성이 태양면의 가장가리에 가까워지면서 태양 주위의 일종의 대기나 후광으로 금성의 그림자와 혼합되어 버린 듯해 보인― 금성의 통과에 걸린 정확한 시간을 계측할 수 없었다. 때문에 매스켈라인의 방법이 궁극적으로 정확성을 확보할 수 있는지에 대한 의구심이 생겼다. 왕실 천문학자에게는 대단히 불쾌한 경험이었지만, 경도를 측정하게 위해 크로노미터 사용을 포함해 새로운 대안적인 방법이 개발되어야 한다는 목소리가 높아졌다.

그리하여 어떤 의미에서 쿡의 첫 번째 목적은 실패했다. 그러나 그는 비밀 명령서를 통해 해군성으로부터 건네받은 두 번째 목적을 가지고 있었다. 타이티를 출항하면서 열어본 명령서에는 쿡에게 남태평양의 중위도 지역인 타이티와 뉴질랜드 사이에 커다란 대륙이 존재한다고 여기는 육지 이론가들의 추정을 검증하라고 쓰여 있었다. 이 명령을 수행하기 위해 쿡은 남위 40도로 향했으며 육지에 닿을 때까지 계속 서쪽으로 향해했다(타스만의 일기에는 뉴질랜드의 서부 해안이 이 위도에 위치한다고 쓰여 있었다).

뉴질랜드를 향한 서쪽으로의 쿡의 항해는 알렉산더 달림플이 존재한다고 자신 있게 말했던 대륙이 위치하는 것으로 추측되는 지점을 지나도록 되어 있었다. 이전에 동인도회사에서 일했던 영향력 있는 과학자인 달림플은 쿡을 대신해 타이티로 갈 탐험대를 이끌기 위해 해군성에 로비를 한 바 있었다. 그러나 달림플은 민간인인데 반해 쿡은 경험이 많은 해군 장교였다. 따라서 해군성은 그의 요청을 수락하지 않았다. 결과적으로 쿡은 이 분노에 찬 경쟁자의 계속되는 적의와 정당하지 않은 비난을 감내해야만 했다. 그러나 달림플이 믿고 있었던 남방대륙이 신화에 불과함을 보여 줄 수 있게 되면서 쿡으로서는 달콤한 복수를 할 수 있었다. 쿡은 일기를 통해 통상적으로 커다란 육지에 인접한 곳에서 발견되는 해류가 없다는 점 그리고 그가 할당받은 뉴질랜드로 가는 루트를 따라서는 육지가 보이지 않는다는 점으로부터 이 태평양 세계 어디에도 그처럼 커다란 대륙은 존재하지 않음이 명백하다고 결론지었다. 영국도 이 부정적인 발견이 가져온 딜레마에 안도했다. 이미 유럽과 아메리카 식민지에서 여러 충돌에 휘말려 있던 영국으로써는 쿡이 새로운 대륙을 발견했다고 해도 이 대륙으로 인해 치러야 할 부가적인 비용, 즉 식민지를 방어하고 재원을 마련하기 위해 커다란 중압감을 느껴야 했기 때문이다.

두 번째와(그리고 세 번째) 항해에 관한 쿡의 일기를 보면 남반구 중위도에는 이미 발견한 오스트레일리아 대륙을 제외하고 그 어떤 커다란 육지도 없음을 분명히 하고 있다. 그리하여 그는 남방대륙의 신화를 파타하는 데에 성공했다. 그러나 두 번째 항해에 관한 그의 일기에는 그가 처음으로 남극권을 횡단하면서 거대한 빙산을 만났을 때 남극 근처에 육지가 존재한다고 느꼈음을 보여주고 있다. 1775년 2월 6일 월요일 그는 일기에는 다음과 같이 쓰여 있다. '나는 이 광대한 남양을 덮고 있는 빙산의 중심지인 극 근처에 땅이 있을 거라고 확신한다'(Cook's Journal, Monday 6 February 1775, Grenfell Price 1971 : 184에서 인용). 〈지도 5〉가 보여주듯이 쿡의 항해는 미지의 남방대륙의 존재 혹은 부재에 대한 문제를 공격하는 데에 철저하고 집요했다. 꼼꼼한 조사를 위해 그는 세 번이나 남극권을 가로질렀으며, 1774년 1월 30일에는 타이티 남부로 내려가 위도 71도 10분 지점에 닿았다. 그는 거의 남극대륙을 발견할 정도로 가까이 갔으나 남극대륙 주변에는 위험한 유빙들이 많아 미처 거기까지는 가지 못했다.

신비의 북서항로를 찾아서

미지의 남방대륙을 발견하고 소유권을 주장하려는 열망 이외에도 초기 유럽 탐험가들을 태평양으로 향하게 한 또 다른 신기루가 있었다. 이는 유럽에서 향료제도 그리고 중국과 인도의 시장으로 가는 지름길, 즉 전설적인 북서항로의 위치를 발견하는 것이었다. 최초로 이 찾기 어려운 수로를 찾아 나선 이들 중의 한 명이 제노아의 항해사 존 캐벗이었다. 1497년 그의 중국으로의 항해에 브리스틀 상인 집단이 자금을 댔다. 지금 캐나다의 노바스코샤라고 부르는 곳에 도착했던 그는 자신이 정말이지 동양에 갔었다며 재정 후원자들을 설득시켰다. 1553년 캐벗의 아들 세바스찬이 세운 영국무역상사는 중국으로 가는 북부 해로를 찾기 위해 휴 윌러비를 파견했으나 성공하지 못했다. 이 수로를 찾기 위한 영국의 성과 없는 시도는 1567년 마틴 프로비셔의 탐험, 1585년 존 데이비스의 탐험에서도 계속되었다. 1611년 대서양에서 시작해 이 찾기 힘든 항로를 찾아 나선 네 번째이자 마지막 항해에서 헨리 허드슨과 그의 아들, 그리고 몇 충직한 선원들은 다른 선원들이 반란을 꾀하는 바람에 허드슨 만을 표류해야 했다. 영국인들은 이후 수백 년 동안 수도 없이 여러 차례 같은 시도를—여기에 쓰기에는 너무나 많은— 했으나 모두 꿈을 이루지 못했다.

프랑스인과 네덜란드인도 유럽에서 중국으로 가는 북부 해로를 찾는 데에 일찍부터 수차례 뛰어들었지만 마찬가지로 성과는 없었다. 예를 들어 1596년 빌렘 바렌츠는 북동으로 항해하여 중국에 가기 위해 세 차례 도전을 감행했다. 그러나 그는 마지막 항해에서 배가 얼음에 갇히고 배고픔과 추위를 견딜 수 없었던 선원들이 난파된 배의 목재로 오두막집을 짓고 해안에서 겨울을 나야 했을 때에 목숨을 잃었다. 1613년 사뮈엘 드 샹플랭은 세인트로렌스 강과 오타와 강을 통해 '중국'으로 가는 길을 찾았다. 오랫동안 찾아 왔던 중국으로 향한 해로가 아님이 밝혀졌지만, 이 뱃길은 수세기 동안에나 캐나다 서부 내지에 이르는 프랑스의 주요 모피 교역 루트가 되었다. 이들 초기의 영국인, 프랑스인, 네덜란드인이 잇달아 실패하면서 유럽에서가 아니라 신세계의 북부 바다를 이용해 중국에 가는 항로를 찾아야 한다고 생각하는 이들이 나타났다.

영국은 1670년 허드슨만회사가 개척한 이 지역의 일부분에 대한 소유권을 가지고 있었으며, 이 지역을 통해 북서항로를 찾겠다는 열망은 수세대 동안 항해자들의 뇌리를 떠나지 않았다. 이 시기 인도와 중국과의 수익성이 높은 교역이 스페인이 중미를 통제하고 프랑스가 세인트로렌스 강에 점차 더 진출하면서 위험에 처하게 되자, 영국 당국에게도 이러한 단기 항로의 필요성이 더욱 커졌다. 1776년 북미 식민지를 잃은 영국은 더더욱 북서항로를 찾기 위해 필사의 노력을 기울였다. 이는 아프리카를 둘러 인도양을 횡단하거나 위험천만한 혼 곶을 경유해야 하는 길고 비용이 많이 드는 항해를 대체할 수 있는 유일한 대안이었기 때문이다. 중국과—중국과 영국 간 직물, 차, 도자기 교역이 증가하고 있었다— 인도의 영국 식민지로 가는 보다 짧은 해로를 발견하는 것은 중대한 사안이었기에 영국 의회는 스페인이 우세한 북미 태평양 연안의 북쪽, 즉 북위 50도 이상에 있는 항로를 발견하는 선박의 지휘관에게는 2만 파운드의 거금을 상금으로 주는 안을 가결했다.

대서양에서 시작되는 해로를 찾아내려는 수많은 시도가 실패하면서 많은 이들은 북태평양 주변의 연안을 탐험하면 이 해로를 찾을 수 있을 것이라고 믿기 시작했다. 같은 맥락에서 스페인은 아메리카 환태평양에 있는 발판을 이용해 자신이 통제하는 영역 내에서 북서항로를 찾으려고 했다. 일찍이 1574년 스페인 탐험가 후안 페르난데스 라드릴레로는 북위 60도 부근에서 이런 해로를 발견했다고 발표했다. 또 다른 이베리아인 로렌조 페레 말도나도는 1588년 허드슨 해협에서 들어가 프린스윌리엄 해협 근처 태평양 연안에 모습을 드러낸 소위 아니안 해협이라고 불리는 해로를 횡단했다고 주장했다. 이 두 주장 모두 명백한 거짓말이었지만, 당시에는 충분히 그럴 듯하게 들렸기 때문에 다른 이들도 그 위치를 찾고자 했다. 사실은 멕시코 총독에 의해 고용된 아포스토라스 발레리아누스라는 이름을 가진 그리스 선원인 후안 데 푸카는 1592년 북위 48도에서 캘리포니아 북쪽 태평양 연안에서 아니안 해협으로 가는 입구라고 믿었던 곳을 발견했다. 두 척의 작은 범선을 지휘하면서 그는 아카풀코에 돌아오기 전에 지금은 그의 이름을 가진 해협의 안쪽 통로를 거의 3주간이나 탐험했다. 비록 이 항해와 이후의 항해로 발견한 사실을 모두 비밀에 붙였음에도 불구하고, 스페인은 북서항로를 발견했다는 주장들을 조사했으며 자신이 통제하고 있는 북서 연안을 따라 태평양에서 대서양으로 갈 수 있는 항해가능한 해로는 어디에도 존재하지 않는다는 사실을 알고 있었으며 이에 만족했다. 때문에 스페인은 18세기 말 영국과 같은 경쟁 국가들이 이 지역에 관심을 보이기 시작할 때까지 더 이상 북부 태평양을 탐험하는 데에 거의 노력을 기울이지 않았다.

반면, 제국 러시아도 동양으로 가는 안전하고 믿을 만한 해로가 필요한 데다가 태평양에 영향권을 확대하려는 의지가 있어 네 차례 탐험대를 파견했다. 이들 탐험으로 한편으로는 북부 환태평양에 대한 몇 가지 중요한 기존 지식의 공백을 채웠으며 다른 한편으로는 또 다른 오해를 부채질하기도 했다. 미하일 흐보즈데브와 이반 페도로브는 1732년 알래스카 연안을 항해했으나, 알래스카를 커다란 섬이라고 생각했던 러시아 지도제작자들 사이에 만연했던 오해를 불식시키지는 못했다. 1741년 6월 덴마크인 비투스 베링이 지휘한 세인트피터호(St. Peter)와 피터 치리코프가 인솔한 세인트폴호(St. Paul)가 기초적인 탐사를 수행하기 위해 캄차카 반도에서 파견되었다. 이 두 범선은 서로를 도와주도록 되어 있었지만 일찍이 따로 일을 수행하게 되었다. 치리코브가 약 북위 56도 부근 북미 해안에 닿았을 무렵, 시베리아 연안을 따라 북동 해로를 찾고 있던 베링과 그의 선원들은 지금은 베링 섬이라고 알려진 코만도르스키예 제도의 한 섬에서 조난을 당했다. 여기에서 괴혈병으로 1741년 12월 베링은 목숨을 잃었다. 생존 선원들은 다음해 봄에 러시아 본토로 귀환할 수 있었다.

1773년 크레니친(Krenitsyn)과 레바쉐프(Levashef)와 같은 다른 러시아인들의 탐험이 이어졌다. 이로 인해 1788년 러시아는 알래스카에 대한 소유권을 공식적으로 주장하게 되었다. 이와 동시에 스페인과 영국의 탐험대들도 인근 알래스카 연안과 반도에 대한 소유권을 다투어 주장했다. 스페인은 이 지역에 대한 소유권을 확고하게 하지 못한 채 철수했다. 러시아는 남쪽으로 멀리 북위 52도까지 내려가 알래스카 연안을 따라 6개의 항구와 정착촌들을 세웠으며, 결국 알래스카 반도 대부분과 알류샨 열도까지 확장된 북미의 영토를 공고히 할 수 있었다. 1867년 윌리엄 수어드가 미국령으로 알래스카 영토를 사들일 때까지 러시아는 100년이 넘게 이를 소유했다.

북서항로를 발견하겠다는 영국의 집착은 허드슨의 항해 이후에도 수세기가 넘도록 수그러들지 않았다. 영국은 더 남쪽에 있는 세인트로렌스와 오대호 지역을 놓고 프랑스와 (그리고 나중에는 미국과) 경합하고 있었음에도 불구하고 허드슨만에 대한 통제권을 유지했다. 비록 영국의 모피 무역업자 사무엘 헌이 허드슨만에서 서쪽으로 가는 통로는 없음을 밝혔음에도 불구하고 영국은 여전히 항해 가능한 해로가 더 북쪽에는 존재할 수 있기를 바랐다. 이 해로를 발견할 가능성은 18세기와 19세기의 영국 신세대 탐험가들을—존 바이런, 제임스 쿡, 조지 밴쿠버에서 존 로스, 존 프랭클린까지— 매료시켰다. 1765년 바이런의 노력에 대해 그의 상관은 너무 소심하다고 평가했으며 제임스 쿡의 능력을 훨씬 더 신뢰했다. 제임스 쿡은 태평양에서 이룬 뛰어난 두 가지의 발견 항해로 인해 상당히 유명해졌고 더욱 명망을 쌓은 지휘관이었기에 그가 미지의 남방대륙 문제를 해결한 것처럼 북서항로의 존재에 대한 의문도 해결해 줄 것이라는 믿음이 있었다.

제임스 쿡의 운명적인 북서항로 찾기

쿡이 세 번째이자 마지막 항해에 동행했던 배는 그가 오랫동안 좋아했으며 이전에는 휘트비 석탄선이었던 레절루션호(*Resolution*)와—해군 범선으로 개조된 후 쿡의 배가 되었던— 더 작은 석탄선 디스커버리호(*Discovery*)였다. 뎃퍼드에서 완성한 레절루션호의 개조는 전반적인 관리부실에다가 부패와 무능으로 인해 질이 낮은 돛대와 규격 미달의 코킹재료를 사용하여 배를 날림으로 개조했다. 물론 이는 쿡의 세 번째 항해를 어렵게 했다. 그는 배들의 상태가 만족스럽지 않자 좌절감을 느꼈으며 평소답지 않게 성급하고 화를 잘 냈는데, 이는 샌드위치 제도(하와이)에서 폴리네시아인들의 손에 죽임을 당하는 사건에도 크게 영향을 미친 것으로 보인다. 쿡이 하와이를 출항한 이후 만난 폭풍으로 레절루션호의 앞 돛대에 균열이 생겼으며 이를 수리하기 위해 하와이로 되돌아와야 했는데 이는 비극적인 결말로 이어졌다.

북서항로를 찾으려는 쿡의 탐험은 별다른 문제없이 시작되었다. 오마이 (쿡의 부사령관 푸르노가 두 번째 태평양 항해 시에 영국으로 데려온)라는 이름의 타이티인을 고향으로 돌려보낸 뒤, 레졸루센호를 탄 쿡과 디스커버리호에 오른 찰스 클라크는 북서 연안을 항해하면서 북위 65도를 넘어—스페인의 영토를 교묘히 피해— 배핀 만이나 허드슨 만으로 연결되는 작은 만이나 틈새를 찾고자 했다. 만약 발견된다면, 해군성이 쿡의 탐험대에게 준 조립식 보트를 이용해 철저히 탐사할 것이었다. 겨울이 되기 전에 이러한 통로를 발견하지 못한다면 쿡은 서쪽으로 항해해 캄차카 반도로 갔다가 봄이 오면 다시 북서항로를 찾을 예정이었다. 쿡은 밴쿠버 섬과 본토 사이에 있는 후안 데 푸카 해협을 놓치고 발견하지 못했으나 누트가 해협에 (그가 킹 조지 해협이라고 명명한) 들어가 쿡 만으로 항해했으며 포제션 포인트에서 북미의 북부 연안 지역을 영국 왕의 소유라고 정식으로 선언했다. 이전 베링 탐험으로부터 얻은 지식을 활용해 쿡은 베링 해협을 지나 북극해에 들어가 북위 70도 44분에 있는 아이시 곶에 도달했다. 그는 아시아 연안에서 알래스카 북부 연안까지 뻗어있는 해빙 덩어리들 때문에 더 탐험을 진전시킬 수 없었다. 이 시점에 여름도 거의 끝나갔기에 그는 하와이로 돌아가서 겨울을 난다는 운명적인 결정을 했다.

쿡이 북서항로를 찾아 북극해를 탐험했지만 결실을 거두지 못했다는 사실은 커다란 행운이 따르지 않는 한 다른 이들의 시도도 성공하기 어려움을 의미했다. 1818년 존 로스는 캐나다 북부의 북극해를 통과하지 못하고 영국으로 돌아왔다. 다음 해 1819년 존 프랭클린은 캐나다의 북부 연안에 관한 지도를 제작할 목적으로 위험하고 어려운 육상 탐험을 하면서 북서항로를 찾기 시작했다. 1845년 우수한 항해 장비를 갖춘 에레보스호(*Erebus*)와 테러호(*Terror*)를 지휘하며 프랭클린은 성공에 대한 기대에 차서 다시 출항했다. 그는 경험이 풍부한 극지 탐험가였기에, 그의 아내가 첫 번째 수색 탐험대를 조직했던 1847년까지도 그가 위험에 빠졌을지 모른다고 생각한 이들은 거의 없었다. 몇 년 후에 이뉴잇인들과 윌리엄 페리를 비롯한 일련의 수색 탐험대들이 알려온 정보에 의하면 프랭클린과 선원들이 실종되었다는 사실은 분명했다. 결국 프랭클린의 운명에 대한 자세한 내막이 밝혀졌다. 에레베스호와 테러호는 얼음에 갇혀 부서졌으며 프랭클린은 사망했다. 생존한 선원들은 현지 이뉴잇인들에게 도움을 구할 생각을 하지 못하고 해빙과 북부 캐나다의 툰드라 지대를 넘어 오다 모두 128명이 사라지고 나서야 유럽의 한 전초기지에 도착할 수 있었다.

북부에서 해로를 찾는 작업은 19세기에도 계속되었다. 주로 영국인과 프랑스인

이 많았으며 후에 미국인들도 이 대열에 뛰어들었다. 태평양으로 가는 가공의 항로가 나중에는 실재의 항로가 되어 이제 수많은 선박이 북극해를 오고가는 것을 보면 참 역설적이라는 생각이 든다. 북대서양에서 아시아 북부 해안을 따라 태평양으로 나오는 북동항로는 1898년 스웨덴인 아돌프 에릭 노르덴시욀드에 의해 개척되었다. 1905년 노르웨이 탐험가인 로알 아문센은 바다 위를 떠다니는 얼음이 모여서 된 거대한 덩어리인 총빙 위로 항해할 수 있도록 설계된—이전 수많은 선박의 경우와 같이 북극 얼음에 치여 부수어질 위험을 최소화시킨— 이외아호 (*Gjøa*)를 타고 태평양으로 가는 북서항로를 성공적으로 통과했다. 그의 눈부신 개가는 북서항로를 통과한 두 번째 성공적인 항해가 완료된 20세기 중반에 이르러서야 다시 반복되었다. 이번에는 북극해를 서에서 동으로 가는 해로로 건넜다. 이 배는 캐나다왕립기마경찰대 캐치(Ketch) 세인트로슈호(*St Roch*)로, 1940년 6월 밴쿠버를 출항해 얼음에 갇혀 두 번의 겨울을 보낸 후에야 1942년 10월 대서양 연안에 있는 핼리팩스에 도착했다.

특별히 제작된 극지 쇄빙선이 출현하고 냉전 시기 북부가 전략적으로 더욱 가치를 가기게 되자 이후 수십 년간 수많은 수상 선박과 잠수함이 북극해를 통과했다. 현재 북극은 급속하게 진행되는 지구온난화의 영향을 받고 있다. 때문에 멀지 않아 전천후로 상선들이 1969년 알래스카 프루도 만에서 출발하여 왕복 항해를 했던 미국의 쇄빙 초대형 유조선 맨해튼호(*Manhattan*)가 개척한 항로를 따라 캐나다의 북부와 알래스카를 가로지르며 북극을 항해하게 될 것이다. 알래스카의 석유를 운송하는 데에는 북극 항로보다 송유관이 더 경제적일 수 있다. 여름 해빙이 현재 추세로 감소된다면 빠르면 2025년에 북대서양과 태평양을 잇는 상용 심해항로가 열릴 것이다. 이 항로를 이용할 수 있는 커다란 상선들이 현재 건조 중에 있다.

태평양에 대한 영토 주장과 맞주장

비교적 초기에 이루어진 라틴 아메리카 본토와 필리핀에 대한 정복을 예외로 한다면 태평양의 다른 지역을 식민화하려는 스페인의 노력은 거의 성공하지 못했다. 이유는 일부분 스페인이 더 많은 귀금속과 사치품에 대한 중상주의적인 추구 그리고 가능하다면 많은 태평양 사람들을 가톨릭으로 개종하겠다는 충동을 넘어서 식민지를 더 확보해야할 분명한 목적의식이 부족했다는 사실로 설명될 수 있다. 앞에서 논의했듯이 솔로몬 제도에 스페인 식민지를 건설하는 과정에서 엄청난 무능과 관리 부실이 여과 없이 그대로 노정되었다. 이 지역을 다른 스페인인이나 포르투갈인이 (혹은 이에 대해서는 중국인도) 탐험했었는지는 가끔 추론의 대상이 되기도 한다. 그러나 최근 동부 오스트레일리아 해안에 있는 노스 스트라드브로크 섬의 모래사장에서 한 고고학자가 발견한 스페인 동전과 같이 아주 흥미로운 '발견물'에도 불구하고 아직 확실한 증거는 없다. 1770년과 1775년 사이 반복적으로 수행된—그러나 자료는 없는— 남방대륙을 찾고 타이티를 식민화시키기 위한 스페인의 시도는 별다른 특징이 없을 정도로 소심하기 짝이 없었다. 스페인은 이 기간 타이티로 네 차례 탐험대를 보냈으며, 탄티라에 포교단을 세우기도 했다. 세 번째 항해에서 제임스 쿡은 '카를로스 3세 1774'(Carolus III imperat 1774)라고 쓰인 명판이 걸려있는 버려진 스페인의 선교사 구역을—스페인은 이 제도를 소유할 권리를 가졌다고 믿었음을 시사해주는— 발견했다. 쿡은 영국이 타이티에 더 먼저 그리고 더 지속적으로 관심을 가지고 있었으며 권리 또한 영국에 있음을 보여 줄 수 있도록 이 명판 옆에 '조지 3세 1767, 1769, 1774, 1777년'(Georgius Tertius Rex Annis 1767, 1769, 1774, 1777)이라고 새겨 넣었다. 그러나 이렇듯 스페인이나 영국이 먼저 주권을 선언했다고 해도 프랑스가 나중에 이 제도를 프랑스령 폴리네시아의 일부로 병합해 식민지로 만드는 것을 막지 못했다. 오늘날까지도 프랑스는 이 지역을 지배하고 있다.

마드리드, '스페인의 호수'를 잃다

이상에서 본 바와 같이 스페인은 특히 18세기에 태평양에서 이룬 발견에 대해 외부에 알리기를 극도로 꺼려했다. 비록 스페인의 마닐라 갈레온 선들이 이 '스페인의 호수'를 100년이 넘게 횡단했으나 그 사령관들은 통상 발견을 한다거나 새로운 영토를 병합하는 책임을 부여받고 있지 않았으며, 다만 멕시코의 아카풀코에서 정서(正西)쪽으로 항해하고 캘리포니아 해안을 따라 그 모항으로 돌아갔을 뿐이었다. 아마도 이런 비밀주의는 유럽 경쟁국이나 러시아 혹은 미국의 침입으로

부터 스페인의 태평양 소유지를 군사적으로 보호할 수 없다는 마드리드의 두려움, 그리고 발견한 내용을 공개화한다면 잠재적인 경쟁자들이 호시탐탐 노릴 거리를 줄 뿐이라는 우려 때문이었다. 이는 현실주의적인 판단일 수 있었지만 스페인이 자신의 주권 행사를 법적으로 변호하는 데에는 도움이 되지 못했다. 많은 경우에 스페인은 영국, 프랑스, 러시아와 같은 '신흥' 경쟁국에게 심지어 절대적 기피권을 공표하지도 못한 채 영토에 대한 소유권을 본원적으로 잃어버리게 되었다. 마침내 18세기 말 북부 환태평양에 있는 전 영역이 위협을 받자 마드리드는 놀라서 가면상태에서 깨어났으며 1513년 발보아의 '남해'에 대한 영원한 스페인의 주권 선언이 호적수들을 묶어 두기에 충분하지 않음을 깨달았다. 그럼에도 불구하고 스페인의 대응은 약했으며 원하는 목표를 얻지도 못했다.

스페인이 18세기 동안 환태평양 영토에 대한 권리를 제대로 방어하지 못했던 예를 하나 들어 보면 이 점이 더 분명해 질 것이다. 북태평양에 러시아와 영국이 제국주의적 야망을 펼치려 한다는 소문에 경각심을 가진 스페인은 1767년 샌디에이고와 몬테레이에 있는 포교단 거주지를 확장하고 이를 보호하는 책임을 맡을 해군성을 산 블라스(멕시코)에 설치했다. 그러나 스페인은 기존의 정착지를 군사적으로 장악하는 데에 신경을 쓰기보다는, 유럽의 경쟁 강대국들이 스페인 영토 극지 쪽에서 북서항로를 정말로 발견하거나 혹은 유럽과 태평양 사이 북동방향으로 또 다른 항해 가능한 루트를 찾아내서 새로이 항구와 정착지를 만들고 무역 관계를 설정해 스페인의 무역 시스템을 약화시킬 수도 있는 개연성에 더 신경을 쓰면서 불안해했다. 그 결과 마드리드는 알타 칼리포르니아에 있는 포교단 거주지에 군사기지를 세우라고 명령했다. 또한 뉴스페인 총독 우르수아에게 산 블라스에서 무장 탐험대를 파견해 태평양 북미 연안을 따라 보다 고위도를 탐험하고 이 연안에 사는 현지인들이 다른 유럽 국가에서 온 선박과 접촉하는지의 여부를 조사하고 만약 외국인 배나 정주지가 보이면 스페인의 통치권을 주장하고 침입자를 몰아내라고 명령했다. 이렇게 해서 1774년에 호세 페레즈 헤르난데스가 이끈 첫 탐험대가 파견되었으나, 이는 북위 60도에 도달하지 못했으며 연안을 기록할 장비도 갖추고 있지 않았으며 새로운 땅을 공식적으로 소유하게 되었음을 알리는 기존의 외교의례도 따르지 않았다. 그리하여 1년 후 북쪽으로 파견된 두 번째 탐험대는 취한 항로, 바람과 조류의 방향, 주요 지형지물, 섬과 모래톱 그리고 모든 유용한 항해 정보에 대한 항해 일지를 매일 작성하고 가능한 한 많은 장소에 내려 공식적으로 소유를 기념하는 의식을 치르라는 구체적인 지시를 받았다(Vitale 1993). 이 탐험에는 브루노 드 헤제타가 지휘하는 호위함 산티에고호(*Santiago*)와 후안 보데가 이 까드라가 지휘하는 수쿠너선(船) 소노라호(*Sonora*)가 참여했다.

당시 영국과 프랑스가 파견한 탐험대와는 다르게 스페인의 탐험대는 이 지역의 동물과 식물 그리고 광물 자원에 대한 유용한 지식을 얻을 수 있는 능력을 갖춘 과학자를 대동하지 않았다. 현지인을 가톨릭으로 개종시키는 것이 스페인 탐험대의 가장 중요한 동기였던 것처럼 보인다. 스페인 탐험대에는 서품을 받은 성직자들이 타고 있었다. 그러나 이들은 현지인에게 별다른 주목할 만한 영향력을 미치지 못했던 것 같다. 이 두 척의 배는 지금 워싱턴 주로 알려진 지역의 연안에 닿았으며 악천후로 인해 서로 떨어지게 되었다. 산티에고호는 콜롬비아 강의 입구를 발견하고 밴쿠버 섬에 도착한 후에 귀로에 올랐으며, 소노라호는 북쪽으로 멀리 알래스카 연안까지 계속 항해했으나 선원들 사이에 괴혈병이 심각하게 파급되면서 뱃길을 돌려야 했다. 부카레리가 북서 연안을 따라 보낸 두 탐험대는 상당히 오랜 기간 동안 외부에 공표되지 않았으며, 이들이 탐험한 연안을 따라서는 북서항로가 존재하지 않는다는 스페인의 확신도 널리 알려지지 않았다.

말라스피나 탐험대(1789~92) 또한 북서 연안에 대해 기존에 알려져 있던 사실 이외에 새로운 발견을 하지 못했으며 이 지역에 대한 적법한 유럽의 권리자로서의 스페인의 신뢰성도 한층 더 떨어졌다. 이 탐험에는 3명의 박물학자가 동행했음에도 불구하고 이들이 발견한 그 어떤 것도 스페인 밖의 과학계에는 알려지지 않았다. 그리하여 스페인이 발견한 것을 국제적으로 인정받을 수 있는 기회도 사라졌다. 만약 스페인이 발견한 지식이 적절한 시기에 출간되었다면 다른 국가들이 존재하지도 않는 북서항로를 찾기 위해 이 지역에 탐험대를 보내지는 않았을 것이다. 1802년 스페인 탐험가 마르틴 페르난데스 드 나바레트가 '후안 드 푸카라는 대단한 거짓말쟁이가' 1592년에 발견했다고 전해지는 북서항로의 존재는 신화일 뿐이라고 확인해 주었을 때는 이미 너무 늦었다(Grenfell Price 1971 : 284).

그리하여, 이들 스페인의 탐험대가 한 발견과 병합 행위는 조지 밴쿠버가 북서 태평양 연안으로 항해해 갔던 시점까지 알려지지 않았기 때문에 영국에 관한 한 이 지역에 대한 스페인의 적법한 주장은 애초부터 성립될 수 없는 것이었다. 영국은 즉시 캘리포니아의 북부에 있는 연안 지역까지를 병합했으며 뉴칼레도니아라고 부른 모피 교역 지역에 더했다. 밴쿠버의 탐험 일기와 소유 행위는 바로 공식화되었다. 그리고 스페인은 비밀 항해를 한 탐험가들의 미출간 일기에 기반 하여 영국의 소유권 주장에 이의를 제기하거나—영국의 해군력이 스페인의 해군력을 크게 앞질렀던 시점에— 영국의 주권 주장을 인정해야 하는 괴기한 상황에 놓였다. 스페인은 이 지역에 있는 자원의 가치로 보아 영국과의 군사적인 분쟁의 위험을 감수할 만한 가치가 없었고 판단했다. 산티에고호(Santiego)의 선원들은 북부 캘리포니아에 있는 트리니다드 항구에서 현지인들과 모피를 거래했음에도 불구하고 스페인은 획득한 모피의 가치에 대해 잘 인식하지 못했으며 마드리드는 은밀하게 주장했던 영토 내에 있는 풍부한 모피 자원을 결코 활용하지 못했다. 반면 영국과 러시아인들은 오랜 모피 교역 경험을 통해 이 자원의 가치를 잘 알고 있었으며, 그렇지 않으면 알래스카에서 북부 캘리포니아까지의 연안을 따라 생산성이 높은 스페인의 지방이 될 수도 있었던 지역을 재빠르게 점령했다.

태평양에 대한 소유권을 둘러싼 실용 가치 대(對) 위신 가치

영국도 네덜란드도 때로 묘사되었던 것만큼 그렇게 남해에서의 영토 획득에 열성적이지 않았다. 이 면에서 두 나라는 프랑스 그리고 후기에는 독일, 미국과 극명한 대조를 이룬다. 프랑스, 독일, 미국에게 제국 건설은 영리 못지않게 위신과 관련된 문제였다. 초기에 네덜란드인은 동인도에서 혼 곶(네덜란드인이 명명한)까지의 적합한 남부 루트를 탐험하는 데에 관심을 보였으며 이 과정에서 뉴홀란드(서부 오스트레일리아), 판 디멘즈 랜드(태즈메이니아), 스테튼 랜드(뉴질랜드)를 발견했지만, 이후 황량한 해안과 적대적이고 가난한 '야만인'이 사는 먼 남태평양에서 상업적인 가치 같은 것을 찾는 데에는 시큰둥해졌다. 사실, 네덜란드인이 뉴질랜드라는 풍요로운 땅에 정착할 수 있는 기회와 열의를 잃게 만들었던이는 다름 아닌 네덜란드동인도회사를 위해 힘스케르크호(Heemskerck)와 제한호(Zeehaen)를 지휘했던 위대한 네덜란드인 항해자 아벌 타스만 자신이었다. 그는 1642년 호전적이고 잘 조직된 그 지역민들의 방어로 인해 상륙에 실패했다고 보고했다.

그 후 네덜란드의 교역은 삼각교역 시스템의 핵심이었던 동인도의 향료 교역에 집중되었다. 인도 직물과 생사를 네덜란드령 믈라카 혹은 바타비아로 수송하고 거기에서 반다 정향과 수마트라 후추는 물론 말루쿠 육두구와 거래했다. 이들 상품은 다시 대만의 질란디아 항(臺南의 安平港)으로 운송되어 금과 교환되거나 일본 나가사키 항에 있는 데지마(出島)로 수송되어 은제품으로 교환되었으며, 이들은 다시 인도의 코로만델 연안에서 더 많은 인도 직물과 생사를 구매하는 데에 사용되었다. 그러나 네덜란드는 마카오에서 포르투갈인을 축출하고 그 지역 상인들을 협박하기 위해 했던 어설픈 몇 차례의 시도가 실패로 돌아간 이후 중국과의 교역에서는 배제되었다.

제국의 기초 : 영국, 태평양에서 소유권을 주장하다

더 많은 해외 영토를—상업적으로 혹은 전략적으로 가치가 있는— 획득하려는 영국의 관심은 특히 나폴레옹과의 전쟁과 미국 식민지와의 전쟁 이후 증감을 반복했다. 19세기 상당 기간 동안 많은 제국 건설 희망자들에게는 꽤나 절망스럽게도 영국은 새로운 땅을 특히 태평양에서 병합하는 것을 상당히 꺼려하는 듯했으며, '작은 영국'(Little England)의 영향하에서 부와 영향력을 확대하기 위해 자유 무역과 간접 통치라는 개념에 더욱 치중하는 로비가 이루어졌다. 그럼에도 불구하고 영국인들은 멀리 떨어져 있는 땅이 가지고 있는 부를 획득하는 것은 잠재적인 무역 상대방과—혹은 식민지— 그곳에 이르는 해양 진입로에 대한 정확한 해도 작성에 의존한다는 사실을 아마도 유럽의 다른 동시대인들 누구보다는 더 잘 이해하고 있었다. 이는 정확한 위치를(위도와 경도) 알아내는 계기들, 수심 측량, 항해 위험요소와 주요 지형지물에 대한 표기법, 상세한 수로지(水路誌)의 도움을 받은 숙련된 항해사들에 의해 가능해졌다. 정확한 측정 기록이 없는 초창기 신천지의 발견은 헛수고이기 일쑤였으며, 발견한 땅이라도 경도와 위도의 특정 오류나 부주의하고 부정확한 지도 작성의 결과로 때때로 그렇기도 했지만 곧 바로 다시 잃게 될 수 있었다.

유럽인의 탐험과 해외 영토의 획득이라는 보다 넓은 전략적인 활동에서 선박과 선원의 안전은 가장 중요한 요소였다. 라 페루즈의 때 이른 죽음은(아래서 논의할) 탐험가들이 가장 가치 놓은 발견을 하고 가장 전망 있는 영토를 병합하려고 해도 이를 발견한 배와 선원이 해도, 일기, 항해일지에 적어놓은 그야말로 힘들여 얻은 정보를 가지고 무사히 본국으로 돌아오지 못하면 아무 소용이 없음을 충분히 보여주고 있다.

숙련된 항해사이며 해도 작성자였으며 자신의 휘하에 있는 선원의 건강과 복지에 관심을 가진 지휘관으로서 제임스 쿡이 가지고 있는 호평을 받을 가치가 있는 평판은 영국이 이후 중남 태평양에서 식민 세력으로서의 탁월함을 세우기 위한 기초를 놓았다. 그러나 쿡은 지리적인 지식에 대한 공헌에는 상당히 신중하게 접근했다. 그는 미지의 남방대륙은 존재하지 않음을 그리고 금성의 태양면 통과를 정확하게 측정하는 데에 실패했음을 보임으로써 그의 항해는 주로 부정적인 발견을 했다는 사실을 상기할 필요가 있다. 그러나 그의 뉴질랜드 항해와 해도 작성 그리고 뉴사우스웨일스와 샌드위치 제도의 발견은 매우 중요한 긍정적인 성취였다. 그럼에도 불구하고 냉정한 사실은 쿡의 일기에 기록된 주요 발견 그리고 조지프 뱅크스와 그의 동료들이 한 과학적인 공헌은 쿡의 의심할 여지없는 항해 기술에도 불구하고 후세에 전해지지 않았었을 수 있었다. 그의 첫 항해는 오스트레일리아 북동부에 있는 그레이트배리어리프에서 라 페루즈가 만났던 운명에 아주 근접해 있었으나 운이 좋아 죽음을 피했다.

쿡의 위로상 : 동부 오스트레일리아의 발견과 점유

쿡은 첫 항해로 미지의 남방대륙이 거의 확실하게 존재하지 않는다는 실망스러운 사실을 확인했지만 1770년 오스트레일리아의 비옥한 동부 연안을 발견하는 것으로 보상을 받았다. 그 잠재적인 가치에 대한 쿡의 통찰력 있는 평가는 이 지역을 식민화하기로 한 영국의 결정에 영향을 주었다. 영국의 정책 결정은 쿡의 첫 항해에 동행했던 박물학자 조지프 뱅크스의 호의적인 견해에 의해서도 영향을 받았다. 조지프 뱅크스는 이 지역은 영국인의 정착에 대단히 적합하다고 확신했다. 쿡은 연안을 따라 오직 네 곳에만 상륙했다. 보터니 만, 중부 퀸즐랜드 연안에 있는 글래드스턴 근처, 지금 쿡타운이라고 불리는 곳 근처 산호초와 충돌한 참사를 겪은 후에 도착한 인데버 강, 그리고 케이프요크에 있는 퍼제션 섬이 이들이다(지도 5). 여기에, 이름이 암시하듯이 쿡은 정식으로 오스트레일리아 대륙의 동부를 영유하고 이를 뉴웨일스라고 명명했다 (얼마 되지 않아 뉴사우스웨일스로 바뀌었다). 뱅크스와 쿡의 추천이 상당히 작용해 영국은 오스트레일리아를 본국의 교도소와 썩어가는 선체감옥을 (퇴역한 해군 군함들이 탬즈 강을 비롯한 여러 군데에 정박해 있었다) 채우고도 넘치는 경 범죄자를 격리시키는 장소로 이용한다고 결정했다. 수백 명의 재소자와 해양경비 대원을 실은 최초의 수인 선단이 쿡이 처음으로 이 해안에 발을 디딘 18년 후에 동부 오스트레일리아에 있는 보터니 만에 닻을 내렸다.

프랑스, 태평양을 탐내다 : 부갱빌, 라 페루즈, 그리고 뒤르빌의 항해

7년전쟁 기간과 이후 프랑스와 영국의 제국 경쟁이 치열했던 시기 태평양에 프랑스 탐험 선박이 쇄도했다. 영국은 1755년에 아카디아에서 프랑스인 정주자를 쫓아내고 1759년에는 퀘벡을 차지하면서 북미 식민지 대부분에서 프랑스 세력을 몰아냈다. 1756년 영리하고 젊은 프랑스인 수학자이자 항해자인 루이 앙투안 드 부갱빌은 기량에 대한 깊은 존경심의 표시로 적국인 영국에 의해 명성이 자자한 런던왕립학회 회원으로 선출되었다. 10년 후 양국 간의 적대가 해소된 이후, 그는 부되즈호(*Boudeuse*)와 에투왈호(*Etoile*) 두 척의 배로 다목적 지구 일주를 시작했다. 태평양에서의 지리적인 현상과 생물학적 현상에 대한 체계적인 과학적 조사가 주요 목적이었지만 프랑스 위신의 복구, 영국의 해양 패권에 대한 제대로 된 도전, 그리고 전설적인 자원을 가지고 있으며 프랑스의 부흥을 위해 새로운 식민지로 기대되었던 미지의 남방대륙을 찾겠다는 목적도 있었다.

태평양에서 부갱빌이 한 첫 주된 '발견'은 그가 그리스 전설에서 사랑의 여신인 아프로디테가 있었다고 하는 곳의 이름을 따서 뉴키테라라고 부른 섬이었다. 그는 자신이 방문하기 1년 전에 영국인 사무엘 월리스가 이곳에 와서 이미 이 섬을 조지 3세 섬이라고 명명했으며 그의 선원들이 쇠못 몇 개를 주고 친절한 현지 여성들과 즐겼다는 사실을 알지 못했던 것 같다. 부갱빌은 지금 타이티로 알려진 이 섬을 프랑스의 소유라고 주장했다. 이는 이제까지 영국 탐험가의 일기를 (개정판이나 편집판) 신속하게 출간하는 것에 대해 그리고 공식적으로 합병, 점유, 명명에 다소 심드렁했던 영국 해군성의 태도에 변화를 가져왔다. 부갱빌은 계속 서쪽으로 항해했으며 1768년 뉴헤브리디스를 (그가 정확하게 해도에 표시하지 못한 곳) 떠난 후 일 년 뒤 쿡이 거의 배를 잃을 뻔했던 곳에서 그리 멀리 있지 않은

그레이트배리어리프의 외측 암초에 충돌하는 것을 가까스로 피했다. 뉴홀란드(오스트레일리아)의 본토에 닿으려는 그의 노력이 실패하자 부갱빌은 북쪽으로 배를 돌려 루이지아드 제도와 대면하고 이름을 주었다. 그러나 그는 이번에도 정확한 조사를 수행하지 않고 그저 빙 둘러보았을 뿐이었다.

1769~70년 장 프랑스와 드 쉬르빌이 선장이 되고 한 민간 프랑스 조합이 자금을 댄 프랑스 배가 인도 퐁디셰리에서 출항해 동인도와 솔로몬 제도를 거쳐 뉴질랜드로 항해했다. 이 배는 뉴질랜드의 두 주요 섬을 돌며 해도를 작성하는 데에 몰두하고 있었던 제임스 쿡과 거의 마주칠 뻔 했다. 드 쉬르빌은 그리고 나서 남태평양을 건너 당시 남미 태평양 연안의 주요 스페인 항구였던 카야오로 향했다. 불행이 그의 탐험대를 덮쳤으며, 바다에서 그가 사라짐으로서 그의 후원자들에게는 그가 한 태평양에서의 '발견'에 소유권을 주장할 근거가 없어지게 되었다.

1771년 '태평양(Mer Pacifique)이라는 제목을 단 익명의 지도가 프랑스에서 출간되었다. 이는 부갱빌의 부되즈호(*Boudeuse*)와 에투왈호(*Etoile*)의 항로를 표시하고 있었지만 제임스 쿡의 시대까지 이미 알려져 있었던 사실 이외에 더 보태진 내용은 거의 없었으며, 사실 토레스 해협과 같이 이미 알려진 면모에 대해서도 무시하는 등 잘못 표현된 부분도 있었다. 이 지도는 뉴홀란드, 뉴기니, 뉴브리튼이 카펀테리아 만의 동쪽에서 만나는 하나의 대륙으로 그려져 있다. 불운이 태평양을 발견하고 병합하려는 의도로 연이어 파견된 프랑스의 여러 탐험대를 계속 따라다녔던 것처럼 보인다.

1772년 마이옹 뒤 프렌은 희망봉에서 출항해 그가 미지의 남방대륙의 일부분일 거라고 생각한 곳을(이 발견은 남위 약 46도에 있는 프린스 에드워드 제도로 판명되었다) 발견하고 계속해 뉴질랜드로 항해했다. 그와 선원 몇은 그 곳에서 마오리인에게 잡혀 죽임을 당하고 먹혔다. 1771년 다소 미심쩍은 평판을 가진 모험가 이브-조세프 드 케르겔렌-트레마렉은 전설의 대륙을 찾기 위한 자신의 탐험 계획에 자금을 대지 않는다면 경쟁국이 하시라도 미지의 남방대륙을 발견하고 합병할 것이라고 프랑스 정부를 설득했다. 이 탐험에서 그가 이룬 유일한 '성공'은 1772~3년 이제는 그의 이름을 가지고 있는 황량하고 살기 힘든 섬, 케르켈렌 군도였다. 그는 이 군도를 프랑스 정부에 위대한 약속의 땅이며 미지의 남방대륙의 일부가 분명하다고 잘못 보고했다.

1785년 프랑스의 왕은 장 프랑수아 드 갈룹, 즉 라 페루즈 백작에게 고래잡이와 모피 교역에 대한 전망을 조사하고, 모든 가능한 곳에서 새로운 땅을 발견하고 프랑스의 소유권을 확립하라는 지시와 함께 태평양 탐험 항해를 이끌도록 지시했다. 500톤급의 두 선박, 아스트롤라브호(*Astrolabe*)와 부솔호(*Boussole*)를 지휘하며, 과학자, 동식물 연구자, 수학자를 포함한 114명의 선원을 데리고 출항한 이 정력적이고 유능한 사령관은 제임스 쿡을 상당히 존경했으며 태평양 안과 주위에서 4년의 시간을 보냈다. 그는 알래스카에서 몬테레이까지 북미의 서부 연안에 대해 그리고 남부 오스트레일리아의 연안선에 대해 광범위한 조사를 수행했다.

그는 1786년과 1788년 두 차례 하와이 제도를 방문했다. 그러나 프랑스 왕을 위해 새로운 영토에 대한 소유권을 확립하려는 그의 시도는 좌절되었다. 그는 1788년 보터니 만에 도착했으나 이 지역이 이미 5일 전에 주인이 생겼음을 알게 되었다. 영국의 해군과 재소자들이 포트 잭슨 만에 있는 시드니 코브 만 인근에 정착지를 만들기 위해 바삐 움직이고 있었던 것이다. 보터니 만에서 6주를 보낸 후 물이 새고 수리할 필요가 있던 아스트롤라브호(*Astrolabe*)와 부솔호(*Boussole*)는 닻을 올리고 북쪽으로 항해했다. 그 후 누구도 라 페루즈와 그의 선원을 다시 볼 수 없었다. 그와 일행이 한 모든 발견, 연안선에 관한 그의 해도, 과학적 관찰에 대한 기록 그리고 그가 했을 수도 있는 영토적 소유권도 모두 그와 함께 사라졌다. 1793년 앙트완 레몽 죠셉 드 브뤼니 당트르카스토가 라 페루즈의 사라진 배들을 찾아 코랄 해를 빠져 나갔다. 이 과정에서 그는 솔로몬 제도를 발견했지만 난파되거나 침몰한 선박의 흔적을 찾지는 못했다. 몇 년 뒤 라 페루즈의 행방불명 미스터리는 성 페트릭호(*St Patrick*)에 타고 있던 백단목 무역업자인 피터 딜런이 1820년 아스트롤라브호(*Astrolabe*)에 있었던 것으로 확인된 녹슨 닻을 비롯해 라 페루즈의 난파선이 남긴 흔적이 샌터 크루즈 그룹에 있는 베니코로 섬에 흩어져 있음을 알았을 때에야 풀렸다.

불운은 계속해 19세기에도 프랑스인들을 따라다녔다. 쥘 뒤몽 뒤르빌은 두 차례 태평양을 항해했으며, 익숙한 폴리네시아 문화와 다른 영역의 문화를 구별하기 위해 '미크로네시아'(Micronesia)와 '멜라네시아'(Melanesia)라는 용어를 만든 장본인으로 명성이 높다. 또한 그는 1837년 라 페루즈의 난파선 잔해를 조사했으며 그 과정에서 몇 가지 물건을 찾아냈다. 불행히도 그와 선원들은 모두 코랄 해에 대한 중요한 1차 자료조사를 위해 영웅적으로 분투하는 동안 중병에 시달려야 했다. 때문에 이 작업은 완전히 마무리되지 못했다. 재난에 가까운 두 번째 항해에서 살아남은 뒤르빌은 후에 1842년 프랑스의 베르사유 근처에서 열차 사고를 당해 죽으면서 철도사고로 발생한 첫 사망자들 중의 하나로 역사에 남았다.

제국의 협력 : 영국-프랑스의 뉴헤브리디스 공동통치

영국-프랑스 공동통치는 뉴기니 혹은 사모아처럼 영토를 분할 지배한 것이 아니라 태평양의 한 제도를 공동으로 같이 식민 경영한 특이한 경우에 속한다. 19세기에 부지런히 가능한 곳에서 가능한 때에 영국 식민화보다 선수를 치기 위해 노력했던 프랑스는 제임스 쿡이 1773년에 해도에 작성하고 명명했던 솔로몬 제도의 남부와 피지 서부의 열도인 뉴헤브리디스를 병합하기 위해 골몰하고 있었다. 무법 상태인 남태평양의 많은 곳에서와 같이 이 열도도 갈등과 유혈 사태가 일어나는 현장이었다. 대개는 무례하고 폭력적인 집단인 백단목 노동자들과 노동자 '모집인들'은 에로망고 섬에 있는 이 귀한 나무의 껍질을 벗기거나, 퀸즐랜드와 피지에 있는 농장에 노동력을 공급하기 위해 탄나 섬과 말라이타 섬과 같은 곳에서 현지인 노동자를 사고파는 수상쩍은 거래가 일어나면서 분란이 끊이지 않았다. 선교 활동은 1839년에 시작되었는데, 오스트레일리아에 기반을 둔 장로교회와 영국 교회에 소속된 전도사 해리스와 윌리엄스를 포함해 순교 사건도 몇 차례 발생했다. 그럼에도 불구하고 담대한 목회자들은 개종 노력을 멈추지 않았다. 예를 들어 조지 터너 목사는 1845년 에파테 섬에서 멜라네시아인을 개종시키려고 했으며, 존 파튼 목사는 1870년에 탄나 섬에 포교단을 세웠다. 이 군도에 유럽인 교역상들의 정착은 1870년경에 시작되었으며 이후 10년이 넘게 영국과 프랑스인 농장주 공동체가 급속히 팽창했다. 이 시점까지 뉴헤브리디스에는 법도 세금도 농장을 위한 토지 취득 절차도 경찰도 어떤 다른 행정 조직도 없었다.

프랑스 가톨릭교회는 곧 개종자 문제를 놓고 장로교파와 분투를 벌였다. 프랑스는 프랑스인 정착인들에게 보조금을 제공했으며 가톨릭 선교단을 지원했다. 1880년대 초 영국인을 추방하는 데에 혈안이 된 프랑스인 선교사, 무역가, 농장주들은 이 제도에 대해 완전한 통제권을 가질 수 있도록 즉각적인 합병을 정부에 요구했다. 이들의 탄원에 응하여 프랑스는 그 서막으로 뉴헤브리디스에 군대를 진주시켰다. 이 선제 조치를 보며 프랑스가 타이티와 로얄티 섬을 병합한 후 런던 선교사회 회원들처럼 추방될 것을 두려워한 영국인 공동체와 장로교파 교회는 뉴사우스웨일스 식민 정부를 통해 영국 식민성에 합병을 호소했다. 영국인과 프랑스인 공동체 사이에 공공연하게 적대행위가 발발하는 것을 막기 위해 영국 해군과 프랑스 해군은 뉴헤브리디스를 순찰하기 시작했다. 1888년 공동으로 경찰 업무를 보기 위해 공동해군위원회가 세워졌다. 이후 영국과 프랑스는 뉴헤브리디스를 공동 관리하기로 합의하면서 구체적인 협의에 들어갔다. 이는 비공식적인 합의로 남아 있다가 1904년 두 식민 세력 간에 평화협정(*entente cordiale*)이 조인되었다. 1906년 뉴헤브리디스를 공동관리 보호국으로 선언하면서 프랑스 정부는 영국인 농장주, 무역가, 선교사를 추방하지 못하게 되었다. 이 열도는 수년 동안 영국 식민지 퀸즐랜드와 피지의 사탕수수 농장에 노동력을 공급했다.

현지 비슬라마 언어로는 양국정부제(*tufala gavman*)라 칭하는 이 공동관리 방식은 1906년부터 1980년까지 지속되었다. 행정부에는 각각 영국인과 프랑스인 행정장관이 있었으며 동등한 사법, 경찰, 교육, 의료 체계를 갖추고 있었다. 공식 문건은 영어와 프랑스어 두 언어로 출판되었고 이중의 통화, 우표, 중량과 측정 단위가 채택되었다. 프랑스와 영국 모두 상대국의 문화와 언어가 우위를 점하지 않도록 신중하게 서로를 경계했다. 프랑스 가톨릭 종교 학교와 영국 장로교파의 종교 학교가 한 곳에 나란히 세워졌다. 세계의 다른 곳에서는 전통적인 경쟁국이 었던 영국과 프랑스가 공동으로 식민정부를 세우고 비교적 조화롭게 운영했던 뉴헤브리디스 공동통치는 아마도 역사상 유일무이한 예일 것이다. 그러나 이 제도의 사람들에게 이것이 준 영향은 훨씬 덜 감동적이다. 유럽인이 이들 열도와 접촉했던 시기 인구는 수십 만 명에서 1930년대에는 4만 명으로 곤두박질쳤다. 외국인의 사탕수수 농장과 고래잡이 선박에의 노동 징집, 그리고 유럽인에게 흔한 질병이 미친 파괴적인 영향 때문이었다. 실패할 것이라는 모든 이의 예상에도 불구하고 영국-프랑스 공동통치는 1980년 7월 30일 바누아투의 독립까지 지속되었다.

프랑스, 미국 그리고 파나마운하

태평양에서 프랑스의 영토 획득을 더 용이하게 하기 위해 1876년 프랑스 회사인 대양연결운하를 위한 국제시민사회(the Société Civile Internationale du Canal Interocéanique)가 세워졌다. 이는 최근에 완성된 수에즈 운하와 비슷하게 당시에는 콜롬비아의 일부분이었던 파나마 지협을 횡단하는 운하를 건설하려는 목적을 가지고 있었다. 이 거래를 협상했던 프랑스 해군 중위의 이름을 따서 위즈 조계라고 불린 지역을 콜롬비아 정부로 부터 양도를 받은 후에 운하 건설이 시작되었다. 그러나 가장 좁은 곳은 폭이 50㎞도 안 되는 이 좁은 육지 목을 횡단해 해수면 운하를 만든다는 아이디어는 간단해 보이지만 이 프랑스 회사의 조직적, 기술적, 재정적 능력으로는 불가능했다. 늪이 많고 산악 지형에다가, 노동자의 생명과 건강을 앗아가고, 심각한 타격을 주는 치명적인 질병이 만연하며, 부실과 부당한 경영과 부패는 모두 이 프랑스의 사업체를 도산케 만드는 데에 일조했다. 좌절감을 주는 수십 년의 건설 공기 지연 끝에 건설권이 미국인에게 팔렸다.

미국, 파나마운하를 완공하다

1848년 캘리포니아 서터즈밀에서 금 발견되자 금광을 찾거나 금광에서 일하려는 이들이 자신이 놓인 상황에서 가장 빠르고 가장 싸며 가장 위험부담이 덜 따르는 방법을 이용해 서부로 밀려들었다. 미국인의 중개·선박 회사인 하우랜드 앤 아스핀월의 샌프란시스코 지사는 금광지로의 운송 수요가 매우 커짐에 따라 붐을 맞이했다. 이 회사는 대서양 연안 항구에서 태평양으로 가는 기존의 위험하고 비용이 많이 드는 항로보다 더 빠르고 더 쉬운 노선을 찾고 있었다. 선택지는 폭풍우 치는 혼 곶을 돌아가는 3~5개월의 항해 기간이 필요한 해상 수송, 혹은 질병이 들끓는 파나마를 횡단하거나 잘 나있기도 않은 길을 따라 가는 대륙횡단 마차길을 이용한 육로 수송이었다. 1885년 회사의 설립자 윌리엄 아스핀월은 파나마 철도를 놓기 시작했는데, 이는 미국에 태평양으로의 관문을 제공했다.

1903년 미국이 파나마 지협에서 혁명과 분리 독립운동을 세심하고 은밀하게 조직하기 전까지 파나마는 콜롬비아 영토에 속했다. 1823년 먼로 독트린하에서 (뒤에서 논의) 미국은 서반구에서 유일하게 식민지를 만들 권리가 있는 국가임을 천명했다. 그렇다고 해서 미국이 일본, 중국, 샌드위치 섬, 필리핀, 사모아, 서부 아프리카(라이베리아), 바르바리 해안, 믈라카 해협 등을 비롯한 다른 곳에 식민지 영토를 가지지 말아야 할 이유는 없었다. 또한 파나마 지협을 통해 태평양에 대한 접근을 통제하고자 했던 미국의 바람은 일정 부분 1890년에 알프레드 세이어 머핸이 제출한 전략 보고서에서 연유했다. 머핸은 여기에서 수에즈 운하가 영국과 프랑스에 아주 중요한 것과 마찬가지로 이 좁은 지협을 가로지르는 해협이 미국에 전략적인 가치를 가지고 있음을 높게 평가했다. 운하의 건설 이전에, 이미 앞에서도 언급했듯이 거대한 금융, 중개, 운송 회사인 하우랜드 앤 아스핀월은 파나마 지협에서 대서양과 태평양 항구를 연결하는 태평양 철도를 소유하고 있었으며 뉴욕에서 샌프란시스코를 연결하는 철도 수송과 해상 수송을 지배하고 있던 태평양우편기선회사를 운영하고 있었다. 그러나 교통량은 급격히 늘어났으며 운하를 만들어 동해안과 서해안의 발전 중심지들 간의 주행 시간을 단축시킬 필요가 절실했다. 1889년 프랑스 컨소시엄이 (수에즈 운하의 건설자인 페르디낭 드 레셉스가 주도한) 파나마운하 완공에 실패하자 미국 정부는 이 시설 자체를 건립하고 통제하기로 결정했다. 테오도르 루즈벨트 대통령하에서 워싱턴은 콜롬비아에 압력을 가해 운하 건설을 원하는 미국의 한 컨소시엄에 일부 지협을 양도하도록 했다. 콜롬비아가 거부의사를 밝히자 루즈벨트는 지역 분리주의자들에게 자금을 대고 무장시켰으며, 1903년 이 탐내왔던 영토를 획득하기 위해 대규모의 해군과 함께 미국 해군 전함 네슈빌호(USS Nashville)를 파견했다. 미국의 의사를 기꺼이 따를 꼭두각시 정부가 이 반항적인 영토에 조직되었으며, 이후 이 정부는 파나마 독립 국가를 선언했다.

파나마의 분리 독립을 가져다 준 대가로 미국은 파나마의 영토가 될 지역을 가로지르는 아직 개통되지도 않은 운하의 통제에 대한 모든 권리와 이를 99년간 조차할 수 있는 권리를 얻어냈다. 이곳에 미국은 10㎞ 폭의 파나마운하 지대를 만들고 미국의 영토로 삼았다. 워싱턴은 또한 부자들과의 ―부패 혐의가 있는 통치 엘리트들― 밀접한 관계를 통해 파나마의 외교 정책에 간여했으며, 미국이 고무한 정책에 반대하는 모든 시민들의 소요와 항의를 진압하기 위해 미국 해군력을 사용할 수 있도록 했다. 그리하여 미국은 운하 건설의 환경·정치·기술적 장애를 극복하는 데에 성공했으며, 당시에는 공학 기술의 경이였던 운하가 1915년 미국 대통령 우드로 윌슨에 의해 공식적으로 개통되었다.

미국이 지불하는 운하 지대 지급금, 운하 지대에서 일하는 파나마 고용인의 임금이 20세기 동안 파나마 정부 총 세입의 대부분을 차지했다. 1977년 새로운 운하 조약이 미국 대통령 카터와 파나마 대통령 토리호스 간에 맺어졌다. 이에 의하면 운하 지대는 2000년에 파나마에 귀속될 것이었다. 그러나 이 조약이 규정하는 바에 의하면 이후에도 미국은 미국 상선과 전함의 통과권을 계속 보유하며 만약 미국의 이해가 위협받으면 군사적으로 개입할 수 있는 권리를 가지게 되어 있다. 이러한 무력 간섭권은 부시 대통령이 토리호스를 이어 파나마의 대통령이 된 저항적인 인물 마누엘 노리에가를 타도하기 위해 24,000명의 미군을 파견했던 1989년 12월에 실제로 발동되었다. 마누엘 노리에가 대통령은 당시 콜롬비아의 마약계 대부들과 손을 잡고 파나마를 발판으로 미국으로 마약을 수송한 죄로 기소되었다.

제국주의 영토 구축하기

유럽의 태평양 식민지와 아시아인 디아스포라

주장하는 영토에 대한 소유권을 지키고 다른 잠재적인 권리 주장자로부터 자신의 소유권을 존중받기 위해 제국주의에는 하나의 불문율이 있다. 현재의 '소유자'가 제국주의적 주장을 적극적으로 하고 있고 있음을 보여주어야 한다는 것이 그것이다. 이는 모국에서 올 노동자에게는 그다지 매력적이지 않은 그러나 호시탐탐 노리고 있는 경쟁자의 눈에는 '땅을 놀리고 있는 것'으로 보일 수도 있는 열대에 토지를 가지고 있는 유럽인 자산가에게 커다란 과제를 안겨주었다. 태평양 영토의 식민지 행정가는 태평양 식민지에서 필요한 많은 기능과 활동이 자신들의 능력 범위를 넘어 있으며 지배하고 있는 현지 거주민의 관심이나 역량 밖에 있음을 알게 되었다. 그리하여 이에 부응할 수 있도록 아시아에서 이민을 받아들여 식민지 기능을 활성화 하는 방안이 유리해 보였다. 대다수의 이민자는 인도, 중국, 일본을 비롯해 태평양 지역에서 왔으며, 이들 중 다수는 기간계약노동자 신분으로 왔다. 자유 이주자로 온 이들도 있었는데, 이들은 쿨리노동을 제공하거나 하인, 점원, 가게 주인, 상인의 자리를 채웠으며 숫자가 적은 유럽인으로는 감당할 수 없었던 세금 징수와 치안 유지 활동에 종사했다.

중국인은 아시아 환태평양의 포르투갈, 네덜란드, 영국, 프랑스, 스페인의 식민지 영토에서 인구수도 많고 중요한 역할을 하는 집단이었다. 예를 들어 1586년 마닐라에는 1000명도 되지 않는 스페인인이 살았지만 중국인은 만 명이 넘게 거주했다. 마닐라에서 중국인 거주자는 1750년에는 4만 명으로 늘었으며, 같은 시기 네덜란드가 지배하는 자바의 바타비아 인구 절반 이상이 중국인이었다. 이들은 세금 징수인, 대금업자, 상인과 같이 영향력 있는 위치를 차지하고 있었다. 19세기 해협식민지에 있는 영국인의 정착지 믈라카, 페낭, 싱가포르, 그리고 프랑스령 인도차이나에 있는 사이공-쩌런, 그리고 샴의 아유타야에도 이미 규모가 상당한 중국인 거주지가 있었다. 19세기 말에 이르러 중국인에 더해 부기스인, 구자라티인, 벵골인을 포함한 다른 이민자들도 들어왔다. 많은 일본인이 1895년 일본이 대만을 병합하자 대만으로 그리고 미국이 하와이를 합병하자 하와이로 들어왔다. 20세기 초반 영국령 피지의 사탕수수 농장에 인도인 쿨리 노동력은 상당히 중요했다. 많은 태평양 국가에서의 민족별 인구 구성은 지금도 이런 노동 이주 역사를 반영하고 있다.

태평양의 영혼 구제를 주장하다 : 선교 현장 일구기

태평양을 소유한다는 것은 유럽 강대국이 합병한 섬 영토에 있는 토지와 자원의 통제에만 그치지 않았다. 섬사람의 마음을 소유하는 것 또한 제국의 강화를 위해 필요했다. 이는 식민 당국의 '문명화 사명'이라는 용어로 표현되곤 했다. 그러나 대개 이 사명의 수행은 제국 정부와 관계있는 특정 기독교 교파의 단체에게 위임되었다. 섬사람이 단지 기독교로 개종하는 것만으로 충분하지 않았다. 식민 강대국이 보기에 이들은 올바른 교파로 개종되어야 했다. 프랑스인과 스페인에게

이는 로마 가톨릭을 의미했다. 영국인에게 그리고 후에는 미국인과 독일인에게 이는 개신교에(프로테스탄트) 속하는 하나 혹은 그 이상의 교파를 의미했다. 이들 모든 교파에는 포기할 줄 모르는 수많은 선교사, 성직자, 신도가 있었으며 이들은 때로 이교도와 비종교인을 개종시키고 태평양 섬사람의 영혼을 구하기 위해 위험을 무릅 썼으며 이 과정에서 목숨을 잃기도 했다. 이 책의 다른 곳에서 언급했듯이 아시아 환태평양에서 기독교도는 일찍이 천황이 지배하는 일본에서 그리고 의화단사건 중에 중국에서 순교를 당하기도 했지만 초창기의 예를 들자면 스페인령 필리핀과 포르투갈령 동티모르에서와 같이 태평양 사람들이 대규모로 기독교로 개종하는 경우도 있었다.

현지인의 삶을 진정으로 향상시키는 데 기여한 선교사들의 계발적 활동과 전통적인 태평양 문화를 비하하고 파괴해 불행한 결과를 빚어낸 개화되지 못하고 독선적인 복음주의를 구분하는 일은 생각만큼 쉽지 않다. 많은 경우에 의도가 좋았고 비이기적인 동기로 수행된 선교사들의 활동은 그럼에도 불구하고 그릇된 것이었으며, 그 영향을 받은 사람들에게 미친 결과는 결코 유익한 것과는 거리가 멀었다. 어떤 경우에는, 예를 들어 아메리카와 필리핀에서 활동했던 스페인의 수도회와 같이, 선교 활동은 현지인의 삶을 개선시키기 위한 순수한 이타적인 노력이라기보다는 자원 착취와 국가의 권력 강화를 위한 부속물에 더 가까웠던 것처럼 보인다. 많은 경우에 선교 활동은 무역이나 노동자 충원과 밀접히 관련되어 있었으며, 예속된 영토에 대한 제국의 큰 그림을 옹호하면서 그 틀 내에서 진행되었다. 그러나 분명히 그렇지 않은 경우도 더러 있었다. 어떤 경우에 선교사들은 식민지민을 이용하고 이들의 땅을 탈취하는 데에 여념이 없어 보이는 동포 신도들에 맞서 싸우기도 했다. 또 어떤 경우에는 선교사들이 태평양 문화를 개혁하는 데에 도움을 주었다. 오늘날 많은 태평양의 사람들이 가지고 있는 깊은 신앙심과 보수성은 여행자들을 깜짝 놀라게 하곤 한다.

타이티는 태평양 섬들 가운데 기독교 교회가 최초로 세워진 곳이다. 1770년대 중반 스페인 프란체스코회 수도회의 소심한 시도가 실패로 돌아간 이후, 1797년 개신교 런던선교회는 인근 무레아 섬에 지속적이고 결국에는 성공적인 기독교 선교의 토대를 마련했다. 1829년 이들은 파페토아이에 동부 태평양 최초로 기독교 교회를 세웠다. 그 독특한 팔각형의 교회는 오늘날까지도 건재하고 있다(사진 5).

무레아 섬과 타이티 섬을 포함해 소시에테 제도가 공식적으로 프랑스에 병합되고 식민 통치가 시작되었을 무렵, 프랑스 가톨릭교회는 자연스럽게 이 제도에서 유일한 기독교 포교권을 가지고 있다고 생각했으며 프랑스령 폴리네시아에서 런던 선교회의 활동을 금지시키고 기존의 개신교 선교사들을 본국으로 송환하도록 로비했다.

이전에는 태평양에서 가장 외진 곳에 있던 제도였던 하와이는 1812년 전쟁 이후 미국과 유럽 기독교 선교사들의 관심을 끌었다. 1820년 보스턴 선교선 새디어스호(*Thaddeus*)는 폴리네시아인을 개신교 기독교도로 개종시키기 위해 하이럼 빙엄 목사가 이끈 일단의 청교도들을 뉴잉글랜드에서 카일루아 만으로 데리고 왔다. 이들이 하와이 왕족에게 접근하여 왕 로히로히와 왕비 카후마누를 개종시킨 이래 선교 사업은 상당히 성공을 거두었다. 이 왕과 왕비는 불행히도 1824년 영국 방문 시에 홍역으로 사망했다. 이 제도에는 가톨릭 선교단도 세워졌으며 이들의 개신교 선교사들과의 관계는 때로 긴장되고 적대적이었다. 고립된 다른 태평양 사회처럼 하와이에서도 많은 현지인들이 외부에서 들어온 질병으로 쓰려졌으며, 기독교 선교사들은 첫 접촉 시에 35만 명이었던 현지인이 1840년에는 5만 명으로 급감하는 것을 지켜봐야 했다.

1840년경 새로운 재앙 즉 한센 병(나병)이 유럽인과는 달리 이에 면역력을 가지고 있지 않았던 폴리네시아인을 덮치기 시작했으며 이들의 식습관과 생활방식으로 인해 한센 병은 더욱 급속하고 광범위하게 퍼졌다. 나환자는 강제로 하와이 사회에서 몰로카이 섬에 있는 먼 칼라우파파 반도로 이송되었다. 이들은 최근까지도 설교를 했던 바로 그 선교사에 의해 버려지고 기피되었으며 거의 아무런 의료품이나 식료품의 지원도 받지 못했다. 칼라우파파는 고립되고 무법천지인 ―유배, 질병, 악덕, 부패의 장소― 태평양의 축소판이 되었다. 이러한 상황은 1873년 외톨이 벨기에 신부 다미앵의 행동으로 변하기 시작했다. 그는 환자를 돌보고 지역 정부 체제를 만들고 고아원, 학교, 나환자촌을 위한 병원을 세웠다. 몰로카이의 나환자를 12년 동안 돌보다가 다미앵 신부 자신도 이 끔찍한 병으로 쓰려졌다. 몇 개신교 경쟁자들의 비난을 받았음에도 불구하고 몰로카이에서 다미앵 신부가 한 헌신은 태평양, 아시아, 아프리카에 있는 많은 이들을 고무시켜 그의 길을 따르게 했다.

동남 무역풍 지대에 있는 고립된 열도 갬비어 제도에서 한 선교사들의 활동은 태평양에서 이례적이라 말할 수 없는 예에 속하는데, 이는 재난에 가까운 결과를 초래했다. 1834년 이 제도에 —이전에는 작은 독립 왕국이었다— 루이 라발 신부와 3명의 프랑스 신부는 가톨릭 선교단을 세웠다. 라발 신부는 금욕주의자로 뚜(Tu)라는 현지 신을 신앙하는 것은 죄악이라고 설교하며 왕인 마푸테오아를 설득하여 기독교로 개종시켰다. 라발은 기간계약노동자를 이용하여 동남 태평양 최대의 성당인 성 미카엘성당을 건축하게 했다. 그의 전체주의적인 통제하에서 갬비어 제도의 인구는 만 명에서 500명으로 곤두박질쳤다. 그의 압정에 대한 불만이 고조되자 결국 타이티 가톨릭 주교는 라발을 면직시켰다.

뉴질랜드에 정착한 첫 유럽인 중에는 물론 개신교 기독교 선교사들이 있었다. 예를 들어 한 영국인 대장장이의 아들로 영국 성공회 선교사가 되어야 한다는 강한 소명 의식을 느낀 사무엘 마스든 목사는 1814년 마오리인에게 설교를 시작했으나 이들을 개종시키는 데에는 크게 성공하지 못했다. 1822년 웨슬리교파 선교단이 세워졌으며, 얼마 되지 않아 점차 더 많이 기독교로 개종한 마오리인들이 바다표범 사냥꾼, 고래 사냥꾼, 목재 벌목꾼을 뒤따라 들어온 영국인 정착인들과 어울리기 시작했다. 뉴질랜드에 대한 프랑스의 관심은 1838년 장 밥티스트 퐁팔리에가 처음 가톨릭 선교를 시작한 이후에 더욱 높아졌다. 프랑스는 1840년 정착지를 세우고 이 제도를 합병하려 했으나 실패했다. 프랑스 이민선이 도착하기 몇 주 전에 영국이 —마지못해— 시도하고 있었기 때문이다.

태평양에서의 선교사 활동이 가장 활발했던 위대한 시기는 20세기였다. 제7일 안식일 예수재림교, 펜테코스트파, 모르몬교와 같은 보다 새로운 복음주의 선교 조직들이 대거 들어오고 이전에 들어온 가톨릭, 영국교회, 장로교파의 선교단과 함께 태평양 사람들의 영혼을 놓고 경쟁하면서 1차 세계대전 이후에 그리고 특히 수많은 태평양 미소국가의 독립 이후에 태평양 해역에 널리 퍼졌다. 결과는 신참자들은 특히 폴리네시아에서는 매우 성공을 거두었다. 그러나 멜라네시아의 곳곳에서 이전의 애니미즘적 신앙이 기독교의 여러 측면과 융합되었으며 때로는 왜곡된 형태의 물질주의와 결합되었다. 2차 세계대전 시기에 미국이 이 지역을 점령한 직후에 일어나기 시작해 아직도 활발한 바누아투 제도의 타나 섬에서 행해지는 존 프럼 신앙과 같은 메시아적 적화(積貨) 신앙이 하나의 예이다. 일부분 기독교 선교사들이 조장했던 탓도 있지만 이들 태평양 지역이 외부 세계의 정보와 기술로부터 고립되어 있다는 사실이 21세기에도 이처럼 전대의 귀물이 지속되는 이유를 설명해 줄 수 있다.

마지막 태평양 변경 탐험하기

남극대륙에 대한 대립적인 주장

19세기에 많은 선박이 사실상 대륙임을 알지도 못한 채 남극대륙 아주 가까이까지 항해했다. 기록상 남극대륙에 처음으로 상륙한 이는 1821년 바다표범 사냥꾼 존 데이비스이다. 아마도 이 대륙의 규모를 어림짐작할 수 있었던 첫 탐험가는 1839~40년에 오스트레일리아 남부 남극대륙의 연안에 있는 지금은 윌크스 랜드라고 알려진 곳에 닿았던 미국태평양탐험대 대장이었을 것이다. 그러나 19세기 말 이 지역이 대륙이라기보다는 얼음으로 덮인 여러 무리의 섬으로 이루어졌다고 여겼던 이들에게 남극은 여전히 알 수 없는 수수께끼로 가득 찬 공간이었다.

20세기에 들어서야 남극 탐험이 본격적으로 시작되었다. 1910년 더글라스 모슨 일행이 자남극(磁南極)에 도착했다. 경험 많은 노르웨이 북극 탐험가 로알 아문센은 1911년 12월 유사 이래 처음으로 남극점(南極點)에 발을 디뎠다. 한 달 후에 다시 이곳을 디딘 이들이 있었는데, 이는 로버트 스콧이 이끈 영국팀이었다. 투지가 넘치지만 계획 자체에 문제가 있었던 이 시도로 스콧과 그의 동료들의 삶은 비극으로 끝이 났다. 더 방대한 규모로 행해진 1915년 탐험은 어니스트 섀클턴이 이끌었다.

20세기 전반기에 자국의 탐험대가 한 발견을 근거로 오스트레일리아, 미국, 영국, 노르웨이, 칠레를 비롯한 많은 국가들이 남극대륙의 일정한 부분에 대한 소유권을 주장했다. 2차 세계대전 후 남극대륙에 영토적인 야망을 가졌던 국가들은 소유권 주장과 맞주장 문제를 제쳐두고 남극이 제기하는 지구 물리학적 문제를 연구하는 데에 협력하기로 합의했다. 1957년 국제지구물리학의 해에 남극대륙에서는 전례 없던 국제공동연구가 수행되었다. 이와 이를 이은 연구 프로그램으로 특히 현재 지구온난화의 시기에 대륙 빙붕(氷棚)의 해체와 지구 둘레 오존층의 감소에 관한 중요한 여러 정보가 산출되었다.

그러나 남극 바다에서 수행되고 있는 현재 프로그램 중에는 대단히 논란의 소지가 있고 상당히 불신을 받을 만한 '연구' 사업도 있다. 일본 정부의 지원을 받고 일본 고래 산업이 관여하고 있는 연구 사업이 그것인데, 이는 남태평양 꼽추고래와 같이 멸종 위기에 처한 고래 종에 대한 국제사회의 포획 금지를 위반하고 있다. 2009년 전 세계의 맹비난을 무시하고 일본 포경선이 다시 이 사이비 연구 사업을 계속하기 위해 남극대륙으로 향했다. 주요 목적은 물리지 않는 일본인의 시장에 고래 고기를 공급하기 위한 것으로 보인다.

4장 태평양을 항해하다

: 수송, 항해, 해도 혁명

광대한 태평양을 항해하는 데 따르는 어려움을 극복한 수 세대의 선원들이 보여준 정말 놀라운 기술과 위업은 선박 디자인과 건조, 필요한 식량 공급과 물류지원, 항해 보조 장비와 해도 작성 부문에서의 일련의 혁명적 발전이 있었기에 가능했다. 이들 혁신은 유럽인의 대양 항해 이전부터 시작되었으며 현재 항공을 이용한 여행과 위성 내비게이션의 시기까지도 계속 발전되고 있다. 이들 모든 혁명적 발전이 특별히 태평양의 수송 역사에만 관련되어 있는 것은 아니지만, 얼마간은 참으로 태평양에서 발전했으며 이 수반구의 정복을 촉진시켰다. 어떤 다른 해양 환경에서 보다 태평양에서는 어머 어마한 거리의 마찰을 극복하고, 아주 긴 항해를 안전하고 신속하게 마치고, 정해진 길 없는 바다를 가로질러 정확하고 안전하게 진로를 정하고 유지하며, 그리고 목숨과 재원 모두에서 비용을 최소화해야 할 필요성은 대단히 중요했다. 다른 말로 해서 태평양을 항해한다는 것은 이를 횡단하는 반복 항해가 안전하게 이루어질 수 있어야 하며 —항해에 적합한 즉 내항성이 있는 선박, 유능하고 기강이 있으며 건강한 승무원, 그리고 신뢰할 수 있고 정확한 항해 기술을 가지고— 그리하여 계획된 귀항 항해는 물리적으로 가능할 뿐만 아니라 명백히 배에 탑승한 승무원과 선원들 자신들의 능력으로 완수되어야 함을 의미한다. 이러한 측면이 바로 이 장에서 다룰 주제이자 대상이다.

태평양에서 광대한 거리를 넘어 성공적으로 항해를 완수했던 배에는ㅡ그리하여 '내항성이 있다'고 간주되는 배ㅡ 노로 젓는 보트, 발사나무 뗏목(바운티호의 론치와 콘-티기(*Kon Tiki*) 뗏목과 같은), 멜라네시아의 드루아, 미크로네시아의 아웃리거와 폴리네시아의 쌍동선(船), 유럽의 캐러벨, 갈레온, 스쿠너, 바크형 범선, 프리깃과 기타 범선들(크기나 선체 디자인이라기보다는 범장양식으로 선급이 결정된다), 그리고 근대 강철 선체에 추진기로 움직이는 상선과 전함 등 다양하고 광범위한 선박들이 포함된다. 지금 시대에는 거대한 벌크 광석 운반선, 석유, 가스, 휘발유를 싣고 다니는 대형 선박인 탱커, 컨테이너선, 항공모함, 잠수함이 태평양을 항해하고 있다. 태평양 항해 역사에서 주목할 만한 역할을 했던 개별 선박의 종류는 이들이 특정한 역할을 했던 시기와 지역이라는 맥락에서 논의될 것이다. 선박 건조 방식과 디자인이라는 몇 가지 측면은 이 지역의 환경과 상황에 기원을 두고 있지만 꼭 태평양에서만 발견할 수 있는 바는 아니었다.

예를 들어 브로마 배좀벌레와 같이 따뜻한 열대 바다에 살며 배에 구멍을 내는 해양 유기체는 긴 태평양 항해에 심각한 장애물이었다. 이들 촌곤충류는 오크와 다른 단단한 견목으로 만든 선체조차도 벌집으로 만드는 능력이 탁월해 돌이킬 수 없는 사태를 야기하는 누출과 구조적 결함을 초래했다. 선체를 보호하는 기술이 출현하기까지 이들의 끈질긴 공격으로 셀 수도 없이 많은 배가 피해를 입었다. 예를 들어 3장에서 논의했던 바처럼, 잉카 제국을 점령하기 위해 소함대를 남쪽으로 몰아 페루로 항해하고자 했던 발보아의 첫 시도는 배좀벌레의 습격으로 인해 좌절되었다. 그가 파나마로 되돌아가지 않으면 모든 배를 잃어버릴 위기에 처했기 때문이었다. 초기의 선체 보호 기술은 나무로 된 선체의 바깥 면을 타르나 피치로 한차례 코팅한 후, 가느다란 나무 막대기인 윗가지로 대서 보호막을 만들고 다시 타르와 오컴으로(삼밧줄을 푼) 틈을 메우고, 마지막으로 유황과 테레빈유와 혼합한 생선기름으로 두껍게 다시 코팅하는 것이었다. 이 기술은 나무를 갉아먹는 좀조개나 브로마 배좀벌레는 물론 선체를 온통 덮어버려 배의 속도를 늦추게 하는 따개비류를 억제시키는 데에도 유용했다. 이렇게 배에 보호막을 두름으로써 수리하고, 다시 배에 생긴 구멍이나 틈을 메우고, 따개비로 뒤덮인 선처를 긁어내기 위해 배를 해변으로 가져가 '나뒹굴게 할' 필요성이 크게 줄었다. 그리하여 항해 시간은 단축되고 태평양을 항해하는 선박의 수명도 늘어났기 때문에 선체에 물이 들어오지 않고도 수년간의 항해를 마치고 돌아올 수 있는 가능성이 높아졌다. 제임스 쿡의 항해 시에는 얇은 동판으로 만든 보다 효과적인 보호막으로 전체 목재 선체를 보호할 수 있었으나 이에는 비용이 매우 많이 들었다.

'거리의 마찰' 극복하기

장거리 해로 수송은 언제나 비용이 많이 들고 위험했다. 긴 항해의 위험과 비용을 줄이는 문제는 수백 년 동안 선박 소유주와 상인들의 뇌리를 떠나지 않았다. 위험은 선박의 구조적 견실도와 내항성뿐만 아니라 승무원의 숙련도, 규율, 건강 그리고 변질성 화물과 식량의 보관 및 취급과도 관련되어 있었다. 최상의 선박도 경험이 적거나 아프거나 제멋대로인 승무원과 무능한 고급 선원 또는 불충분한 식량과 제대로 실리지 않은 화물 때문에 위험에 빠질 수 있었다. 일반적으로 항해 시간이 길어질수록 선박과 화물을 잃을 위험성은 더 커지며, 그리하여 항해 시간을 짧게 하고 '거리의 마찰'(friction of distance)을 줄일 필요성은 더욱 커진다.

상업 선적의 발전

비용과 시간이라는 요소는 특정 상품이나 생산지가 세계 시장에서 경쟁력이 있느냐의 여부를 결정하기 때문에 상업 선적에서는 특히 중요했다. 예를 들어 남태평양에서 초기에는 양모, 목재, 가죽, 수지와 같이 내구성이 있고 잘 부패되지 않는 상품만이 시간과 비용이라는 측면에서 '거리의 마찰'을 상쇄할 수 있었기 때문에 이들 상품만이 유럽 시장으로 선적될 수 있었다. 항해의 시대에 시드니나 오클랜드에서 리버풀이나 런던까지의 항해를 완주하는 데에는 통상 수개월이 걸렸는데, 이는 부패하고 상하기 쉬운 많은 상품 종류에는 너무나 오랜 시간이었다.

19세기 말 선박 설계와 부패하기 쉬운 상품의 저장과 관련해 중요한 혁신이 이루어졌으며, 이는 광대한 태평양의 경제를 다양하게 만들었다. 이들 혁신 중에는 빠르고 다목적성의 태평양 스쿠너도 포함되었다. 이는 종범(縱帆)장치를 가진 네덜란드의 도선(導船)을 개량한 것으로 소수의 선원으로 조작이 가능하며 섬 간 수송에 아주 적합했다. 태평양에서의 상황에 아주 적합한 두 번째 혁신은 일종의 쾌속범선인 클리퍼였다. 이는 봉쇄를 뚫고 달리는 미국의 볼티모어 클리퍼를 개조한 것으로, 태평양의 양모, 차, 밀을 비롯한 여러 상품을 유럽으로 수송하는 데에 항해 시간을 단축할 수 있도록 건조되었다. 커티삭호(*Cutty Sark*)와(사진 14) 테르모필레호(*Thermopylae*)와 같은 이들 클리퍼 중의 몇은 이제까지 건조된 가장 빠른 상업 범선으로 여전히 명성이 높다. 그러나 이들 길고 유선형의 선체를 가진 선박은 또 다른 혁신, 즉 증기 예인선을 필요로 했다. 이들 선박을 부두에 대려면 증기 예인선의 도움을 받지 않고서는 불가능했을 것이다. 증기 예인선은 20세기 중반까지도 효율적이고 신속한 수송에는 없어서는 안 될 중요한 보조수단이었다.

석탄 저장고 시설이 태평양 주위와 수에즈, 혼 곶, 파나마를 통과하는 해운 루트에 들어서자 증기선을 이용한 상업 선적이 일반화되었다. 느린 증기선마저도 클리퍼보다 빠르게 대양을 항해함에 따라 후자는 더 이상 쓸모가 없게 되었다. 증기선의 전기 출력장치는 냉동하거나 냉장한 소고기, 양고기, 유제품과 같은 부패하기 쉬운 상품을 태평양에서 유럽 시장으로 가져갈 수 있도록 한 또 다른 혁신인 냉장 화물을 가능하게 했다. 2차 세계대전 시기 미국이 선도한 포드식의 표준화된 대량 생산 기술이 선박 건조에 적용되면서 상업 선적은 혁명적인 발전을 이루었다. 이로 인해 전후 일본과 한국에 있는 태평양의 조선소들은 노동 비교우위를 활용해 대량으로 선박을 건조했다.

해운 부문에서의 혁신은 대양의 환경과 그 도전에 성공적으로 대처하기 위한 전통적이고 과학적인 지식과 함께 시너지 효과를 낸다. 이러한 지식과 인간의 기량 그리고 항해 혁신의 결합을 우리는 '항해술'(seamanship)이라고 부른다. 항해술에 대한 몇 가지 역사적 사례를 통해 여기에서는 초기 태평양 선원과 근대의 항해사가 이용했던 기술, 이들이 가지고 있었던 열정과 지식 그리고 선박 설계, 항해 기법, 식량 공급, 수반구에서의 성공적인 여정에서 만들어졌던 해도에 대한 이해를 높이고자 한다.

폴리네시아인들의 항해술

폴리네시아인은 의심할 여지없이 세상이 이제까지 알고 있었던 최고의 선원이었다. 이들의 '조국'은—실제로는 전체 대양 세계— 소위 폴리네시아 삼각지대이다. 이 삼각지대의 '꼭짓점'은 아오테아로아(뉴질랜드), 하와이, 그리고 라파누이(이스터 섬)이며, 이 '변'의 길이는 거의 9000km에 달한다(지도 3 참조). 너무나 훌륭한 폴리네시아인의 항해술에 대한 감탄은 이들의 기발한 선박 설계, 바람과 조류의 계절적 양상에 대한 지식, 항성 항법, 그리고 긴 항해 동안 특히 동부 태평양 끝으로의 장기간의 항해 동안 괴혈병에 걸리지 않도록 배에 식량 공급을 하는 방법을 알고 이 모든 지식과 지혜를 결합시키는 방식을 이해하게 되면 더욱 더 배가된다.

1500년 이전에도 폴리네시아인은 역사 시대의 폴리네시아인의 쌍동선이나 아웃리거와 비슷한 배로 항해했다고 알려져 있다. 이들의 동쪽으로의 항해는 서쪽으로 부는 우세한 무역풍을 거슬러 일어났을 것이며, 이들 항해는 전면과 후면 모두가 뱃머리가 될 수 있도록 설계된 선박으로도—폴리네시아의 쌍동선이 통상 그렇듯이— 배의 돛이 바람을 받아서 나아가는 태킹이나 바람을 거스르는 리버싱을 자주 반복하면서 진행되는 느리고 어렵고 지루한 여정이었을 것이다. 지상 거리로 1해리에 해당하는 만큼을 바다에서 전진하기 위해서 더군다나 배가 우세한 무역풍을 거스르며 나아가기 위해서는 힘겹게 수차례 돛과 삭구의 범장을 바꾸면서 그리고 바람 방향에 따라 침로를 자주 수정하면서 4해리가 넘는 거리를 항해해야 했을 것이다.

환경 조건을 '읽어내는' 기술은 폴리네시아 선원에게 배의 디자인에 구현되어 있는 놀라운 이들의 재간만큼이나 중요했을 것이다. 태평양에서 수세기 동안 항해하면서 폴리네시아인은 '정상적인' 바람과 조류의 계절적 패턴을 잘 이해하고 있었다. 이들은 무역풍이 잦아들고 몬순 편서풍으로 대체되는 때 남반구의 늦은 여름에 잠시 역전 현상이 발생한다는 사실도 알고 있었다. 이들은 이 '절호의 기회'를 이용해 빠르게 동쪽으로 항해했을 것이다. 경험과 전통적인 지식을 바탕으로 이들 항해자는 3년에서 5년마다 일어나는 보다 장기간에 걸쳐 바람이 반전하는 현상도 파악했을 것으로 보인다. '정상적인' 양상과는 다른 이들 정기적인 반전, 즉 엘니뇨 현상은 12월을 전후하여 수주 혹은 수개월 동안 계속되었다. 바로 이때를 틈타 폴리네시아 항해자는 동쪽으로 수백 혹은 수천 ㎞까지도 쉬이 항해할 수 있었을 것으로 보인다. 태평양을 항해해 보면 섬 무리들 간의 평균 거리는 멀리 동쪽으로 갈수록 증가한다. 때문에 폴리네시아인이 통가 주위의 폴리네시아 '중심지'에서 동부 태평양에서 처음으로 정착한 제도인 마르케사스 제도까지 항해하려면 이례적으로 긴 엘니뇨 현상이 필요했을 것이다. 사실, 특히 도자기의 형태와 같은 고고학적 증거는 마르케사스인은 원래 피지 혹은 3500㎞가 넘는 통가에서 왔음을 시사하고 있다. 편서풍 기간이 이러한 여정을 마무리할 정도로 충분히 길지 못할 경우 폴리네시아 항해자는 편서풍이 멈추고 동쪽으로 향하는 무역풍이 다시 불어올 때 신속하게 쌍동선을 되돌려 아마도 대부분 왔던 곳으로 되돌아갔을 것이다. 마르케사스 제도에서 동쪽으로 3000㎞가 넘게 떨어져 있는 라파누이에 도달하려면 엘니뇨 현상이 상당 기간 지속될 필요가 있었다.

폴리네시아 항해자들이 아메리카의 중부 혹은 남부에 왔다가 고향으로 다시 돌아갔을 가능성은 농후하다. 왜냐하면 앞서 언급했듯이 유럽인이 처음 접촉했던 시기에 고구마와 같은 아메리카 작물이 여러 폴리네시아 제도의 밭에 흔히 널려 있었기 때문이다. 마오리인은 당시 최소한 70여 종의 고구마 품종을 발전시켰다. 폴리네시아인은 감자보다도 괴혈병 예방에 상당히 뛰어난 얌과 같은 다른 뿌리채소를 긴 대양 항해 시에 싣고 다녔으며, 이로 인해 괴혈병으로 쓰러지지 않았다. 닭, 코코넛, 플랜틴과 같은 아시아와 인도네시아의 식용작물은 폴리네시아에서도 일반적이었다. 아메리카의 태평양 연안 지역에 도착한 발보아도 그곳에서 이들 작물을 목격했다. 폴리네시아인처럼 훌륭한 대양 항해술을 가지고 있지 않았던 아메리카원주민이 태평양 섬들과 교역을 주도하면서 이러한 산물을 들여왔다고는 보이지 않는다. 더욱이 아메리카원주민이 무역을 위해 서쪽으로 항해했다거나 혹은 대륙의 아시아인이 폴리네시아 문화 지역을 우회해 아메리카의 사람들과 직접 교역했음을 보여주는 설득력 있는 유전학이나 언어학 증거는 없다.

폴리네시아 쌍동선의 우수성

유럽인이 도래하기 수백 년 전 폴리네시아 항해자들이 광대한 대양을 건너는 장대한 항해 여정에 이용한 배는 크고 잘 건조된 범선이었을 것이지만, 이들은 썩기 쉬운 자재로 건조되었기에 고고학적 연구를 통해서 신뢰할 만한 일반화를 시도해

볼 정도로 잘 보존된 사례를 찾아낼 수 없다. 그럼에도 불구하고 폴리네시아인의 대양 항해 범선에 대한 설명과 그림 등은—그리고 후에는 사진까지도— 유럽인이 접촉 초기에 남겨놓았던 문서에 기록되어 있으며, 이들 자료를 보면서 폴리네시아 범선의 성격, 성능, 특징에 대해 몇 가지 일반화를 시도할 수 있다. 이들의 항해 능력에 매료되었던 제임스 쿡은 타이티인의 쌍동선인 '프로에스'(proes)에 대해 다음과 같이 언급했다.

> 모두가 매우 좁게 건조되었으며 가장 큰 것도 길이가 60~70피트이다… 물에서 전복되는 것을 방지하기 위해 크던 작던 모든 배는 아웃리거라고 부르는 것을 가지고 있으며… 배의 균형을 잡고… 세일링 카누인 프로에스는 어떤 것은 하나 어떤 것은 두 개의 돛대를 가지고, 돛(sails)은… (Cook's Journal, July 1769, Grenfell Price 1971 : 39에서 인용).

더 나아가 쿡은 이들 배를 타고 타이타인은 먼 바다로 항해할 수 있는 능력을 틀림없이 가지고 있다고 적었다. 왜냐하면 그렇지 않고서는 '이들이 가지고 있는 듯이 보이는 이 바다에 있는 섬들에 대한 놀라운 지식을 얻을 수 없었을 것이기' 때문이다.

장거리 태평양 항해에서의 생존

폴리네시아인의 항해술

폴리네시아인 항해자들이 어떻게 수백 km의 길 없는 대양을 가로질러 장대한 항해를 했는지 그 광대한 태평양에 있는 작은 섬들의 정확한 위치를 어떻게 찾아냈는지는 오랫동안 유럽인들에게는 하나의 미스터리였다. 지난 50년간 구술 역사, 민족지학과 언어 연구, 이전 세대로부터 전통적인 기술을 배웠던 당대의 폴리네시아인 항해사들의 도움을 받아 과거 폴리네시아인이 사용했던 비슷한 배와 전통적인 항해술을 이용해 그 항해를 재현해 내는 노력 등에 힘입어 이 수수께끼가 풀렸다. 수천 년 동안 태평양 사람들은 심지어 아무런 도구에도 의존하지 않고 별들의 상대적인 위치와 움직임, 바람과 조류의 방향, 물에 떠있는 식물, 구름층에 비친 먼 육지 그림자, 그리고 각종 새와 해양 생물의 배열, 이동 양상, 행동 방식을 날카롭게 관찰하고 분석하면서 이 광대한 거리를 성공적으로 그리고 반복적으로 가로질렀음이 분명해졌다. 이렇게 항해 도구에 의존하지 않은 '자연' 항법 —오직 자연 현상을 관찰하고 해석하는 것에 바탕을 둔— 방식은 폴리네시아 항해자들에 의해 아마도 최고의 수준까지 올랐으며, 지금도 여전히 아무런 항해 도구의 도움 없이도 고도의 항해술과 지식을 가지고 있는 폴리네시아 항해자들이 있다.

폴리네시아 항해자의 성공 배경에 있는 본질적인 기술과 지식을 요약한다는 것은 항성 항법 기술의 개요를 서술하는 것을 의미하며 멀지 않은 곳에 땅이 있음을 나타내는 환경적인 단서를 '읽어내는' 방법을 이해하는 것을 뜻한다. 또한 폴리네시아인이 초보적인 '해도'를 항해의 보조물로 사용했다고 보았던 추정적인 주장에 대해서는 다시 고려해 볼 필요가 있다. 이런 주장은 19세기와 20세기에 로버트 루이스 스티븐슨을 비롯한 기민한 관찰자들이 미크로네시아에서 수집한 해도처럼 생긴 몇 가지 물건을 해석하면서 생겨났다.

19세기 말 키리바시 제도로(이전 길버트 제도) 항해했던 스티븐슨은 폴리네시아인의 전통적인 해도로 보이는 것을 얻었다고 기록했다. 이는 대나무 줄기로 만든 해류처럼 생긴 틀에 섬들의 위치를 나타내는 것처럼 보이는 조개들을 붙여 놓았다. 어떤 이들은 이를 미크로네시아에서 경험이 적은 항해자에게 어떻게 섬들이 굽이굽이에 있으며, 어떻게 바다 물결을 피하고 광대한 북태평양에서 작은 섬들의 위치를 찾는지를 알려주기 위해 사용된 훈련용 도표라고 해석했다(Lewis, 1977). 보다 최근 연구자들은 동시대 폴리네시아 선원들이 오직 별자리의 움직임에 대한 전통적인 지식에다가 환경적인 조건을 잘 관찰하여 이 둘을 결합시키는 방식으로 대양을 항해할 수 있었다고 본다. 이들은 지도나 해도 같이 어떤 종류의 인위적인 보조물을 휴대하지 않고도 해양의 광대한 거리를 가로질러 수세기 동안 항해해왔던 것으로 보인다. 분명히 이들은 경험이 더 많은 연장자로부터 성공적인 해양 항해를 위해 필요한 정보와 기술을 배웠으며 별의 움직임과 다른 물리적인 현상에 대한 거대한 지식을 암기했다. 어느 상황에서든 필요한 정보는 기억을 돕는 운문이나 노래를 불러 바로 상기해 냈다.

별의 길과 '자연' 항법

항법장치의 도움 없이 항해하기 위해 가장 중요한 현상은 방향을 알려주고 항해자에게 정확한 진로를 잡을 수 있도록 해 주는 북반구와 남반구에 있는 특정한 별과 별자리이었다. 항해자는 경험으로부터 특정한 별이나 별자리가 수평선상 기지점에서 특정한 순서로 떠오르고 밤하늘을 가로질러 어떻게 활모양을 그리면서 진행하는지를 알고 있었다. 항해에 이용된 별과 그 길은 태평양 각지에서 약간씩 다른 이름을 가지고 있다. 예를 들어 타이티에서 이들은 '아비에아'(avie'a), 통가에서는 '카비엔가'(kavienga), 솔로몬 제도에서는 '카벤가'(kavenga)라고 불렸다. 목적지에 달하기 위해 폴리네시아인은 그 목적지 섬의 위로 뜨고 지는 특정한 별과 별자리가 무엇인지를 알았으며 이를 보며 배를 몰았다. 북반구에서는 북극성, 적도 남쪽에서는 남십자성이 밤하늘에서 이렇듯 믿을 만한 안내자 역할을 했다. 폴리네시아인은 항해를 위해 별자리를 상당히 정교한 방식으로 이용했으며 해양 표면이 곡선으로 휘어져 있다는 사실을 알았음에도 불구하고, 지구의 구형적 특징, 혹은 위도나 경도의 개념, 천문학이나 지구 물리학적 과정에 대해 체계적이거나 과학적인 이해를 하고 있지는 않았던 것 같다. 예를 들어 이들의 신화에 따르면 하늘은 천체의 둥근 지붕이며, 그리하여 유럽인 탐험가를 '하늘 너머에서', 다른 말로 하면 자신들이 살고 있는 제도와 주변의 바다 위를 덮고 있는 반구형 지붕인 돔 너머에서 온 반신반인의 존재로 간주했다. 이들은 자신들이 사는 섬은 여러 신들이 낚시하면서 만들어 놓은 산물이라고 여겼으며, 이는 섬들의 이름에도 반영되어 있다. 예를 들어 뉴질랜드의 북도(北島)는 마우이의 물고기라는 뜻을 가진 떼 이카 마우이(*Te Ika a Maui*)라고 불렸는데, 이는 반신반인인 마우이가 대양 깊은 곳에서 끌어올린 거대한 바다 생물이 섬이 되었다는 이야기를 품고 있다(Lewis 1977 : ix). 하와이와 다른 곳의 화산은 펠레(Pele) 여신의 작품이라고 믿었다. 정교한 항해술은 폴리네시아인의 입장에서 본다면 반드시 과학적 연구의 산물일 필요는 없었다.

폴리네시아인의 항해와 식량공급

폴리네시아인이 이전에는 무인도였던 태평양의 섬들에 정착하고 살기에 안락한 장소로 만드는 데 성공하기 위해 신뢰할 수 있으며 내항성 있는 배와 믿을 만한 항해 기술만으로는 충분치 않았다. 새로운 땅에서의 삶을 위해 항해 이전에 세심하게 준비해야 할 것들이 많았다. 새로 발견한 육지에 이들이 좋아하는 식용작물이 풍부하게 있다는 보장이 없었기 때문에 이들은 식량을 가지고 갔으며 익숙하고 유용한 식물과 가축을 폴리네시아 삼각지대의 멀리 떨어진 제도에까지 확산시켰다. 새로운 정착지에 있던 현지의 식량원에 이들 폴리네시아인이 가져온 새로운 먹거리가 더해졌다.

생물고고학자와 고생물학자에 따르면 태평양 해양 섬들에 유일한 토착의 육상 포유류는 박쥐였다고 한다. 인간이 점유하기 전에 이 제도에 있었던 다른 육상동물은 갈라파고스 섬 거북과 같은 파충류였으며, 물론 해안에는 연안 지역과 주변의 바다에 모두 살았던 바다표범, 펭귄, 그리고 다른 생물들의 서식처가 있었다. 뉴질랜드 모아와 키위를 비롯한 새 종류들, 갈라파고스 가마우지, 로드 하우 섬 멧도요은 인간 이외의 포식 동물이 없었기에 날 필요가 없었으며 날지 못하게 되었다. 폴리네시아인은 카누에 동물 단백질의 근원이었던 채식하는 개, 쥐, 돼지를 싣고 새로운 이주지로 갔다. 이들은 또한 뉴기니에서 아시아의 닭, 사탕수수, 고구마를—앞에서 언급한 것처럼 유럽인과의 접촉 훨씬 이전에 알 수 없는 경로를 통해 중앙아메리카에서 들어왔던— 가져왔다.

초기 아마도 태평양 제도의 대부분 폴리네시아인 정착지들은 의도적이고 잘 계획된 이민 항해의 결과로 성립되었다고 보이지만, 최소한 몇 정착지들은 배가 원래 진로를 벗어나고 우연히 상륙하게 된 결과로 생겨났을 것이다. '운에 맡긴' 항해를 통해 폴리네시아인은 여러 태평양 섬들에 처음으로 정착하게 되거나 다른 이들의 정착지에 들어가 문화를 다양하게 만들기도 했다. 이렇게 우연히 발생한 폴리네시아인의 정착을 보여주는 예는 초기 유럽인 탐험가들의 일기에서도 심심치 않게 등장한다. 예를 들어 제임스 쿡이 세 번째 항해에서 주술사 오마이를 그의 고향으로 돌려보낼 때 그는 우연히 오마이의 고향인 후아히니 섬에서 와서 팔머스턴 그룹에 속하는 와우티에우 섬 거주민과 함께 살고 있는 4명의 폴리네시아인과 만났다. 쿡의 1777년 4월 3일 목요일 일기에는 오마이와 그의 고향 사람과의 만남을 다음과 같이 기록하고 있다.

오마이는 약 10년 전에 어타헤이티에서 우리에테아로 왔으나 거기에서 실종된 4명의 동포를 이 섬에서 만났다. 이들은 오랫동안 바다에서 있다가 이 섬의 해안으로 떠밀려왔다고 한다. 그들의 카누에는 모두 20명의 남녀가 타고 있었지만, 며칠 동안이나 먹지도 마시지도 못하는 험한 곤경을 겪으면서 5명만 살아남았다. 바다에서 표류하고 있던 어느 날 카누가 뒤집혔으며 이들 5명은 카누의 측면에 매달려 목숨 줄을 잡고 있었는데, 신의 가호로 이 섬사람들이 이들을 발견하고 카누를 보내 해안가로 데리고 왔다고 한다. 그곳 사람들은 모두 이들을 친절하게 대해 주었으며 지금의 상황에 아주 만족한다며 오마이가 함께 고향의 섬에 가자는 제안을 거절했다… 이런 정황은 이 바다에서, 특히 어떤 대륙에서 그리고 서로 멀리 떨어져 있지만 사람이 살고 있는 섬들이 처음에 어떻게 사람이 살게 되었는지를 아주 잘 설명해 주고 있다(Cook's *Journal*, Thursday 3 April 1777, Grenfell Price 1971 : 209에서 인용).

항해의 시대 유럽의 항해와 항해술

태평양에 최초로 갔던 유럽 범선들은 대부분 300톤 이하로 작았으며, 포르투갈인의 캐러벨 선처럼 세로돛 의장의 대형 삼각돛을 달거나, 가로돛 의장을 했다. 예를 들어 영국인의 바크형 범선이나 브리그는 배의 후미 쪽에 있는 돛대에 세로돛 의장을 하고 2~3개의 돛대에 가로돛 의장을 했으며, 이물에서 앞으로 튀어나온 기움 돛대인 제1사장(斜檣)과 중간 돛대에 돛을 더 달기도 했다. 전형적인 의장방식과 돛 배치 형태는 쿡의 인데버 바크호(*Endeavour Bark*) 모형을 통해 알 수 있다(사진 3 참조). 이들 초기의 소형 선박은 항해의 시대 태평양의 환경에는 적합하지 않았으나, 후에 특히 19세기에 이루어진 발전으로 앞에서 언급한 태평양 스쿠너와 클리퍼 선(船)처럼 태평양 횡단에 적합한 선급의 배들이 생산되었다. 이 시기 유럽인의 항해술에도 엄청난 발전이 있었다. 제임스 쿡 시대 이전 매우 부정확하고 신뢰할 수 없는 관행을 벗어나, 기술의 발전으로 인해 정확하게 항로를 정하고, 위도와 경도를 계산하고, 속도와 깊이 측정을 기록하고 정확하고 믿을 만한 해도를 만들 수 있게 되었다. 이러한 발전은 소수의 항해자, 천문학자, 계기 제작자, 지도 제작자들에게—주로는 영국과 프랑스 출신의— 힘입은 바 컸다.

프랑스와 영국의 해도 제작자들

미지의 남방대륙과 같은 신화에 대한 광범위한 믿음과 태평양에 대한 유럽인의 해도를 왜곡시켰던 조작된 정보를 별개로 하더라도, 아주 느슨한 지도 제작 기준과 정확한 해도를 만들어내기 위해서는 적절치 않은 계기들로 인해 18세기 중반까지도 항해는 몹시 힘든 고난의 여정이었다. 태평양에 대한 정확한 해도 작성, 태평양에 있는 땅과 자원에 ─합병과 식민화의 전제 조건인─ 대한 자세한 기록은 18세기 말과 19세기 초 프랑스인과 영국인 항해자들이 수행한 탐험 항해의 주요 목적이었다. 이러한 활동으로 자연 세계에 대한 인간의 체계적인 지식의 확장을 도모했던 과학적 연구가 시작되었다고 하지만, 실제 이러한 활동은 본질적으로 제국주의적인 이득을 위해서 이루어졌다. 간단히 말해, 정확한 해도는 상선과 군함이 전략적이고 상업적인 중요성을 가진 영토에 안전하게 그리고 반복해서 항해할 수 있도록 해 주었으며, 항해에 돈을 대거나 항해를 조직했던 이들이 새로운 육상 자원과 해양 자원을 발견하고 이를 수월하게 이용 내지는 착취할 수 있도록 했다. 과학적인 지식은 그 자체로 인간 지식의 지평을 넓혀 주는 가치 못지않게 실용적인 가치를 가지고 있기에 중시되었으며 발전했다.

프랑스인은 과학적인 지도 제작을 위해 발전된 기술과 계기를 사용하여 영국인과 앞을 다투어 태평양을 탐험했다. 그러나 이 면에서 프랑스인은 그다지 성공적이지 못했던 반면, 어떤 경우에는 행운이 따라주었고 유리한 여건도 작용하여 영국인은 이 과학적 탐험의 시기가 가져다준 과실을 대부분 거두어 들였다. 3장에서 논의한 바와 같이 프랑스인 항해자들이 항해했던 태평양 지역에 대한 해도를 정확하고 완전하게 작성하지 못했다는 사실이 실망스러운 프랑스인의 모험과 이보다 성공적이었던 영국인의 탐험 간에 있었던 가장 커다란 차이였다. 아마도 제임스 쿡보다 지도 제작사의 발전에 더 많이 기여한 유럽 탐험가들은 없었을 것이다.

항해자와 해도 제작자로서의 제임스 쿡

쿡은 그 누구보다도 18세기 말 유럽인의 중남 태평양 탐험의 목적을 크게 변화시켰다. 쿡 이후의 항해는 이제 더 이상 전설상의 대륙을 발견하여 합병하는 데에 목적을 두지 않았다. 이제 항해의 목적은 이전 탐험들로 이미 알려져 있던 섬 영역을 해도로 표시하고 식민화하고 이용하는 데에 그리고 경쟁자의 제국주의적 야심을 꺾고 선수를 치는 데에 있었다. 쿡의 탐험 항해는 빈틈없이 수행되었으며 그의 해도가 기록하고 있는 내용은 정확하고 믿을 만했다. 기록된 지 100년이 넘는 시점에도 태평양의 많은 영토에 대한 그의 해도는 여전히 이용할 수 있는 가장 정확한 해도라는 평가를 받았다. 게다가 그의 방법과 기술은 젊은 장교 후보생 교육에 활용되었으며 학생들은 이를 쉽게 익혔다. 쿡이 첫 번째 항해 시에 달각도법을 이용해 경도를 계산한 실험, 그리고 쿡의 두 번째와 세 번째 항해에서 존 해리슨이 고안하고 라컴 켄들이 만든 신뢰할 만한 크로노미터를 이용한 실험은 정확한 해도를 만들기 위한 방법으로 널리 채용되었다. 그리하여 이어서 영국이 태평양에서 소유권을 주장하는 데에 더할 나위없는 이점을 가지게 되는 데에 상당한 공헌을 했다. 쿡과 그의 천문학자인 그린은 마스켈린의 달각도법을 이용해 경도를 정확하게 측정하기 위해 수많은 시간 피나는 계산 작업을 했는데, 이 때문에 바로 금성의 태양면 통과를 관찰하기 위한 쿡의 첫 항해는 중요한 단계로 간주되었다. 경도를 측정하기 위해 크로노미터를 이용함으로서 —쿡은 두 번째와 세 번째 항해에서 이를 실험했다— 절차는 단순화되고 신뢰도는 증가했다.

쿡이 놀랄 정도로 정확하게 위도와 경도를 계산해 뉴질랜드 해안에 대한 해도를 작성한 것과 뉴홀란드 동부 연안으로 항해하면서 수차례 상륙하여 세밀하게 관찰하고 가능성이 무궁한 이 땅을 영국의 소유로 한 행위는 광범위한 영향을 가져왔다. 쿡은 자신이 뉴사우스웨일스라고 명명한 뉴홀란드 동부 연안의 환경은 영국인의 정착지로 안성맞춤이며 공식적으로 영국 국왕의 이름으로 소유권을 주장할 가치가 있다고 단언했다. 쿡은 또한 널찍한 선실도서관에 비치되어 있던 토레스의 일기 발췌문을 읽고 티모르와 바타비아로 가는 해협이 뉴기니의 남부에 있음을, 그리하여 뉴홀란드(뉴사우스웨일스) 대륙은 다른 대륙들과는 떨어져 있음을 알고 있었다. 이 해협의 입구에 있는 퍼제션 섬에서 쿡은 해군성의 명으로 수행된 발견과 병합의 임무를 완수했음을 알리는 신호를 보냈다. 연후에 그는 본국으로 가기 위해 네덜란드령 동인도를 거쳤는데, 불행히도 여기에서 괴혈병과 싸운 그의 노력에 힘입어 그때까지 건강을 지켜왔던 많은 선원들이 괴혈병으로 쓰러졌다. 그러나 쿡은 반디멘즈랜드가 오스트레일리아 본토와 떨어져 있다는 사실은 알지 못했다. 이 사실은 1799년 노퍽호(*Norfolk*)의 조지 매스와 매슈 플린더스의 탐험에 의해 밝혀졌다.

쿡 자신의 상당히 겸손한 평가에 의하면 그가 한 역사적인 공헌은 주로 두 가지 노력에서 비롯되었다. 하나는 아주 오랫동안 태평양을 항해해야 했던 선원들이 병에 걸리지 않도록 노력한 점이며, 둘은 연안과 해로를 정확하게 해도로 표시하기 위해 정확한 경도 계산 방법이 얼마나 중요한지를 보여준 점이다. 쿡은 '새로운' 땅을 실제 발견하고 이에 대해 영국의 주권을 주장한 업적보다도 이 두 가지 노력을 더욱 자랑스럽게 여겼던 것 같다. 쿡은 배에 승선할 건강하고 의욕 있는 선원이 없고서는 그리고 안전한 항로와 발견한 모든 영토의 정확한 위치를 표시하는 해도가 없고서는 대양을 아우를 수 없음을 잘 알고 있었다.

앞서 살펴보았듯이 쿡은 자신의 지리적인 공헌은 대부분 부정적인 발견이었다고 씁쓸하게 언급했다. 즉 그는 미지의 남방대륙이 신화이며, 북미의 태평양 연안을 허드슨 만 그리고 거기에서 유럽과 연결하는 북서항로는 없음을 증명했다. 다른 한편 쿡은 해도 제작자로서 뛰어난 면모를 보여주었으며 배 위에서 괴혈병과도 열심히 싸운 전사였다. 그의 노력의 결과 거대한 태평양과 다른 곳에서 신뢰할 만한 해도를 만들고 안전하게 항해하는 부문에서 장족의 발전이 있었다.

선상에서의 건강과 기율

이야기했다시피 태평양을 안전하게 항해하기 위해서 내항성 있는 범선과 정확한 항해술만 필요한 것은 아니었다. 유럽인의 초기 항해는 선원의 높은 사망률로 악명이 높았으며, 긴 태평양의 항해 도중에 아프고 여윈 생존자가 무사히 귀향할 수 있는 가능성은 낮았다. 질병, 사고 부상, 적대적인 현지인과의 대면 그리고 선상반란의 위협은 제임스 쿡과 같은 사령관으로 하여금 모든 항해의 성공이 달린 선원의 건강, 기율, 복지를 유지하고 관리하는 데에 신경을 쓰게 했다.

태평양 탐험의 이름 없는 영웅들, 선원

탐험에 대한 대부분의 역사 연구는 전설적인 명망을 가진 영웅적인 사령관이나 고급 선원의 성격, 지도 역량, 인내력, 능력과 기량에 많은 관심을 보인다. 탐험가의 배에 승선해 오래 고생하고 대부분은 이름 없는 선원에게는 관심이 거의 없다. 때로 이들은 거의 소년에 지나지 않았고 대부분은 사회의 최하층 출신으로 많은 이들이 고아이거나 영국, 프랑스 혹은 다른 유럽의 거리나 농장에 버려진 원치 않은 아이들이었다. 이들의 선원으로서의 '경력'은 배에서 일하면서 좋은 인상을 준 사환이나 고급 선원의 하인으로부터 시작되는 경우가 많았다. 대부분 선원들은 노예이거나 기간계약노동자 혹은 순회하는 강제 징집대에 납치되어 인권에는 아랑곳하지 않고 인정사정없이 끌려와 배에 승선하게 된 이들이었다. 해양 혹은 어촌 문화에서 자랐으며 가족의 연장자로부터 배를 부리는 기술을 배우고 때로는 성년이 되기도 전에 배를 몰 수 있었던 이들이 선원이 된 경우도 있었다. 지중해와 대서양 해양 문화에 속하는 곳에서 페니키아인, 바이킹인, 오크니인, 바스크인이 유능한 선원이었다면 태평양 해양문화에서는 부기인, 말레이인, 바다 다약인, 폴리네시아인이 주목할 만한 뛰어난 선원이었다.

문화적 기원에 상관없이 배의 선원은 배 디자인, 범장 유형, 항해 기간, 예상 위험, 체력, 기술과 신뢰성, 고난을 견디는 능력과 관련된 요인에 따라 구성되었다. 선박이 점차 더 장기의 항해를 해야 하는 경우가 많았지만 가능한 식량 공급과 저장 용량은 불가피하게 제한적이었다. 이러한 상황에서 승선하는 선원의 숫자를 줄일 수밖에 없었으며 배 의장, 돛 디자인, 닻을 올리는 장법은 소수의 숙련된 선원이 처리할 수 있도록 변했다. 한 사람이나 혹은 몇 사람이 다룰 수 있는 단순한 대형 삼각돛, 더 작은 돛 천, 밧줄 도르래 장치, 닻을 올리기 위한 캡스턴, 크고 볼품없는 스위프나 키의 손잡이 대신에 조향 핸들, 그리고 선원의 에너지를 아끼기 위한 1일 2-3 '보초대' 조직, 이 모든 혁신은 탐험가가 배와 선원을 지구의 끝에서 목적지로 안전하게 귀환시키는 데에 도움을 주었다. 많은 선원이 '새파랗고' —숙련되지 못하거나 경험이 없는— 의지에 반하여 배에 올랐기 때문에 얼마간의 숙련되고 의지가 있으며 경험이 있는 '유능한 선원'이 모든 배에 —때로는 모두 합해도 30명이 안 되는 선원을 태운— 필수적인 요원이었다.

그럼에도 불구하고 선원은 통상 매우 엄격한 규율 엄수를 강요받았으며, 때로는 지휘관과 이하 상급 선원의 사디스트적인 학대를 받기도 했다. 배에서 민주주의의 여지는 없었다. 지휘관과 일반 선원 사이에는 엄격한 계급 체계가 작동하고 있었으며, 아주 사소한 위반조차도 심각한 채찍질을 불러올 수 있었다. 이런 매질은 피해자에게 무한한 고통을 가하지만 장기간 배에서 일을 시키지 못할 정도까지는 아닌 수준에서 이루어졌다. 쿡, 월리스, 밴쿠버와 같은 선장은 아무 거리낌 없이 채찍질을 가했으며, 어떤 경우에는 한 항해 동안 절반이 넘는 선원이 매질을 당했다(Dening 1992 : 114). 물론 반란은 선원이 저지를 수 있는 최대 최후의 공격 수단이었으며, 대부분 해군함과 상선에서 반란을 시도했거나 혹은 심지어 조언한 경우에도 통상적인 처벌 수위는 즉결 처형이었다. 바운티호의 반란과 같이 태평양에서 일어난 무법과 반란의 예는 5장에서 자세하게 논의된다.

탐험의 시대 특히 태평양을 항해하던 선상에서 질병률과 사망률은 매우 높았으며, 선상에서의 사고로 신체를 손상당하는 경우도 많이 발생했다. 팔다리와 눈을 잃어버리거나 이가 부러지는 사고를 비롯한 많은 부상들이 아주 흔했기 때문에 일반인에게 선원은 나무 의족을 달고 눈에 안대를 하고 얼굴은 상처투성이인 데다가 갈고리 손을 가지고 있는 해적으로 희화되었을 정도였다. 선상에서는 또한 무지, 미신, 소아성애와 같은 성적 일탈, 성병이 만연했다. 미신에는 항해 전에 나쁜 징조에 대한 믿음이 포함되어 있었다. 예를 들어 하늘에 혜성이 나타나거나 항구에 정박 중인 배에서 쥐가 밖으로 나가는 것과 같은 현상은 배가 바다에서 좌초될 것을 미리 알려주는 징조라고 여겨졌다. 후자의 경우 동물은 본능적인 감각으로 닥쳐올 재난과 같은 배의 운명을 미리 예감한다고 믿었다. 3장에서 언급한 바와 같이 알렉산더 셀커크는 배가 곧 좌초될 것이라는 강한 예감에 사로잡혀, 디포의『로빈슨 크루소』(Robinson Crusoe) 이야기를 낳게 한 후안페르난데스 제도에 있는 한 섬에 내려달라고 고집스럽게 요구했던 것이다.

해양 탐험과 교역에 관한 역사를 보면 바다에서 목숨을 잃어버리는 경우는 언제나 있었지만 항해의 시대 후반만큼 많은 생명이 위험에 처했던 적은 없었다. 예를 들어 1873~80년에 해양국가인 영국이 항해 중 사고로 인해 잃은 인명은 10,827명에 달했다. 인명피해가 더욱 컸을 것으로 예상할 수 있는 전시가 아니라 비교적 평화로웠던 시기에 이 정도였다. 선상 생활은 너무나 가혹하고 위험했으며, 선원의 급여는 너무 적었으며, 집과 가족과 떨어져 한 번에 수년 걸리는 장기간 대양 항해를 해야 했기에 선원을 모집하기도 상당히 어려웠다. 선주의 대리인들은 거짓과 술수를 쓰기도 하고 앞에서 언급한 바와 같이 강제로 납치하기도 했다. 강제 징집대가 항구 도시에 있는 선술집을 들락거리며 술에 취한 사람과 아무것도 모르는 선원의 맥주잔에 '왕의 동전'(king's coin)을 넣어놓고 이미 왕한테 선불을 받았기에 목숨을 내놓지 않고서는 면할 수 없다고 위협하며 이들을 배 위로 끌고 갔다.

유럽 배에서의 식량과 건강

선원은 한 번에 수년 동안 고향을 떠나 바다를 항해하는 기간 내내 살아남기 위해 건강을 지켜야 할 필요가 있었다. 그러기 위해 이상적으로 선원은 건강을 지킬 수 있는 적절한 음식을 적당량 섭취할 수 있어야 했다. 그러나 실제로는 그렇지 못했다. 위생 시설도 대부분 배에서는 형편이 없었다. 마젤란, 드레이크, 앤슨 등과 같이 초기 유럽인들의 태평양 항해는 태평양을 탐험하고 태평양이 가지고 있는 풍요로움을 이용하기 위한 자료를 축적하기 위해 불가피하게 장기간 해양을 항해해야 했다. 이는 선원의 건강을 심각한 위험에 빠뜨렸다. 예를 들어 앞에서 언급했듯이 출항 당시 마젤란의 5척의 배와 241명의 선원 중에서 오직 1척만이 겨우 18명의 생존 선원을 태우고 스페인으로 돌아올 수 있었다. 마젤란은 몇 명의 선원을 폭풍 속에서 그리고 적대적인 섬사람들의 공격으로 잃어버렸지만, 대부분은 비타민C 결핍으로 생기는 질병인 괴혈병으로 죽었다. 결국 선원의 사망은 오랜 바다 항해 동안에 보관하고 저장하기 어려웠던 신선한 과일과 채소가 부족했던 식단에서 비롯되었다.

괴혈병 : 태평양 항해의 골칫거리

처음 유럽인이 태평양에서 소유지를 얻으려고 노력했던 시기 괴혈병은 큰 문젯거리였다. 마젤란의 항해도 괴혈병으로 인해 높은 사망률을 기록했다는 면에서 예외는 아니었으며, 이는 19세기까지도 태평양 선원의 삶을 앗아가는 주범이었다. 예를 들어 1740~41년 세계 일주를 하는 동안 해군 준장 조지 앤슨의 선단은 원래 정원 1961명 중에서 626명을 제외한 모든 이를 괴혈병으로 잃었으며, 생존자들 중에서도 소수만이 돛과 닻을 내리고 올릴 수 있는 상태였다(Grenfell Price 1971 : 7).

태평양 항해에서 괴혈병이 가져온 비극적인 결과를 사라지게 만든 노력 중에서 처음으로 성공했다고 언급되는 시도를 한 이는 제임스 쿡이다. 그는 분명히 선상에서 이 질병을 퇴치하려고 항상 경계를 게을리 하지 않았으며, 스스로의 평가에 의하면 그는 이 부분에서 상당한 성공을 거두었다. 1769년 4월 13일 일기에서 쿡은 자신의 배에서 이 질병을 없앤 노력에 만족감을 드러내고 있다.

> 이번에 우리의 환자 명단에는 아주 소수만 들어있으며 이들의 불만도 크지 않다. 승무원들은 자우어크라우트, 간편 수프와 몰트 덕분에 일반적으로 매우 건강했다. 전자의 두 음식은 모든 이에게 주었는데, 하나는 육식일에 다른 하나는 채식일에 주었으며, 몰트로 맥아즙을 만들어 의사의 재량으로 괴혈병 증상이 조금이라도 있는 모든 사람들에게 주었다. 이러한 방법과 의사 몬크하우스의 주의와 경계에 힘입어 이 질병이 배에 발을 들여놓을 수 없게 되었다(Cook's Journal, 13, April 1769, Grenfell Price 1971 : 24-5에서 인용).

또한 쿡은 선원에게 심리학을 이용했다고 (성공한 것이 명백한) 쓰고 있다. 이 영리한 방법으로 쿡은 선원들이 자신이 항괴혈병제로 처방한 아주 매스꺼운 혼합물을 마시도록 유도했다.

> 처음에 사람들은 자우어크라우트를 마시려고 하지 않았다. 나는 선원들에게 통하지 않으리라고는 단 한 번도 생각해 보지 않은 방법을 썼다. 이는 일정 양의 자우어크라우트를 선실 탁자에 매일 올려놓고 예외 없이 모든 상급 선원들로 하여금 마시도록 했으며, 선원들에게는 얼마를 마시던지 혹은 전혀 먹지 않든지 각자의 선택에 맡겼다. 일주일이 넘지 않아 나는 승선하고 있는 모든 사람들에게 일정량을 할당해야 할 필요성을 느꼈다. 선원들의 기질과 성격상 일반적으로 통상의 방식을 벗어나 무언가를 주면 자신들에게 아주 좋은 것임에도 불구하고 이를 삼키려 하지 않으며 처음 이를 만들어낸 사람에 대해 불평불만을 하면서 잡음만 만들어낼 뿐이다. 그러나 선원들이 자신의 상관들이 이를 중히 여기는 것을 본 순간 이들에게 이는 세계에서 가장 좋은 것이 되며 이를 만들어낸 이는 정직한 사람이 된다(Cook's Journal, 13, April 1769, Grenfell Price 1971 : 25에서 인용).

괴혈병을 퇴치하기 위한 자신의 노력을 꽤나 성공적인 것으로 평가함으로서 쿡은 선상에서 발생한 몇 차례의 괴혈병을 과소평가했다. 예를 들어 금성의 태양면 통과 관찰 실험에서 경도를 산출하는 중요한 작업에서 쿡을 도왔던 천문학자-수학자 조지프 그린과, 마오리인은 물론 다른 폴리네시아인들과 대화를 나눌 수 있도록 쿡에게 귀한 도움을 주었던 타이티인 샤먼 투파이아 둘 다 괴혈병이 상당히 진행되었음을 암시하는 증상을 보이며 바타비아에 당도한 직후 사망했다. 조지프 뱅크스도 항해 도중에 비슷한 지점에서 괴혈병 증상을 보였지만(잇몸 출혈과 궤양) 개인적으로 공수한 감귤류 주스를—의사 친구인 나다니엘 흄의 제안으로 인데버호(*Endeavour*)에 실었던— 마시고 무사할 수 있었다.

영국 배에서 괴혈병을 사라지게 만든 사람이 쿡이라고 믿는다면, 그가 만든 항괴혈병제 혼합물은 효과가 없었다는 사실과 훨씬 이전에 수많은 그리고 논란의 여지가 있지만 다른 배의 선장과 의료 장교들이 수행했던 더 성공적인 노력을 무시하게 될 것이다. 예를 들어 1593년 리처드 호킨스 경과 1605년 제임스 랭커스터는 모두 선원들에게 발생한 괴혈병을 치료하기 위해 감귤류 주스나 신선한 과일을 이용했다. 1617년 제임스 우달은 그의 저서 『의사의 친구』(*Surgeon's Mate*)에서 레몬 즙을 이용해 괴혈병을 치료하라고 강력하게 권고했다. 앤슨의 함대가 1741년 태평양에서 떼죽음을 당한 채 돌아온 후, 센추리언호(*Centurion*)의 리처드 월터는 괴혈병에 시달리고 있던 앤슨의 선원들에게 신선한 과일을 먹게 한 결과를 다음과 같이 적고 있다. '그 맛 자체로도 이들은 생기를 되찾았으며, 가장 육감적인 호사에 감동하며 과일 주스를 삼켰다.'(Baker 2002 : 198에서 인용). 6년 뒤 영국 해군 의사인 제임스 린드는 영국 군함 솔즈베리호(HMS *Salisbury*)에 승선했던 경험을 바탕으로 오렌지와 레몬이 괴혈병 치료제임을 확실하게 보여주었다. 잇몸이 썩어 들어가고 이빨이 빠지고, 이미 아물었던 상처가 다시 터지고, 결국에는 몸의 중요 장기를 무너뜨리는 괴혈병의 충격적인 증상이 레몬, 라임, 오렌지의 즙과 같은 항괴혈병제의 투여로 순식간에 호전되었다.

사무엘 월리스와 휴 팰리저와 같은 쿡의 동시대인들도 성공적인 항괴혈병 치료제를 실험했으며, 선원들의 스트레스와 피로를 줄이는 방안을 모색해(삼 교대제를 만들어 장기 항해를 하는 선원들에게 더 많은 휴식 시간을 줌으로써) 비타민C가 몸에서 고갈되는 속도를 늦추었다. 이렇듯 많은 성공적인 증거가 널리 퍼져 있었음에도 불구하고 쿡의 항해 시절 영국 해군성이 이들 앞선 시기의 관행을 무시했다는 사실은 주목할 만하다. 계급이 지배하는 당시 영국 사회에서 표면상으로 충분히 지위가 높다고 볼 수 없는 이들에게서 나온 정보를 무시하고 신뢰하지 않았기 때문이었다.

인데버호(Endeavour)에서의 소위 항괴혈병제가 효과가 있었느냐의 여부는 단독으로 시음되었다기보다는 다를 것들과 함께 복용되었기 때문에 답하기 간단하지 않다. 치료 효과가 있는 물질을 치료 효과가 없는 물질과 분리하기가 어렵기 때문이다. 차후에 이루어진 연구에 따르면 쿡의 치료제에는―자우어크라우트, 간편 수프, 농축한 맥아즙 혹은 맥주― 비타민 C가 들어있지 않았으며 소량 있었다고 해도 조리하거나 끓이는 동안 열로 파괴되었다. 다른 한편, 쿡은 해안에 발을 디딜 때마다 신선한 식재료를 얻으려고 노력했으며 야생 파슬리나 괴혈병 풀을 가져다 충분히 활용했기에 인데버호(Endeavour)와 레절루션호(Resolution) 선상에서 괴혈병을 어느 정도 방지할 수 있었다. 사실 식물학에 조예가 깊었던 조지프 뱅크스는 인데버호가 1769년 초 티에라델푸에고에 정박했을 때에 야생 셀러리를 (혹은 나사말, Apium antarticum), 괴혈병 풀(Cardamine antiscorbutica), 타로토란(arum esculentum) 그리고 뉴홀란드(오스트레일리아) 북동연안에서 버디킨 자두를 채집해 쿡을 도왔다.

영국 해군은 1794년이 되어서야 공식적으로 선원을 위한 항괴혈제로 레몬과 라임 주스를 사용하도록 권했다. 그 후 미국 해군을 비롯해 경쟁국의 해군이 영국 해군을 경멸적인 용어로 종종 '라이미'(limely)라고 불렀다. 이들도 뒤늦게 비슷한 방식으로 괴혈병에 대한 조치를 취했다. 괴혈병은 다른 나라의 해군과 상선도 모두 괴롭혔다. 예를 들어 1775년 후안 보데가가 지휘하는 스페인 수크너가 바다사자 만 근처 북서 연안을 탐험하고 있었을 때 그 선원들이 괴혈병에 심각하게 시달리게 되자 보데가는 항괴혈병 효과가 있는 식물을 바로 발견하지 못하면 남으로의 항해에서 아무도 살아남지 못할 것을 몹시 우려했다. 그는 이 만에 상륙했으며, 여기에서 선원들이 앓고 있는 꽤 진전된 괴혈병 치료에 몹시도 긴요한 가문비나무 술의 재료를 얻을 수 있을 것이라 기대하며 이 만을 치료약의 항구를 의미하는 푸에르토 드 로스 레메디오스라고 명명했다.

항법 보조 기기의 발전

쿡 이전 : 위도와 경도 측정기

제임스 쿡이 해도를 정확하게 표시하는 데에 계기 장비의 발전이 얼마나 커다란 중요성을 가지고 있었는지를 이해하기 위해서는, 쿡이 이룬 놀랄 만한 공헌에 선구자적 역할을 했던 쿡 이전 시기 항해 방법을 일괄해 볼 필요가 있다. 고대부터 태평양 해역과 주변지역의 사람들은 태평양을 항해하기 위한 기술을 발전시켰다. 배가 육지를 보지 않고도 한 번에 수주 혹은 수개월을 항해해야 하는 태평양에서 특정한 목적지에 있는 육지를 찾아 항해할 수 있는 항해 기술과 지식은 긴 항해에서 삶과 죽음을 결정짓는 관건이었다. 항해 기술을 배우는 방식에는 지식과 경험을 가진 이들의 공식적 교육 혹은 비공식적 개인 교습이 있었으며, 항해 도구와 해도를 사용하는 경우도 사용하지 않는 경우도 있었다.

중국인, 아랍인 그리고 유럽인의 항법 장치

오직 환경적인 단서를 이용할 뿐 아무런 보조 장치의 도움을 받지 않은 항해나 간단하고 임시응변의 도구만을 이용한 장인의 항해를 별개로 한다면, 태평양에서의 과학적 항해는 중국인, 아랍인과 함께 시작되었으며 유럽인의 모험주의, 르네상스 그리고 태평양에 대한 소유 경쟁의 시기가 되면서 더욱 발전했다. 중국인은 말할 것도 없이 해양 항해에서 체계적으로 항해 보조 장치를—특히 자기 나침반의 원형— 이용한 최초 태평양 사람들 중의 하나였다. 산화철이 (자철석, 혹은 자석석) 가지고 있는 놀라운 자성, 즉 자기장이 자침에 작용하여 바늘의 한 끝은 지구의 북쪽으로 반대쪽은 남쪽으로 방향을 잡는다는 특성은 오래 전부터 중국인에게 알려져 있었다. 자성을 띤 바늘을 줄에 매달면 일직선으로 남-북을 표시하지만, 이는 해양 항해라는 목적을 위해서는 불안하고 신뢰성이 떨어지는 계기였다. 중국인은 기름으로 채운 용기 안에 바늘을 넣고 닫음으로써 나침반의 정확성과 내구성을 향상시켰다. 이로 인해 바늘의 움직임은 어느 정도 지나면 배의 흔들림에 상관없이 상당히 안정적으로 남-북 방향을 가리키며 고정되었다. 적도의 남과 북의 어느 방향으로 항해하든 항해자는 일정한 방위를 유지할 수 있었다. 유럽인은 이전에 중국인으로부터 나침반을 가져온 아랍인에게서 아이디어를 얻어 발견의 시대에 나침함 나침반을 완벽하게 만들었다. 보다 튼튼하고 신뢰할 만하게 된 이 계기는 악천후에도 목표 지점으로 향해하는 데에 아무런 문제가 없었다. 조타수는 희망하는 나침반의 방향을 '방위 기선'과―나침함 가장자리에 있는 점으로 언제나 움직이는 선박의 이물이나 뱃머리를 가르치도록 되어 있는― 한 방향이 되도록 함으로써 일정한 방위를 유지할 수 있었다.

이집트-그리스 지도제작자들은 기원전에 지구가 둥글다고 올바르게 연역했으며, 지리학자 에라토스테네스(B.C. 276~194)는 북반구의 하지 동안에 아스완과 나일 델타에서 태양광선의 각도가 차이가 있음에 착안한 단순하지만 기발한 실험을 이용해 심지어 지구의 반경도 놀랄 정도로 정확하게 계산해 냈다. 불행히도 수백 년 동안 유럽인 지도제작자들은 클라우디우스 프톨레마이오스(100~170)의 추정치를 채택했으며 이로 인해 지구와 대양의 크기에 관한 잘못된 믿음이 오랜 세월 유럽을 지배했다. 그럼에도 불구하고 지구의 어떤 지점의 위치를 정하기 위해 좌표를 이용한다는 생각과―즉 위도와 (남반구와 북반구 모두에서 적도와 평행하게 그어진 동-서의 선) 적도의 (극에서 만나는 남-북 자오선) 개념이 오래지 않아 생겨났다. 물론 위도를 정확하게 측정하는 실용적인 방법은 나중이 되어서야 고안되었다. 위도는 기준선의 (적도는 0도로 정하고, 지구의 회전축인 극은 90도로 정해진) 남과 북을 표시하고 도, 분, 초로 나타내는 위도의 측정은 경도의 계산과 비교해 보면 훨씬 더 쉬웠다. 즉 위도는 비교적 단순한 계기와 (혹은 별자리 관찰) 그리 복잡하지 않은 산수로 정확한 각도와 거리를 특정할 수 있었다. 경도에 대한 정확한 측정은 고정된 자오선에 기반한 표준 시간 그리고 지구 둘레의 다양한 곳에서 현지 시간은 물론 고정된 자오선에서 시간을 계속 기록할 수 있기 위해 신뢰할 수 있고 내구성 있는 크로노미터가 도입되기 전까지는 가능하지 않았다.

초기 위도 측정 기구

각도와 높이를 (예를 들어 수평선상에서 정오에 태양의 높이) 특정하기 위한 원시적인 도구 중의 하나는 태양과 지평선 사이 각도를 나타내는 눈금이 있는 볼품 없는 나무로 만들어진 기구인 직각지(直角器)였다. 태양을 직접 보면 시력이 손상되기 때문에 영국의 탐험가 존 데이비스는 블랙스태프(blackstaff)를 만들었는데,

이는 한 낮에 항해자가 해를 등에 지고 수평선 위의 태양 각도를 읽고 위도를 알아내는 데에 사용될 수 있었다. 별이나 달을 직접 보는 데에 아무런 위험이 없었기에 밤에는 북반구에서 수평선 위에 있는 북두칠성으로 알려진 별자리 가까이에 위치한 북극성의 고도를 측정하는 데에는 일반적으로 직각지가 사용되었다.

수세기 동안 아랍인 항해자들은 구체 평면의 아스트롤라베라고 부르는 세련된 장치를 이용하여 위도를 측정했으며, 유럽인 항해자들이 15세기에 이를 차용했다. 통상 놋쇠로 만들어지고 모양은 바퀴 같은 데에 조준의(照準儀)가 있는 이 아스트롤라베는 당시 항해자에게 태양과 북극성과 같은 다른 천재의 각 위치를 '측정'할 수 있게 해 주었다. 수평선 위 정오에 태양의 겉보기 높이는(태양의 적위라고 불리는) 위도에 따라 그리고 계절에 따라(한여름에는 높은 태양, 한겨울에는 낮은 태양) 달라진다. 분점에서(춘분점과 추분점) 태양은 적도에서 수직이며(90도), 지점에서(동지와 하지) 태양은 북회귀선이나(북반구 한여름) 남회귀선에서(남반구 하지) 수직(적도로부터 23.5도)이다. 적위표는 초기 유럽 항해자들이 일년 중 특정한 시간에 한낮 태양의 적위 각도를 읽어냄으로서 그들의 위도를 설정할 수 있도록 계산되어 있었다.

위도를 얻기 위한 계기의 점차적인 발전으로 사분의(四分儀), 그리고 나서는 육분의(六分儀)가 나왔다. 이 작고 튼튼한 도구는 두 개의 수직 거울을(반은 은으로된) 이용함으로써 한낮 태양과 수평선에서 나온 광선 간의 각도가 접안렌즈에서 겹쳐지게 만들어 아주 정확하게 위도를 판독할 수 있게 했다. 둘 사이의 각도를 읽어내면 아들자는 배의 실제적인 위도를 알아낼 수 있다. 이 장치는 또한 태양을 대신하여 밤에 일정한 별 혹은 달을 이용해서도 사용할 수 있다. 별과 달의 높이는 천문학 표에서 확인할 수 있다. 제임스 쿡이 첫 항해를 시작할 무렵 육분의는 가볍고 정확하고 내구성이 있었으며, 원의 1/6의 모양의 곡선으로 된 눈금은 상당히 정확하게 각도를 측정할 수 있었다. 쿡의 육분의는 1731년 영국왕립학회 회원이었던 존 해들리의 디자인에 기반을 두었다. 1757년 존 캠벨이 이를 개량했다.

경도 측정하기

태평양은 마침내 경도 계산이 완성된 항해의 장이었다. 경도의 개념은 구형인 지구가 지축을 중심으로 하루 24시간에 360도를, 시간으로 하면 시간당 15도를 돈다는 사실에 기반을 두었다. 만약 정선(定線)이 두 극 사이에 남북으로 그려질 수 있고 지구 표면에서 동이나 서로 각거리를 계산하기 위한 기준으로 지정될 수 있다면, 즉 남-북 자오선이 경도 0으로 지정된다면, 이 기준선을 따라 있는 곳이 한낮이라면, 기준선의 서쪽으로 15도선에 있는 모든 지점도 한 시간 후에 정오가 될 것이며, 서경 30도에서는 여기에 있는 모든 지점이 두 시간 후에 한낮을 기록할 것이다.

지구 표면 둘레의 경도를 측정하거나 계산하는 데에는 수세기 동안 세 가지 방식이 이용되어 왔다. 이에는 추측 항법, 달각도법, 그리고 크로노미터 사용이 포함된다. 그러나 현재 이들은 새로운 네 번째 방식, 타의 추종을 불허하는 정확성과 사용이 간편한 위성 기반 전지구 위치파악 시스템(GPS)으로 거의 대체되었다.

추측 항법

항법 장치가 없을 때나 혹은 위도나 경도를 측정하는 데 이용되는 태양, 별, 수평선을 잘 볼 수 없을 정도로 구름이 덮이고 대양이 격동하는 등과 같은 환경적인 상황하에서 추측 항법은 대안으로 사용될 수 있다. 이 기법에는 이미 알고 있는 지점에서(예를 들어 출발점) 배의 속도(움직이는 배 뒤에 묶어 배 밖으로 내려놓은 측정밧줄의 움직임으로 배의 속도를 노트로 추산할 수 있다), 방향이나 나침반 방위, 바람과 조류로 인한 배의 표류 정도, 그리고 나침반이나 고정된 별에서 특정한 방향 '읽기'에 기반한 항해 지속 시간 등을 종합하여 현재의 배의 위치를 추정하는 것이 포함된다.

추측 항법으로 항해자는 심지어 아무런 항법 장치가 없을 때조차도 배의 대략적인 위치를 가늠할 수 있지만, 이 방법은 심각한 누적 오차라는 문제를 안기 쉽다. 초기의 몇 태평양에 관한 해도에서 항해자들은 자신의 배에서 바라본 섬이나 연안선을 좌표 위에 기입해 놓았으나 나중에 이를 찾아 떠난 항해자들은 이 해도의 부정확성으로 인해 표시되어 있는 땅을 찾을 수 없었다. 예를 들어 카터릿은 핏케언 섬을 발견했으나 해도에 위치를 잘못 표시해 놓는 바람에 수십 년간 '잃어버리게' 되었다. 바운티호 반란자들이 이를 재발견했으며, 그 어떤 영국 전함도 이 반란자들의 은신처를 찾을 수 없었다.

아랍인과 중국인은 물론 프톨레마이오스 시기의 이집트-그리스인도 전문적인 도구에 의존하지 않고 경도를(혹은 적어도 주어진 자오선의 동서로 서로 다른 자오선에 위치한 여러 지점들 사이의 거리) 계산하는 방법을 발전시켰다는 증거가 있다. 이 방법은 월식과 같이 천체에서 일어나는 사건을 남양의 여러 장소에서 동시에 관찰하고 월식이 진행된 시간과 결합시켰다. 태양이 있는 동안의 시간의 흐름은 자오선을 따라 각지 다른 장소에서 하루의 각기 다른 시간대에 표준 길이를 가진 수직 막대에 의해 드리워진 해의 그림자가 변하는 것을 측정하면서 계산했다(Menzies 2002 : 368-9). 밤에는 모래시계나 물시계를 이용해 시간의 흐름을 쟀다. 정확하게 같은 사건을―예를 들어 월식 동안 지구의 그림자에서 달이 나타나기 시작한 바로 그때― 각기 다른 장소에서 관찰하고 현지 시간을 확인해 둠으로써, 천문학자는 나중에 각기 다른 관찰 장소에서 기록된 시간을 비교할 수 있었다. 천체에서 생긴 사건이 지구에서는 각기 다른 시간대에 일어남은 구면 삼각법을 통해 선택된 본초 자오선(本初子午線, 경도 0도의 선)의 동이나 서의 각기 다른 각도로 환산할 수 있다는 인식에 기초하여, 지구 둘레의 각기 다른 지점에 대한 경도 계산표가 산출될 수 있었다.

초기 이집트-그리스인, 아랍인, 인도인, 중국인 항해자들이 이 기법을 알고 있었다는 증거가 있지만, 처음 포르투갈인이 동부 해역으로 항해할 즈음 세상은 이를 잊어버리고 있었던 것으로 보인다. 달각도를(때로는 달과 태양, 별과의 각거리를 의미하는 월거(月距) 방법이라고도 불렸다) 이용하는 방법은 수세기 뒤에야 다시 모습을 드러냈다. 1514년 존 워너는 이 기법을 설명했으나, 당시 천체의 운동이 충분히 잘 알려지지 않았기 때문에 필요한 천측계산표(天測計算表)로 발전할 수 없었다. 1675년 영국 왕 찰스 3세는 이 문제를 해결할 목적으로 그리니치 천문대를 세웠으며, 첫 왕립과학협회 천문대장으로 존 플램스티드를 임명했다. 그는 주요한 천체와 그 천체 현상의 위치와 움직임을 보여주는 항성목록을 만들었으며, 이는 그의 사후 1725년에 출판되었다.

경도 측정이 추측 항법에―그리고 거대한 누적 오차를 포함하고 있는― 의해 이루어졌던 시기의 부정확한 항해도로 인해 항해자가 자신의 위치를 잘못 계산하거나 신뢰성이 없는 해도를 사용하면서 수세기 동안 수많은 배를 잃어버리고 수많은 선원이 목숨을 잃은 비극이 발생했다. 1707년 영국 전함 5척으로 이루어진 전 함대가 실리 제도 근처 암초에 좌초되어 2000명의 선원들과 함대가 수장되었던 사건은 바로 이런 종류의 오류가 원인이었다. 경도를 잘못 판단함으로써 지브롤터에서 돌아오는 길이었던 이 함대의 사령관은 영국해협의 서쪽 입구로 운항하고 있다고 믿었지만 실상 그의 함대는 잉글랜드 최서단의 랜즈 앤드에서 서북쪽으로 수 해리 떨어진 곳에 있었다. 이 사건에 충격을 받은 민중들의 강력한 촉구로 영국 해군성은 1714년 경도위원회를 조직했으며, 믿을 만하고 정확한 경도 계산 방식을 제시하는 이에게는 많은 상금(2만 파운드)을 주겠다고 발표했다.

달각도 측정법

18세기 초에는 달각도 측정 방법이 이 상금을 거머쥐기 위한 유일한 현실적인 대안이었지만 경도를 측정하는 믿을 만하고 누구나 이용할 수 있는 방법이 되기에는 적절치 않았다. 심하게 요동치는 대양에 있는 배 위에서 위치를 정확하게 측정하는 것은 1731년 영국왕립학회 회원이었던 존 해들리가 이중으로 반사하는 사분의를 고안했을 때까지 어렵고도 오류가 발생하기 쉬운 작업이었다. 이 새로운 고안물로 인해 항해자는 지평선과 태양을 동시에 볼 수 있었으며—선상에서의 흔들림이라는 문제에 상관없이— 태양의 고도를 더욱 정확한 눈금으로 읽어낼 수 있었다. 또한 해들리의 사분의는 밤에는 달과 항성 사이의 각도를 계산할 수 있게 해주어 달의 각도를 측정하는 방식으로 경도를 수월하게 계산할 수 있도록 해주었다. 사분의는 1755년 독일 지리학자 토비어스 마이어가 달의 예상 이동 경로를 포함해 달의 운동에 대한 역서(曆書)를 편찬하자 더 단순하게 만들어졌다. 그리니치 천문대는 이 사분의를 충분히 정확하다고 판단했으며 영국해군이 항해 시 사용할 수 있도록 승인했다.

그러나 어떤 특정 지점에서 경도를 알아내기 위해서는 평균 4시간 동안 삼각법과 산수와 씨름하는 힘든 계산 작업을 거쳐야만 이들 표를 이용할 수 있었다. 1767년 영국 왕실천문학자 네빌 매스켈라인은 달의 각도를 측정하는 복잡한 삼각법을 상당히 단순화시켰으며, 이해하기 쉬운 일반적인 말로 그 방법을 설명한 『영국 선원 가이드북』(British Mariners' Guide)이라는 책을 출판했다. 이로 인해 경도와 관련된 산수에 들이는 시간은 1시간으로 단축되었다. 또한 그는 경도를 결정하기 위해 일부 완벽한 계산이 들어있는 『항해력』(Nautical Almanac)을 출판하기도 했다.

매스켈라인의 단순화된 체제는 매 24시간 동안 예상 가능한 방식으로 서로에 대하여 다르게 움직이는 태양, 달 그리고 일정한 별과 같은 천체들 간의 대각에 바탕을 두었다. 매스켈라인은 런던 근교에 있는 그리니치 천문대를 통과하는 남-북 기준선에 따라 하루 중 주어진 시간에 예상되는 각도를 계산했다. 낮에 달을 볼 수 있는 어떤 날이든 기준선을 따라 정오에 달과 태양 사이의 각도가 매스켈라인의 표에 표시되었다. 지구의 먼 다른 곳에서 같은 날 정오에 달과 태양 사이의 각도를 관측할 수 있었고, 런던에서 관측한 각도와 비교될 수 있었다. 런던에서 정오에 기록된 달각도와 지구의 어떤 먼 곳에서 정오에 생기는 달각도의 차이는 항해자로 하여금 이 둘 간의 각도 차이를 계산할 수 있게 하고, 그리하여 런던선(London line)의 동이나 서에서의 시간을 알게 해 주며 여기에 15를 곱하면 경도가 나온다. 낮에 달을 볼 수 없을 때에는 멀리 보이는 어떤 항성들과 관련하여 밤에 상대적으로 빠른 달의 움직임은 시계 문자판에 있는 시간 표시에 대해 시계바늘이 미끄러지듯 움직이는 것과 같다. 매스켈라인은 달의 각도 혹은 그리니치에서 관측한 알려진 별들과 달의 예견된 지점들 간의 각도에 관한 역서를 편찬해서, 먼 지역에 있는 선원들이 같은 별들에 대한 달의 각도를 직접 관찰한 것과 매스켈라인의 역서에 기록된 각도의 차이를 비교하여 그들의 경도를 계산할 수 있게 해 주었다. 이는 복잡하고 시간을 많이 잡아먹는 작업이었으며 부분적으로는 날씨 상황 등에 기인한 실수와 어려움이 따랐다.

　그럼에도 불구하고 18세기 중반 사무엘 월리스와 같은 항해자는 매스켈라인의 방법을 이용하여 태평양에서의 진로를 정확한 해도로 기록할 수 있었으며, 제임스 쿡이 별다른 문제없이 자신감을 가지고 금성의 태양면 통과를 관찰하기 위해 타이티에 올 수 있었던 것도 모두 월리스가 타이티를 '발견'하고 그 위도와 경도를 정확하게 해도에 표시했기 때문이다. 너무나 정확해서 100년 뒤에도 사용되었다고 하는 뉴질랜드 섬에 대한 쿡의 해도는 오직 달각도법만을 이용하여 쿡과 그의 천문학자 그린이 만들고 확인했다는 사실도 지적할 필요가 있다. 사실 달과 태양 혹은 별의 위치에 대한 일일검점 기록과 함께 매스켈라인의 『항해력』(*Nautical Almanac*)을 이용하여 남태평양을 가로지르는 직선 진로를 계획한 쿡이 매스켈라인의 방법을 철저하게 실험했던 첫 번째 사람이었다.

　1770년 8월 23일의 일기에서 쿡은 달각도법이 '모든 항해 목적에 충분한 정도 그 이상으로 0.5도 이내까지 믿을 만한' 방법이라고 만족스럽게 평가했다. 사실상 1769년 타이티에 도착하여 쿡은 최종 목적인 금성의 태양면 통과의 관찰과 이 통과에 걸리는 시간을 정확하게 기록했는데, 이는 전 지구의 상당히 넓은 다른 지점들에서 (허드슨 만과 그린니치와 같은) 이루어지고 있던 같은 관찰과 기록들 중의 하나였다. 이들 관찰과 측정 자료에 기반해 영국의 왕실 천문학자는 각도표를 개선할 수 있었다. 이미 언급했다시피 예상하지 못한 착시 현상으로 인해 이 측정값은(그리고 이보다 먼저 이 방법을 사용했던 중국인이나 다른 항해자들도 틀림없이 같은 문제에 봉착했겠지만) 만족할 정도로 정확하지는 못했다. 그럼에도 불구하고 달각도표가 들어 있는 항해력은 1906년까지도 항해자들이 이용할 수 있도록 계속 출판되었다.

크로노미터 : 경도 측정의 단순화

태평양에서 항해와 해도 작성에 정확하게 측정된 시간이 사용된 것은 쿡의 두 번째와 세 번째 항해에서였다. 쿡의 두 번째 항해에서 진정으로 가장 중요한 목적의 하나는 매스켈라인의 달각도법에 맞서 경도를 계산하는 다른 방식의 효율성을 시험하고 매스켈라인의 그것과 비교하는 것이었다. 이 새로운 실험에는 본래 1735년 목수이자 독학한 시계 기술자인 존 해리슨이 발명하고 계속 여러 모델을 만들면서 개량된 해양용 크로노미터가 관련되어 있었다. 해리슨의 네 번째 모델은 본질적으로 튼튼한 '턴입'(turnip) 시계로 끊임없이 선상에서 일어나는 흔들림, 기온 변화, 그리고 잦은 조작으로 야기될 수 있는 불가피한 충격을 이겨내고 시종 일관 전에 없던 정확도와 신뢰도를 가진 그리니치 시간을 기록할 수 있었다. 이는 지구의 먼 지역에서의 현지 시간을 표준시와 비교할 수 있도록 해 주었으며 그 결과 경도의 각도 계산을 단순화시켰다.

1772년 쿡의 두 척의 배, 레절루션호(*Resolution*)과 어드벤처호(*Adventure*)는 두 종류의 해리슨의 크로노미터를 가지고 출항했다. 네 개의 시계 중에서 세 개는 아놀드가 만들었으며, 네 번째는—단연코 가장 정확하고 신뢰할 만했던 커다란 은시계— 라컴 켄들이 제작했다. 항해가 절반 정도도 끝나기 전에 아놀드가 만든 두 시계는 멈추어 버렸다. 켄들이 만든 시계는 정확도와 신뢰도를 증명했으며 쿡의 높은 평가를 받았다. 결국 매스켈라인의 이의제기에도 불구하고 해리슨이

1773년에 해군성의 상금을 받았다. 경도위원회의 당연직위원인 매스켈라인은 항해표를 출간한 자신이 상금을 받을 정당한 권리가 있다고 믿었다. 그리고 바로 그 사실 때문에, 초창기 해리슨의 크로노미터에 대한 실험에서 달각도법을 이용하여 그 정확도를 확인하기도 했다. 그러나 앞에서 논의한 바 매스켈라인의 더 복잡한 체제는 선원이 계산하는 과정에서 실수를 저지르기가 더 쉬웠으며 날씨 상황에 따라 천체를 정확하게 보는 것이 제약을 받았던 반면, 해리슨-캔들의 크로노미터는 달을 볼 수 없는 폭풍우 치는 밤에 조차도 언제나 변함없이 작동했다. 결국 조지3세의 개입을 불러왔으며, 왕의 결정으로 해리슨이 상금을 받게 되었다.

항해 오류의 결과로 빚어질 조난 발생 가능성을 줄였기에 차후 영국 해군성은 인명, 선박 그리고 화물의 손실을 상당히 막을 수 있었으며, 부정확한 해도에 잘못 표시되어 있던 항구와 정박지를 불필요하게 오랫동안 찾을 필요가 없었기에 식량공급과 선원의 건강 문제에도 큰 진전이 있었다는 의미에서 해리슨의 발명은 상금을 받을 만한 충분한 가치가 있었다.

쿡 이후 : 태평양에 대한 완전한 해도 작성

제임스 쿡 중위가 세 차례의 항해를 통해 알려지지 않았던 태평양의 지역을 철저하고 정확하게 해도에 옮겨놓았기에 후임자들이 할 만한 일은 남아 있지 않으며 그저 그의 업적에 놀랄 일 뿐이라고 언급되어 왔다. 앞에서 밝혔듯이 뉴질랜드, 뉴사우스웨일스, 북태평양 그리고 멜라네시아 제도의 연안선에 대한 쿡의 해도는 아주 정확해서 100년이 넘도록 표준 해도로 사용될 정도였다. 그러나 배와 인명을 앗아가는 비극적인 사건을 정기적으로 불러왔던 사주와 암초의 위치를 포함해 태평양의 여러 부분에 대한 지식에는 여전히 중요한 공백이 많았다. 이는 이 지역으로 들어가는 영국 배들이 많아지고 뉴사우스웨일스와 반디멘즈랜드와 같이 범죄자 식민지를 오가는 항해가 늘어나면서 심각한 문제가 되었다. 블라이의 두 차례 빵나무 탐험, 바운티호 반란자들에 대한 에드워드의 토벌 원정, 조지 밴쿠버의 채텀호(Chatham)와 디스커버리호(Discovery)의 항해 그리고 태평양에서 상업적인 고래잡이와 바다표범 잡이의 시작은 모두 19세기로 바뀌는 중요한 시기에 일어났다.

왕립지리학회 창립회원 중 하나인 프랜시스 보퍼트는 1829년 영군 해군 소속 수로학자로 일했다. 그의 업무는 연안선, 바람과 조류, 음측 수심(音測水深), 그리고 영국제국의 해상 교통로와 진입로에 있는 항해 위험요소에 대한 가장 정확하고 최신이자 최선의 정보를 영국 군함에게 제공하는 것이었다. 보퍼트가 잘 알고 있었던 바와 같이 오직 이 방법만이 해상 재난을 줄이거나 피할 수 있었으며 선장은 태평양과 다른 대양의 아주 위험한 바다를 안전하게 항해하기 위해 정확한 해도와 수로지(水路誌)를 구할 수 있을 것이었다. 영국 해군성의 대다수 위원들과는 달리 보퍼트는 또한 새로운 해안 지대와 섬 그리고 이들을 둘러싸고 있는 바다에 대한 과학적인 연구를 더 진행시키는 데에 관심을 가졌으며 가능한 곳이면 어디에나 영국 측량선을 보내고 '신사 과학자'를 승선도록 했다. 그리하여 로버트 피츠로이가 지휘하고 남미의 남부 연안에 대한 조사를 완결한다는 목표를 가진 영국 군함 비글호(Beagle)의 항해에 젊은 박물학자 찰스 다윈이 승선하게 되었다. 다윈이 태평양에서 한 과학적인 공헌과 발견에 태평양이 어떻게 영감을 주었는지에 대해서는 7장에서 논의한다.

보퍼트가 보기에 태평양에서 기본적인 탐사와 이를 이어 조사와 해도 작성이 가장 필요한 곳은 두 지역이었다. 하나는 전설적이지만 알려진 대로라면 북태평양의 베링 해협을 북해와 연결하는 아직 발견되지 않은 북서항로, 다른 하나는 오스트레일리아의 북동부 연안에 있는 그레이트배리어리프였다(Goodman 2005 : 10). 오스트레일리아의 북서 연안에 초점을 두었던 비글호의 두 번째 태평양 항해는 그레이트배리어리프나 뉴기니의 연안 모두를 놓치고 해도를 작성하지 못했다.

1841년 보퍼트는 프랜시스 블랙우드 선장이 지휘하는 영국군함 플라이호(Fly)에게 이 미완의 조사를 완수하도록 주문하면서, 위험한 토레스 해협을 안전하게 통과할 수 있는 항로 발견을 항해의 주요 목적으로 하라고 했다. 3년간의 지루한 조사 끝에 케이프요크 근처 레인 섬의 북부를 통해 이 위험한 해협을 통과하는 적당한 항로를 마침내 발견하고 해도를 작성한 1845년 블랙우드와 선원들은 더 이상 힘든 일을 감당할 수 없었다. 이들은 암초와 뉴기니 연안의 가장 중요한 부분들의 얼마간을 지도에 표시하지 않은 채로 떠났다.

1848~9년 보퍼트는 그레이트배리어리프, 루이지아드 제도 그리고 남부 뉴기니에 대한 세 번째 조사를 계획했다. 이번에 그는 오웬 스탠리 선장으로 하여금 영국

군함 래틀스네이크호(*Rattlesnake*)를 지휘하도록 했으며, 수로 측량을 완수하고 시드니와 싱가포르 사이를 왕래하는 늘어만 가는 상선들이 신뢰할 수 있는 항해 지도서와 해도를 작성하도록 했다. 당시 상선들은 길게 이어져 있는 보초 너머에 있는 공해보다는 외부 보초 내에 있는 수역을 더 많이 이용했다. 75년 전에 인데버호(*Endeavour*)에 탄 제임스 쿡은 해도에 나타나 있지 않은 산호초, 물속에 잠겨있는 노두(露頭), 강한 조류와 모래톱이 있는 이 지역에서 —쿡이 '미로'라고 불렀던 보초 내에 있는 지역— 구사일생으로 재난을 겨우 피할 수 있었다. 보퍼트는 미래를 보는 눈을 가지고 오웬 스탠리가 시드니와 싱가포르 사이에서, 침로를 바꾸면서 불리한 바람을 능숙하게 이용하기 위해 공해에서 '편히 움직일 수 있는 공간'이 필요했던 범선에 적합한 항로보다는 증기선의 항해에 적당한 —좀 제한적이더라도— 안전한 항로를 찾아내기를 원했다.

　보퍼트가 알고 있었듯이 앞으로 증기선은 상업용 선박의 주축이 될 것이었으나, 당시 영국 군함은 이와는 반대로 여전히 본질적으로 돛에 의존하고 있었으며 해군은 좁은 수로에 대해 해도를 작성하는 데에는 관심이 없었다. 시드니에서 싱가포르까지 안전한 상업 증기선 항로를 조사하고 해도로 만들려는 희망을 넘어 보퍼트는 해군을 위해 오스트레일리아의 서쪽, 뉴기니의 북쪽, 그리고 루이지아드 제도와 누벨칼레도니의 북동쪽에 인접해 있는 전체 코랄 해에 대한 해도를 만들어내고자 했다. 이곳에는 위험천만한 모래톱과 암석들이 산재해 있었다. 1792년 보퍼트는 오웬 스탠리에게 50년 전에 영국 군함 바운티호의 조난자들이 발견한 블라이 항로를 조사하도록 지시했다. 결과는 스탠리와 보퍼트를 매우 기쁘게 하는 것이었다. 스탠리는 태평양과 인도양을 오가는 대형 선박에게 적합한 항로, 즉 태평양에서 블라이 입구를 지나 계속해 토레스 해협을 거치는 최소한 50km(30마일)의 분명하고 안전한 통로를 기록했다고 자랑스럽게 보고했다(Goodman 2005 : 249). 앞으로는 상업으로 남태평양의 섬들, 오스트레일리아의 북부, 뉴기니, 인도네시아 제도, 인도, 중국이 연결될 것이며, 이를 위해서는 이들 지역을 연결하는 안전하고 해도에 정확하게 표시된 수로가 필요할 것임을 예견했다는 의미에서 보퍼트는 선견지명이 있었다.

항공 선구자들

1910년대와 1920년대 태평양에서의 항공 여행의 등장은 이 광활한 수반구의 항해에 새로운 문제와 도전을 가져왔다. 선구적인 비행사들은 해양 항해 시에 발생했던 문제와 같은 문제에 당면했는데, 때때로 좋지 못한 가시성과 신뢰할 수 없는 무선 장치로 인해 익숙한 육분의를 이용한다거나 추측항법이나 별 관찰에 의존해 비행할 수밖에 없었다. 당시 이용할 수 있었던 최상의 항법보조 장치를 가지고도 비행사들은 항로를 자주 이탈했으며 때로는 비극적인 결과를 맞이했다. 선구적인 태평양 비행의 두 예, 즉 1928년 오스트레일리아인 비행사 찰스 킹스포드 스미스, 찰스 울름, 짐 워너, 해리 라이언이 3엔진단엽비행기 서던 크로스(*Southern Cross*)로 최초 태평양 횡단 비행에 성공한 예와, 경험 많은 조종사와 함께 1937년 적도 주변을 돌아 처음으로 지구 일주 비행을 하려다 실패한 아멜리아 에어하트의 불운한 비행을 살펴보고자 한다.

킹스포드 스미스와 승무원들의 태평양 횡단 비행의 전조는 그리 좋지 못했다. 재정 문제와 기술적 어려움으로 이들이 제안한 비행은 거의 일 년이나 지연되었다. 킹스포드 스미스와 동료들이 비행기를 인수하기 얼마 전에 7명의 비행사가 미국 본토에서 하와이까지의 비행에서 목숨을 잃었다. 많은 이들은 광대한 태평양을 신뢰성이 입증되지 않은 비행기로 일기가 험악한 거대한 대양 위를 횡단 비행하는 것은 거의 자살 시도에 가깝다고 생각했다. 그럼에도 불구하고 부유한 미국인 투자자의(조지 핸콕) 재정 지원으로 서던 크로스는 1928년 5월 31일 아침에 이륙을 준비했다. 킹스포드 스미스('스미시')가 조종석에 앉았으며 캘리포니아 오클랜드에서 서쪽으로 비행하여 하와이, 피지 그리고 마지막으로는 브리즈번(오스트레일리아)으로 향했다. 연료를 절약하기 위해 스미시와 울름은 낮 동안에는 600m의 고도로 날며 어두운 시간대에는 1200m로 고도를 올려 호놀룰루의 휠러 필드까지 3300km를 시간당 150km 이하의 대기 속도로 유지했다. 진로와 직각으로 부는 옆바람으로 밤에는 비행기가 진로를 벗어나 표류하기도 했다. 비행기에는 3개의 나침반이 (지구 자기 유도 나침반을 포함하여) 있었음에도 불구하고 표류로 하와이 제도를 지나쳐 버리지 않도록 항로를 보정할 필요가 있었다. 이를 위해 조종사 해리 라이언은 칼슘 통을 비행기 밖으로 던졌다. 칼슘 통이 수면에 닿으면서 불길이 솟았다. 라이언은 서던 크로스가 호놀룰루로 가는 궤도를 유지하는 데 필요한 수정 계수를 얻기 위해 편류계(偏流計)를 통해 비행기의 후방에 떠있는 칼슘 불길의 선을 관찰했다. 또한 서던 크로스는 오스트레일리아로 향해 가고 있던 전 여정에서 보았던 오직 두 척의 선박에서 온 모스 부호의 도움으로 항로를 교정했다. 27시간이 넘게 공중을 난 이들은 오아우 섬의 다이아몬드헤드 화산을 보았으며 미국 공군 시설을 이용하는 호사를 누리면서 휠러 필드에 안전하게 착륙했다. 그러나 휠러 필드의 주 활주로는 만재한 항공기가 이륙하고 안전하게 상승하기에는 너무나 짧았기 때문에 아주 길고 딱딱한 모래사장인 바킹 샌즈를 활주로로 이용할 수 있었던 카우아이 섬으로 옮겨서 이륙해야 했다. 적재량이 많은—무려 5020km에 달하는 사상 최장거리의 대양 횡단을 위해 필요한 1200갤런이 넘는 연료를 적재한— 항공기를 위해서는 전체 길이가 1400m인 이 모래사장의 거의 전부가 필요했다. 또한 비행기가 적당한 양력을 받을 수 있도록 공기가 조금 더 차고 더 밀도가 높은 저녁에 이륙해야 했다.

방위 확인에 필요한 무선 장치가 기능하지 않자 일순간에 운항에 어려움이 따르기 시작했으며, 무선 통신사 워너가 3시간이 넘겨 고쳐서야 다시 작동했다. 엔진으로 연결되는 연료관에 생긴 침전물 때문에 위협적인 사태가 닥칠지 모른다고 우려했으나 얼마간의 불안한 순간이 지나면서 비행기는 다시 안정을 찾았다. 이 비행 구간에서 긴 밤 동안 서던 크로스는 뇌우와 변덕스러운 바람과 맞섰다. 너무나 값비싼 연료가 소나기구름을 피하고 폭풍 난기류를 빠져나가기 위해 고도를 2500m로 올리면서 마구 들어갔다. 그 와중에 비행기는 진로에서 벗어나 표류하게 되었으며 피닉스 제도를 지나치는 바람에, 수바(피지)를 향해 새로이 항로를 설정할 필요가 있었다. 항해사 라이언의 기량이 시험되는 순간이었다. 비행기의 조종석은 방수가 되지 않았으며 억수같이 퍼붓는 비로 승무원과 모든 장비가 흠뻑 젖었다. 34시간이 넘는 비행 후에 비행기는 수바에 안전하게 착륙했으며 태평양 한가운데 상공을 날아 횡단하는 유사 이래 첫 비행은 성공적으로 완수되었다.

이 비행의 마지막 단계는 수바에서 30km 떨어진 단단한 모래사장이 있는 나세라이(Naselai)해변에서 이륙한 비행이었다. 900갤런의 연료를 싣고 서던 크로스는 브리즈번까지 2800km 비행을 위해 늦은 오후에 이륙했다. 다시 폭풍우, 맞바람, 휘몰아치는 빗줄기는 비행기를 진로에서 벗어나게 했으며 승무원들을 흠뻑 적셨다. 피지에서 오일을 새로 갈아 넣지 않은 실수로 인해 지구 자기 유도 나침반이 망가졌다. 육분의를 이용한 수백 년이나 된 항해 방식으로 라이언은 브리즈번으로 가는 진로를 정할 수 있었으나 바람으로 인해 비행기는 170km나 넘게 진로를 벗어나 버렸다. 그러나 큰 문제는 아니었다. 이들의 목적지가 조그만 섬이 아니라 오스트레일리아 대륙에 착륙하는 것이었기 때문에 브리즈번에 있는 목적지에 도착하는 것은 수바를 떠난 후 총 22시간도 안 되는 시간이나 오클랜드를 떠난 후 총 83시간에 1시간 정도를 더 동부 연안으로 비행하면 되는 문제였다.

또 다른 선구적인 태평양 비행에서 항해의 어려움이 얼마나 결정적인지 알 수 있다. 1937년 아멜리아 에어하트는 적도의 비행경로를 따라 지구를 일주한 최초 비행사가 되려고 시도했다. 그녀가 선택한 비행기는 비교적 선진적이고 우수한 장비와 2개의 엔진을 갖춘 록히드 일렉트라(Lockheed Electra)였다. 39세인 에어하트는 이미 누구나 다 아는 이름이었으며 하와이에서 미국 본토로 솔로 비행을 한 첫 여성비행사를 비롯해 수많은 비행 기록을 가지고 있었다. 프레드 누넌이라는 이름을 가진 무선 통신-조종사 1명만을 동행하고 미국이 점령하고 있던 피닉스 그룹에 있는 하울랜드 섬까지 대양 위를 4000km나 날기 위해 이륙했던 그녀의 비행은 라에(뉴기니)를 떠난 후까지 비교적 특별한 일 없이 평온무사했다. 일렉트라로부터 간간이 전해오는 그녀의 무선 메시지 로그는 비행 초에 맞바람을 만났으며 이 역풍을 헤쳐 나가기 위해 비축 연료가 상당 부분 줄어들었음을 말해준다. 약 18시간을 비행해 하울랜드 섬으로부터 300km로 추정되는 거리에 있었을 때 무선 전송에 문제가 생겨 그녀가 하울랜드에 있는 지상국과 교신하는 것이 방해를 받았던 듯하다. 다시 바람으로 인해 비행기가 진로에서 벗어나 표류하게 되었으며, 조종사 누넌은 위치를 잡기 위해 팔분의를—육분의를 개선한— 사용했으나, 표류가 너무 심해 하울랜드 섬의 정확한 위치를 찾아낼 수 없었다. 그녀의 마지막 무선 메시지 로그에는 연료 레벨이 심각하게 낮으며 하울랜드 섬을 볼 수도 무선으로 접촉할 수도 없었음을 보여주었다. 그리고 나서 그녀의 교신은 갑자기 멈추었다. 이를 이어 하울랜드 섬 주변 태평양과 심지어는 멀리 피지 그룹에 있는 가드너 섬(니쿠마로로 환초섬)까지 넓은 지역을 수색했지만 비행기 일렉트라나 그 유명한 비행사와 조종사의 흔적은 아무 데에서도 찾을 수 없었다.

아마도 항해 문제, 불규칙한 맞바람, 불충분한 비축 연료 문제 등이 함께 꼬여 생긴 결과인 아멜리아 에어하트의 실종은 태평양 탐험 역사에서 가장 오랜 미스터리 중의 하나가 되었다. 심지어 100년 전 라 페루즈와 그의 배 두 척의 실종사건도 결국 해결되었지만, 여러 경쟁적인 이론과 거의 끝이 없는 추측과 짐작에도 불구하고 에어하트 미스터리는 오늘날까지도 풀리지 않고 있다.

무선(전파) 항법과 레이더 항법 그리고 위치측정법

초기 항공 선구자들이 태평양에서 겪었던 항해의 어려움은 2차 세계대전 동안과 이후에 발생한 진보와 발전이 갖는 중요성을 분명히 보여준다. 태평양은 이제 상업적이고 군사적인 해항 교통은 물론 항공 교통의 중심이 되었다. 항법보조 장비의 발전은 차례로 무선(전파), 레이더, 위성 그리고 컴퓨터를 이용한 과학기술의 진보로 이어졌다.

1902년 굴리엘모 마르코니가 장거리 메시지 송신의 수단으로(처음에는 모스부호로 전송된) 단파 무선시스템의 유용성을 입증한 이후, 위치를 좌표로 도면에 표시하고 날씨에 구애받지 않고 항해할 수 있는 선박의(그리고 후에는 항공기) 능력이 크게 향상되었다. 항해를 위해 무선 신호를 이용한 첫 계기는 '무선 방향 탐지기'였다. 이는 전신국에 맞추어 있는 수신기와 전송된 신호의 방향을 찾아내기 위해 회전시킬 수 있는 루프 안테나로 구성되었다. 다른 전신국에서 온 두 무선 신호를 이용해, 무선 통신사는 지도에서 이들이 교차하는 지점을 도면에 표시할 수 있었으며, 삼각 측량으로 상당히 정확하게 위치를 파악할 수 있었다. 그럼에도 불구하고 20세기 초 무선 수신기는 초보적인 수준에다가 신뢰성이 높지 않았으며, 앞에서 언급한 바와 같이 이러한 불확실성은 찰스 킹스포드 스미스와 아멜리아 에어하트와 같은 태평양 항공 선구자들이 당면했던 좌절감과 위험을 증가시켰다. 독일 무선 엔지니어들은, 이착륙장에서 전송되는 짧은 신호와 긴 신호를(점과 대시 부호) 이용하여, 두 협 빔 무선신호(narrow-beam radio signals)에 기반한 로렌츠 방정식으로 무선 항법을 개선시켰다. 비행장을 향해 '호밍'(homing)하는 비행기는 점과 대시 부호가 겹쳐지면서 계속 소리를 내는 빔들 간의 협각에서 벗어나지 않으려고 했다.

2차 세계대전 이후 더 먼 대양 비행을 위해 고안된 로란(LORAN)과 같은 쌍곡선 전파 항법 시스템이 발전했다. 이에는 '주'(master) 전신국과, 일정한 간격으로 주 전신국에서 받은 신호를 중계하는 '종'(slave) 전신국으로 이루어진 전신국 체인이 관계되었다. 무선 조종사는 신호의 중계에 소요된 시간을 기초로 하여 각 '종' 전신국까지의 거리를 표시할 수 있으며, 이 신호의 중계에 소요된 시간은 주 전신국에서 점차 더 멀리 있는 종 전신국들에서는 점차 더 커질 것이었다. 미군은 1997년까지 오메가 항법 시스템이라고 알려진 쌍곡선 시스템을 사용했다. 1997년에 와서야 더 믿을 만하고 다재다능한 위성 항법 시스템으로 대체되었으며, 후자는 지금 세계 곳곳에서 사용되고 있다.

2차 세계대전 초에 도입된 레이더는 대양 현상에 대한 지도 제작과 해도 작성뿐만 아니라 항해와 선박의 안전을 한 걸음 더 향상시키고 개선시켰다. 정교한 컴퓨터 소프트웨어와 함께 이 기술은 특히 해항과 이착륙장 주변의 혼잡한 지역에서 전천후 항공 교통 관제와 운항 노선 관리에 대변혁을 가져왔다. 작은 배조차도 현재는 태평양에 대한 정확한 해도와 함께 레이더와 수중 음파 탐지기 소나를 이용하고 있으며 심지어 아마추어 요트 조종자나 비행사도 비교적 안전하게 태평양을 횡단 항해할 수 있다.

세계 위성 항법 시스템(GNSS)

1960년대부터 줄곧 위성 통신이 군사와 민간 국제 운송 네트워크를 촉진시켜왔다. 미국 국방부가 디자인하고 나비스타 GPS라는 별명이 붙은 현재 작동하고 있는 시스템은 적도로 약 55도 기울게 되어 있는 여섯 개의 원 궤도에 최소한 24개의 위성을 배치하고 있으며, 최소한 여섯 개의 위성이 지구 표면의 사실상 모든 지점에서 직접 조준선 안에 언제나 있도록 하는 방식으로 서로 떨어져 있다. 2007년 중반 공동 작업을 하는 우주선(위성)의 숫자는 30개로 늘었다. 이들은 약 2만 km 고도의 지구 궤도에 배치되어 있다. 각 위성은 항성일마다 두 번 궤도를 돌며 각 위성은 매우 정확하게 때에 맞추어 마이크로파 신호를—빛의 속도에 가깝게 가는— 전송한다. 이로써 GPS 수신기는 지구 위 거의 어떤 곳에서든지 3개나 그 이상의 위성까지의 거리를 계산함으로써 자신의 위치를 산출해 낼 수 있다. 각 위성은 100만분의 1초인 1마이크로초까지도 정확한 시간을 재는 원자시계를 내장하고 있다. 현대의 GPS 수신기는 또한 아주 안정적인 수정 발진기 시계를 내장하고 있으며 연속적으로 바뀌는 주지의 주파수에서 20개까지의 위성 신호를 모니터할 수 있는데, 각각의 신호는 위성의 위치에 관한 정보를 가지고 있다. 나비스타 위성의 비행경로는 전 세계에 있는 다섯 개의 미국 공군 관측소에서 추적 관찰되는데, 이들 중 두 개가 중앙태평양에 (하와이와 콰잘레인 섬) 있다. 이 위성 항법 시스템은 무궤도의 대양을 횡단하는 긴 여정이 불가피한 태평양에서의 민간 수면과 군사 수면, 수면 아래 그리고 항공에서의 교통에 매우 가치가 높음이 입증되었다. GPS를 광범위하게 이용할 수 있게 되면서 진로를 벗어나 표류할 개연성은 크게 줄었다. 또한 이 기술은 사고가 발생할 때마다 배를 구조하고 인명을 살리는 데에도 커다란 도움을 주고 있다.

5장 태평양의 자원 개발과 착취

공유자산 자원의 이용과 남용

이 장에서 무엇보다도 중요한 주제는 태평양의 공유자산 자원의 개발과 착취, 그리고 이런 일이 주로 일어났던 시기인 19세기 동안 이 지역에 퍼진 무법, 폭력, 타락과의 연관성이다. 태평양에 있는 자원 이용이 모두 부정적인 결과를 가져온 것은 아니지만—참으로 긍정적인 결과를 보여주는 예를 많이 들 수 있다— '모두가 소유하지만 누구도 소유하지 않은' 귀중한 자연 환경 자원으로 정의되는 공유자산 자원의 이용에는 너무나 자주 심각한 남용이 수반되었다. 섬사람과 선원의 생명, 건강, 복지에 대한 무모에 가까울 정도의 무관심, 귀중하지만 취약한 동물, 어류, 초목에 대한 가차 없는 약탈, 자원 착취의 환경적 · 사회적 · 정치적 결과에 대한 무신경한 묵살은 이 탐욕과 강탈에 관한 이야기의 전형적인 특징이다. '무궁무진한' 원자재라는 후렴구, 태평양은 광대하고 매우 너그러운 곳이어서 무법자는 벌을 피하면서도 부자가 될 수 있다는 기회를 준다는 확신에 찬 기대, 태평양을 열려있는 변경지대로 특징짓는 경향 등은 모두 이 장에서 만날 수 있는데, 이들은 모두 전형적인 '공유지의 비극'을 말하고 있는 것 같다. 이장의 두 번째 주제는 해양 환경이 제공한 제약과 기회에 따라 달라지는 태평양 자원을 착취했던 이들의 태도 변화, 그리고 자원 저하와 고갈, 이어지는 환경 파괴, 그리고 그 결과로 장래 인간의 발전 선택권이 더욱 제한적인 한계를 가지는 것으로 연결되는 악순환의 고리에 대한 이들의 태도 변화가 포함된다.

역설적이게도 과거 300년이나 넘게 태평양의 자원을 오로지 하는 데 열중했던 유럽 배의 선장, 사업가, 정착민은 가끔 발생했던바 현지인으로부터 극심한 반대와 저항에 부딪치면 매우 분개했다. 수백 년 지속되어온 토지와 재산에 관한 현지의 관습, 법, 전통을 오만한 태도로 무시했던 신참자는 자신의 토지와 자원에 대한 장악에 반대하는 현지인의 저항을 처벌 가능한 범죄 행위로 간주했다. 제국의 착취 '권리'에 대한 토착인의 저항은 종종 유럽인과 미국인 무법자와 배에서 달아나 섬에 있는 '원주민한테로 간' '해변 부랑자'로부터 나쁜 영향을 받아 벌어진 사건이라고 보았다. 19세기와 20세기 초 태평양 섬에 사는 이런 부랑자는 수백 명에 이르렀으며, 악평이 자자한 이들도 있었다. 많은 이들이 범죄자 식민지였던 뉴사우스웨일스, 퀸즐랜드의 모아톤 만, 노퍽 섬에서 도망친 영국인 죄수였다. 다른 이들은 난파당한 배의 조난자 그리고 고래잡이, 바다표범잡이, '노예무역'(blackbirding), 백단목 채취 선박에 의해—그 자체가 무법 상태로 살인과 반란이 일상적이었던— 태평양 섬에 버려지거나 고립된 선원이었다.

태평양에서 가장 유명한 무법자 : 바운티호 반란자

유럽인 선원의 무법 상태를 보여주는 가장 초기의 그리고 가장 잘 알려진 사건 중의 하나인, 1789년 영국군함 바운티호(HMS *Bounty*)에서의 반란은 태평양에서의 자원 착취와 관련되어 있다. 바운티호가 타이티로 항해한 주된 목적은 빵나무(*Artocarpus altilis*) 묘목을 구해 카리브 해에 있는 영국인의 설탕 농장들로 보내는 것이었다. 빵나무는 카리브 해에서 강제로 일하고 있던 아프리카 노예를 위한 값싼 식량원을 제공할 것이었다. 뽕나무 과에 속하는 태평양 빵나무는 열대 기후에서 아주 잘 자라며 크고 영양이 풍부한 과일을 맺는다(사진 2). 이런 식으로 빵나무를 이용하자는 제안은 다름 아닌 제임스 쿡의 타이티로의 첫 항해에 동행했던 신사과학자, 조지프 뱅크스였다. 그는 영국령 카리브 해의 농장주-귀족 계층 사회에서 영향력을 발휘하는 이들을 친구로 두고 있었다. 타이티인에게 근심 걱정 없는 생활 방식을 가능하게 해 주었던 빵나무가 카리브 해 노예의 식량이 되게 되었음은 아이러니가 아니라고 할 수 없다.

플래처 크리스천이 이끈 반란에 대한 이야기, 이어서 안전하게 숨어 지낼 수 있는 섬을 찾아 떠난 몇 반란자의 바운티호 탈출, 그리고 몇 명의 충직한 선원과 함께 작은 보트를 타고 태평양을 횡단했던 윌리엄 블라이 선장의 이야기는 여러 차례 되풀이되어 회자되었는데, 여기에서는 자세하게 언급하지 않을 것이다.

잘 알려져 있지 않은 사실은 반란 후에 이어진 징벌이었다. 분개한 영국 해군성은 영국군함 판도라호(HMS *Pandora*)의 선장 에드워드 에드워즈를 복수의 사자로 보내 광대한 남태평양을 수색하여 반란자를 찾고 재판에 회부하도록 명령했다. 이 파란만장한 이야기에서 태평양 자체가 했던 별난 역할은—태평양의 바람, 조류, 예측 불가능성— 언급할 가치가 있다. 첫째, 블라이와 그에게 충직했던 대부분의 선원을 실은 바운티호의 보트 론치가 거친 바다에서도 침몰하지 않았던 사실이나, 티모르로의 장대한 항해 동안 선원이 갈증으로 죽지 않았던 사실은 일반적으로 평온한 태평양의 성격과 자주 내리지만 사납게 내리지는 않는 소나기에 힘입은 바 크다. 블라이는 결국 영국에 도착할 수 있었으며 반란 사실이 세상에 알려졌다. 판도라호는 강제 징집대에 의해 충원된 선원과 에드워즈 선장을—인정사정없이 강력한 응징을 하겠다고 벼르고 있던— 태우고 급히 출항했다. 판도라호는 혼 곶을 돌고 반란자의 은신처가 있는 핏케언 섬을 지나친 이후 1791년 3월 24일 타이티의 마타바이 만에 닻을 내렸다. 에드워즈는 타이티인들에게 그곳에 숨어있는 영국인들은 쫓기고 있는 범죄자라는 사실을 알렸다. 지역 영주의 도움으로 이 섬에 남아 있었던 바운티호 선원이—전체가 모두 선상 반란의 범죄자는 아니었다— 체포되었으며, 적극적인 반란자와 불운한 구경꾼을 가리지 않고 바운티호 선원은 모두 갑판 감옥에 ('판도라의 상자'라는 섬뜩한 별명으로 불렸다) 갇혔다.

그러나 방향을 잘못 짚었기 때문에 정작 바운티호를 징발했던 크리스천과 다른 '해적'들을 찾기는 어려웠다. 에드워즈는 바운티호 반란자가 서쪽으로 향했을 것이며 통가나 피지에 은신처를 마련했을 것이라고 그럴듯한 (그러나 틀린) 추론을 했다. 팔머스톤 섬에서 바운티호에서 떨어져 나간 돛대가 떠있는 것이 발견되면서 이러한 잘못된 추측은 더욱 굳어졌으며 이어진 영국인의 수색작업도 성공하지 못했다. 이 돛대는 반란자 모리슨과 헤이우드가 배에서 잘라 버렸던 투부아이 섬에서 1000km 이상을 서쪽으로 움직이는 태평양 조류를 따라 표류해 간 것이었다.

4개월 동안의 헛된 수색 끝에 판도라호는 산호섬으로 둘러싸인 오스트레일리아의 동부 연안까지 왔는데, 이곳에서 성급한 지휘관은 적당한 항로를 찾기 위해 지나치게 산호섬에 가까이로 접근했다. 역조로 인해 판도라호는 암초에 부딪쳤으며 배는 돌이킬 수 없을 정도로 부서졌다. 그러나 암초를 넘어서 잔잔한 바다로 나올 수 있었으며 여기에서 선원은 구명보트에 옮겨 탈 수 있는 시간을 벌수 있었다. 에드워즈는 '판도라의 상자' 안에 있는 반란자를 우리에 갇힌 쥐처럼 익사하도록 내버려두라고 명령했지만, 윌리엄 몰터라는 이름의 이등수병(二等水兵)은 이들을 불쌍히 여겨 감옥의 문을 열고 죄수들에게 족쇄를 풀 수 있는 열쇠를 주었다. 익사한 선원들 중에는 죄수도 여러 명 포함되어 있었다. 그러나 10명의 반란자는 침몰하는 배에서 탈출해 작고 갑판도 없는 보트를 타고 2주간 티모르의 쿠팡으로 가면서 온갖 고초를 겪으며 살아남았다. 나중에 이들은 재판을 받기 위해 영국으로 후송되었다. 이들 중 3명은 반란죄로 교수형에 처해졌으며, 나머지는 이후 무죄를 선고받았거나 사면되었다. 판도라호의 잔해는 최근 그레이트배리어리프에서 발견되었으며 지금 수중 고고학적 연구가 진행되고 있다.

다른 한편 크리스천과 몇 명의 반란자 그리고 이들의 타이티인 배우자는 동쪽으로 돌아갔으며 무인도에다가 숲이 울창하고 바위가 많은 핏케언 섬에 도착했다. 이 섬은 필립 카터릿의 선박인 스왈로우호(Swallow)에 승선했던 해군장교 후보생인 로버트 핏케언이 1767년에 발견했지만, 앞에서 언급한 바와 같이 경도를 부정확하게 계산하는 바람에 이 섬의 위치는 해도에 잘못 표기되어 있었다. 반란자 중의 하나인 매튜 퀸틀은 필요할 것으로 보이는 물품을 모두 끄집어 낸 후에 바운티호를 태워 버렸다. 이 광대한 태평양에서 핏케언처럼 작은 섬—카터릿의 말을 빌면 '대양에 있는 커다란 암석보다 나을 바가 거의 없는'—, 게다가 부두라고 할 만한 곳이 단 한 곳밖에는 없는 섬은 오랫동안 발견하기 어려웠으며 실제로도 그러했다. 1808년에 가서야 포경선 토파즈호(Topaz)의 메이휴 폴거 선장이 이 섬을 재발견했으며 바운티호 반란자들이 남긴 반-폴리네시아인 후손들을 발견했다. 폴거는 이미 세상을 떠난 플레처 크리스천의 반-폴리네시아인 아들을 만났으며 이야기도 나누었다. 당시 유일하게 생존해 있던 반란자는 존 아담스였는데, 그는 폴거 선장에게 바운티호에 있었던 크로노미터를 주었다. 라컴 켄덜이 제작했고 원래 제임스 쿡이 세 번째 태평양 항해에서 사용했으며 이어서 쿡과 함께 탐험했던 윌리엄 블라이가 사용했던 이 크로노미터는 이 사건을 계기로 매우 유명해졌다. 폴거는 알아낸 사실과 발견을 영국 해군성에 보고했다. 해군성은 바운티호 반란이라는 주제에 이미 관심을 잃은 듯 생존해 있던 마지막 반란자를 (1829년 핏케언 섬에서 고령으로 사망했다) 쫓지는 않았다. 1819년 두 척의 영국 해군함, 타구스호(*Tagus*)와 브리튼호(*Briton*)가 핏케언 섬에 기항했을 때 선원들은 영어를 말하는 유럽-폴리네시아인들이 거주하고 있다는 사실에 놀라움을 금치 못했다.

바운티호 이야기에 덧붙일 만한 추신은 블라이는 나중에 프로비던스호(*Providence*)의 선장으로 타이티에 돌아왔으며, 성공적으로 빵나무 묘목을 구해 런던 근교 큐에 있는 식물원에 보냈다고 한다. 영국 의회가 노예무역을 금지시켰던 1807년까지 이들 묘목은 노예의 생계를 위해 이용될 수 있을 정도로 큰 나무로 자라지 못했다. 노예무역 금지 이후 20년이 지나자 전체 영국 제국에서 노예제가 폐지되었다.

태평양 자원의 착취

고래잡이

19세기는 태평양에서 고래잡이가 붐을 맞이했던 시기로 영국과 미국은 탐욕으로 이름 높은 이 비규제 산업에서 패권을 다투었다. 대규모 상업적인 고래잡이는 남획이라는 문제에 당면하고 여러 고래 종이 멸종 위기에 처하면서 관련국들이 국제협정을 타결한 20세기 후반까지도 계속되었다. 이 협정으로 '연구 목적'을 제외하고 대부분의 커다란 고래목의 동물을 죽이는 행위를 중단하는 모라토리엄이 선언되었다.

일본, 그리고 정도는 보다 덜하지만 아이슬란드, 노르웨이와 같이 고래를 잡는 국가는 나머지 세계의 반대를 대수롭지 않게 여기고 이 '연구'라는 허점을 이용하여 21세기까지도 수많은 대형 고래를 계속 죽이고 있다. 일본은 1년에 500마리로 제한되어 있는 밍크고래의 '과학적인' 수확에 만족하지 않고 자신이 주도하는 새로운 고래잡이 협회를 조직하려 했으며, 더 작은 종들뿐만 아니라 상당수의 남태평양의 혹등고래를(사진 17) 잡을 것이라고 발표하고 2008년 대형 고래 수확을 위한 남극 원정대를 조직했다. 이러한 일본의 행위는 그린피스와 같은 환경 단체의 신랄한 지탄을 받았으며 또한 특히 오스트레일리아 정부로부터의 이의제기를 받아야 했다. 일본 포경선이 40개 국가가 1961년에 서명한 남극조약에서 상업적 포경 금지구역으로 언명한 지역에서 활동하고 있다. 태평양 고래에 대한 무법적이고 무모한 착취는 19세기에 이미 종결될 사안이 아님이 분명하다.

태평양에서의 초기 고래 사냥

태평양에서의 고래잡이는 제임스 쿡이 마지막 항해를 하던 시점에 시작되었다. 태평양에 들어선 첫 포경선은 아멜리아호(*Amelia*)였다. 그 선장인 사무엘 엔더비는 1789년 남미 연안에서 향유고래를 잡았다. 곧이어 선장 폴 월스(Paul Worth)와 주로 매사추세츠 동남 해안에 있는 낸터킷 출신으로 이루어진 선원들을 태운 비버호(*Beaver*)가 따라왔는데, 이 배는 1791년 혼 곶을 돌았다. 혼 곶을 돌아오는 길고 고된 항해 후에 고래잡이 선원들은 통상 칠레 연안에 있는 세인트메리스 섬에 모여 원기를 회복한다. 1812~14년 영국과 미국 간의 전쟁으로 격동의 시기를 겪게 되면서 태평양 고래 산업도 짧은 공백기에 들어갔으나, 1818년 영국인과 미국인 고래잡이 선박들이 갈라파고스 근처 적도선 '선상에' 있는 풍부한 고래무리에 접근하기 시작했으며, 1820년에는 일본 수역에까지 이르렀다.

향유고래(*Physeter catodon*)는 19세기 초 태평양에서 유럽인 포경선이 가장 포획하기 원했던 사냥감이었다. 향유고래는 둥글납작한 머리에 있는 엄청난 양의 양질의 기름(경랍)으로 인해 특히나 귀히 여겨졌다. 고래 기름은 포경선 선상에서 '쥐어짜거나' 졸이면 고래 당 40배럴 이상의 기름을 얻을 수 있었다. 향유고래로부터는 상아빛 이빨과 지방질, 향수에 사용되는 용연향과 같은 다른 상품이 될 만한 것도 얻을 수 있었다. 유럽과 북미의 도시와 농촌에서 기름 램프가 유행이었던 시기에, 지나친 연기나 냄새가 없는 고래 기름의 수요는 상당히 컸다. 그러나 주로 오징어를 먹잇감으로 하는 이빨이 있는 고래목의 동물에 속하는 향유고래는 이전에 여성의 속옷을 빳빳하게 만드는 데에 사용했던 고래수염을 제공하지는 않았다. 고래수염은 플랑크톤과 작은 물고기를 먹고 살며 일반적으로 고위도에서 사는 회색고래, 흰긴수염고래, 참고래와 같은 종에서 얻을 수 있었다.

가장 숫자가 많았던 큰 고래목에 속하는 밍크고래(*Balaenoptera acuturostrata*)

는 겨울을 계속 남극 바다에서 보내는데, 일본의 '과학적인' 포경선의 주요 표적이 이들 밍크고래이다. 태평양의 회색고래(*Eschrichtius robustus*)는 겨울을 남부 캘리포니아와 멕시코 연안에서 보내며, 그곳의 더 따뜻한 물에서 새끼를 낳고 기른다. 북반부의 여름에 회색고래는 먹이가 풍부한 알래스카 근처를 향해 북쪽으로 이동한다. 이들은 2만 ㎞가 넘는 거리를 이동하게 되는 셈이다. 흰긴수염고래(*Balaenoptera musculus*)는 지금은 아주 보기 어렵다. 이들 모든 수염고래는 과거에는 사냥의 표적이었으나 지금은 보호를 받고 있다. 물론 예외적으로 이뉴잇인과 같은 현지 사냥꾼들이 얼마간을 잡는 경우는 있다.

1820년까지 남미 연안 바다에서 상업적으로 가치가 있는 고래종 특히 향유고래의 수가 격감하자 고래잡이 배는 1000㎞가 넘는 항해를 하며 아직도 고래가 많이 있었던 중앙 태평양으로 향했다. 이 생산성이 높은 지역을 발견한 이는 1818년 포경선 글로브호(*Globe*)의 조지 워싱턴 가드너였다. 그는 배에 향유고래 기름을 가득 싣고 이 풍부한 고래 어장에 관한 소식을 가지고 1820년 낸터킷으로 귀향했다(Philbrick 2000 : 67). 에콰도르 연안에서 약 1000㎞ 떨어져 있는 갈라파고스 제도 주변 바다에는 여전히 암 향유고래가 새끼를 낳고 키운다. 수놈은 약 6년 후 암놈이 지배하는 작은 무리의 보호권을 떠나 중위도 대양을 이리저리 떠돌아다니며 짝을 찾을 요량으로 암놈들의 작은 무리 주위를 맴돌다 기회를 엿보고 다른 수놈들과 싸우며 나머지 60여 년을 '홀로' 보낸다. 이들 성깔 사나운 개체가 바로 태평양에서 고래가 배를 공격했다는 이야기들에 자주 등장하는 주인공이다.

19세기 동안 포경업은 동부 태평양과 중앙 태평양에서 중요한 경제 활동이었다. 시간이 지나면서 미국은 이 산업을 지배했으며 영국, 프랑스, 러시아, 그리고 이후 독일의 고래잡이 선단을 위축시켰다. 향유고래 기름은 19세기 초에 낸터킷, 뉴베드퍼드, 스토닝턴, 세그 하버와 같은 지역에 '기름 백만장자' 계층을 탄생시켰다. 1830년대 초 약 250척의 배에서 시작한 미국의 고래잡이 선단은 1845년에는 570척이 넘는 수준으로 발전했다(Campbell 1990 : 64). 하와이, 타이티, 마르케사스, 사모아 그리고 심지어 조그만 윌리스 섬에도 미국과 유럽의 고래잡이 선원들로 북적거렸다. 이들은 겨울을 나거나 식수, 식량, 휴식을 위해 자주 이들 섬에 기항하곤 했다. 고래잡이 선단과의 접촉은 이들 섬 사회의 성격을 변화시켰으며, 폴리네시아를 외부 세계에 더욱 더 의존하게 만들었다.

19세기 동안 태평양에서의 고래잡이는 모든 국가의 법적 관할범위 밖에 있으면서 어떤 면에서 보아도 가혹하고 잔혹한 산업이었다. 포경선에 승선한 선원들 간의 싸움은 끊이지 않았으며 많은 이들이 태평양의 외딴 섬 해안가로 밀려와 조난자로 살면서 이미 변경지대 같은 많은 태평양의 섬에 더욱 무법 상태를 조장했다. 19세기에 숙련된 선원이 부족하자 양심 없는 선장은 멜라네시아인과 폴리네시아인을 꾀어 고래잡이, 바다표범잡이, 백단목 채취 선박에 강제로 승선시켜 선원으로 일하도록 했다. 19세기 말 태평양 고래잡이와 상선의 선원들 중에서 20-50%가 멜라네시아인이거나 (카나카라고 여겨지는) 폴리네시아인이었다.

때로는 자연 재해 그리고 심지어 고래의 공격, 선상의 갈등으로 선원들은 몇 달이나 몇 년씩 태평양에서 고립되는 경우도 있었다. 낸터킷의 포경선인 에식스호(Essex)를 탄 선원들의 운명은 잘 알려진 예에 속한다. 선장 조지 폴라드가 모는 에식스호는 1820년 갈라파고스의 서쪽에서 성난 향유고래의 공격을 받아 침몰했다. 이 배의 선원인 오언 체이스가 간직하고 있던 일기는 남서쪽으로 항해하며 외딴 헨더슨 섬으로—1606년 퀴로스가 발견한 섬— 간 포경선에서 일어난 삶과 죽음에 대한 무시무시한 이야기를 자세하게 들려준다. 에식스호의 선원들이 그곳에 도착했을 때 이 섬에는 아무도 살지 않았으며 굶주린 선원들이 먹을 수 있는 거라곤 없었다. 3명이 이 섬에 남아 있기로 하고 (이들은 4개월 후에 구조되었다) 나머지는 후안페르난데스 제도로 향했다. 오언 체이스의 일기는 허먼 멜빌의 고래 공격으로 침몰한 배에 관한 이야기인 『백경』(Moby Dick)의 소재가 되었다고 믿어지는데, 일기는 식량이 떨어지자 선원들은 사람 고기를 먹을 수밖에 없었음을 분명히 보여준다. 두 척의 포경선에서 살아남은 몇 안 되는 선원이 배가 침몰한 지 3개월 만에 구조되었다.

바다수달 : 멸종 직전까지 사냥되다

처음 유럽인이 접촉할 당시만 해도 털 있는 해양 포유동물은 북아메리카의 북서 연안을 따라 엄청 많았다. 영국인과 러시아인은 1670년 이래로 허드슨 만의 서부 지역에서 모피 자원을 착취했으며, 비버, 담비, 밍크를 비롯한 모피의 가치를 매우 잘 알고 있었다. 18세기 후반 스페인인과 영국인이 북동 태평양에 들어오기 이전부터 러시아인은 아시아 환태평양과 알래스카 연안에 있는 흑담비의 가죽을 거래하고 있었다. 1740년대 러시아인의 모피 교역은 멀리 남쪽으로 캘리포니아 북부에까지 확대되었으며, 1812년 러시아인은 1776년에 세워진 스페인의 전초 기지 샌프란시스코에서 북쪽으로 105km밖에 떨어지지 않는 곳에 포드 로스를 세웠다. 스페인은 이 지역에서 모피 자원이 가지는 가치를 인식하지 못했으며 그 착취에도 거의 가담하지 않았다. 반면 1778년 제임스 쿡이 고장난 배를 고치기 위해 밴쿠버 섬의 북단에 있는 누트카 해협에 머물고 있을 때에 그의 선원들은 이 지역의 연안 사람들로부터 품질 좋은 수달 가죽을 얻을 수 있는 기회를 가졌다.

레절루션호에 타고 있던 해군 상병 존 레디어드의 글에 따르면, 레절루션호가 누트카 해협에 체류하는 동안 그들은 '약 1500마리 수달과 다른 동물들의 가죽을 샀는데, 최상의 것들을… 6펜스짜리 은하도 들이지 않고 얻은 것들이 나중에 100달러에 중국에 팔렸다'(Vitale 1993 : 21). 또한 영국인들은 알래스카와 알류산 열도 연안의 러시아 모피 무역업자들과도 접촉했다. 이곳에서 1778년 이들은 러시아인들의 여러 정주지를 방문했다. 1779년 하와이에서 쿡이 죽은 이후 그의 부관 찰스 클라크는 다시 북쪽으로 향했으나 유빙으로 배들이 손상을 입는 바람에 북서항로를 발견하고자 했던 그의 노력은 좌절되었다. 클라크는 아시아 태평양 연안을 거쳐 고국으로 방향을 돌렸지만 페트로파블로프스크에서 폐결핵으로 쓰러졌다. 존 레디어드의 일기에 암시되어 있는 것처럼 레절루션호와 디스커버리호의 선원들은 수달 가죽을 중국인에게 팔아 거대한 수익을 남기고 남쪽으로 항해했다.

쿡의 탐험대에 있던 영국인 선원들이 감행한 이 선구적인 교역 이후에 북서 연안 부족들과의 수달 가죽 교역은 영국인, 미국인 그리고 러시아인 교역자들에게 활짝 열리게 되었다. 러시아인, 영국인, 미국인, 스페인인이 서로 경쟁적으로 바다수달 가죽 교역에 참가함에 따라 오리건 연안에서 바다수달 자원은 급격히 고갈되었다.

20세기에 들어 대부분의 북부 태평양에서 바다수달을 볼 수 없게 되면서 환경에도 변화가 왔다. 바다수달이 좋아하는 먹이였던 가시 있는 성게는 이전에는 생태적 균형을 유지했으며 이 성게가 먹이로 하는 거대한 켈프 숲이 무성했었다. 바다수달이 이 지역에서 사라지자 성게의 개체 수는 폭발했으며 포식자 성게의 증가로 켈프 숲은 사라지기 시작했다. 최근 드디어 바다수달을 보호하는 법이 도입되어 일부분 이전의 생태적 균형이 복원되고 있으며, 그 결과 켈프 숲이 다시 한 번 태평양 북서 지역에 형성되고 있다.

백단목의 착취와 폭력

태평양에서 백단목의 착취는 태평양 자원에 대한 여러 형태의 착취 중에서도 거의 유래를 찾아보기 힘들게 가장 폭력적이고 인정사정없이 진행되었다. 백단목 교역에 관해 폭넓게 연구하고 글을 썼던 역사가 도로시 샤인버그(Dorothy Shineberg)는 인명 손실이라는 면에서 백단목 교역은 고래잡이나 모피 사냥보다 훨씬 폭력적이었다고 평가한다. 백단목을 두고 벌어진 선원과 원주민 간의 살인, 충돌, 분쟁으로 100명이 넘는 선원과 수차례에 걸쳐 수많은 섬사람들이 죽었다(Shinberg, Campbell 1990 : 108에서 인용).

백단목 착취를 둘러싼 이야기는 향과 조각품 그리고 가구 제조에 쓰이는 귀한 향목에 대한 중국의 거대한 수요에 그 기원이 있다. 중국에서 선호하는 향은 백단목(*Santalum album*)의 밀도가 높은 심재를 가루로 만든 나토라(natora)였지만, 그 뿌리에서 얻은 기름도 수요가 막대했다. 이는 중국 시장에서의 수요와 남해 섬에서 나는 값어치 나가는 상품과의 연관성은 태평양의 주변지역과 다른 곳에서의 사건과 상황을 참조하지 않고 태평양의 한가운데에서 일어난 사건을 이해할 수 없음을 보여주는 좋은 예이다. 이러한 백단목에 대한 중국 시장의 수요는 다시 중국산 차뿐만 아니라 실크와 도자기와 같은 중국 제품에 대한 유럽에서의 한없는 수요와 연결되었으며, 그 결과 중국인이 이들 상품과 교환할 것으로 보이는 상품을 찾을 필요성으로 연결되었다.

18, 19세기에 유럽인의 통제 범위 내에 있으며 중국인이 기꺼이 받아줄 수 있을 것으로 보이는 가치 있는 상품은 수달 가죽 이외에는 드물었다. 이로 인해 엄청난 양의 금과 은 그리고 화폐가 유출되었으며 관련 유럽정부들은 이를 어떻게 하든 막고자 했다. 이들은 필사적인 심정으로 이 책의 다른 곳에서 논의했던 바처럼 내켜하지 않은 중국 정부를 강제하여 오랫동안 중독성이 있는 아편을 부끄럼 없이 교역하는 행위를 용납하고 심지어 지원했다.

중국 시장으로 갈 백단목, 장뇌와 같은 향료(香料)의 공급처는 최소한 15세기 이래로 인도 그리고 플로레스와 티모르와 같은 동부 인도네시아의 섬들이었다. 이들 자원이 고갈되자 더 먼 곳 특히 태평양에서 새로운 공급원을 찾았다. 멜라네시아는 호황기 초기부터 19세기 중반까지 백단목의 주요 공급지였으며 18세기 후반에 태평양 백단목은 하와이에서 선적되어 중국으로 보내졌다. 19세기로의 전환기에 양질의 백단목이 피지 제도에서 우연히 발견되었다.

노퍽 섬에서 중국으로 가는 길에 좌초된 미국의 스쿠너 아르고호(*Argo*)의 조난자들이 1800년 엘프르미에르호(*El Plumier*)에 의해 구조되고 아르고호가 수리를 위해 부아에(피지 그룹에 속한 작은 섬) 닻을 내리자 이 새로운 발견에 대한 소식이 퍼져나갔다. 조난자 올리버 슬레이터는 부아에 백단목이 지천에 널려 있다고 말했다. 1804년 슬레이터는 광저우(廣州, Canton) 시장에 내다 팔 백단목을 적재하기 위해 미국 선박 크라이티리언호(*Criterion*)를 부아로 안내했다. 미국은 물론이고 뉴사우스웨일스 식민지에서 온 많은 배들도 얼마 있지 않아 피지 집단의 다른 섬들, 특히 바누아 레부에 백단목이 상당히 많다는 사실을 발견했다.

미국 선박 제니호(*Jenny*)에서 선장 윌리엄 도르와 그의 동료 윌리엄 로커비 간의 갈등으로 후자가 일 년이 넘게 부아에 고립되었다. 이 갈등은 도르 선장의 현지 섬사람을 취급하는 방식에 대한 로커비의 강한 비난에서 비롯되었다. 피지에서 전설적인 백단목을 찾아 가는 도중에 도르와 몇 선원은 통가타푸에서 '안녕하기를 바란답시고 자신의 불행에 비탄해하고 아마도 죽은 친구 몇을 애도하게 내버려 둔답시고 포도탄을 장착한 회선포를 여러 번 발사해'(Im Thurn and Wharton 1922 : Iv) 죄 없는 섬사람을 학살했다. 한번은 부아에서 로커비는 몇 명의 선원과 함께 뭍에 내려 현지의 영주에게 철과 향유고래 상아이빨을 주는 대신 협력을 얻어 백단목을 가져오라는 지시를 받았다. 충분한 양의 이 향이 좋은 나무를 배에 실은 후 도르는 로커비가 아직 해안에 있는데도 닻을 올렸으며 그와 67명의 선원은 이 섬에 버려졌다. 로커비는 부아 영주의 보호하에서 생존할 수 있었으며, 이 해군 중위는 그의 피지인 후원자들에게 도움을 주었다. 불행을 이점으로 바꾸면서 로커비는 이 영주와 이 섬에 들리는 백단목 선박의 선장들 모두에게 없어서는 안 될 사람이 되었다. 그는 신뢰받은 중재자로 이 지역의 백단목을 '끌어내고' 여러 나라에서 온 선박 주로는 미국인의 스쿠너에 필요한 향료와 식량에 대한 대가를(철, 고래 상아이빨, 갖가지 장신구) 협상했다. 로커비는 나중에 자신의 경험을 일기에 기록했는데, 거기에는 통가와 피지 섬 그룹을 방문한 백단목 선원들의 무법성과 악의, 배에서 달아나거나 뉴사우스웨일스에 있는 범죄자 식민지에서 탈출한 유럽인들로 인해 여러 현지인들 사이에 만연했던 유럽 당국에 대한 불신을 보여주는 예를 수없이 제공하고 있다(Im Thurn and Wharton 1922).

1804년까지는 피지 백단목에 대한 소식이 남태평양에서 작업하고 있는 영국과 미국의 식민지 상인들과 선장들에게도 파다하게 퍼졌다. 존 맥아더를 (오스트레일리아의 메리노 양모 산업의 창시자) 비롯해 뉴사우스웨일스에 있던 주요 기업가들은 백단목을 채취하기 위해 정부의 승인을 받았다. 맥아더와 다른 기업가들이 수익성이 좋은 이 화물을 도산 직전에 있던 식민지 뉴사우스웨일스에 가지고 오자 바운티호로 명성이 있었던 새로운 식민지 총독 윌리엄 블라이는 매우 절실했던 세수 확보의 수단으로 백단목에 수출세를 부과했다(Im Thurn and Wharton 1922 : liv). 이 식민지에서 불법 럼주 교역을 막기 위해 취했던 정책과 함께 대단히 인기가 없었던 이 조치로 인해 블라이는 1808년 자신의 부관과 선도적인 시민 도당에 의해 자리에서 물러나야 했다. 이는 블라이가 17년 만에 겪은 두 번째 반란이라고 할 수 있다. 이로 인해 초창기의 식민지를 위협적인 파산상태에서 구하고 식민지 행정에 만연해 있던 공공연한 부패를 종식시키려는 블라이의 시도는 좌절되었다. 또 하나의 결과로 그리고 일부분은 백단목 교역을 둘러싼 무법적인 분위기로 해군 행정부가 뉴사우스웨일스 식민지를 경영하던 시기가 끝나고 냉철한 육군 총독 라클란 맥퀴리가 식민지 지휘권을 잡게 되었다. 라클란 맥퀴리는 뉴사우스웨일스를 '구조 조정을 할 수 있는' 권력과 권위를 가지고 있었다.

백단목 교역은 결국 이 범죄자 식민지에 얼마간의 번영을 가져다주었으나 곧 여러 나라에서 온 배들이 남서 태평양에서의 교역에 끼어들면서 '무한 경쟁 상태'가 되었다. 특히 미국인과 식민지의 선박들이 피지의 백단목을 얻기 위해 격렬히 경쟁했다. 그 결과 19세기 초 피지와 통가는 악명 높은 무법상태와 폭력으로 얼룩지게 되었으며 결국 영국은 공식적으로 이들 섬을 '보호'한다고 선언했다. 거의 같은 시기에 카메하메하 대왕은 하와이에 백단목 농장을 다시 세웠으며, 그가 죽음을 맞이한 1819년에는 왕가 독점으로 백단목을 수확할 준비가 되어 있었다. 그러나 그를 계승한 리홀리호 치하에서 하와이 귀족들이 공들여 키운 이 나무들을 유럽인과 미국인 선장들에게 팔아넘기면서 남획을 일삼는 바람에 백단목은 급감했다.

1814년경 와이레아 만이 피지의 주요 백단목 지역으로 부아를 대신했으나, 남아 있던 나무들은 빠르게 사라졌다. 피지에서 백단목 교역을 시작했던 창시자 올리버 슬레이터는 1815년 식민지의 브리그(쌍돛대 범선) 맥쿼리총독호(*Governor Macquarie*)를 위해 피지의 백단목을 거두어들이다 살해당했다. 그럼에도 불구하고 맥쿼리총독호의 선장 윌리엄 캠벨은 이 화물을 가지고 벵골로 향했다. 그의 화물에는 소시에테 섬에서 얻은 진주층(眞珠層)과 마르케사스에서 가져온 고철이 포함되어 있었다. 이 흔치 않은 화물에 대해서는 어느 정도 설명이 필요하다. 1812~14년 영국과 미국 간의 전쟁 시기에 우연히 마르케사스 제도에 커다란 백단목 숲이 있음이 발견되었다. 나중에 자세하게 논의할 것이지만 이 제도는 데이비드 포터가 지휘하는 미국 호위함 에식스호(*Essex*)의 전시 기지로 사용되었다. 포획된 영국 배들이 이곳에서 고철로 변했으며, 이 섬에 투옥되었던 영국 선원들의 입을 통해 동, 철, 백단목이 많다는 사실이 전후에 바로 새어 나갔다(Campbell 1990 : 61).

1825년 이번에는 뉴헤브리디스(현재 바누아투)가 백단목 수요가 미치는 영향을 절감하게 되었다. 브리그 콜더호(*Calder*)의 선장 피터 딜런이 그 해에 에로망고에 이 귀한 나무가 가득함을 발견했다. 그러나 그곳에서의 교역은 최상품의 백단목이 자라는 지역의 호전적인 에르망고인들이 선교사들의 활동으로 평정되기 전까지는 제대로 시작되지 못했다. 말라리아로 인해 이 지역에서 백단목을 거두는 일은 위험한 작업이었다. 게다가 에로망고인들이 기독교로 개종하기 전에는 1839년 선교선 캠던호(*Camden*)를 타고 그곳에 상륙한 유명한 존 윌리엄 목사를 포함해 여러 명의 유럽인이 죽임을 당했다.

주류 밀수는 심지어 선교사를 따르는 이들도 가담했던 에로망고 백단목 교역의 유명한 부업이 되었다. 식민지의 설탕 귀족 로버트 타운즈는 나중에 개입한 '노예무역'(blackbirding)으로 ―기간계약노동자 거래― 악명이 높았는데, 그는 백단목으로 거부를 쌓았으며 '원로 백단목 상인'으로 알려지게 되었다. 뉴헤브리디스에서의 백단목 착취는 예측할 수 없는 중국 시장에서의 가격 (톤당 12파운드에서 50파운드를 넘는 범위에 걸친) 그리고 1860년까지는 최상품의 나무가 이미 다 벌목된 상태였기 때문에 결국은 쇠락할 수밖에 없었다.

해삼과 별갑

다시 한 번 중국인과 이들의 이국적인 미각에 대한 인식으로 인해 태평양 해삼 (*bêche-de-mer*)에 대한 착취가 일어났다. 이 커다란 해삼 종은 낮은 열대 바다와 산호초의 생물체가 남긴 자연발생적인 해양 유기물을 먹으며 살기에 태평양에서 흔하게 발견할 수 있다. 건해삼은 중국에서는 다양한 국 종류와 여러 음식에 사용되며, 오늘날에도 상당히 수요가 많다. 19세기 중반 피지에서의 백단목 공급이 씨가 마르고 있던 때에 해삼 채취 산업이 특히 피지 주변에서 호황을 누렸다. 몇 유럽인 선장은 해삼을 중국에 수송하는 일을 전문으로 했으며, 얼마간은 이 교역으로부터 거부를 쌓았다. 해삼은 썰물 때에 현지인이 채취했으며, 그리고 나서 햇볕에 말리거나 천천히 타는 불길 위에 놓인 커다란 선반 위에서 훈제되었다. 훈제를 위해 장작이 필요했으며 그 결과 피지의 여러 지역에서 삼림이 파괴되었다. 외국의 건해삼 수요를 충족시키기 위해 많은 노동력이 —지역의 영주가 통제하는— 필요했다. 한때는 번성했던 이 상품의 교역은 1850년경 이후에 피지에서는 쇠락했다.

거북이 등껍질인 별갑으로 만든 세면도구를 포함해 화장실 용품, 머리빗, 모조 보석류와 장신구들이 빅토리아 말기에 가장 유행했으나, 취향이 변하고 대모 거북이 20세기에 고갈되면서 점차 쇠퇴했다. 시장의 침체는 베이클라이트와 다른 플라스틱으로 만든 모조 별갑이 개발되어 세면도구를 포함한 화장실 용품을 대량으로 생산하게 되면서 가속화되었다. 지금은 멸종 위기에 있는 대모 거북은 바다거북과에 속하는 거북 중에서도 가장 등치가 작은데, 모양은 각기 다르지만 윤을 내면 짙은 밤색 반점을 가진 아름다운 투명한 호박색을 띠는 13개의 작은 등껍질은 합하면 길이는 약 1m에 달한다. 멸종위기에 처한 야생동식물의 국제거래에 관한 협약(CITES)은 이 대모 거북과 다른 종류의 거북들이 20세기 말 멸종될 위기에 처했다고 보아 이들을 중요한 보호 목록에 포함시켰다. 그러나 그 때에도 이미 대모 거북의 숫자는 너무나 적어서 보호를 위한 노력과 —현재 바누아투에서 홍보하고 있는 바와 같은— 태평양 별갑의 착취와 교역에 대한 통제는 너무 늦은 감이 있었다.

19세기에 고래잡이 선원들이 거대하고 느릿느릿하게 움직이며 해를 주지 않는 대형 육지 거북을 고기 공급원으로 팔기 위해 수백 마리씩 사냥하여 선상의 우리에 넣었기 때문에 이들은 갈라파고스 제도에서 거의 멸종되다시피 했다. 어떤 것은 무게가 250kg이나 나가는 이 강인한 동물은 가장 끔직한 상황하에서도 심지어 먹이를 주지 않아도 수개월이 걸리는 긴 태평양 항해에도 죽지 않았다. 살아남은 거북은 8장에서 논의하겠지만 이제 갈라파고스의 생태관광 사업의 기초가 되고 있다.

진주 채취

자연산 진주와 진주조개는 19, 20세기 태평양과 인도양 모두에서 중요한 산업을 낳았다. 진주조개 중에서 두 품종이 태평양 자연산 조개 채취 산업에서 중요했다. 하나는 작은 마르가리타 불가리스로(*Margarita vulgaris*) 고품질의 자연산 진주를 꽤 많이 산출하지만 진주층이 너무나 얇아 쓸모가 적다. 다른 품종은 6kg까지도 나가는 큰 마르가리타 맥시마로(Margarita maxima) 고품질의 진주를 많이 생산해 내지는 못하지만 단추, 칼 손잡이, 무늬를 새겨 넣은 재료와 진주층으로 만드는 다른 사치품에 유용한 두터운 진주층을 가지고 있다. 유럽, 북미, 인도, 중국, 아랍 세계에서의 진주와 진주층에 대한 수요는 유행이 변하고 베이클라이트와(프랑스 아이보리) 같은 인공 플라스틱이 나와 나이프·포크·숟가락의 손잡이, 단추와 화장실 용품에 애용되기 시작한 20세기의 초까지는 높았다. 1차 세계대전 후 유럽 귀족계층의 몰락을 가져온 불운도 보석 같은 품질의 자연산 진주에 대한 수요를 줄였다. 이는 진주조개 군락지의 고갈과 함께 태평양 진주 채취 산업의 종말을 가져왔으며 토레스 해협에 있는 목요섬과 같은 항구들에서 진주잡이 러거 선단들은 자취를 감추었다. 그러나 프랑스 황후 외제니 드 몽티조에 의해 유행하게 된 투아모투 흑진주와 같이 일부 특정한 유형의 태평양 진주에 대한 수요를 충족시키는 틈새시장은 계속 있었다. 2차 세계대전 후 양식 진주가 완벽해 졌으며 일본인 미키모토 고키치(御木本 幸吉)의 선구적인 실험에 의해 대량생산되었으며 타이티와 같은 곳에서 진주 산업이 다시 부흥했다.

태평양 참치, 정어리, 멸치의 말살

무법적인 상황에서 태평양 자원이 착취되었다 함은 폭력으로 자원을 갈취했음
뿐만 아니라 자원의 지속가능성을 확보하기 위해 마련된 규정도 무시되었음을 의
미한다. 21세기 첫 10년 동안 황다랑어, 북태평양 날개다랑어, 가다랑어, 중서부
태평양 눈다랑어를 포함한 수 종의 태평양 참치가 남획되었으며 전체 참치 어장
이 붕괴에 가까운 지점에까지 이르렀다. 인구의 3분의 1이 참치 처리과정에 종사
하고 있는 아메리칸사모아와 같은 태평양의 많은 섬 사회들은 아시아 환태평양에
서 온 수많은 어선단의 규제되지 않는—그러나 법적으로는 합법적인— 활동으로
악영향을 받고 있다. 참치의 남획은 태평양 어족의 파괴적인 착취의 긴 역사에서
가장 최근의 한 예에 불과하다.

태평양 자원의 고갈에 대한 아마도 가장 유명한 예는 캘리포니아 정어리 산
업일 것이다. 1966년 필자가 샌프란시스코의 남쪽 몬테레이 반도에 있는 '통조
림 공장가'를 방문했을 때, 예전에는 북새통을 이루던 정어리 통조림 공장들이
유기되고 버려진 채로 있었다. 늘어선 채 버려진 어류처리공장들은 존 스타인
벡의 유명한 1945년의 소설 『통조림 공장가』(Cannery Row)의 주제이기도 했던
1950년대 중반 북태평양 정어리 산업의 붕괴를 촉발시킨 인간의 어리석음과 탐
욕을 보여주는 증거물이다. 남획이 주요 원인이었지만 당시에는 몰랐을 수도
있는 엘니뇨라고 부르는 태평양의 자연 현상도 이 정어리 산업의 붕괴에 일조
했다. 이 현상은 수십 년 뒤에 북반구의 정어리 어장에 대응하는 남반구의 멸
치 어장에서 다시 한 번 재현되었다. 페루 연안의 멸치 산업이 1972~3년 붕괴를
맞이할 즈음에 울리는 경고음에 귀를 기울어야 했다. 기후연구가 야콥 비에르
크네스가 지난 수십 년간 태평양에서의 엘니뇨 현상과 바다의 양상 그리고 대
기 온난화 사이에 존재하는 밀접한 연관성을 이미 밝힌 바 있기 때문이다. 이
전 캘리포니아 정어리 남획만큼이나—혹은 그보다 더— 심각한 어로 압력하에
서, 예전에는 상상을 초월할 정도로 많았던 멸치가 페루 연안에서 갑자기 사라
져 버렸다. 저인망 어선은 '치어'는 빠져나가고 성어(成魚)만 잡히도록 만든 그

물을 이용했지만, 엘니뇨로 인해 성어는 알을 낳지 못했다. 다시 말해 비록 저인망 어선이 이전에 해왔던 방식으로 어로를 했음에도 불구하고 그물을 빠져나갈 치어는 없었으며 자연히 다음해 성어로 자라는 멸치도 없었다. 탐욕, 무지, 그리고 경고 징후의 무시, 그리고 겉에서 봐서는 예측할 수 없는 태평양의 물리적 변화가 결합하여 한때는 잘 돌아갔던 산업이 놀랄 정도로 갑작스럽게 몰락한 것이다.

비막치어 밀어(密漁)

21세기 초 만새기, 참다랑어, 오렌지 러피, 비막치어를 비롯해 남태평양의 몇 어종은 상업 어부들이 수중 음파 탐지기를 이용해 어군의 정확한 위치를 찾아내서 잡아가는 바람에 대서양 북부의 대구와 캘리포니아의 정어리와 같은 운명에 처해질 위험에 빠져 있다. 심해의 남부 대양에 있는 비막치어(메로)는 해저에 가라 않을 정도의 무게를 가진 만 개에서 2만 개의 미끼 갈고리가 있는 긴 줄을 이용해 잡는다. 비막치어는 오래 살고, 재생산 속도도 느리다. 현재 이용 가능한 불충분한 과학적 지식으로는 특히 남부 대양에서 비막치어를 잡으려는 어로 활동이 크게 증가한 상황에서 이 어종이 어느 정도 지속가능성이 있는지 정확히 추정하기는 어렵다. 비막치어(*Dissostichus eleginoides and D. mawsoni*)를 현재 상당히 많이 어획하고 있다고 보이지만 충분히 알려지지도 규제되지도 않은 채 비막치어에 대한 불법 어로는 계속되고 있다(Glover and Earle 2004 : 80). 비막치어에 대한 어업 활동 중단 조치에도 불구하고 멀리 우루과이에서 온 저인망 어선들이 최근 남태평양에서 활발하게 움직이고 있다고 한다. 밀어꾼들로부터 남아 있는 어종을 지키기 위해 과감한 행동이 필요한 시점이다. 태평양의 다른 어종의 사정도 비막치어와 별반 크게 다르지 않다. 태평양에서 다른 어류들의 감소뿐만 아니라 태평양 돌고래와 상어의(그 지느러미인 삭스핀은 죽으로 만들었을 때의 미묘한 식감으로 인해 중국에서 귀하게 여겨진다) 개체 수 급감에는 공해에서 유망(流網)을 사용한 어업에 책임이 크다는 비난이 있어왔다.

산호초 파괴의 원인인 오염과 남획

태평양의 광대한 지역에서 침식에 취약한 연안선을 보호하고 해양 생물다양성을 지키는 산호초가 여러 다양한 요인들로 인해 위협을 받고 있다. 21세기에 지구온난화는 이들 중 가장 심각한 요인일 것이다. 2009년 초 연구자들의 보고에 의하면 오스트레일리아의 그레이트배리어리프에서 산호의 성장 속도는 지난 400년이 넘는 기간 중에서 그 어느 때보다도 현재 가장 느리다. 인간이 만들어낸 산호초 파괴 요인에는 연안 해역을 오염시키고 산호의 성장을 방해하는 농업비료 유출물과 산호충을 먹고 사는 악마불가사리(*Acanthaster planci*)로 인한 피해가 포함된다. 1960년대부터 시작해 이들 게걸스럽고 독성을 내뿜는 불가사리 개체군은 그레이트배리어리프를 따라 폭발하듯 증가했으며 이들이 지나간 자리는 온통 거대한 죽은 산호지역이 자리 잡았다. 이렇듯 불가사리 떼가 급증한 주요 원인은 사람들이 악마불가사리의 주요 포식자인 소라 고동을 (*Chironia tritonis*) ―그 껍질은 세계의 수집자들이 탐내는 품목이다― 포획했기 때문이다. 이제 소라 고동을 비롯해 다른 불가사리 포식자를 보호하려는 노력이 행해지고 있지만 수많은 열대 태평양 산호초를 위협하는 유해 종은 지금도 급증하고 있다.

나우루와 바나바에서의 구아노 착취와 거주지 파괴

미크로네시아 제도의 나우루와 바나바에(이전의 오션 섬) 있는 인산염 퇴적물에 대한 착취의 역사는 거의 필적할 만한 것이 없는 식민지 탐욕의 역사이다. 엄청난 무리의 바닷새가 대양에 있는 산호섬에 둥지를 틀고 오랫동안 살았던 결과 수백억 년에 걸쳐 이들 섬에 침전물이 쌓였다. 새의 배설물과 유기 쇄설물(有機瑣屑物)은 두 섬의 기초를 형성한 산호초 바위 봉우리 위에 인산염이 풍부한 두터운 구아노 층을 형성시켰다. 나우루는 크기가 22km²에 지나지 않고 미크로네시아인-멜라네시아인-유럽인 혼혈과 아시아인으로 구성된 인구는 8000명이 채 되지 않는다. 이들 중 많은 이들이 학교나 병원과 같은 기관을 운영하는 '초청 노동자'이다. 바나바는 법적으로 키리바시의 일부를 이루며 크기는 더 작다(약 600km²). 1979년 인산염 침전물이 바닥나고 이전에 코코넛 과육을 말린 코프라에 기반한 경제가 파산되면서 바나바는 버려졌으며 남아 있던 수십 명도 피지 그룹의 라비 섬으로 이주했다.

바나바는 1892년 영국의 보호령이 되고, 나우루는 1888년 독일에 의해 합병되고 얼마 있다 이 거대한 인산염 침전물에 대한 착취가 시작되었다. 1914년 오스트레일리아 군대는 나우루를 점령하고 얼마 지나지 않은 1920년 국제연맹으로부터 이 섬에 대한 위임 통치권을 얻었다. 바나바에서 현지 지도자를 자칭한 이들과 의심스러운 '조약'을 체결한 결과—아주 적은 돈을 지불하고 이 섬을 벗겨오는 권리를 포함하여— 한 회사, 즉 영국과 오스트레일리아 모두에 관계를 가지고 있었던 스탠모어 경이 사장으로 있던 태평양인산염회사는 인산염을 채굴해 수출하기 위해 코코넛 과수원과 현지인의 농장을 없애기 시작했다. 자급용 농작물에 의존했던 주민들의 반대에도 불구하고 일은 계속 진행되었다. 1927년 바나바인들은 로열티(전체 섬에 대해 매년 가을 약 100달러를 지불하고 있었다) 지불 인상을 주장했다. 그러나 영국 정부는 아예 전통적인 소유자들로부터 이 인산염 토지를 몰수하여 합병해 버리기로 결정했다. 섬사람들에게 식량을 제공했던 야자나무들이 잘려 나가자 이 지역의 여성들은 유일한 생계수단을 잃지 않으려고 야자나무에 몸을 묶고 시위를 벌였으나 부질없었다.

그 사이 비슷한 광경이 나우루에서도 벌어졌다. 1908년 착취가 시작된 이래 일본이 이들 섬을 점령한 2차 세계대전까지 적어도 고급 인산염 20만 톤이 나우루와 바나바에서 수출되었다. 처음에 해방자로 환영을 받은 일본인은 1942년 수많은 섬사람들을 트루크 제도와 미크로네시아의 다른 지역으로 강제로 데리고 가 노예 노동력으로 사용했다. 전후 생존한 섬사람들은 식민지 점령과 인산염 채굴 회사의 부당한 행위를 종식시키기 위해 운동을 했다. 인삼염 채굴 회사는 현지 인구가 줄어들고 있으며 결국 사라질 것이라는 이유를 대며 채굴로 폐허가 된 땅을 복구시키기를 거절했다.

1968년 독립을 획득한 나우루인들은 자원의 통제와 인산염 수출에 대한 공평한 로열티 지급을 위해 영국 법정에서 소송을 시작했다. 영국의 법률사상 가장 긴 민사 재판을 한 이후에 이 섬사람들은 승소했지만, 피해 보상금으로 받은 총액은 겨우 11,000달러에 불과했다. 이는 너무 많은 대가를 치르고 얻은 이익이 없는 승리로 최종적으로는 패배와 다름없음을 의미하는 피로스의 승리와 같았다. 반면, 바나바는 인산염 침전물이 고갈되고 환경이 파괴되면서 거주민 대다수가 섬을 버리고 떠나야 했다. 라우루에서의 인산염 채굴은 1990년도 말까지도 계속되었으며 사람이 거주할 수 있는 땅은 남겨지지 않았다. 나우루 사람들은 생계를 로열티와 역외 투자에 의존했다. 잠시 로열티 지급은 남아 있던 약간의 섬사람들을 부유한 이들로 만들었지만, 로열티 수입을 현명하지 못한 데에 투자했던 결정과 많은 어른들의 건전하지 못한 생활방식으로 대부분의 섬사람들이 다시 가난해졌으며 외부 도움 없이는 생존이 불가능한 결과를 가져왔다. 많은 이들은 아예 태평양의 다른 곳으로 이주해 버렸다. 21세기 첫 10년간 나우루 정부 세입은 난민 지위를 주장하는 불법 이주자들을 구류하고 이민절차를 처리하는 오스트레일리아의 역외 센터로서의 기능에 의존했다 (최근에 이 기능도 사라졌다).

무법성과 태평양 노동 착취

19세기 노동력 무역

전 세계적으로 19세기는 프랑스와 영국의 해군 초계함들이 반(反)-노예제 활동을 강화했으며 정부들도 공식적으로 강제 노동에 반대하는 입장을 분명히 표명했던 시기였다. 그러나 영국을 비롯한 유럽의 강력한 경제 이해집단들은 미국 남북전쟁에서 남부의 주들이 승리할 경우 면과 설탕을 다시 싼 값에 공급받을 수 있어 경제적인 이득을 얻을 수 있다고 생각해 남부동맹인 아메리카 연합국을 지지했다. 노예 후손도, 값싼 쿨리 노동력을 제공할 수 있는 충분한 인구도 없었던 모리셔스, 트리니다드 섬, 기아나를 비롯한 영국의 열대 식민지들은 노동력 부족으로 어려움에 처했으며 인도나 중국 등 새로운 육체노동자의 공급원을 찾고 있었다. 설탕을 생산하는 식민지 모리셔스는 인도에서 노동력을 충당하는 순환 기간계약노동 제도를 아주 성공적으로 운영하고 있었으며, 이러한 사실을 잘 알고 있었던 퀸즐랜드 농장주들이 그 예를 따라 하고자 무척이나 노력했다. 이들 농장주들이 영국의 인도 식민당국에 한 제안은 일언지하에 여러 이유로 인해 묵살되었다 (Griffith 1884 : 11; Clark 1971 : 153). 이로 인해 해운업체와 연관을 가지고 있던 일부 농장주들은 노동력의 출처를 영국 제국의 밖에서 구하게 되었다.

'노예무역'

값싼 노동력을 공급 받기 위해 벌인 아귀다툼의 결과로 등장한 것이 악명 높은 제도인 '노예무역'(blackbirding) —하와이와 남태평양 여러 섬의 원주민인 카나카 사람들을 사기와 납치를 포함해 의심쩍은 방식으로 '모집'하는 행위—이었다. 이런 무법적인 강제 노동력 거래의 모델은 포토시 근교 세로 리코와 페루에 있는 친차 구아노 광산의 소유주들이 만들었다. 이 소유주들은 스페인 식민시기에 노예 노동을 이용했던 전력이 있었다. 흑인 노예 공급이 대폭 축소되자 이들은 물불을 가리지 않는 배의 선장들에게 태평양에서 노동력을 제공할 수 있는 이들을 사냥해서 팔라고 독려했다. 수많은 '노예무역상들'이 1840년대와 1850년대에 태평양의 섬과 중국 남부의 연안에서 남자들을 납치해 카야오 항 근처 친차 제도에 있는 인산염 광산으로 실어 나르기 시작했다. 1855년까지는 10만 명이 넘는 중국인들이 카야오로 운송돼 구아노 광산의 쿨리로 일했지만, 기간계약노동으로 중국인을 모집하는 일은 더욱 어려워졌으며 따라서 더욱 더 많은 비용이 들었다. 카야오는 아주 최악의 인간성을 가진 이들이 모이는 무법 지대로 이름이 높았다. 여기에는 노예, 탈주범, 여러 나라에서 온 탈영병, 고래잡이꾼, 구아노 채취자, 그리고 가능한 곳이면 어디에서든 강제 노동력을 구해 구아노 광산에 팔려고 혈안이 된 무자비한 무역업자들이 포함되었다. 노동력 '모집인들'은 점차로 관심을 폴리네시아로 기울였으며 카야오는 '노예무역업자들'의 시장이 되었다.

1862년 카야오에서 출발한 20여 척의 노예선이 라파누이(이스터 섬)에 갑자기 몰려들었으며 이 섬의 거의 모든 성인 남자들을 납치해 가서 친차 구아노 광산에 노예로 팔았다. 1년 후 당황한 페루 정부는 이스터 섬사람들의 본국 송환을 지시했으며 800명이 넘는 노예들 중에서 오직 12명만이 살아서 고향에 도착했는데, 불행히도 이들은 전염병 천연두에 걸려 있었기 때문에 이들로 인해 남아 있던 섬 전체 인구가 섬멸되다시피 했다. 다른 한편, 노예무역 선박들은 중부 태평양 전체로 퍼졌으며 프랑스령 폴리네시아에 있는 십여 개의 섬들, 길버트 엘리스 제도(현재 키리비시와 투발루), 펜린 산호섬, 북부 쿡 제도에 닻을 내렸다. 1863년 중반 이들 섬들은 사로잡은 이들을 단지 구아노 광산에 뿐만 아니라 사모아와 태평양의 다른 곳에 터를 잡은 노동력에 굶주린 유럽인 소유의 설탕과 코프라 농장들에 팔았던 노예무역업자들에 의해 완전히 황폐화되었다.

1860년대 초 식민지 퀸즐랜드의 설탕 산업이 팽창하자 값싼 노동력이 필요했던 이 지역 농장주들은 처음에는 로열티 제도(누벨칼레도니의 일부)에서 그리고 이후에는 뉴헤브리디스(현재 바누아투), 솔로몬 제도, 길버트 엘리스 제도, 뉴기니에서 온 노예무역선에 의존했다. 이 노예무역 초창기에는 잠시 퀸즐랜드에 있는 식민당국이 이들 이주노동자를 통제되고 보건검사도 실시했으나, 이내 1880년대 말에는 노예무역상들이 아랑곳하지 않고 이들을 좌지우지하는 상태로 되돌아갔다(Evans et al. 1997 : 184, 216). 유럽인들은 생리적으로 열대 태평양에 있는 설탕 농장에서의 노동을 감당할 수 없다는 비논리적인 주장을 펴며, 정부·기업·교회 부문의 영향력 있는 이들은 소리 높여 태평양 섬들에서의 기간계약노동자 거래를 두둔했다. 어떤 이들은 심지어 '만약 카나카(Kanaka) 노동력이 들어오지 않는다면 위대한 설탕 산업은 완전히 망하지는 않는다 하더라도 심각하게 위태로워질 것이다'라고까지 단언했다. 피지의 설탕 농장주들도 배 화물로 실려 온 카나카 노동력을 획득하기 위해 경쟁에 뛰어 들었다. 이들은 거짓 꼬임에 넘어가 '모집' 배에 올랐으며, 강제로 기간노동계약서에 '서명'하고, 그리고 나서 물리력을 동원하여 설탕 농장으로 운송되었다. 그곳에서 부도덕한 선장들과 선주들은 노동력을 수송해 온 대가를 받았다.

영국과 식민지 오스트레일리아에서 자유주의적이고 진보적인 집단들의 비난을 받았던 이 비도덕적인 노동력 거래는 페루에서의 혐오스러운 구아노 강제 노동에 필적했는데, 이는 서부 태평양이라는 주변부에서 이제 막 시작된 유럽 제국주의가 가지고 있었던 무법성과 연관이 있었다. 이러한 악랄하고 악의적인 노동자 모집 관행은 식민국 영국, 독일, 프랑스의 팽창주의와 값싼 노동력 획득 경쟁이라는 요소가 가중되면서 멜라네시아와 같은 지역에서 가장 두드러지게 그 모습을 드러냈다 (프랑스는 1864년과 1897년 사이 3만 명 이상의 프랑스인 재소자들을 누벨칼레도니 식민지에 보내 무임 강제 노동을 시켰다. Evans *et al.* 1997 : 212). 이러한 무법성, 제국 경쟁, 그리고 남부 오스트레일리아와 뉴질랜드 정부의 불안은 영국 정부로 하여금 1874년에는 피지를 1884년에는 솔로몬 제도와 파푸아를 식민지배 하도록 고무시켰다. 바로 그 해에 영국은 프랑스와 공동통치조약을 체결하여 뉴 헤브리디스에 안정과 법치를 강화시켰다. 1901년 오스트레일리아 연방국가가 창설되고 오직 유럽인의 이주만을 허용한 정책이 채택된 이후 20세기 초 퀸즐랜드 설탕 농장 지역에 있던 대부분의 태평양 섬 노동자들은 자발적이든 강제에 의하든 본국으로 송환되었다. 기간계약노동하에서 카나카 노동력을 퀸즐랜드로 수송했던 '노예무역' 선박의 해로 그리고 곧이어 이들을 송환시킨 해로는 지도 6에 나타나있다.

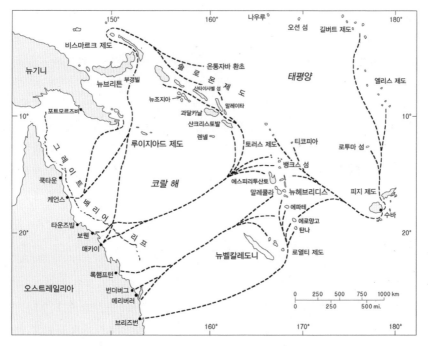

〈지도 6〉 카나카 노동자의 모집과 송환 해로. 출처 : Docker(1970 : 그림 1)에서 개작.

앞에서 언급한 페루와 칠레의 구아노 채굴, 포토시의 은광석 채광은 많은 이들에게는 잊고 싶은 폭력과 무법으로 얼룩진 이 지역 발전사의 한 장을 차지하고 있는 아메리카 환태평양의 자원 착취의 사례를 보여준다. 남미 역사에서 가장 중요한 국제 분쟁 중의 하나였던 칠레와 그 북부에 있는 인접국가 페루와 볼리비아 간의 전쟁의 발발에 구아노 채굴이 한 역할은 6장에서 자세하게 기술될 것이다. 환태평양을 따라 이루어진 자원 착취의 역사에서 이보다 규모는 작지만 분쟁의 예는 수도 없이 많다. 사실 너무 많아서 여기에서 다 다룰 수는 없다. 여기에서는 규제되지 않고 무법적인 착취, 환경 파괴로 인해 피해를 입은 지역의 발전 전략 선택권이 어떻게 제한되는지를 보여주는 몇 가지 예를 들고자 한다.

태평양에서 상업적인 가치가 있는 대부분의 광상(鑛床)은 아주 먼 과거 초대륙 곤드와나의 일부분이었던 고대 대륙의 화성암, 퇴적암, 변성암이 있는 지역에서 발견된다. 통상 이들 귀중한 광석은 예를 들어 니켈, 구리, 납, 아연, 금, 다이아몬드는 결정형의 화강암이나 변성암으로의 틈입에서 발견되거나 예를 들어 철광석과 우라늄은 퇴적암 매장층에 풍부하다. 또한 귀중한 광상은 석탄, 석유, 천연가스, 보크사이트(알루미늄의 원광), 사(砂)주석, 사금의 경우와 같이 퇴적암에서 발생하기도 한다. 이들 자원은 글로벌 산업 생산에, 특히 환태평양 국가에게는 점점 더 중요해지고 있다. 불행히도 이 장에서 이미 논의했던바 초기 자원 착취와 마찬가지로 현대에도 금, 니켈, 구리와 같은 광물자원의 개발에는 폭력적인 분쟁과 무법성이 언제나 수반된다.

금광지대를 둘러싼 갈등 : 캘리포니아, 오스트레일리아, 유콘

초창기 탐사자과 탐험가의 이룰 수 없었던 꿈, 태평양에서 금을 찾는 노력이 마침내 19세기에 결실을 맺었다. 1848년 1월 캘리포니아의 콜로마 근교 서터즈밀에서 한 제분소의 공장장인 제임스 마셜은 아메리칸 강 강바닥에서 금의 흔적을 발견했다. 이를 계기로 19세기의 첫 골드러시가 촉발되었다. 당시 캘리포니아는 법적으로 여전히 멕시코의 일부분이었으나 미국의 군사 점령하에 있었다. 새크라멘토 근처 금광지대는 어떤 민법집행기관의 관할하에 있지 않았으며, 먼저 '소유권을 주장하는' 이가 금이 있는 땅의 임자로 아무런 대가 없이 금을 채취할 수 있었다. 금을 발견했다는 소식은 삽시간에 퍼져나갔으며, 수년 동안 수도 없이 많은 채금꾼들이 미국 동부, 멕시코, 유럽, 태평양에서 몰려들었다. 이 골드러시의 와중에 일찌감치 멕시코는 캘리포니아를 미국에 내주어야 했다. 이는 새로 발견된 광산에 몰려들었던 '포티 나인너스'(forty-niners)와 미국의 동쪽 해안선에서 혼 곳을 경유해 샌프란시스코 항구까지 28,000km의 고난의 항해를 한 '아르고선 선원들'(argonauts)을 비롯해 미국인의 서부로의 이동 추세를 가속화시켰다.

누구보다도 빨리 금에 대한 소유권을 주장하기 위해 서두르는 과정에서 동부 해안선에 있던 많은 사람들이 보다 빠른 속도를 낼 수 있도록 볼티모어 쾌속 범선 클리퍼를 개량한 새로운 클리퍼 배에 오르려고 상당히 많은 돈을 지불했다. 클리퍼 멤논호(*Memnon*)는 동부 해안 지방에서 채금꾼들을 실어 나른 첫 배가 되었다. 그러나 속도 기록을 세운 클리퍼는 1851년에 89일 만에 뉴욕에서 샌프란시스코로 항해했던 플라잉 클라우드호(*Flying Cloud*)였다. 금의 발견 이후 샌프란시스코 항구는 호황을 맞이해 1847년 1000명이 되지 않았던 인구는 1850년에는 25,000명을 넘었다. 항구와 금광 지대는 당시 일대 혼란을 이루는 무법천지였다. 사업장의 노동자들도 배의 선원들도 직장과 배를 버리고 금을 찾아 돌아다녔다. 골드러시의 첫 5년 내에 350톤이 넘는 사금을 채취했다는 사실에 추동되어 유럽, 중국, 하와이에서 배를 타고 수천 명이 몰려오면서 그렇지 않아도 혼란스러운 이 세계는 더 많은 광부들로 북적이게 되었다.

예를 들어 1852년에는 2만 명이 넘는 중국인이 새크라멘토 주변의 채굴지와 캘리포니아 북부 금광지대에서 노동을 했다. '선취 특권 횡령'(claim jumping)으로—이전에 남이 '막대기를 세워 표시했던' 금이 있는 지역을 무법적으로 가로채는 일— 인해 새로 온 이들과 이 금광 지대에 먼저 도착한 이들 사이에 분쟁이 일어나고 인종 간 충돌 사건도 증가했다. 쉽게 발견할 수 있는 사금이 거의 모두 채취되고 채굴이 쉽지 않은 지하 금맥만이 남게 되자 미국 광부는 '외국인', 특히 멕시코인과 (몇 년 전까지만 해도 캘리포니아의 합법적인 소유자였던) 중국인을 강제로 몰아내기 시작했다. 이런 축출은 어떤 공인된 법적 절차가 아니라 폭력으로 협박하는 방법을 동원해 이루어졌다. 미국은 1866년까지만 해도 캘리포니아 금광지대에서 벌어지는 사건을 다룰만한 법을 공식적으로 제정하지 않았다.

캘리포니아에서 금이 발견된 지 2년 후 빈손으로 캘리포니아에서 돌아와야 했던 존 하그리브즈라는 오스트레일리아의 금 탐사자는 캘리포니아의 새크라멘토 주변 금광 지역과 오스트레일리아 동부에 있는 지역 사이에는 지리적인 유사성이 크다는 사실에 주목했다. 그는 1851년 뉴사우스웨일스에 있는 배서스트 근처 서머힐 크릭에서 사금의 흔적을 발견했다. 얼마 후 수천 명의 현지인과 해외의 광부들이 이 지역으로 몰려들면서 골드러시를 촉발시켰다. 몇 달 후 인접한 빅토리아주에 있는 밸러랫, 밴디고, 캐슬메인에서 커다란 금광상이 발견되어 1852년 한 해만 해도 37만 명이 오스트레일리아로 이주했다. 대다수는 영국과 아일랜드에서 왔지만 캘리포니아에서도 상당수의 미국인이 건너왔다. 이를 계기로 오스트레일리아의 정치·문화적 발전에 상당히 중대한 영향을 미쳤지만 오늘날 충분히 인정받고 있지 못한 지속적인 트랜스 태평양 관계가 수립되었다.

반항적인 '채금자들'

유레카 방책

1854년 밸러랫(빅토리아) 근처에서, 정부의 가혹한 면허세와 주로는 아일랜드인과 미국인 '채금자'에 대한 혹독한 처우에 불만이 폭발하면서 영국과 식민지 당국에 대항한 공공연한 반란으로 치달았다. 아일랜드인 엔지니어 피터 로러의 지도하에서 수백 명의 채금자들이 영국이 통치하는 빅토리아로부터의 분리 독립을 선언했다. 이들은 금광지대로 파견된 식민지 경찰과 군대에 저항하고 자신들을 방어하기 위해 방책을 세우고 무장했다. 유레카 방책에서 일어난 잠시 동안의 작은 전투로 22명의 채금자와 6명의 경찰과 병사가 사망했으며 반란은 완전히 진압되었다. 그 결과 광부들의 불만과 고충을 해결하는 많은 개혁이 실시되었다. 유레카 방책 전투에 대한 이야기와 그 기저를 이루는 평등주의-인민헌장주의의 가치는 오스트레일리아 민간 전통문화의 일부분이 되었다.

캘리포니아의 골드러시에서와 마찬가지로 수많은 중국인 광부가 오스트레일리아 금광지대에 몰려들었다. 1861년에는 4만 명이 넘는 중국인이 있었다. 이들 중다수는 중국 남부에서 온 기간계약노동자들로, 이들은 여기에서 번 돈으로 오스트레일리아 금광지대에 오는 데 든 배 삯을 갚았다. 금광지대에서 중국인의 근면하게 일하는 태도, 낮은 임금의 수용 그리고 낯선 문화와 언어는 유럽인 채금자의 분노를 야기했다. 1861년 뉴사우스웨일스에 있는 램빙 플랫에서 1000명이 넘는 유럽인 채금자가 중국인 광부를 공격해 이들이 이 금광지대를 포기하고 떠나도록 압박했다. 짐피, 차터스 타워스, 파머 강에서 새로 금광이 발견되고 상당량의 금을 산출하게 되면서 금 수출 가치가 이 식민지의 다른 모든 경제 부문의 가치를 훌쩍 뛰어넘었던 퀸즐랜드에서 수십 만 중국인이 골드러시에 합류했다. 다시 이는 유럽인의 반발과 정치적인 소요를 불러왔으며 결국 중국인은 무거운 인두세와 다른 제한적인 조치를 감수해야 했다. 1877년 파머 강 금광지대에서 중국인은 17,000명으로 최고조를 달했다. 이후 식민지 퀸즐랜드는 남부의 식민지들과 연합하는 방향으로 움직이면서 더 이상의 비백인 이민이 들어올 수 없도록 하는 일련의 법적 조치를 취했으며 중국인들은 이 식민지를 떠나기 시작했다.

1896년 캐나다 유콘에서 금이 발견되면서 캘리포니아와 오스트레일리아에서 발생했던 이전 골드러시의 변경지대적인 상황과 초기의 무법상태가 이곳에서 다시 반복되었다. 4만 명이 넘는 '시큼한 맛이 나는 반죽 빵인 사우어 도우' 광부들이 클론다이크 유역의 금광지대에 북적거렸는데, 이들 중 많은 이들은 칠쿠트 산길과 화이트 패스를 지나 뗏목을 타고 유콘 강을 따라 금광지대의 출발점인 도슨 시티로 내려온 미국인이었다. 이 외지고 무법의 지대에서 권총 등의 화기 소지는 안전에 대한 위협이었으며 명목상으로 유콘 강 영역을 지배하고 있었던 캐나다 당국에 대한 도전이었다. 무장한 수많은 미국인 광부들이 캐나다 당국을 무시하고 금광지대를 아예 장악해 버리기로 결정할지도 모른다는 우려가 있었다. 이 때문에 캐나다 북서 기마경찰대는 경찰서를 세우고 클론다이크 유역의 금광지대에 들어오는 모든 광부의 무장을 해제시키는 프로그램을 마련했다. 이로써 그렇지 않았다면 활짝 열린 변경 지대가 되었을 곳에 외관상의 법과 질서를 마련했으며 사전에 분리 독립 움직임도 차단했다.

니켈과 구리 채광을 둘러싼 최근 갈등
중국의 스테인리스 강(鋼) 생산은 현재 니켈에 대한 국제 수요를 끌어올리는 데 기여하고 있다. 많은 니켈이 태평양에 있는 광산에서 공급되고 있다. 이 금속의 세계 최대 생산국 중의 하나는 프랑스령 태평양 섬 영토인 누벨칼레도니이다. 멜라네시아인에게는 카나키라고 알려진 이곳은 세계 니켈과 코발트 매장량의 4분의 1 이상을 가지고 있다. 누벨칼레도니는 1853년 프랑스 해군 제독 페브리에 데 포앵뜨가 앞선 영국의 소유권 주장을 무시하고 누벨칼레도니와 로열티 제도를 프랑스령 폴리네시아의 일부로 합병하면서 프랑스의 소유지가 되었다. 석방된 죄수를 포함해 프랑스인 정착민은 현지인인 카낙인을 원래 면적의 10%도 되지 않는 보호구역에 밀어 넣고 나서 빼앗은 땅에서 소고기 그리고 코프라와 같은 농장 농작물을 생산했다. 농장 노동력은 기간계약노동을 하는 현지 카낙인, 월리스 푸투나 제도에서 온 폴리네시아인, 프랑스인 재소자, 중국과 다른 아시아 지역에서 온 쿨리로 충원했다. 누벨칼레도니에서 니켈, 구리, 크롬, 코발트 채굴은 1870년대에 시작되었으며 광범위한 침식과 유출을 불러오는 노천 채굴 방식이었다. 광석 재련은 수도 누메아 근교에 있는 쿠티오 만에서 시작했다. 이러한 채굴과 재련 산업은 중금속, 폴리 염화 비페닐, 황화물, 탄화수소를 방출해 대기와 물 그리고 땅을 심각한 수준으로 오염시켰다. 고-황석탄이 광석 재련에 사용되었다.

카낙인의 독립을 위한 여러 차례의 시도는 폭력적으로 진압되었다. 드골주의의 프랑스는 1960년도와 1970년도에 누벨칼레도니의 가치 있는 니켈 생산 지역을 포함해 태평양 영토에 대한 지배를 강화하는 방향으로 움직였으며 독립 운동을 인정사정없이 탄압했다. 1980년대 프랑스 경찰과 군대의 보호를 받은 프랑스인 정착민과 카낙인 사이에 유혈사태를 동반한 충돌이 여러 차례 발생했다. 이제는 완곡하게 '사건'(events)이라고 불리는 이들 충돌사태는 카낙인에게 독립을 가져다주지 못했으며 오히려 정치적인 재편을 초래해 카낙인은 자신의 영토에서 소수민족으로 전락했다.

팔콘브리지 앤 잉코와(현재는 베일 잉코) 같은 캐나다의 니켈 광산 거대기업들은 누벨칼레도니에서 거대한 광상의 개발 문제를 놓고 분쟁에 휘말렸다. 누벨칼레도니 남부에 있는 고로 광상은 1억2천만 톤의 니켈을 가지고 있으며 2006년에 조업을 시작하기로 되어있었다. 그러나 환원물(還元物) 파이프라인 건설에 반대하는 카낙인의 차단으로 인해 조업이 중지된 상태이다. 카낙인은 이 파이프라인을 통해 유독성 폐수를 해양보호구역 가까운 바다로 내보낼지 모른다는 우려를 표명한다. 또한 이들은 고로 프로젝트를 위해 석탄을 연료로 쓰는 용광로를 사용하는 것에도 반대한다.

칠레, 페루, 파푸아뉴기니의 부갱빌 그리고 퀸즐랜드는 지난 50년이 넘게 중요한 구리 생산지였던 환태평양지역이다. 파푸아뉴기니 고지대에 있는 옥테디 광산은 경제 침체를 겪고 있는 이 태평양 국가의 주요 외화 수입원 중의 하나였다. 2004년 통계에 의하면 이 광산은 7백만 온스의 금과 함께 거의 9백만 톤의 동정광(銅精鑛)을 산출해 냈다. 노천 채굴 광산인 옥테디는 동정광을 실어 나르는 노선이자 유독성의 광산 찌꺼기를 내다버리는 하치장이기도 한 플라이 강을 심하게 오염시켰기 때문에 논란의 대상이 되어왔다. 플라이 강 계곡에 살고 있는 5만 명이 넘는 거주민들과 1300㎢의 농지는 환경오염 재난으로 악영향을 받았으며, 많은 이들이 목숨을 잃거나 심각한 건강문제를 안고 있다. 1996년 광산 소유주 BHP(Broken Hill Proprietary)는 2860만 달러에 달하는 법적 합의금을 현지 주민들에게 지불했다. 2002년 BHP는 과반수 주식을 파푸아뉴기니 환경친화적 개발계획회사(PNGSDPL)에 넘겼으며, 광산 오염에 관한 장래의 법적 책임에서 면책보장을 받았다. 옥테디는 2010년에 운영을 중단할 예정이다. [옥테디 광산은 2013년에 파푸아뉴기니 정부에 의해 국유화되었다.]

부갱빌동회사(BCL)가 시작한 두 번째 주요 태평양 구리 채굴 작업은 팡구나에서 이루어졌다. 파푸아뉴기니의 영토도 팡구나에 일부분 있었기 때문에 팡구나는 최근 수십 년간 갈등의 장이 되었다. 부갱빌 섬의 팡구나 광산의 역사는 자원의 착취와 태평양에서의 갈등 간의 연관을 이해하는 데에 유익한 예를 제공한다. 1961년에 발견되고 1964년에 콘징크-리오틴토 오스트레일리아(CRA)가 상업적으로 가치 있는 광상임을 확인한 이 광체(鑛體)는 1969년 식민지 당국과의 (오스트레일리아 정부와 파푸아뉴기니의 독립이전 정부) 협상 이후에 개발하기로 예정되었다. 10만 톤의 동/금 광석을 생산하는 노천 채광에서 채굴되는 광석을 추출하는 과정에는 분쇄로 인한 수많은 먼지와 부유물 그리고 퇴적물이 따라오기 마련이었다. 이렇게 채굴된 정광은 부갱빌 동부 연안에 있는 아라와의 로로호 항에서 일본, 독일, 스페인, 한국, 중국에 있는 시장으로 수출되었다. 이로 인해 부갱빌은 부산한 광산 도시이자 산업 항구 지역으로 빠르게 발전했다.

부수적으로 10만 톤의 선광(選鑛) 부스러기가 광산 하치장에서 서쪽으로 흐르는 자바 강으로 방출되면서 25년간의 광산 채굴의 역사를 지배한 여러 관련 문제 중의 하나가 되었다. 이 지역에 사는 전통적인 나시오이인은 조상의 땅에 대한 뿌리 깊은 애착을 가지고 있는데 회사가 이 조상의 땅 130㎢를 정부와 임대계약을 통해 가져갔다는 데에서 문제가 발생했다. 관습에 의해 소유권을 가지고 있는 나시오이인은 언제나 그 토지를 모계로 상속하는데, 그 땅에 노천 광산, 채광 잔퇴(採鑛殘堆)로 만든 테일링 댐, 그리고 산업 시설이 들어오게 되어있으니 다른 곳으로 옮겨가야 한다는 제안을 받아들이기 어려웠다. 산에 사는 사람들인 나시오이인은 정체성이 매우 강하며 자신들은 연안에 사는 이들과 다르다는 인식이 강했다. 나시오이인들은 CRA가 제안한 것처럼 연안에 있는 농장으로 이주해 간다면 자신들이 침입자가 된다는 점도 우려했다. 광산 개발이 진행되면서 솔로몬 북부 지방과 파푸아뉴기니 본토에서 노동자들이 몰려들어 일거리를 차지하고 자신들은 관습적인 토지에서 소외된 데다가 빈부격차가 심해지는 것을 목격한 현지인들은 분노했다.

채굴이 시작되기 전 부갱빌 사람들은 오랫동안 식민 당국에 의해 무시당하고 있다고 느꼈다. 무관심한 정부가 아니라 마리아 수도회가 이 지방에서 대부분의 교육과 공동체 서비스를 제공해오고 있었다. 그리하여 구리 광상의 발견 이후 부갱빌의 발전에 대한 정부의 갑작스런 관심은 의혹과 불신의 대상이 되었다. 지역 주민과 광산 회사 간의 반감은 전통적인 경제 체제와 서구의 경제 체제에서 땅이 가지고 있는 의미나 가치와 같은 추상적인 개념에 대한 상호 이해가 부족했다는 점은 물론 토지 소유권에 대한 보상 문제를 둘러싼 견해 차이로 인해 악화일로를 걸었다.

1988년 토지 소유권, 외지인들의 이주, 수입 불평등, 정치적 불화, 환경 파괴 등을 둘러싼 불만을 놓고 심각해진 부갱빌 사람들과 파푸아뉴기니 당국 간의 불신은 결국 부갱빌에서 전투적인 분리 독립 운동이 일어나는 데로 발전했다. 그 해부터 1997년까지 폭력적이고 파괴적인 분리 독립 전쟁이 일어났다. 이 전쟁은 부갱빌이 파푸아뉴기니에 속하며 관계도 그대로 유지해야 한다는 일부 부갱빌 거주자들과 본섬에서 이주해온 이들을—현지 부족들은 이들을 '적색인'(赤色人)이라고 부른다— 상대로 한 게릴라 전쟁이었다. 팡구나에 있는 거대한 동/금 노천 광산은

1988년에 시작된 이 전쟁으로 피해를 입었으며 1989년 송전선과 다른 시설에 대한 계속된 공격을 받은 이후에 폐쇄되었다. 말할 것도 없이 파푸아뉴기니 정부의 실수와 부갱빌동회사의 경영 실책이 이 자원 착취와 무법성에 관한 이야기에서 중요한 일익을 담당했다.

자원 거대프로젝트

석탄과 철광석

노천 광산의 규모 자체와 어마어마한 생산량에서 본다면 환태평양의 동부와 서부의 탄광 지대에 필적할 만한 곳은 세계에 없다. 그 환경적인 '발자국'도 이와 마찬가지로 거대하다. 오스트레일리아(퀸즐랜드)와 캐나다 서부(브리티시 콜롬비아와 앨버타)는 일본, 한국 그리고 점차로 더 중국 산업체들에게 오랫동안 석탄의 주요 공급원이었다. 벌크 선적물은 캐나다 밴쿠버 인근 로버츠 뱅크와 글래드스턴과 같은 적재 중심지에서 거대한 드라이-벌크 선에 실려 아시아 환태평양의 제강 공장으로 향한다. 이들 제강 공장들은 또한 남태평양의 여러 곳, 특히 오스트레일리아의 서부에서 거대한 양의 철광석을 수입한다. 필바라 지역은 약 100억 달러의 가치가 있는 고급 철광석의 주요 공급원이며 이는 매년 환태평양 국가인 중국, 한국, 대만과 일본으로 수출된다.

21세기 첫 10년이 끝나는 즈음에 오스트레일리아 철광석 수출은 주요 경쟁 상대인 브라질의 철광석 수출을 넘어섰다. 중국은 이제 환태평양 철광석의 가장 큰 시장이며, 매년 강철을 환태평양 경쟁자인 미국, 일본, 한국의 생산량을 모두 합한 것보다 더 많은 3억5천만 톤 이상을 생산하고 있다. 태평양의 해운 현장에 새로 합류한 중국은 생산한 강철을 이용해 상선을 건조했으며, 이미 세계 세 번째 커다란 상선 선단을 가지고 있다. 10년 이내에 중국은 세계에서 가장 큰 조선국가가 될 것으로 보인다. 코스코(COSCO)와 같은 상하이 선박 회사들은 2008~9년 글로벌 경기침체에서 회복되면 환태평양 북부에서 선박에 대한 수요가 더욱 강하게 일어날 것을 예상하고 기존의 컨테이너선과 유조선 선단을 확장하고 있다.

석유 개발의 예

석유와 가스 광상이 현재 남중국해, 브루나이, 보르네오, 캘리포니아 남부 연안, 오스트레일리아 남부에 있는 바스 해협, 그리고 알래스카와 같은 환태평양 주변의 여러 곳에서 개발되고 있다. 1942년 일본의 인도네시아와 미얀마 석유에 대한 장악, 스프래틀리 군도 주변의 석유와 가스 매장량에 대한 갈등을 (6장에서 논의할) 포함해 태평양 석유 매장량을 놓고 군사적 갈등이 장소와 시간을 가리지 않고 일어났다. 또한 석유 개발을 둘러싼 환경적 안전장치의 미비로 태평양의 여러 곳에서 심각한 재앙이 닥쳤다. 가장 주목할 만한 사고 중의 하나는 1989년 3월 24일에 알래스카 프린스윌리엄 해협에서 일어난 원유 유출이었다.

엑슨 발데즈호 원유 유출 사고

인간의 부주의가 장기간 생태계에 어떤 결과를 초래하는지에 대한 심각한 교훈을 주는 사고가 거의 39,000톤의 원유가 초대형 유조선 엑슨 발데즈호(*Exxon Valdez*)로부터 프린스윌리엄 해협 수역에 유출되었던 1989년에 일어났다. 길이가 300m에 달하는 이 유조선은 트랜스-알래스카 파이프라인의 발데즈 터미널에 있는 프루도 만(灣) 필드에서 석유를 가득 실었다. 터미널을 떠난 지 얼마 안 되어 이는 블라이 암초에 좌초되었다. 이어진 조사는 그 원인의 일부로 인간의 실수를 지적했다. 원유는 이 아주 청정하고 생태적으로 민감한 북서 태평양 지역의 2000km가 넘는 해안가를 더럽혔다. 조류로 인해 석유는 해안을 따라 수직 방향으로 광범위하게 퍼져나갔으며, 오염 피해는 심각해졌으며 방출된 석유를 제거하는 데에 들어간 비용과 어려움을 배가시켰다. 원유 유출 후 얼마 안 있어 불어온 폭우는 떠다니는 석유 기름의 형태를 바꾸어 놓았으며 만 명이 넘는 전문가와 자원봉사자들로 구성된 청소 작업대에게 어려움을 안겨주었다. 이 유출로 수천 마리의 해양 포유류와 아마도 수백만 마리의 바닷새와 어류들이 죽었으며, 사고 후에도 수년 동안 이 지역의 생태계는 독성에 노출되었다.

원유를 제거하는 데만 해도 수백만 달러의 비용이 들어 엑슨이 상당 정도를 부담했지만, 생태적 손실은 거의 추정도 불가능하며 레저 어획과 상업 어획에는 물론 관광에 미친 경제적인 손실도 계산할 수 없을 정도로 엄청났다. 유출이 일어난 지 15년 이상이 지났지만 프린스윌리엄 해협의 자연 생태계의 어떤 부분은 여전히 회복되고 있지 않다. 이와 비슷하게 생태계에 재난을 가져왔지만 다행히도 규모는 훨씬 작았던 사고가 2009년 초에 발생했다. 한 중국 화물선에서 250톤의 연료유가 유출되는 바람에 퀸즐랜드의 관광 해변이 오염되었다.

6장

태평양을 차지하기 위한 경쟁

: 군사 활동, 식민 투쟁 그리고 제국 경쟁

광대한 태평양에 있는 자연과 사람들에게서 막대한 부를 획득할 수 있다는 강력한 기대와 동기를 가졌던 제국주의 강대국들은 원래 주인들로부터 비옥한 땅을 빼앗고 경쟁자를 제치고 전략적인 교역로를 독점하기 위해 필요한 순간에는 언제라도 무력을 사용했다. 그 결과 다툼이 끊이지 않았으며 이는 태평양 전 영역에 심대한 영향을 미쳤다. 이 장은 이들 다툼과 경쟁을 정리하여 태평양 환경과, 이 수반구를 변화시켰던 경쟁적인 제국주의자들의 식민 활동의 상호작용을 보여주고자 한다.

유럽 강대국이 태평양에서 호전적인 활동을 시작한 것은 16세기 초였다. 마젤란의 캐럭과 캐러벨은 대포로 무장하고 있었으며, 여러 차례 현지인에게 총부리를 겨누었다. 선미와 선수에 전투용 누각이 있는 크고 튼튼한 캐럭은—나중에 이를 토대로 만능의 갈레온이 건조되었다— 향료 제도와 마카오로의 해로에서 중국인의 정크, 말레이인의 프라우(*praus*)를 비롯한 다른 배들을 압도했다. 토르데시야스 조약으로 태평양 동부를 배타적으로 통제하게 된 스페인들은 처음에는 대포를 필요로 하지 않았다. 대포는 카야오에서 마닐라를 향해 중앙태평양을 횡단하는 보물선 갈레온에게 짐만 될 뿐이었다. 그러나 드레이크, 캐번디시 그리고 다른 약탈자들이 거의 무방비의 갈레온을 습격하여 그 화물을 탈취하자 스페인은 이들 태평양 상선을 무장시키기 시작했다.

유럽이 수세기에 걸쳐 전쟁을 하고 있었기에 조금 먼 항해를 나서는 배들은 일반적으로 대포를 장착했다. 이러한 무기들이 1740~4년 조지 앤슨, 1764년 존 바이런, 1766년 필립 카터릿의 선단에 실려 있었다. 심지어 평화 시에 탐험을 했던 1767년 사무엘 월리스하의 돌핀호(*Dolphin*), 1768~71년 제임스 쿡이 지휘한 인데버 바크호(*Endeavour Bark*), 레절루션호(*Resolution*), 어드벤처호(*Adventure*), 디스커버리호(*Discovery*)도 무장하고 있었으며 영국 해군성의 해군 전함으로 분류되었다. 이들 범선에 장착된 무기들은 때로는 극히 사소한 도발을 이유로 불운하다고밖에 할 수 없는 폴리네시아인들을 겨냥했으며 치명적인 결과를 가져왔다.

태평양에서 현지인의 권리를 차지하기 위한 경쟁

거의 예외 없이, 탐험과 초기 식민화 시기 유럽인 침입자들은 대면하고 있는 현지인들이 토지, 자산 심지어 자신의 사회나 개인의 자율성에 대한 아무런 권리도 갖고 있지 않은 듯 간주하며 행동했다. 매번 섬사람들은 자신의 토지가 강탈당하고 주권과 자치권을 잃어버리는 상황을 ―자주 깃발, 십자가 또는 돌 이정표를 세우고, 머스킷 총을 발사하고, 종교 행사를 치르거나 당시 유럽 통치자에게 건배하는 것과 같은 불가사의한 의식을 동반한― 이해할 수 없는 시선으로 바라봐야 하는 목격자로 전락했다. 유럽의 경쟁 국가들이 하나의 영토를 여러 번 합병하는 경우도 있었다.

예를 들어 타이티는 세 번이나 합병되었다. 처음에는 1767년 6월 토비아스 퍼노가 깃대를 세우고 조지 3세 국왕 만세를 세 번 부르고 나서 영국의 영토가 되었다. 두 번째는 9개월 후에 루이 앙투안 드 부갱빌이 선언서와 선원의 이름이 적힌 종이를 넣은 병을 땅에 묻으면서 프랑스의 영토가 되었다. 세 번째는 돈 도밍고 데 보에네체아가 미사를 올리고 종교 의식을 치렀던 곳에 나무 십자가를 세워 축성하고 스페인 국왕의 이름으로 예포를 발사하는 것으로 마무리된 스페인의 병합이 있었다. 최종적으로 타이티와 주변 섬들이 자신의 영토라고 주장하는 데에 성공한 나라는 프랑스였다. 영국이 선제 소유 행위에도 불구하고 별다른 관심을 보이지 않았던 점이 프랑스를 대담하게 만들었던 것이다.

뉴홀란드의 동부 연안에서와 같이 어떤 경우에 원주민들은 뭍에 오른 유럽인과는 가능한 한 접촉하지 않으면서 이들을 피했다. 이로 인해 제임스 쿡과 같은 탐험가들은 이 땅에는 사람이 살지 않거나 기껏해야 몇 안 되는 사람들이 살고 있다는 잘못된 인상을 받았다. 그리하여 왕의 이름으로 이 처녀지를 소유하는 것은 간단하고도 반박의 여지가 없는 것으로 여겨졌다. 그러나 사실 이보다 더 자주 유럽인은 이 땅에 이미 사람들이 살고 있으며 상당히 많은 현지인들이 노동력을 들여 땅을 일구고 있다는 사실을 알고 있었다. 이러한 상황에서 땅을 빼앗기는 태평양 사람들은 당연히 저항했다. 그러나 거의 예외 없이 현지인들이 토지를 빼앗고 자신을 탄압하는 유럽인의 행위에 아주 작은 저항이라고 할라치면 바로 치명적인 보복이 따라왔다. 이런 피로 얼룩지고 무자비한 탄압 행위를 유럽인들은 '현지인에게 가르침을 준다'거나 '건방진 행위를 처벌한다'고 묘사했다.

예를 들어 월리스가 타이티에 도착하여 처음으로 한 행동은 산탄과 머스킷 총으로 수많은 타이티 사람들을 (여성들도 있었다) 학살한 것이었다. 당시 타이티인들은 카누를 타고 돌핀호에 다가가고 있었는데 그는 이 행위를 위협으로 간주했다. 이 화력 시위 이후 돌핀호의 선원들과 타이타인들—특히 여성들— 사이의 상행위와 교제가 마치 아무 일도 없었다는 듯이 이어졌다. 이와 비슷하게 다른 선장들도 심각한 도발이 일어나지 않았음에도 무력에 의존하려는 경향이 있었다.

선을 넘었다고 생각되면 '처벌'하기 위해 태평양을 항해하는 많은 유럽인의 선박에는 대포는 물론 배와 해안에 상륙한 이들을 보호하기 위해 해병들이 —머스킷 총과 단검으로 무장한 병사들— 승선해 있었다. 종종 해병은 섬사람을 가혹하게 폭행하는 데에 이용되었다. 예를 들어 1755년 해군이 창설한 영국 해병대는 초기 탐험항해 시기에 태평양 사람들과의 수많은 작은 전투에 개입했으며, 나중에 논의하는 바와 같이 1888~9년 사모아를 점령하고자 한 비스마르크를 지지한 독일 해병대는 점령에 저항한 현지인들과 대격전을 치렀다. 미국 해병대도 이와 비슷하게 무력을 사용하여 1891년 하와이인의 군주제 복귀 시도를 좌절시키고 하와이의 미국 병합을 뒷받침하는 데에 이용되었다. 프랑스 외인부대도 보다 최근에 이와 비슷한 방식으로 타이티와 누벨칼레도니에서 활용되었다.

비교적 온화하고 차분한 제임스 쿡조차도 타이티, 뉴질랜드, 하와이 사람들의 삶과 권리에 대해 무관심에 가까운 무시를 드러냈다. 그의 일기와 장교들의 일기에 날짜별로 적혀 있는 여러 사고가 이런 면을 잘 보여준다. 예를 들어 쿡은 인질을 잡아 섬사람들이 자신이 원하는 바에 따르도록 강제하는 경향이 있었다. 1769

년 타이티를 떠나려고 하면서 쿡은 여러 영주들을 잡아들여 탈영한 두 해병을 배에 데려올 때까지 가두었다. 뉴질랜드에 도착해서 쿡은 다시 한 번 분명히 즉흥적으로 여러 마오리인 청년을 붙잡아 두었는데 이는 비극적인 결과로 이어졌다. 1769년 10월 10일 화요일 그의 일기 내용은 오늘날의 기준에서 보면 불감증과 오만의 극치를 보여주는 사례이다.

> 나는 만의 입구 주위를 돌고 있었다…바다에서 오는 두 척의 배 또는 카누를 보았다. 나는 이 사람들을 붙잡기 위해 그중 하나가 있는 쪽으로 배를 몰았다… 그들은 잡히지 않으려고 도망갔다. 나는 그렇게 하면 이들이 항복하거나 배 밖으로 뛰어내리리라는 생각에 이들 머리 위로 총을 쏘라고 명령했다…

이 외부인들이 자신들을 해치기 위해 도발하고 있다는 상당히 타당한 추정하에서 마오리인들은 '즉시 배 안에 있는 무기가 될 만한 모든 것을 꺼내 들어 공격하기 시작했다.' 영국 배는 머스킷 총으로 일제 사격을 했으며 2~3명을 죽이고 1명에게 중상을 입혔다. 또 다른 3명을 포로로 잡았는데, '가장 나이가 많은 이가 20살이 넘지 않았으며 가장 어린 이는 10살 혹은 12살이었다.' 살아남은 3명을 인데버호에 이틀간 감금시켰던 쿡은 이들을 연안에 내려놓고 '우리가 원하는 것이 하나도 없기에 가난의 만(Poverty Bay)이라고 이름 지은 이 만을 바라보며 서 있었다'(Journal of James Cook, 10 October, 1769, Grenfell Price 1971 : 46에서 인용). 쿡의 설명에는 타당한 이유 없이 이루어진 양민살상에 대한 회한의 흔적이나 불가피한 결과였을 수도 있는 상호 불신과 적대에 대한 이야기는 없다.

세 번째이자 마지막 항해에서 현지인에 대한 쿡의 이런 고압적인 태도는 그가 실패한 원인으로 작용했다. 그는 앞서 하와이 방문에서 받았던 하와이인의 극진한 대접에 익숙해 있었다. 마셜 세린즈와 그랙 데닝과 같은 역사학자들은 이런 현상은 하와이인이 그를 이들의 신 로노(Lono)의 화신이라고 간주했기 때문이라는 논쟁의 여지가 있는 해석을 제시했다(Sahlins 1981; Dening 1992 : 163; Windschuttle 2000 : 73). 그러나 배를 수리하기 위해 샌드위치 섬에 다시 왔을 때 쿡은 이전에는 친절했던 하와이인이 이상하게도 무뚝뚝하고 적대적임을 발견했다. 레절루션호에서 가져간 커터를 되돌려 받기 위해 한 하와이 영주를 인질로 잡는 과정에서 쿡과 4명의 경호 해병은 배에 오르지 못하고 해변에 고립되었다. 그러나 첫 번째 유혈사태는 유럽인이 야기했다. 레절루션호의 손상된 돛대를 지키던 무장조를 책임지고 있었던 윌리엄 블라이는 위협적이라고 판단한 몇 하와이인을 향해 발포했다. 그는 나중에 이 행동을 '확고한 통제력을 보여주어야 했으며' '한 치의 약점도 보이지 않고' 엄하게 다루어야 했다고 정당화했다.

그러나 해군성의 지시에 의하면 영국의 명예를 위해 태평양 섬들에 대한 소유 행위는 현지인의 동의를 얻도록 되어 있었다. 태평양 섬사람들이 저 멀리 있는 어떤 군주에게 주권을 양도한다는 추상적인 개념을 어떻게 이해할지 분명하지 않지만 말이다. 이 시기는 물론 식민시기 내내 대부분의 유럽 경쟁 국가들은 식민지화된 사람들의 동의를 얻어낸다는 원칙에는 별반 신경을 쓰지 않았으며, 이보다는 현지인들이 조금이라고 말을 듣지 않는다고 판단하면 야만적으로 진압하는 방식을 더욱 선호했다.

유럽인의 태평양 침입은 반드시 의도적이지 않았다하더라도 현지 공동체를 파괴하고 현지인들에게 치명적인 결과를 가져다주었다. 가장 심각한 영향은 태평양 사람들에게는 면역력이 없는 유럽인의 전염병이 들어왔다는 것이다. 선원들이 성병을 타이티에 감염시키는 사례가 가장 많았다. 그러나 가장 치명적인 전염병은 홍역, 독감, 천연두, 호흡기 감염이었으며, 이로 인해 현지 유아 사망률이 증가했음은 물론 성인인구도 떼죽음을 당했다. 예를 들어 하와이의 왕과 왕비는 1823년 불행한 운명의 영국 방문 시에 홍역으로 쓰러졌다. 사무엘 월리스가 처음 방문했을 때 약 4만 명으로 추산되었던 타이티의 인구는 영국, 스페인, 프랑스의 선원이 퍼트린 전염병으로 단 두 세대 만에 만 명도 안 되는 수준으로 급감했다. 대부분의 폴리네시아 제도들은 19세기와 20세기 초 심각한 인구감소를 겪어야 했다.

아시아 환태평양에서의 전쟁

아편전쟁

19세기 아시아 환태평양으로 식민 확장을 꾀하던 시기 영국이 중국을 대했던 방식에는 긍정적인 면이라고는 조금도 찾아볼 수 없다. 수백 년간 무기력하게 만주의 통치를 받은 중국은, 나폴레옹 전쟁 이후 혼 곶과 인도에서 페낭과 싱가포르에 걸쳐 식민지를 건설하고 '팍스 브리타니카'를 구가하고 있으며 막강한 해군을 자랑하던 19세기 가장 강력한 제국인 영국이 주권을 잠식해 오는 상황을 군사적이나 정치적으로 타개할 수 있을 정도로 강력하지 못했다. 19세기 중국의 인구는 최소한 3억이나 되었지만 이들은 통합되어 있지 못했으며 통치 관료 계급은 부패한 탐관오리였다. 연안 무역은 해적으로 곤란을 겪고 있었으며 빈곤, 식량 부족 그리고 실제적인 노예상태가 중국인 대다수가 겪고 있는 운명이었다. 수천 명이 삶의 방도를 찾아 영국령 페낭과 싱가포르, 네덜란드령 동인도 그리고 후에는 아메리카 환태평양 연안지역을 포함한 지역으로 떠났다.

중국 무역을 개방시키려는 서양의 접근은 국수적인 만주 정부에 의해 좌절을 경험했다. 예를 들어 1793년 조지 3세는 건륭제(乾隆帝)에게 사절단을 보내 무역을 제안했지만 거부당했다. 1833년 이전 영국과 중국 간에 이루어지고 있었던 제한적인 무역은 주로 이때까지 수익성이 좋은 차 무역을 독점했던 영국동인도회사(BEIC)의 손에 놓여 있었다. 동양에서 유럽의 상업 활동은 주로 중국의 황푸(黃埔), 광둥(칸톤), 마카오, 일본의 데지마, 필리핀의 마닐라, 동인도의 바타비아에 집중되어 있었다. 영국동인도회사의 독점이 무너진 이후 영국 무역상 사이의 경쟁이 격화되었으며 더 많은 중국 상품을 얻고자 하는 열망이 커지면서 아편과 같은 불법 상품이 광둥과 다른 곳들을 통해 중국 내지로 밀반입되었다.

1800년 만주 정부는 아편의 수입을 금지시켰으나 인도 식민지에서 아편 생산을 통제하고 있던 영국인들은 이를 무시했다. 이상하게도 아편은 영국 제국에서는 불법 상품으로 간주되지 않았으며 아편틴크와 같은 아편으로 만든 여러 치료제와 약물이 널리 이용되었다. 로버트 루이스 스티븐슨과 (나중에 논의하게 될 인물) 같이 아주 유명한 이들도 건강과 체력을 무너뜨리는 결핵을 약화시키기 위해 아편틴크를 습관적으로 복용했다. 아편이 유해한 효과를 가지고 있다는 증거에도 불구하고 아마 이 상품이 가지고 있는 이러한 양면성으로 인해 영국은 제국 전체에 아편을 불법화하지 않았다. 어쨌든 중국정부가 이 범죄적인 무역을 중단하라고 요구했음에도 영국은 이를 무시했다.

1838년 천만 명의 중국인을 중독시킬 수 있는 2000톤의 아편이 인도에서 들어

왔던 해에, 베이징은 중국 사회를 병들게 하고 있는 이 혐오스러운 무역을 종결하도록 영국정부와 협상하라는 지시를 주어 특사를 광둥에 파견했다. 특사 임칙서(林則徐)는 빅토리아 영국 여왕을 심히 불편하게 만들었을 내용이 포함된 서신을 보내기까지 했다.

> [만약] 다른 나라 사람들이 아편을 가지고 들어와서 영국에 팔고 영국인이 아편을 사서 피도록 유인한다면 분명 여왕께서도 이를 심히 증오할 것이며 분노로 치가 떨리게 될 것입니다(Mason 2000 : 93에서 인용).

그러나 특사 임칙서의 제안에는 아무런 반응도 없었다. 그러자 그는 광둥에 있는 모든 아편의 몰수를 요구했다. 이 행동은 반응을 불러왔다. 1840년 영국은 중국을 침입함으로서 아편 무역을 보호하는 선택을 했으며 그리하여 1차 아편전쟁이 시작되었다. 이 '징벌 군사 작전'은 9표의 차이로 영국 의회를 통과했다. 바로 몇 년 전에 노예무역을 금지시켰던 이 국가가 이제 그 도덕적 잣대를 잃어버린 것으로 보였다. 그러나 의회의 야당 의원이며 아편 무역을 강력히 반대했던 윌리엄 글래드스턴과 같은 이들이 영국사회에는 있었다. 그는 큰 소리로 다음과 같이 규탄했다.

> 애초부터 이보다 더 부당한 전쟁을, 진행되면서 이보다 더 이 나라에 영원한 불명예의 멍에를 씌우도록 계산된 전쟁을, 나는 알지도 못하며, 그리고 들어본 적도 없다…우리 깃발이… 악명 높은 거래를 보호하는 해적이 깃발의 되었다(Mason 2000 : 93).

영국은 이 불공정한 전쟁에 최첨단 해군력을 신속하게 배치시켰다. 흘수선이 낮은 증기 철갑선 네머시스호(Nemesis)는 전함들을 이끌고 양쯔 강(揚子江)으로 들어갔다. 이들은 대포로 중국인이 지키는 전략적인 도시 난징(南京) 주변의 연안 포대들을 침묵시키고 중국에 항복을 강요했다. 이어진 난징 조약의 체결로 중국은 아편 무역을 재개하고 새로운 항구들을 서양 상인들에게 개방하고 홍콩 섬을 영국에 양도해야 했다. 그 결과, 다시 말해 중국 주권의 굴욕적이고 충격적인 패배로 1840년 이후 십 년간 아편 무역은 배가되었다. 다른 나라들도 이와 비슷하게 불공정하고 불평등한 조약을 약화된 중국에 강요하면서 이 사악한 범죄 행위에 가담했다. 터키 산 아편을 상하이(上海)와 광둥에 실어 나르기 시작한 미국도 이들 중 하나였다. 중국 사회가 휘청거리면서 1850년대와 1860년대 태평천국(太平天國)과 염난(捻亂)에서 보는 바와 같이 절박한 농민들이 반란을 일으켰다.

억압적인 조약을 피하려는 중국의 암중모색으로 인해 1856년 2차 아편전쟁이 일어났으며 중국은 또 한 번 굴욕적인 패배를 맛보아야 했다. 영국의 징벌적인 군사작전의 결과 맺어진 톈진(天津) 조약으로 중국은 아편 수입을 불법화한 법을 폐지해야 했으며, 영국에게 카오룽(九龍) 반도의 영토를 더 할양해야 했다. 아편 수입은 늘어났으며 동시에 여러 교파와 국적을 가진 기독교 선교사들이 들이닥쳤다. 이 조약으로 이들 선교사은 아무런 제약 없이 중국의 어느 곳에든지 갈 수 있었다. 1860년 중국은 영국, 프랑스와 또 다른 전쟁을 치러야 했다. 이번에는 서양 외교관의 죽음에 대한 보복이 그 이유였다. 로이드 엘진이 이끈 공격군은 베이징을 함락했으며 불을 질렀다. 영국인 찰스 '차이나'(China) 고든 장군은 이 행위에 참가했으며, 여름 궁전을 약탈하고 불태우는 데에도 간여했다. 그는 이곳이 정말 너무나 커서 '하나하나 강탈'할 수 없는 상황이니 가지고 가기에는 너무나 무겁거나 너무나 많은 값을 매길 수 없는 금제장식품과 궁전을 아예 태워버릴 수밖에 없다고 말한 것으로 기록되어 있다(Parker 2005 : 360).

19세기 중국과 서양 강대국 간의 적대는 의화단 운동(義和團運動)으로 끝을 맺었다. 이 운동에서 청(淸) 황태후의 암묵적인 동의하에서 반기독교 열성분자인 의화단이 유럽인의 종교 단체, 무역 공동체 그리고 베이징 근처의 대사관들을 포위했다. 이 사건은 1900년 국제 원정군이 베이징에 입성하면서 끝이 났다. 청조는 정부 부패에다가 홍수와 기근과 같은 자연 재해가 계속 겹치면서 약화되었으며 1912년 공화주의 지도자 순얏센(孫逸仙, 孫中山)에 의해 타도되었다. 청은 유럽 강대국에 수차례 패배한 것에 더해 19세기 말에는 다시 원기를 찾은 외향적인 일본에 의해서도 공격을 받았으며 굴욕을 당했다.

중국과 일본의 경쟁 : 17세기에서 19세기까지

앞에서 보았듯이 1433년 이후 명(明) 황제들이 내향적으로 돌아 외국과의 접촉을 꺼리면서 다른 태평양 강대국들이 인상적인 중국을 보는 시각도 달라졌다. 국수적이었던 후기의 명 황제들과 1644년 명을 타도했던 만주 지배자들은 몽골에서 티베트까지 영토를 넓히고 공고히 하는 데에 전념했다. 자연히 태평양의 해양 무역과 제해권은 다른 나라에 넘어갔다. 16세기와 17세기 왜구들이 대담하게도 황해 주변을 급습했으며, 일본의 실력자 도요토미 히데요시는 조선의 영토를 침입하기도 했다. 만주가 통치하는 중국이 불안정한 사이를 틈타 일본은 19세기 중국에게서 대만 영토를 빼앗았다.

대만을 두고 벌어진 접전

대만 섬은 수백 년간에나 중국의 영향을 받았으며, 명조(1368~1644) 시기 중국과 우호관계를 설정한 통치자들이 지배했다. 네덜란드는 대만 남부 안핑(安平)에 있는 질란디아 요새에 교역소를 세웠으나, 30년 후에 중국인에 의해 쫓겨났다. 17세기 말 중국의 청 통치자는 공식적으로 대만을 제국에 편입시켰다. 1895년 무너지고 있던 만주 왕조가 이번에는 부활한 일본과의 전쟁에서 지면서 중국의 대만 지배는 끝이 났다. 대만은 일본에 양도되었으며 1945년까지 일본 제국의 한 지방으로 있었다.

아시아 환태평양과 미국 팽창주의의 시작

18세기부터 20세기 초까지 아시아 환태평양지역과의 무역은 중국, 일본 그리고 인접한 지역에서 생산되는 주로 실크, 도자기, 차, 향료와 유럽 쪽의 금, 은제품, 후에는 미국산 직물과 금속제품이 교환되었다. 미국이 영국과의 전쟁을 종결한 1783년 파리조약에 서명한 직후 미국인들은 환태평양 국가로서의 미국이 가지게 된 기회를 재빨리 낚아챘다. 초창기 미국의 무역회사 중에 필라델피아와 뉴욕 상인들의 컨소시엄이 있었는데, 이 회사는 엠프러스 어브 차이나호(*Empress of China*)라는 거대한 상선에 교역 사절단을 승선시켜 광둥에 파견했다. 곧 이어 다른 미국의 배들도 그 뒤를 따랐으며 혼 곶을 돌아 중국 시장에 팔 모피를 선적하기 위해 오리건 카운티에 들렀다. 하와이는 중국과 대서양 연안 간의 항해를 마치기 전에 중도에서 식량을 얻는 장소가 되었다. 영국이 1849년에 대단히 구속적인 항해법을 폐지한 후 샌프란시스코에 채금꾼들을 수송한 클리퍼 선박을 소유했던 미국인들은 상당히 이윤이 남는 재선적 화물(再船積貨物)을 발견했다. 태평양을 빠르게 항행하면서 이들은 배에 갖나온 중국 차를 실었으며, 우월한 속도로 인해 중국인 경쟁 선박들보다 먼저 화물을 런던에 내려놓을 수 있었다. 당연히 신선하고 질이 좋은 상품으로 인해 높은 가격을 부를 수 있었다. 클리퍼 선박의 이런 이점은 수에즈 운하가 개통되고 증기선이 차 무역에 일상화되면서 사라졌다. 그러나 1915년 파나마운하가 공식적으로 개통되자 미국인 선박이 태평양에 접근하는 것은 훨씬 더 쉬워졌다. 그 전에 미국의 동양과의 무역은 거리의 압박뿐만 아니라 내향적인 만주 중국의 꺼림, 그리고 미국의 배와 상인들에게 항구를 개방하지 않았던 봉건적인 일본의 정책 때문에도 제한적이었다.

일본의 개항과 팽창주의

일본은 17세기부터 19세기까지 도쿠가와(德川) 막부 시기에 내향적으로 돌아서 있었지만 1853년 국수주의적 몽상에서 깨어났으며 외향적인 경제와 군사/산업 복합체를 건설했다. 일본의 재개방은 일부분 중국의 아편전쟁이—일본이 진 것은 아니지만— 남긴 교훈에서 시작되었다. 일본인은 불안한 마음으로 군사적인 우세는 전사들의 숫자에서 나오는 것이 아니라 우월한 기술, 무기 그리고 조직에서 비롯됨을 지켜보았다. 여전히 도쿠가와 막부는 1846년 미국 비들 제독의 예에서 보는 바와 같이 무역 관계를 설정하려는 서양 국가들과 접촉하기를 꺼렸다. 무역 개방 요구에 '부정적인' 대답을 수용하지 않은 미국은 1853년 매슈 캘브레이스 페리 제독이 지휘하는 동인도함대를 에도(江戶)에 파견해 미국 대통령 밀러드 필모어의 서신을 전달했다. 무엇보다도 이 서신을 통해 미국은 일본에게 무역을 위해 몇 항구를 개방해 줄 것을 요구했다. 두 척의 호위함 증기선인 미시시피호(*Mississippi*)와 서스케하나호(*Susquehanna*)가—일본인들이 '흑선'이라고 불렀던— 워싱턴의 요구에 대한 답변을 듣기 위해 1년 후에 일본으로 올 예정이었다. 이것이 함축하고 있는 메시지는 만약 원하지 않는 답변을 받게 된다면 천황이 있는 에도에 흑선의 대포를 사용할 수도 있다는 것이었다. 이에 대응해 일본 정부는 수도에서 멀리 떨어져 있는 두 개의 작은 항구인 시모다(下田)와 하코다테(函館)를 개방해 미국 선박이 석탄과 필요용품을 구매할 수 있도록 허용했다. 이런 취지로 1854년 요코하마에서 조약이 체결되었다. 그러나 이에 만족하지 못한 미국은 또 다른 특사 타운젠드 해리스를 일본에 파견해 일본인과 무역을 원하는 미국과 다른 서양 국가들을 위해 보다 포괄적인 무역 조약을 협상하도록 했다.

초창기 일본은 서양과의 무역으로 어려움에 처했다. 쌀과 생사와 같은 몇 상품의 가격이 급등했으며 세계 기준에서 본다면 귀중한 금속인 금을 값싸게 만들어 버린 비현실적이고 인위적인 가치평가 정책 때문에 금 보유고가 바닥이 났다. 도쿠가와 막부가 일본 상인 계층의 신뢰를 잃자, 젊고 카리스마 있는 천황 메이지(明治)는―이전에는 명목상의 최고권위자에 불과했던― 더 많은 권력을 장악했으며 에도를 '동쪽의 수도'을 의미하는 '도쿄'(東京)로 개명했다. 새로이 영향력을 떨치고 있던 상인과 기업가의 지원에 힘입은 메이지는 오랫동안 잠들어 있던 일본의 봉건 사회와 경제를 근대화하기 시작했다. 보건과 교육이 증진되었으며 실질 소득의 증가로 공산품의 국내 수요가 늘어났다. 인구의 자연 증가율은 높았으며 대부분 일본인은 여전히 토지에 긴박되어 있었지만, 일본이 세계적인 제국의 지위로 발돋움하기 위해서는 새롭고 야심찬 계획이 필요했으며 이를 위해 일본 섬들에서는 부족한 산업 원자재, 식료품, 에너지를 해외에서 들여와야 할 필요가 있었다.

도쿠가와 막부 시기에는 영향력이 강했던 사무라이 무사 계급을 포함해 외국인을 기피하는 보수주의 세력을 압도하며 메이지가 이끈 새 정부는 해외 제국을 얻기 위한 수단을 마련하는 데에 도움이 되는 서양 제국주의 강대국에 의지했다. 일본은 당시 영국을 세계에서 가장 현대적이고 가장 강력한 해군을 보유하고 있는 국가로 만들었던 주력함을 포함해 영국을 모델로 최고의 해군을 건설코자 했다. 일본은 독일로부터 군사 조언가와 무기를 받아들여 군대를 현대화하고 징집 제도를 마련했다. 한국을 놓고 중국과 벌인 1894~5년 전쟁에서 쉽사리 중국을 패배시키자, 일본은 만주와 랴오둥(遼東) 반도에 있는 포트 아서(뤼순)를 포함해 동아시아에서 점점 더 많은 영토를 획득하고 있던 당시 최고 제국주의 강대국의 하나인 러시아에 대해서도 자신감을 가지게 되었다.

곧 일본은 군사적인 이점을 이용해 동아시아 본토와 환태평양 연안 제도로 지배력을 확장시켰다. 1895년 중국으로부터 대만을 취득하여 식량 생산지로 만들었으며 1910년에 일본제국은 한국을 공식적으로 병합하고 반도에서 일어나는 저항을 무력화시켰다. 이 병합에 저항했던 한국인 2만 명 이상이 죽임을 당했다. 일본은 자금을 한국의 농업과 사회기반시설에 쏟아 부었지만 그 목적은 한국인을 위해서가 아니라 일본인을 위한 식량 생산지로 만들기 위해서였다. 그 결과 한국은 일본의 점령 동안 영양실조와 빈곤에 시달려야 했다.

순얏센의 군대가 만주정권을 타도한 이후 1915년 일본은 신생 중화민국에 소위 21개조 요구라는 불리는 최후통첩을 했으며 만주와 산둥(山東)을 그 영향권하에 두었다. 1927년부터 2차 세계대전의 발발까지 일본제국은 동부 중국의 상당 부분을 포괄할 정도로 확장되었다. 그러나 군사적인 우위 그리고 일본의 문화, 언어, 종교를 식민지 사람들에게 강요하는 것을 포함해 민간인들을 가혹하게 탄압했음에도 불구하고 일본제국은 얻은 바를 결코 공고히 할 수 없었다. 식민지민들은 일본을 위해 식량을 생산한 것 이외에도, 대부분이 한국에서 온 2백만 명이 넘는 강제 노동자들이 일본의 사회기반시설 건설 현장에서 일해야 하는 어려움을 겪었으며 10만 명이 넘는 '위안부'가 일본 군대에 징집되었다.

태평양에서의 유럽의 경쟁

16세기에서 19세기까지

태평양을 둘러싼 유럽의 경쟁은 심지어 유럽 선박이 남해에 들어오기 전에 그리고 발보아가 파나마 지협에서 태평양을 정말로 보기도 전에 시작되었다. 초기 경쟁에는 스페인과 포르투갈이 개입되었는데, 이 두 나라는 바쁘게 자신들의 제국을 확장하며 16세기로의 전환기에 보물과 향료의 새로운 공급처를 찾고 있었다. 3장에서 보았듯이 제국 경쟁이 이들 두 가톨릭 국가 간의 공공연한 전쟁으로 비화되는 것을 막기 위해, 당시 교황 알렉산더 4세는 가톨릭 유럽 세계의 밖에 있는 알려진 세계와 알져지지 않은 세계 모두를 아조레스 제도 서쪽으로 100리그 지점을 기준으로 남북으로 선을 그어 두 반구로 나누었다. 토르데시야스 조약에서 이 분할에 대한 합의가 이루어졌으며, 알렉산더 4세는 교황 칙서를 스페인의 페르난도 5세와 그의 아내 이사벨 여왕 그리고 주앙 2세에게 내렸다. 1494년 두 군주가 서명한 이 조약으로 스페인 왕은 사실상 브라질을 제외하고 대부분의 신세계에 대한 배타적인 권리를 가지게 되었다. 실제 분계선이 수차례 조정되었지만 전체 아메리카 환태평양 지역 그리고 태평양의 동부 수역과 제도들은 스페인 영역으로 인정받았다.

태평양을 항해했던 초창기 선박 대부분은 심지어 상선, 고래잡이 배 그리고 백단목 적재 스쿠너조차도 무장하고 있었으며 위협받고 있다고 생각되면 아무런 주저함 없이 대포를 사용했다. 그러나 앞서 언급했던 영국인 사략선의 스페인 보물선에 대한 해적질을 제외하고, 19세기 초 이전 태평양에서 유럽, 미국 혹은 러시아 선박들이 서로 무장 대치하는 경우는 적었다. 그러나 해전이 없었다고 해서 유럽 국가들이 태평양에서 소유, 영향력, 무역을 확대하기 위해 긴장관계에 있거나 다투지 않았다는 의미는 아니다.

프랑스와 영국은 1756년부터 1763년까지 (7년 전쟁) 전쟁을 했으며, 몇 태평양 탐험가들, 특히 제임스 쿡과 루이스 앙투안느 드 부갱빌은 이 전쟁에 개입되었다. 쿡은 퀘벡 시 아래 세인트로렌스 강의 어귀를 조사했으며, 그의 해도는 울프 장군이 1759년 그곳에 있던 프랑스 요새를 성공적으로 공격할 수 있도록 도움을 주었다. 경쟁국을 제치고 가치 있는 영토와 전략적인 거점을 얻을 목적으로 태평양에 탐험대를 보냈을 때 이들 두 나라 사이에는 노골적인 적대감은 아니었을지라도 서로를 의심의 눈초리로 바라보는 분위기가 팽배했다. 또한 나폴레옹 전쟁 시에 영국과 네덜란드의 관계는 영국이 아시아 환태평양 지역에 있는 얼마간의 네덜란드 소유지를 프랑스가 획득하기 전에 점유한다고 가져간 사건으로 인해 삐걱거렸다. 이들 중의 하나가 1811년 영국이 침입했다가 1816년 네덜란드에 되돌려준 자바이다. 또한 영국은 스페인과도 전쟁을 하고 있었으며, 태평양 영역에서 영국은 웰즐리 경이(후에는 웰링턴 경) 지휘하는 탐험대를 파견해 스페인령 필리핀에 있는 마닐라를 점령하게 했다. 영국, 프랑스, 스페인은 급증하고 있는 태평양 무역의 귀중한 '관문'으로서 모두가 탐내고 있던 포클랜드 제도를 놓고 충돌 직전까지 갔었다.

유럽 강대국 간의 적대적인 분위기로 어느 한 국가의 탐험가가 수리나 식량 공급을 위해 다른 나라가 통제하고 있는 항구에 들어갈 경우 우호적인 접대를 기대할 수 없었다. 먼 태평양에서 항해는 종종 수년이 걸렸으며, 그 동안 선원들은 예견치 못한 전쟁에 개입되어 부지불식간에 희생자가 될 수 있었다. 예를 들어 영국인 태평양 탐험가 매튜 플린더스의 경우 아무것도 모르고 프랑스가 점령하고 있던 모리셔스 섬에 기항했다가 6년을 감옥에 갇혔다. 그러나 실제 해전이나 한 유럽 국가가 다른 유럽 국가의 배를 나포하거나 침몰시키는 경우는 1812년 영국과 미국 사이에 적대감이 표출되기 전에는 태평양에서 거의 발생하지 않았다.

태평양에서의 1812년 전쟁

식민지연합과 프랑스 동맹국이 태평양에서 영국에 군사적으로 도전하지 않았던 미국 독립전쟁 때와는(적대행위가 계속되고 있었을 때 영국의 대 탐험가 제임스 쿡은 필요하면 언제든지 영국을 도울 준비를 하고 있었다) 달리, 1812년 전쟁에서는 태평양에서 영국과 미국 해군 사이에 여러 차례 교전이 발생했다. 양측 모두 전함이나 사략선으로 상대국의 상선을 습격했다. 가장 유명한 사건 중의 하나에는 1799년 미국 의회의 주문을 받아 건조된 6척의 호위함 중의 하나인 미군함 에식스호(*USS Essex*)가 개입되었다. 호전적인 선장 데이비드 포터가 지휘하는 에식스호는 태평양에 들어온 첫 미국 해군 함정이었다. 1813년 초 '외로운 바다 늑대' 상선 사냥꾼, 즉 적의 상선을 방해하는 임무를 띤 해군 함정의 소임을 맡고 파견된 에식스호는 5개월 동안 태평양을 누비면서 영국과 영국 식민지의 선박들을 중북 태평양에서 내쫓아냈다. 포터는 13척의 배를(대부분 고래잡이선, 바다표범잡이선, 백단목선, 섬간 무역선) 나포했으며 그가 합병하고 미국 대통령 제임스 매디슨에 경의를 표하여 메디슨 제도라고 재명명한 마르케사스 제도에 있는 기지로 후송했다.

에식스호는 경무장한 적의 상선을 쉽게 나포하고 유용한 장비를 모두 탈취할 수 있었지만 포터 선장에게 나포한 선박의 수많은 포로 선원들을 다루는 문제는 그야말로 골칫거리였다. 에식스호는 영국 배와 식민지 선박을 계속 습격해야 했기에 포로 선원들을 지키는 수비대에 인력을 충분히 배분할 수 없었다. 수감된 선원들 일부가 1813년 5월 6일에 수비대를 따돌리고 반란을 일으키는 데 성공했으며 고래잡이 선 세링가파탐호(*Seringapatam*)를 타고 도주했다. 남태평양을 가로지는 끔찍한 항해 후에 굶주린 생존자들은 식민지의 한 쌍돛대 범선 캡벨 맥쿼리호(*Campbell Macquarie*)에 의해 구조되어 시드니로 호송되었다. 마르케사스 제도에 있던 나포 선박 가운데 하나는 미국 무장선으로 개조하여 에식스 주니어호(*Essex Junior*)라고 명명했으며 나머지는 구멍을 뚫어 가라앉히거나 산호도의 해변에서 태워버렸다.

포터가 짧은 시간에 많은 영국 선박의 위치를 알아내고 나포하는 데에 성공한 것은 기민하게도 영국인 선장들이 이용하는 정보를 이용했기에 가능했다. 영국 배의 선장들은 항해계획 경로를 서로에게 알리기 위해 메모를 갈라파고스 제도의 현재 찰스 섬에 있는 포스트오피스 만의 별갑을 메일함 삼아 넣어두거나 꺼내보곤 했다(Philbrick 2000 : 74). 당시 태평양에서 미국 군함 에식스호에 도전할 만한 영국의 전함은 없었다. 그러나 1814년 초 에식스호의 파괴적인 경력은 칠레 발파라이소 근처에서 영원히 멈추었다. 여기에서 에식스호는 영국 해군성이 태평양에 남아 있는 영국의 고래잡이 선단을 보호하기 위해 서둘러 파견했던 36대의 대포를 장착한 영국 호위함 포이베호(HMS *Phoebe*), 18대의 대포를 단 슬루프형 포함 체루브호(*Cherub*)와 중과부적의 결전을 치러야 했다. 영국인은 발파라이소의 중립 항구에 있는 에식스호를 발견하고 이 항구를 6주 동안 봉쇄했다. 에식스호는 스콜 동안에 봉쇄망을 뚫고 나오려고 했으나 돛대가 부러졌으며 원거리 전투용으로 디자인된 6개의 대포로는 즉시 항복을 강요하고 있는 두 척의 영국 전함과 싸워 이길 공산이 적었다. 이 전투로 미국인 50명의 사망자와 97명의 부상자가 발생했다.

에식스호의 나포와 함께 태평양에서의 미국 해군의 작전은 끝이 났으나, 마케도니안호(*Macedonian*)와 같은 미국의 사략선들은 영국과 식민지의 선박을 끊임없이 공격했다. 적대 행위가 종식되자 마르케사스 제도에서 소각되었던 영국 선박들에서 나온 산더미 같은 고철과 동 폐기물은 성격이나 출처가 무엇이든지 간에 팔 만한 화물을 열심히 찾고 있었던 발 빠른 선장들의 관심 대상이 되었다. 나폴레옹 전쟁이 유럽을 휩쓸고 있었던 1815년 고철의 가격은 상당히 높았으며 이 먼 태평양의 구석으로 항해할 만한 충분한 가치가 있었다 (앞서 보았듯이 이들의 항해는 마르케사스 제도에서 백단목을 발견하고 착취하는 계기가 되기도 했다). 1812년 전쟁 동안 태평양에서 전술적으로 패배했음에도 불구하고 전후 미국은 주로는 상업적 고래잡이와 바다표범잡이뿐만 아니라 태평양에서의 무역, 탐험, 조사에 있어서도 유럽에 못지않은 영향력을 행사했다. 1812년부터 1845년 사이 미국 해군 함정은 25차례나 태평양을 항해했다.

미국이 중앙 태평양에 관심을 가진 유일한 후발주자는 아니었다. 1816년 5월 러시아아메리카회사의 총재였던 알렉산드르 바라노프는 하와이 통치자 카우무알리를 설득하여 오아우 섬의 일부를 양도하고 하와이에서의 무역독점 특권을 러시아에 허용하고 500명의 러시아 해병대의 주둔을 승인하게 했다. 바로 이 임무를 맡기로 예정되어 있었던 러시아 전함 루릭호(*Rurick*)가 해안에 정박하고 있는 가운데 조약 체결이 강제되었다. 그러나 이 조약은 오래 가지 못했다. 미국의 이해관계가 곧 러시아의 이해관계를 대체했기 때문이다.

'태평양의 전쟁' : 칠레와 페루-볼리비아 동맹

무장 함대가 관여된 태평양에서 또 하나의 중요한 주도권 다툼은 칠레와 남미의 태평양 연안 이웃 국가인 페루-볼리비아 사이에서 일어난 전쟁이었다. 태평양에서 일어난 다른 여러 갈등과 마찬가지로 1879년부터 1884년까지 계속된 이 전쟁은 연안 지역의 자원을 놓고 벌어졌으며, 이 경우 자원은 볼리비아 지역인 아타카마에 있는 비료에 쓰는 인산염과 질산염 매장층이었다. 분쟁은 아타카마 질산염 매장층을 개발하기로 계약을 맺은 한 칠레인회사가 볼리비아 대통령 힐라리옹 다사의 지시로 갑자기 계약을 취소당하자 발생했다. 보복 조치로 칠레는 볼리비아 항구 안토파가스타를 점령했다. 1873년 이래로 볼리비아와 방어 동맹을 맺고 있었던 페루는 칠레 군대의 철수를 요구했으며 칠레는 바로 페루-볼리비아 동맹에 선전포고를 했다. 칠레는 재빨리 몇 전투에서 인상적인 승리를 거두었으며 페루의 철갑전함 와스카르호(*Huáscar*)를 나포하고 바다는 칠레 해군의 통제 하로 들어갔다. 페루의 연안은 외부로부터의 침입에 노출되었다. 페루와 볼리비아 대통령 둘 다를 축출했음에도 불구하고 칠레는 바다와 육지를 계속 공격했으며 1881년에는 페루의 수도 리마를 점령했다. 1883년 안콘 조약에서 페루는 타라파카를 칠레에 양도해야 했다. 칠레는 또한 1884년 발파라이소 휴전 협정으로 아타카마의 연안 영토를 획득했다. 1904년 최종 평화조약으로 페루는 이 지역을 영구히 잃어버렸다. 이전 영국 제독 토마스 코크런의 도움으로 반세기 동안 건설되었던 칠레 해군은 페루와 볼리비아에 대해 승리를 거두는 데에 결정적인 역할을 했다.

태평양 연안 영토의 상실과 함께 볼리비아는 중요한 광산 지역 아타카마와 안토파가스타 항구를 포함해 태평양으로 접근하는 데에 필수적인 통로를 잃어버렸으며 이후 내륙국의 지위로 떨어졌다.

식민지 점령을 위한 쟁탈전

프랑스 제국주의 : 병합과 분쟁 회피

나폴레옹 전쟁 시기를 전후하여 뒤처지지 않도록 태평양으로 진출을 시도했음에도 불구하고 프랑스는 태평양에서 군사적으로 영국에 도전하지 않았으며 고래 기름이나 해양 동물 가죽의 무역에 본격적으로 끼어들지도 않았다. 프랑스인들은 1818년 오스트레일리아의 동부와 서부 연안 그리고 뉴기니 근처의 제도를 해도로 작성했던 드 프레이시넷의 탐험대와 같이 '과학적인' 탐험 활동만을 했다. 그러나 19세기 초부터 프랑스는 태평양에 제국 식민지를 확장하고자 노력했다. 그리하여 영국이 타이티에 이미 소유권을 주장하고 있었으며 수십 년 동안 활발히 활동했던 런던선교회 소속의 영국 개신교 선교사들이 그곳에 발판을 마련하고 있었음에도 불구하고 프랑스는 이런 사실을 무시했으며, 제임스 쿡이 발견하고 뉴칼레도니아라고 명명했음에도 아랑곳하지 않고 이들 태평양 제도를 병합하고 더 병합할 곳을 찾고 있었다. 프랑스의 제국주의적인 진출은 영국이 더 이상 태평양 영토 병합에 관심을 기울이고 있지 않은 시점에 이루어졌다. 프랑스는 이 기회를 잡아 태평양에서 가능한 많은 섬들을 식민지화했다. 이에는 타이티와 누벨칼레도니는 물론 마르케사스 제도, 투아모투, 갬비어 제도, 로열티 제도가 포함되었다. 프랑스인들은 뉴질랜드에 정착하고 이를 병합하려고도 준비했다. 1839년 12월 영국인 정착민들과 상인들이 얼마 전부터 뉴질랜드를 영국의 소유지로 삼기위해 마오리 지도자들과 협상하고 있음을 알게 된 프랑스 정부는 처음으로 뱅크스 반도에 있는 아카로아에 프랑스인 정착지를 세움으로써 사우스 아일랜드를 장악하려고 기도했다. 1840년 60명의 프랑스인 정착민들이 르아브르에서 아카로아를 향해 출발했다. 그러나 도착하자마자 이들은 자신들이 공해에 있었을 때 와이탕기에서 체결된 조약으로 사우스 아일랜드를 포함해 전체 뉴질랜드가 영국 왕에게 양도되었다는 사실을 알게 되었다. 마지막 순간에 좌절한 프랑스는 뉴질랜드에 대한 계획을 접어야 했다. 그러나 프랑스는 태평양의 다른 곳에서 병합 계획을 계속 밀어붙였다. 이에 놀란 뉴사우스웨일스 정부는 열의도 관심도 없는 영국 외무성을 추동하여 태평양에 있는 영국의 식민지 이해관계에 필수불가결하다고 간주된 영토 특히 피지, 뉴기니, 사모아를 선제적으로 병합하게 하려고 노력했다.

팍스 브리타니카와 태평양

태평양에서의 영국의 식민 활동은 18세기와 19세기의 발군의 영국 해군력에 힘입었다. 이로 인해 영국은 뉴사우스웨일스와 같은 비옥한 식민지 그리고 시드니, 싱가포르, 홍콩과 같은 항구도시를 세우고 보호할 수 있었다. 이 식민지들은 향후 탐험과 무역의 전진 기지 역할을 했으며 영국 선박들이 태평양으로 진출을 한 후 바로 영국으로 돌아갈 필요가 없게 만들었다. 영국에서 상업에 종사하는 이해관계자들은 태평양 자원을 개발하는 데에서 얻어지는 이익을 재빨리 알아차렸다. 이들은 4장에서 논의했듯이 멀리 떨어진 지역에서 발견한 땅을 정확하게 해도에 표시하는 기술을 터득했을 뿐만 아니라 배와 화물의 안전 그리고 선원의 건강을 위험에 빠뜨리지 않고 먼 바다를 통과하는 기술을 연마했던 영국 항해자들의 경험을 이용할 수 있었다. 이러한 이점으로 인해 영국은 최소한 초기에는 태평양에서 다른 유럽 경쟁국들과 비교해 무역로와 재공급 항구의 네트워크라는 면에서 경쟁 우위를 확보했다. 항해 연구와 항해 기술 분야에서의 영국의 뛰어난 우수성은 아프리카와 태평양에서 식민지를 획득하기 위해 유럽 국가들의 '쟁탈전'이 한창이던 1884년 워싱턴 D.C.에서 열린 국제자오선회의에서 인정을 받았다. 이 회의에서 그리니치 자오선이 시간과 경도를 산출하는 국제 기준선으로 채택되었다.

그러나 19세기 중반은 식민지 획득에 드는 더 이상의 비용과 문제에 대한 피로감와 혐오감으로 영국에서는 '작은 영국' 운동이 일어났던 시기였다. 이 시기는 이전 나폴레옹 전쟁 시기 영국이 새로운 영토를 완력으로 병합했던 시기와 강한 대조를 이루었다. 제국 건설이라는 안건을 굳센 의지로 밀어붙이는 이들이 등장하고 때때로 영국 정계에서 영향력을 발휘하기도 했지만 전반적인 정부의 분위기는 지구의 먼 구석에서 행해지는 모험사업 때문에 더 이상 비싼 대가를 치르는 것을 내켜하지 않았다. 영국동인도회사와 같은 주식회사의 실패가 남긴 그림자는 컸다. 또한 영국은 수많은 식민 전쟁으로 끌려 들어가 인도, 아프리카 남부와 서부, 캐나다, 뉴질랜드, 중국 등지에서 저항과 현지인의 반란을 진압해야 하면서 커다란 대가를 치러야만 했다.

예를 들어 뉴질랜드 전쟁 시기 1863년 와이카토 침입 시에는 영국인이 지휘하고 돈을 댄 18,000명의 병사들이 약 5000명의 마오리 전사들을 상대했다. 갑자기 전쟁에 지친 영국은 영국인이 탐험하고 해도를 작성했던 마셜 제도와 샌드위치 제도, 타이티, 누벨칼레도니, 로열티 제도, 뉴브리튼 그리고 뉴기니 동부와 같은 태평양의 영토가 프랑스, 독일, 미국 제국주의자들에 의해 합병되는 것을 가만히 보고만 있었다.

하와이 왕 카메하메하 2세는 독립 국가로 국제적인 인정을 받고 군주 국가인 하와이와 영국 간의 긴밀한 유대를 약속하는 조약을 조지 4세와 체결하기 위해 런던을 방문했다. 그러나 자연 획득 면역을 가지고 있지 않았던 하와이 왕 부부는 홍역에 걸려 쓰러졌고 계획은 수포로 돌아갔다. 아래에서 설명하는 바와 같이 미국인 선교사들과 농장주들이 바로 하와이 통치 왕조를 약화시켰으며, 이에 저항하여 하와이에서 쿠데타가 일어났으나 실패했다. 하와이는 1898년 미국에 병합되었다.

영국이 마지못해 식민지를 소유하게 된 경우도 있었다. 이러한 식민지는 완고한 개인들의 고집 센 결단으로—프랑스 식민지가 되는 것에서 뉴질랜드를, 네덜란드 항구가 되는 것에서 싱가포르를 그리고 독일의 영토가 되는 것에서 파푸아를 구하기 위해— 탄생했으며 무기력 상태에 빠져있던 영국 외무성은 할 수 없이 뒤늦게 이들 식민 행위를 추인했다. 19세기 말 영국에서의 냉담한 분위기와 태도를 고려해 본다면 어떤 면에서 피지와 솔로몬 제도가 영국의 보호령으로 선언되었다는 사실은 놀랄만한 일이었다.

미국의 적극적인 태평양 진출

미국인들이 무역 상인이나 고래잡이로서 태평양에서 한 활동은 때로 군사력이나 위협으로 뒷받침되었던 태평양에서의 미국 국력의 확장과는 구별하여 살펴볼 필요가 있다. 19세기 말과 20세기 미국은 수많은 방법을 동원해 태평양 강대국으로 탈바꿈하려고 노력했다. 무엇보다도 먼저 미국의 주장과 요구에 힘을 실어 줄 수 있고, 외교 정책을 강화시킬 수 있으며, 이 지역에서 미국에 도전할 수도 있는 어떤 다른 강대국을 단념시킬 수 있도록 충분히 많은 선박, 화력 그리고 전투 부대가 필요했다. 다음으로 미국의 이해관계에 중요하다고 간주되는 태평양의 여러 영토에 대한 통제권을 얻기 위한 방안을 모색했다.

미국의 태평양 영토 획득은 다음과 같이 여러 가지 형태를 띠고 진행되었다.

- 미국이 하와이를 획득한 예에서처럼, 다른 제국주의 강대국과의 직접적인 대치나 갈등 없이 전면적으로 영토를 병합하는 경우
- 파나마운하 지대의 경우와 같이, 의존국과 조약을 맺어 일부 영토와 그 영토에 대한 권리를 양도받는 경우
- 러시아에서 얻은 알래스카 영토와 같이, 다른 제국주의 강대국으로부터 영토를 매입하는 경우
- 사모아와 오리건 준주처럼, 때로는 미국의 주장을 보강하기 위해 무력으로 위협하면서 다른 제국주의 강대국과 협상하여 태평양 영토를 획득하는 경우
- 일본이 이전에 점유하고 있던 마셜 제도와 북마리아나 제도와 같이, 신탁통치지역을 미국 행정부 통제 하로 복속시킨 경우
- 이전 스페인 영토였던 필리핀이나 괌과 같이 다른 식민 강대국을 상대로 군사적으로 승리를 거두면서 태평양의 영토를 획득하거나, 멕시코로부터 캘리포니아를 분리한 예처럼 태평양에 있는 독립 국가의 영토를 강제로 합병하는 경우

미국은 획득한 이들 영토에 대해 먼로 독트린과 '명백한 사명'의 논리적인 확장이라고 정당화했다.

먼로 독트린과 미국의 태평양으로의 확장

제임스 먼로 대통령이 1823년 12월 그 유명한 독트린을 선포하기 전부터 이미 미국은 태평양 강대국으로 부상하고 있었다. 1812~14년 전쟁 동안 미국 해군전함 에식스호(USS *Essex*)의 선장 데이비드 포터가 마르케사스 제도를 잠깐 병합하고

이름을 변경했었는데, 이것이 미국이 태평양에서 식민 강대국으로 등장하는 첫 시도였다. 미국 의회에서 한 일곱 번째 연두교서에서 발표된 먼로 선언은 서반구에 있는 독립 국가에 대한 유럽 세력의 어떠한 관여와 식민화도 '우리의 평화와 안전을 위협하는 것으로' 간주될 것이며 강력히 반대할 것임을 밝혔다. 이 선언이후 적지 않은 적대행위와 병합이 이어졌다. 포크 대통령은 이 독트린을 명백한 사명이라는 개념과 함께 미국의 태평양으로의 공격적인 팽창의 기초로 삼았으며, 1830년대와 1840년대에 다른 식민 강대국의 간여를 미연에 방지하고 멕시코의 북부 영토를 합병했다. 포크의 견해에 따르면 명백한 사명이 의미하는 바는 미국은 '우리의 자유로운 발전을 위해 신의 섭리로 정해진 대륙에 널리 퍼지는 것이다'.

신의 섭리가 분명 미국 편에 있다는 관념은 영국과 미국 모두 자신의 영토임을 주장했으며 「양국 공동 점령과 정착에 관한 1818년 영미협약」의 주제였던 오리건 지역에 대한 영국과의 분쟁에서도 이용되었다. 미국의 호전성에 직면한 영국은 49도선 남쪽에 있는 모든 영토를 양도했다. 그리고 마침내 1846년 오리건 조약으로 미국은 42도선 남쪽에 있는 경합지역인 현재의 오리건 주와 워싱턴 주를 얻었다. 명백한 사명이라는 개념은 윌리엄 매킨리 대통령이 1898년 하와이를 병합하려고 시도할 때에 다시 소환되었다. 그는 '우리는 캘리포니아가 필요했던 만큼이나 그리고 그보다 훨씬 더 하와이가 필요하다. 이는 명백한 사명이다'라고 주장했다. 1904년 테오도르 루즈벨트 대통령은 미국이 라틴 아메리카 국가의 내정에 관여할 권리가 있다고 선언하면서 먼로 독트린을 확장시켰다. 이는 미국이 파나마 운하지대를 병합하고 서반구에 항구적인 미국 패권을 확립한 사건이었다.

태평양에서 미국 권력의 서부로의 투사

19세기 말 미국의 권력은 서반구에만 한정되지 않고 태평양을 횡단해 아시아 환태평양까지 투사될 것임이 명백해졌다. 첫 번째 이러한 시도 중의 하나가 미국 무역선 공격에 대한 보복으로 호위함 포토맥호(Potomac)가 대포와 해병대의 상륙 전투부대를 이용해 플라카 해협에 있는 해적들의 근거지를 완전히 소탕했던 1831년에 일어났다. 이미 논의했던 바 1853년 페리 제독은 '흑선'의 커다란 대포로 꺼려하는 일본을 위협해 무역 협정의 장으로 데리고 나왔다. 다시 1871년 미국 전함은 이전 미국 선박 제너럴 셔먼호(General Sherman) 공격에 대한 보복으로 한국의 대동강 연안에 있는 항구를 습격하고 현지의 방어시설을 파괴했다. 미국은 이전에 제임스 쿡이 영국의 소유라고 선언했던 하와이를 병합하고 미국-스페인 전쟁기간과 그 이후에는 멀리 태평양에 있는 여러 영토를 적극적으로 점령했다. 미국의 야심은 이 반구에서 독립의 불가침성은 국가에만 미칠 뿐, '문명화되지 못한' 사람이 차지하고 있는 영토에는 미치지 않으며 바로 이 영토는 그 원주민의 동의 없이도 병합할 수 있다는 관념으로 정당화되었다. 팔미라 환상산호도와 같이 중부태평양에 있는 여러 섬들 그리고 투발루 그룹에 속한 4개의 외딴 섬들에 (1979년에 소유권을 넘긴) 대한 미국의 소유권 주장은 이러한 관념의 결과물이었다.

하와이 병합

미국의 하와이 병합은 거의 1세기 동안 국제적으로 외교적인 인정을 받은 왕국과 공화국을 모두 경험했던 주권 국가를 인수한 이례적인 경우에 속한다. 이는 먼로 독트린하에서 병합하기에 꼭 맞는 대상인 '문명화되지 못한' 이들이 살고 있는 땅이 아니었다. 1810년부터 1893년까지 폴리네시아 왕국인 하와이는 여기저기에서 온 고래잡이, 상인 무역가, 선교사, 모험가들에게는 비교적 평화롭고 번영하고 있던 안식처였다. 하와이는 처음 카메하메하 왕조, 그리고 다음에는 마지막 여왕 릴리우오칼라니에 저항한 쿠데타로 끝을 맺은 단기의 칼라카우아 왕조가 통치했다. 쿠데타 지도자들은 미국인과 유럽인 농장주들로 구성된 소수지만 영향력 있는 집단이었다. 이들은 이전 국외 거주 농장주들이 칼라카우아 통치자에게 강제한 '총검헌법'으로 사라졌던 행정권을 하와이 군주가 다시 장악하는 것을 막으려고 했다. 이 쿠데타는 일부 지역 엘리트의 지원을 받았으며 그리고 이 제도에서 무역을 거의 독점하고 있던 다른 제국주의 강대국들이 이 귀한 영토를 병합하는 것을 미연에 방지하고자 했던 미국으로부터 정치적 지지를 받았다. 여왕과 폴리네시아 지지자들이 권력을 회복하려고 노력하고 있을 때에 미국은 폭력 사태를 막기 위해, 사실상 릴리우오칼라니 여왕에 대한 쿠데타가 성공하도록 보장하기 위해 해병대를 파견했다. 그로버 클리브랜드 대통령을 포함해 미국에 있는 여왕의 지인들은 하와이를 공화국으로 선언한 농장주 도당들을 밀어낼 수 없었다.

병합을 촉구하는 미국인을 지지했던 다음 대통령 맥캔리하에서 이 제도의 독립은 끝이 났으며 1900년 공식적으로 하와이는 미국 영토로 선언되었다. 1959년에 하와이는 미국의 50번째 주가 되었다. 1993년 워싱턴의 빌 클린턴 대통령 정부는 1세기 전에 하와이 군주를 타도한 사건에 대해 정식으로 사과했다.

알래스카의 매입

이전에 제국 러시아의 외딴 영토였던 알래스카와 알류샨 열도는 미국이 매입에 관심을 보이기 시작한 19세기 중반에는 이곳에서 가장 가치가 있었던 상품인 모피는 거의 고갈되다시피 했다. 남북전쟁 후에 미국은 아메리카연합을 원조했던 영국이 북부 태평양에 영토 확장 시도를 되도록 막는 데에 열중했다. 영국과 동맹국들이 크림 전쟁에서 제정 러시아에 대해 승리를 거두었기 때문에 영국은 크림 전쟁 이후 러시아의 태평양 영토를 무력으로 쉬이 취할 수도 있었다. 이러한 움직임을 미연에 방지하기 위해 앤드류 잭슨 대통령은 국무장관 윌리엄 수어드에게 러시아 정부로부터 알래스카를 매입하는 문제를 협상하라고 지시했다. 1867년 3월 30일 러시아는 150만㎢의 영토를 720만 달러에 미국에 팔기로 합의했다. 니콜라스 2세는 이 거래로 그의 정부가 재정적인 채무 상태에서 벗어날 것이라고 기대하며 흔쾌히 이 조약 문서에 서명했으며, 미국의 일부 정치 엘리트는 알래스카는 '수어드의 바보짓'이라며 이 거래를 신랄하게 비난했다. 1884년에야 알래스카 영토에 민정 기구가 설치되었는데 바로 직후에 유콘에서 금이 발견되었다. 알래스카는 클론다이크 금광지대로 가는 입구였으며, 금이 발견된 이후 인구가 늘어나면서 이 영토는 번영했다.

2차 세계대전 초기에 북부 환태평양을 방어하는 보루로서 알래스카가 가지는 전략적인 가치는 일본군이 알류샨 열도에 있는 키스카 섬과 애트 섬을 점령했으나 더치 하버에서 패배하게 되면서 인정을 받게 되었다. 알래스카 하이웨이가 건설되면서 일 년 내내 미국과 연결되었으며 냉전 시기 장거리 조기 경보(DEW) 선이 구축되면서 다시 '수어드의 바보짓'이 가진 전략적인 중요성은 더욱 더 분명해졌다. 1959년 알래스카는 미국의 49번째 주가 되었다.

아메리칸사모아

일찍이 1839년 미국탐험대 대장인 찰스 윌크스 사령관이 투투일라 섬과 그 항구인 파고파고를 조사하고 나서 '모든 폴리네시아 섬 중에서 가장 뛰어난 곳 중의 하나'라고 평가하자 미국인들은 사모아 제도에 관심을 보이기 시작했다. 남북전쟁의 말 미국이 산업적·지리적으로 확장하고 있었던 1864년에 태평양의 섬들과 태평양 주변지역과의 무역이 증가할 것이란 전망이 나오자 미국 증기선 회사들은 석탄 공급 항구를 세울 수 있는 장소를 사모아와 남태평양의 다른 곳에서 물색하기 시작했다. 앞으로 태평양 무역로의 잠재적인 허브로서 파고파고 항구의 전략적인 중요한 위치는 동시대 다른 여러 제국주의 강대국들도 인정하는 바였다.

사모아에서 농장용 토지 15만 헥타르를 취득하고 있으면서 이 제도에 상업적인 이해관계를 가지고 있던 미국인들은 영국이나 독일이 사모아를 병합할 가능성이 있다는 소문을 심각하게 받아들였다. 1873년 미국 국무장관 해밀턴 피쉬는 앨버트 스타인버거 대령을 파견해 미국의 무역 이권을 보호하기 위해 사모아 영주들과 협상하도록 했다. 외교가와 협상가로서의 그가 보여준 능력 덕분에 사모아 영주들은 그를 수상으로 임명했다. 그러나 사모아인들에게 더 이상 토지를 외국인에게 팔지 말라고 권고함으로서 스타인버거는 독일과 영국의 농장주, 무역가 그리고 일부 선교사들로부터 원한을 사게 되었다. 이들은 공모하여 그를 영국 전함으로 강제 추방시켰다. 이런 충동적인 무단 행동은 사모아 사회에 불안정을 가져왔으며 미국인, 영국인, 독일인과 동맹한 파당들 간의 경쟁을 초래했다. 또한 고압적인 해군 사령관들은 간간이 유럽인 침입자들을 상대로 사모아인들이 저지른 절도나 다른 '범죄'에 대한 보복으로 현지 마을을 쑥대밭으로 만들고 불태웠다.

1878년 무정부상태로의 추락을 두려워한 사모아 영주들은 미국에 파고파고를 보호해 줄 것을 요청했으며, 1881년 다른 경쟁 강대국들은 미국 전함 라카완나호(Lakawanna) 선상에서 유순한 사모아 영주 말리에토아 라우페파를 왕으로 인정하는 조약에 서명해야 했다. 이 조약은 독일의 오토 폰 비스마르크가 1884~5년 베를린회의를 소집하면서 남태평양이 식민지 경쟁의 새로운 대결의 장으로 변모할 때까지 유지되었다.

독일의 태평양으로의 확장

베를린회의 훨씬 이전부터 독일은 태평양과 다른 곳에서 식민영토를 획득하기 시작했다. 이는 사모아와 뉴브리튼에서 담배, 칼, 직물, 목걸이를 코프라, 코코넛 오일, 진주, 귀갑, 희귀 나무, 해삼과 교환하면서 무역에 종사하고 있던 요한 체자르 고데프로이와 함부르크의 아들들과 같은 무역 회사에 의해 개척되었다. 이 회사를 계승한 기업은 공격적이고 제국주의적인 태도를 가진 테오도르 베버가 장악한 '롱 핸들 펌'으로 알려진 독일해상교역주식회사였다. 그는 서사모아의 독일 영사로 임명되었다. 베버는 사모아 영주들 간의 다툼에 개입했으며 편을 들어 준 현지인 동맹자에게 무기를 공급하는 대가로 넓고 비옥한 토지를 받았다. 1889년까지 그의 회사는 이런 식으로 사모아에서 최상급의 토지 5만 헥타르 이상을 획득했다. 친영국 영주를 몰아내고 그의 지지자들을 무력하게 만들고 독일이 원하는 바를 따라줄 사람을 '왕'으로 세우기 위해 독일은 1888년 해병대를 파견했다. 이어진 총격전에서 독일은 20명의 사망자와 30명의 부상자를 내며 퇴각해야 했다. 사모아의 독일 영사 크나페는 전함의 지원을 받으며 영국인과 미국인을 포함해 사모아 제도에 있는 모든 거주자들을 상대로 계엄령을 선포했다. 영국 영사와 미국 영사는 이에 반대했으며, 얼마 후 본격적인 국제 위기가 발생했다. 사모아에 전함들이 파견되고 런던, 워싱턴, 베를린 간의 날선 외교 문서가 오고갔다. 이 사태는 독일 총리 비스마르크가 크나페 영사의 고압적인 계엄령 선포를 질책하고 즉시 철회할 것을 명령하면서 겨우 소강국면으로 접어들었다.

독일의 뉴기니에서의 공격적인 활동도 인접한 오스트레일리아 식민지에 있던 몇 식민행정가를 불안하게 만들었다. 그러나 처음 이들의 우려는 무관심한 영국 정부로부터 아무런 반응도 이끌어내지 못했다. 퀸즐랜드 식민행정부는 영국 왕의 사전 승인도 받지 않은 채 선제공격으로 파푸아에 대한 주권을 주장하는 이례적인 조치를 취했다. 목요섬의 지사인 체스터가 포트모르즈비에 영국 국기를 꽂기 위해 파견되었다. 영국 당국이 이 무례한 행위에 대해 어떻게 해야 할지 주저하고 있는 사이 독일은 재빠르고 결정적인 움직임을 보였다. 독일은 뉴브리튼에 두 척의 전함을 보내고 1884년 11월 3일에 라바울에 독일 깃발을 올렸다. 독일 사령관은 제도 전체를(체스터가 주권을 주장한 파푸아 지역을 제외하고) 비스마르크의 이름을 따서 명명하고 독일 보호국으로 선언했다.

이런 비스마르크의 행동으로 마침내 무기력에서 깨어난 영국은 늦었지만 퀸즐랜드 정부의 주권 선언 행위를(사진 10) 비준했으며, 1893년에는 솔로몬 제도를 영국 보호령으로 선언했다. 독일은 남부 솔로몬 제도에 대한 영국의 주권을 인정하는 대신, 태평양 무역 허브로 전략적인 위치를 점하고 있는 사모아에서 '자유행동권'을 인정받았다. 이후 독일은 비스마르크 제도와 뉴기니에서 권력을 공고히 다졌다. 독일은 식민 수도를 뉴기니 북부에 있는 핀쉬하펜으로 옮긴 후 이 영토의 행정을 한 민간 기업인 독일뉴기니회사에 맡겼다. 1899년 제국 독일 정부가 그 행정 책임을 맡았다. 1차 세계대전 발발 시에 오스트레일리아 군대가 독일령 뉴기니를 점령하기 얼마 전인 1910년에 수도를 라바울로 옮겼다. 그 사이 네덜란드는 뉴기니의 서부 전체를 동인도 식민지에 포함시켰다.

태평양의 폭풍과 권력 정치 : 1889년 사모아 섬의 사이클론

말 그대로 역사를 만든 태평양의 열대 사이클론이 가진 어마어마한 힘을 보여주는 예 가운데 하나로 인해 1889년 미국과 독일의 무장 함대들이 파괴되어 버렸다. 이 무장 함대들은 사모아 제도의 병합을 놓고 제국주의 국가들이 경쟁하던 시기에 사모아에 파견되었던 비스마르크의 독일, 미국, 영국의 무장 함대였다. 1888년 남반구의 여름 비스마르크는 사모아의 무역, 토지 소유, 개발에 독점적 권리를 행사하고자 경쟁자 미국과 영국을 상대하기 시작했다. 독일 영사 크나페의 계엄령 발포로 야기된 긴장 상태가 잠시 소강상태에 접어든 후 독일은 이 제도에 대한 자신의 제국주의적 계획을 수용하지 않는다면 군사적인 행동을 하겠다고 경쟁국들을 위협했다. 이에 대응하여 미국 의회는 '사모아에서 우리의 이권을 지키기 위해 의무를 다한다'고 만장일치로 의결했다. 1889년 3월까지는 서로 다투고 있던 세 강대국에서 상선들은 물론 적어도 7척의 전함이 사모아에 모여들었다.

경쟁국의 함대들은 아피아의 앞 바다에 닻을 내렸으며, 모두 다른 국가들이 이 제도를 병합하는 행위를 막으라는 지시를 받고 있었다. 이때 커다란 태평양 열대 사이클론이 이들을 덮쳐 왔다. 미국 함대의 기함 트렌튼호(Trenton) 선상에 있던 킴벌리 제독은 기압계가 떨어지고 있는 것으로 보아 곧 폭풍이 닥칠 것이라며 다른 함대에게 모두 바다로 출항해야 한다고 알렸다. 독일 측의 함장은 이 메시지를 무시했으며 그리하여 미국 함대를 포함하여 모든 전함들이 정박지에 계속 계류하게 되었다. 독일의 에버호(*Eber*)가 해변 가에 가장 근접해 닻을 내리고 있었으며 독일 선박 올가호(*Olga*)와 영국 선박 칼리오페호(*Calliope*)가 근처에 있었다. 미국 전함 닙식호(*Nipsic*)과 독일 함대 아들러호(*Adler*)는 약 200m 더 바다 쪽에 정박해 있었다. 해변에서 약 2km 지점에는 미국 전함 밴달리아호(*Vandalia*)가 있었으며, 모든 전함 가운데 가장 대형 전함이며 마지막으로 아피아에 도착했던 기함 트렌튼호(USS *Trenton*)는 연안 암초 바로 안쪽 가장 노출된 바다에 닻을 내리고 있었다.

1889년 3월 15일 밤 킴벌리 제독이 예측했던 대로 열대 사이클론이 사모아를 향해 돌진했다. 고집스럽게도 닻을 올려 공해에서 태풍을 이겨내기를 거부했던 독일과 미국의 전함들이 이 사이클론의 파괴력을 온전히 다 맛보아야 했다. 날이 밝자 거대한 파도가 이 기구한 운명의 전함들을 쓸어버리고 서로 충돌하게 하고 삐죽삐죽하고 암초가 줄지어 있는 해안가로 몰아넣은 무시무시한 광경이 드러났다. 독일의 에버호가 처음 피해를 당했다. 거대한 파도가 측면을 들이 받아 산호초에 좌초시키고 산산 조각난 잔해를 바다로 쓸고 갔다. 독일의 아들러호는 태풍에 밀려가다 올가호와 충돌했으며 튕겨져 나가면서 측면이 산호 암초에 부딪치고 뒷면은 부서졌다(사진 12). 닙식호는 암초를 제거하려고 시도하는 과정에서 수크너 한 척을 들이받아 침몰시키면서 닙식호도 표류하고 있던 올가호에 의해 들이받혔으며 선장은 더 이상의 인명 손실을 피하기 위해 해변으로 배를 올렸다. 곧 밴달리아호가 영국의 칼리오페호에 치이면서 선미에 구멍이 났다. 선장은 해변으로 배를 올리려 했으나 거대한 파도가 가라앉고 있던 배를 치면서 많은 인명피해가 났다. 표류하고 있던 트렌튼호는 올가호와 충돌했으며 계속해 난파된 밴달리아호 쪽으로 접근했다. 이어진 두 미국 전함의 충돌로 밴달리아호에 승선하고 있던 생존자들은 트렌튼호로 선상으로 옮겨 탈 수 있었다. 그러나 계속해 내리치는 파도로 트렌튼호는 회복 불가능할 정도로 피해를 입었다. 엔진 출력을 최대로 낼 수 있었던 영국의 순양함 칼리오페호만이 이들 불행한 경쟁국 선박과 충돌을 피하면서 파괴의 현장을 벗어나 암초를 제거하고 폭풍이 아피아를 집어삼키고 있었던 때에 공해상으로 빠져 나올 수 있었다.

3월 19일 아침 경에 최악의 태풍은 지나갔으며, 약간의 피해를 입은 칼리오페호는 아피아로 돌아왔으며 거의 상상을 초월한 파괴현장을 목격했다. 독일 선박

아들러호 그리고 미국 선박 트렌튼호와 밴달리아호는 회복 불능 상태였으며, 손상이 컸지만 항해는 가능했던 닙식호는 해변에 좌초되어 있었다. 독일 전함 에버호는 흔적도 없이 사라졌다. 독일과 미국에게 인명의 손실과 위신의 실추는 그야말로 엄청났으며, 미국은 일본의 진주만 공격 이전까지 태평양에서 이에 버금가는 해군력의 손실을 입은 적이 없을 정도였다.

이 재난 바로 직후에 뉴욕 타임스는 사설에서 다음과 같이 쓰고 있다.

> 수많은 장교, 선원과 함께 3척의 미국 전함의 손실은 우리가 다음 50년간 이 제도와 할 수 있는 모든 무역으로도 벌충할 수 없는 수준의 커다란 국가적 손실이다(Andrade 1981 : 79에서 인용).

사이클론이 일어나고 있는 동안에 많은 사모아인은 미국인과 최근까지도 자신들을 억압했던 독일 해병대를 포함해 유럽인을 구하기 위해 자신의 목숨을 무릅썼다. 이들의 용기와 이타심이 알려지면서 세계는 크게 감동했다. 이 사건은 독일과 미국 혹은 영국 간의 관계 증진에 아무런 영향을 미치지 못했으며, 폭풍 후에 독일인 생존자들은 폭력사태를 피하기 위해 아피아에서 미국인들과 어울리지 않았다. 몇 년 후 독일 선박의 잔해는 아피아의 수변 지역을 확장한 매립지에 묻히게 되었다(Ellison 1953 : 107-14).

태평양에서의 전쟁

스페인-미국 전쟁

스페인은 19세기 초 남미과 북미 본토에 있는 식민지를 잃었지만, 1815년까지 아카풀코와의 갈레온 무역을 통해 스페인에게 부를 가져다 준 필리핀을 1564년 이래로 계속 식민지로 소유하고 있었던 덕분에 여전히 태평양 강대국으로 간주되었다. 스페인과 부상하고 있던 태평양 강국인 미국 간의 충돌은 쿠바와 푸에르토리코와 같은 카리브 해 연안에 있는 스페인 소유지뿐만 아니라 괌과 필리핀과 같이 스페인의 태평양 식민지를 암시적이지만 명백하게 겨냥한 먼로 독트린의 선포 이후 거의 불가피했다. 미국이 신세계에 있는 스페인의 소유지를 공격한 명분은 하바나 항구에 정박하고 있던 미국 군함 마린호(USS *Marine*)에서의 의문의 폭발 사건이 제공했다. 분개한 미국 정부는 이를 스페인 파괴 공작원들의 책임으로 전가했다.

1898년 조지 듀이 제독하의 미국 전투 부대가 마닐라 항구에 있는 오래되고 더 이상 쓸모가 없는 스페인 함대를 파괴했다. 얼마 후 이전 망명자 에밀리오 아기날도의 지도하에서 필리핀 민족주의자들이 일으킨 봉기 덕분에 미국은 마닐라에 있던 13,000명 스페인 주둔군의 항복을 받아낼 수 있었다. 미국 군대는 수도를 점령하고 민족주의자 군대가 마닐라에 들어오는 것을 막았다. 전쟁을 종결한 파리 평화 회담에서 윌리엄 매킨리 대통령의 지시를 받은 워싱턴 특사는 스페인을 상대로 무엇보다도 필리핀과 괌 제도의 통제권을 미국으로 넘기라고 요구했다. 필리핀 민족주의자들은 이 조약 체결에 아무런 역할을 할 수 없도록 배제되었다. 이들은 미국 점령군에 저항해 게릴라전을 계속했다. 이 게릴라전은 1901년 아기날도의 생포와 대부분이 민간인인 만 명이 넘는 필리핀인의 죽음 그리고 4200명 미국인의 희생으로 끝났다.

러일전쟁

러시아가 19세기 말 한국을 영향권으로 포섭하려고 하자 일본은 태평양 함대를 가진 확장주의자이자 대제국이 바로 이웃이 될 수 있다는 전망에 불안해졌다. 또한 일본은 한국 문제에 대해 협상하자는 제안을 러시아가 거절하자 심각한 도발로 간주했다. 일본은 1904년 포트아서(뤼순)에 있는 러시아 극동함대에 대해 기습 어뢰 공격을 감행함으로써 경고도 없이 러시아 군대를 상대로 전쟁에 돌입했다. 일본의 근대화된 군대는 만주에 있는 러시아의 영토를 점령하고 포트아서를 포위했다. 러시아는 일본의 봉쇄로 군대를 증강하거나 보급품을 보낼 수 없었다. 필사적으로 극동에서의 이권을 회복하기 위해 러시아는 발트함대를 보냈다. 지노비 로제스트벤스키 제독이 지휘하는 발트함대는 모항인 레벨에서 동중국해로의 장대한 항해를 했다. 함대가 도착할 즈음 포트아서는 이미 일본인의 수중에 들어갔으며, 함대에는 보급품이 부족했으며 선원들은 휴식이 필요한 상태였다. 그러나 이 발트함대는 러시아의 마지막 남은 태평양 연안의 항구 블라디보스토크에 아무탈 없이 들어가지 못했다. 러시아 함대는 한국의 부산항에서 출항한 강력한 일본 전함에 의해 한반도와 일본 혼슈 섬 사이에 있는 대한해협에서 요격당했다. 도고 헤이하치로(東鄕 平八郞) 제독의 기함은 신형으로 영국이 디자인한 전함 미카사(三笠)였는데, 그의 지휘하에서 일본은 1905년 러시아와 맞붙었다. 온종일 계속된 전투에서 도고가 취한 혁신적이고 담대한 전략은 트라팔가에서의 넬슨 경의 전략과 유사했다. 해질녘 승리를 거둔 일본은 최소한의 희생으로 러시아 발트함대를 완패시켰다.

일본이 태평양 강대국으로 부상했으며 일본 연안을 넘어 제국주의를 투사할 의도를 세계에 알렸다고 말할 수 있는 것이 바로 이 러일전쟁이었다. 1905년 8월에 대양 저편의 뉴햄프셔 포츠머스에서 조인식을 가진 평화 조약에서 일본은 패배하고 굴욕을 당한 러시아로부터 한국(공식적으로는 1910년에 병합됨), 사할린 섬 남쪽 절반, 쿠릴 열도, 만주에서의 광범위한 권리와 포트아서에 대한 완전한 통제권를 얻어냈다.

태평양에서의 1차 세계대전

영국, 프랑스, 러시아, 네덜란드, 미국, 일본을 포함해 태평양 주변의 무장 국가와 식민 강대국 대부분은 1차 세계대전 내내 혹은 일정 기간 일본의 연합국이거나 중립국이었다. 하나의 예외가 독일이었다. 1914~8년 태평양에서의 충돌과 갈등은 연합국이 독일의 식민지와 기지 등을 빼앗으면서 발생한 소규모 접전들로 나타났다. 적대적인 해군 부대원들이 실제로 교전하는 경우는 드물었다. 전쟁 발발 시에 중국 연안 칭다오(靑島)의 독일 기지에 있었던 독일 순양함 엠덴호(HMS *Emden*)가 중국을 향해 가고 있던 연합국 선박을 파괴하고 나서 믈라카 해협에서 오스트레일리아 순양함 시드니호(HMAS *Sydney*)에 의해 격침되어 인도양에서 침몰했다. 오스트레일리아와 뉴질랜드 군대가 독일령 뉴기니, 비스마르크 제도, 서부 사모아를 점령했으며 일본군은 독일령 미크로네시아 섬들을 점령했다. 전쟁 말에 이들 제도는 국제연맹하에서 위임통치령이 되었으며 점령하고 있던 강대국이 공무를 집행했다.

세계대전 사이 일본의 팽창주의

1차 세계대전에서 연합국 측에 가담한 덕분에 일본은 적도 이북에 있는 이전 독일령에 속했던 태평양 영토, 특히 캐롤라인 제도와 마리아나 제도를 지배하에 넣을 수 있었다. 일본은 이미 대만을 식민화했으며 1930년대에는 중국을 침입해 만주를 획득했다. 국제연맹이 만주 철수를 촉구하자 일본은 1933년 국제연맹을 탈퇴하는 것으로 대응했다. 일본의 군국주의는 양차 세계대전 사이에 가속화되었으며, 1925년 전국에 있는 고등학교와 대학에 예비장교훈련을 목표로 한 학군단 설치를 감독하기도 했던 군·산업 복합체에 의해 발전되었다. 이 훈련을 마친 젊은 군 장교들은 감지되고 있던 평화주의와 고위 장교들과 원로 정치인들의 '나약함'(weakness)에 불만이 많았는데, 이로 인해 1930년대에는 정치적 온건파에 대한 암살이 잇따라 발생했다. 팽창주의적인 야망을 가지고 있으며 야심만만한 장교였던 도조 히데키(東條英機) 장군이 이끈 군대는 1937년 일본 정부를 장악했으며 바로 중국을 다시 한 번 침입하고 많은 잔악 행위를 저질렀다. 일본 군대가 15만 명의 비무장 시민을 학살한 난징(南京) 대학살은 보다 최근 수없이 많은 잔혹한 전쟁범죄를 경험했던 현재의 세계에서조차도 여전히 무자비한 야만 행위의 대명사이다.

태평양에서의 2차 세계대전

거의 잘 인식하고 있지 못한 사실이지만 환태평양 주변 자연자원의 편중화로 인해 1941~5년 태평양 전쟁으로 가는 상황이 연출되었다. 이들 자원의 개발을 놓고 벌어진 갈등이 1930년대 초 대공황 이래 태평양에서 태동하기 시작했다. 대공황 전과 기간 동안에 도입된 제한 무역 정책으로 인해 이 지역에서의 자원의 흐름이 둔화되었다. 이들 정책은 지역 제조업을 장려하려는 의도를 가지고 있었지만 그 의도와는 달리 태평양 국가들의 대공황으로부터의 회복 속도를 빠르게 하기보다는 느리게 하는 결과를 가져왔다.

급하게 산업 생산을 확대하려한 일본은 다른 식민 강대국 특히 영국, 미국, 프랑스, 네덜란드가 태평양에서의 자연자원을 통제하면서 공급을 제한하는 '심술 사나운' 태도를 보이는 것에 매우 분개했다. 일본이 태평양의 인접국, 1930년대 특히 중국에 대한 호전성을 배가시키자 미국을 비롯한 국가들은 석유, 고철, 기술 등을 일본에 수출하는 것을 더 엄격하게 규제하는 태도를 취했다. 미국은 1939년 일본과의 통상 조약을 유예시켰다. 이들 조치로 길이 막힌 일본은 다른 강대국들의 식민지 영토에 있는 석유, 고무, 철금속, 비철금속, 식량의 공급원에, 통상 협상을 통하거나 혹은 이도 저도 되지 않는다면 무력을 사용해서라도 접근하고자 더욱 결의를 다지게 되었다. 일정 부분 대공황으로 인해 많은 일본인들이 궁핍한 삶을 살고 있었으며, 일본 정부는 일본의 잉여 인구를 이주시킬 만한 곳을 남양(南洋)에서 찾고 있었다. 1940년 프랑스와 네덜란드가 독일 앞에서 식민지 강대국으로서의 무력함을 드러내고 서부 전선에서 덩케르크의 함락 후에 영국도 이어 나치 독일에 패배할 것으로 예견되자, 일본 정부는 필요로 했던 자원을 확보할 수 있는 기회의 창이 갑자기 열리고 있음을 보았다. 고립주의적 태도에 군사적으로도 준비되지 않은 미국만을 상대하면 될 것이며, 한물간 무기와 제대로 동기부여도 되지 못한 용병이나 징병에 의존하고 있는 영국 식민지와 네덜란드령 동인도는 경험이 풍부하고 무장도 잘 되어 있으며 단호한 결의를 가진 일본 해군과 육군에 의해 쉬이 무너질 것이었다.

1940년 일본은 독일, 이탈리아와 군사 협정을 체결했으며 베를린-로마-도쿄 주축이 탄생했다. 정부의 군국주의적인 태도에 반대하는 것과는 거리가 멀게도 40살의 히로히토(裕仁, 昭和) 천황은 장교의 군복을 입고 1940년 10월 21일 2600주년 일본국 건국을 축하하는 자리에 참석했으며 군대와 함께 사진을 찍었다. 1941년 일본은 러시아와 상호불가침 조약을 맺어 만주국 국경을 따라 벌어졌던 상호 적대 행위를 종식시키고 이미 확장한 제국의 북부 국경 지대의 안전을 확보했다.

1941년 이전 육군성 장관이었던 도조 히데키 장군은 일본의 수상이 되었다. 그는 일본의 팽창을 위해 필요한 아시아 환태평양과 동인도에 있는 자원과 영토를 무력으로 획득하는 계획을 신속히 진척시켰다. 그는 이들 영토 주위에 방어 지대를 창설하여 미국과 영국이 석유와 필요한 자원을 모국으로 가져가지 못하도록 방해하는 대담한 전략을 승인했다. 이 방어 지대를 위해서 미크로네시아에서 일본이 이미 취득하고 있던 섬 영토에 더하여 웨이크 섬, 멜라네시아 제도와 서부 폴리네시아, 알류샨 군도는 물론, 당시 미국의 식민지였던 필리핀을 점령하고 소유할 필요가 있었다. 영국령 말라야와 석유가 풍부한 버마도 점령되어야 했으며, 가능하다면 인도의 독립 운동이 영국령 인도제국에 저항해 일어날 수 있는 기회를 주기 위해 인도도 침입해야 했다. 그렇게 된다면 중국 남서부에서 일본에 저항하고 있는 중국국민당 군대에 군수품을 공급하는 루트가 차단될 것이었다. 동시에 일본은 인도차이나의 유순한 비시 프랑스 행정부와 협정을 맺어 그곳에 일본 군사 기지를 설치했다. 이로서 네덜란드령 보르네오와 수마트라뿐만 아니라 영국령 버마의 유전들을 쉽게 공격할 수 있는 지점을 확보하게 되었다. 그러나 1941년 7월에 맺어진 이 협정은 미국을 자극해 석유와 금의 일본으로의 통상 금지령을 발하게 했다. 여태까지 일본은 이들 상품의 80%를 미국으로부터 공급받고 있었다. 미국의 재무장 프로그램은 가속화되었다.

한편, 서구의 이해관계가 있는 곳을 공격한다면 독일의 히틀러가 지지할 것이란 확신을 가진 일본은 말라야에 있는 영국 기지와 필리핀과 하와이에 있는 미국 기지에 대한 공동 공격 계획안을 이미 1941년 초에 마련하고 있었다. 야마모토 이소로쿠(山本 五十六)의 아이디어로 탄생한 진주만에 대한 공격 계획은 1940년 11월 11일 타란토에서 철통 방어를 하고 있던 이탈리아 함대를 영국의 함재기(艦載機)가 성공적으로 공격했던 실례를 바탕으로 만들어졌다. 야마모토가 기획한 작전의 주요 표적은 타란토에서와 같이 적의 전함이 아니라 요크타운호(Yorktown), 렉싱턴호(Lexington), 엔터프라이즈호(Enterprise), 호닛호(Hornet) 등 4척의 미국 태평양함대 항공모함이었다. 도쿄의 전략가들은 기동성이 매우 뛰어나고 현대적인 타격 항공기를 싣고 있으며 완전한 전투태세를 갖춘 미국 항공모함이야 말로 일본의 침략 계획에 가장 중대한 위협임을 알고 있었다. 일본의 동남아로의 침투가 짧은 시일 내에 성공을 거두려면 처음부터 이를 제거할 필요가 있었다.

사이공의 지상과 일본 항공기는 말라야와 샴 연안에 있는 상륙용 주정(舟艇)에서 가해지는 동시다발적인 공격을 엄호하라는 임무를 받았다. 이 공격의 목적은 최근에야 도착한 2척의 주력함과 작은 호위 구축함들로 이루어져 있으며 대폭 극감된 영국의 극동 해군을 파괴하고, 말라야로부터 들어간 일본 보병 부대가 공격할 경우 내륙으로부터 아무런 지원을 받을 수 없는 싱가포르에 있는 해군 기지의 무력한 대공방어능력을 없애는 것이었다. 1941년 12월 8일과 1942년 2월 15일 사이 이들 목적은 사기가 저하된 영국이 패배하고 마침내 싱가포르를 일본에게 건네주게 되면서 쉬이 성취되었다. 1942년 3월 수마트라와 보르네오의 유전은 모두 일본인의 손에 들어갔으며 일본 군대는 버마를 유린하고 인도 임팔을 향해 나갔다.

진주만의 미국 태평양 함대에 대한 일본의 공격은 아주 잘 알려져 있다. 아마도 좀 덜 알려진 사실은 일본이 공격에 성공한 데에 그리고 미군이 일본의 공격을 예견하지 못한 데에는 태평양 자체가 일정한 역할을 했다는 점이다. 태평양의 광활함으로 인해 일본이 20척의 공격 전함을 숨길 수 있는 지역을 찾는 것은 문제도 아니었다. 여기에는 쾌속 전함, 순양함, 구축함을 포함해 6척의 대형 항공모함이 ―414개의 어뢰와 급강하 폭격기, 전투원과 고공 타격 항공기를 가득 실은― 포함되었다. 무사 안일한 미국 해군 사령관들은 사전에 이 일본 함대가 모항에서 사라졌다는 보고를 받았지만 일본 근해에서 작전을 하고 있거나 영국령 말라야 침공이 예상되는 만큼 인도차이나로 향하고 있을 거라고 추정했다.

하와이에 있는 해군과 육군 항공대의 미국 총사령관, 허즈번드 킴멜 제독은 일본과 전투가 벌어질 수 있다는 경고를 받았으며, 하와이의 서쪽에서 일본으로의 직선 루트를 따라 정찰하기 위해 비행 정찰대를 더 늘리는 것으로 대응했다. 이들 정찰대는 쿠릴 열도의 탄칸 만(單冠灣)에서 출항해 하와이 북부를 향해 북태평양의 텅 빈 공간을 돌아가고 있던 일본 함대를 발견할 수 없었다. 킴멜은 미국 태평양 함대의 전함들에게 출항을 명령하지 않았으며, 공습 가능성을 무시했던 월터 숏 장군은 실제로는 사보타주로부터 보호하기 위해 방어용 항공기들을 오아후 주변 비행장에 서로 가까이 주차하고 있으라고 명령했다. 결과적으로 그는 12월 7일 아침 일본의 폭격기들의 저공비행 폭격이 더욱 효율적이고 치명적인 결과를 가져오도록 만들었다. 놓치거나 지체되거나 해석을 잘못한 일련의 무선 신호들, 체계적인 무심함, 잘못된 추측, 육군과 해군 사령관들의 협력 부족으로 오아후 섬 남부 연안 진주만에 있는 미국의 주요 태평양 기지의 준비태세 미흡 상태는 가중되었다.

일본은 공격 함대가 거의 목적지에 이를 즈음에 주요 표적인 4척의 미국 항공 모함이 진주만에 없다는 소식을 접하고 너무나 놀랐다. 이들 중 요크타운호와 호 닛호는 임무를 띠고 대서양에 있었으며, 렉싱턴호와 엔터프라이즈호는 여러 보충 전투기 비행 중대를 웨이크 섬에 내려놓고 돌아오고 있는 중이었다. 다시 한 번 결정적인 순간에 태평양의 환경은 군사 계획을 좌절시키는 데에 관여하게 된다. 원래 이들 두 항공모함은 12월 6일에 진주만으로 돌아오기로 되어 있었지만 일기 가 나빠 늦어지고 있었다. 진주만에 기지를 둔 중순항함들은 통상 거기에 있어야 했지만 무언지 모를 이유로 그 치명적인 아침에 그곳에 없었다. 그러나 일본에게 주사위는 이미 던져졌으며, 전체 일본 함대를 책임지고 있던 부제독 나구모 주이 치(南雲 忠一)는 최소한 몇 대의 항공모함은 타격 비행기가 하와이 상공에 도착할 무렵에는 하와이 기지로 돌아올 수 있으니 원래 계획대로 추진한다는 결정을 내 렸다.

1941년 12월 7일 새벽 350대 이상의 폭격기, 어뢰 투하용 뇌격기, 전투기로 무장 한 일본의 공격 전투기들이 오아후 북부에서 약 300㎞에 있는 함대에서 두 차례 출격했다. 얼마 후 7시 30분 일본군은 미국 전투 비행기들이 전함에 대한 주력공 격을 하는 데에 개입하지 못하도록 저공비행을 하면서 폭격을 시작했다. 앞서 설 명했듯이, 이 초반 공격은 예상했던 것보다 훨씬 더 쉬웠다. 대부분의 미국 항공 기들이 소수의 경비대로도 사보타주로부터 보호할 수 있도록 밀집해서 함께 주차 되어있었기 때문이다. 이내 완전한 기습의 이점을 누리면서 첫 일본 폭격 부대가 진주만에 도착했으며 포드 섬 해군항공기지 동남쪽 방향으로 나란히 줄지어 정박 해 있는 8대의 전함을 발견했다. 일본군은 잘 계획된 두 차례의 공습으로 7척의 주력함과 수많은 소형 선박들을 침몰시키거나 심하게 손상시켰다.

두 시간도 채 되지 않아 2403명의 미군과 민간인이 목숨을 잃었다. 이에는 전함 아리조나호(Arizona)에 승선하고 있던 1777명과 오클라호마호(Oklahoma)에 있던 415명의 군인이 포함되어 있었다. 여기에 더하여 1178명이 부상을 당했으며 21척 의 배가 정박지에서 침몰하거나 폭파되거나 폭탄과 어뢰로 손상을 입었으며, 진 주만 주변의 5개 비행장에 있는 350대의 비행기가 파괴되거나 손상되었다.

이 기습공격이 가해지고 있던 때에 항공모함과 순양함 함대가 진주만에 없었으 며 북쪽으로부터 쓸고 내려오는 일본의 항공기 편대의 길에도 없었다는 사실은 순전히 행운이었다거나 혹은 당시 해군의 최고 사령관들 중 최소한 몇 명이 가진 선견지명의 결과라고 여러 가지로 해석되어 왔다. 엄청난 충격을 받은 미군에게 두 번째 행운은 하와이에서 심한 타격을 받은 미국의 방어 시설에 대한 두 번째 습격을 명령하지 않은 나구모 제독 자신의 결정에서 비롯되었다. 그는 미국 항공 모함을 침몰시킬 기회를 놓쳤음을 알게 되고 이들 항공모함이 그의 전함에 기습 반격을 곧 단행할 가능성이 많다고 보았기에 이런 결정을 했다. 그가 두 번째 공격을 명령하지 않음으로 인해 미국의 잠수함 기지와 항구의 함정수리 시설은 피해를 입지 않았으며, 이전 공격으로 침몰되거나 손상된 많은 선박을 인양, 수리하고 전투할 수 있는 상태로 재빨리 복구시킬 수 있었다. 해군 기지에 너무나 긴요한 석유 저장 탱크와 발전소들도 일본 비행기 폭격의 피해를 입지 않았다. 12월 7일 미국 해군 전체 주력함의 거의 절반의 기능이 마비되었지만 6개월 이내에 해군은 전력을 공격 이전의 상황으로 거의 되돌려 놓을 수 있었으며 1942년 초반에 태평양 전투에서 재빨리 공세를 취할 수 있었다.

남양에서 자원이 풍부한 땅을 점령하고 이중의 방어선을 설치하겠다는 일본의 계획은 태평양 전쟁의 첫 몇 달 동안에는 아주 훌륭하게 수행되었다. 〈지도 7〉은 1942년의 외곽 방어선을 보여준다. 이에는 웨이크 섬, 서부 알류샨 제도, 뉴기니, 마셜 제도, 길버트 제도, 솔로몬 제도가 포함되어 있다. 일본의 전략 기획가들은 이 선을 더욱 확장하여 누벨칼레도니, 피지 그리고 사모아를 포함시키려고 했다. 그 목적은 미국과 오스트레일리아 사이에 있는 연합국의 공급선을 끊어버리고 연합국이 오스트레일리아를 거대한 기착지로 삼아 일본이 남양에서 점령하고 있는 유전과 군사 기지를 공격하는 것을 막기 위해서였다.

1942년 중반 이미 이들 섬에 대한 점령 일정이 정해졌다. 오스트레일리아 본토에 발판을 마련해야 한다는 의견도 제기되었다. 외곽 방어선을 확장해 알류샨과 미드웨이를 지킬 수 있다면 미국 해군과 공군의 주요 시설을 일본의 지상파 폭격기와 장거리 전투기의 범위 내에 둘 것이었으며 연합국이 일본 제국을 위협할 수도 있는 잠재적인 새로운 기지 건설도 막을 수 있을 것이었다. 심지어 북동 계절풍의 변덕스러운 날씨도 일본의 전략을 도와주는 것처럼 보였다.

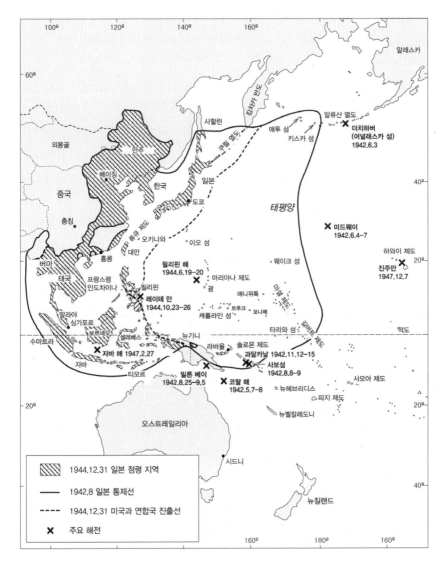

지도에 표기된 내용:

100º 120º 140º 160º

알래스카

60º

외몽골

만주

캄차카 반도

사할린

쿠릴 열도

알류샨 열도

애투 섬

키스카 섬

**X 더치하버
(어널래스카 섬)
1942.6.3**

베이징

중국

한국

일본

도쿄

태평양

40º

충칭

류큐 제도

오키나와

이오 섬

**X 미드웨이
1942.6.4~7**

하와이 제도

버마

태국

프랑스령
인도차이나

홍콩

대만

웨이크 섬

**진주만
1947.12.7**

20º

**필리핀 해
1944.6.19~20 X**

마리아나 제도

괌

말라야

싱가포르

필리핀

**레이테 만
1944.10.23~26 X**

에니위톡

트루크

캐롤라인 섬

포나페

마셜 제도

브루네이

셀레베스

자바 해 1947.2.27 X

자바

타라와 섬

길버트 제도

적도

수마트라

뉴기니

라바울

솔로몬 제도

**과달카날 1942.11.12~15
X**

**사보섬
1942.8.8~9**

사모아 제도

티모르

**밀른 베이
1942.8.25~9.5 X**

**X 코랄 해
1942.5.7~8**

뉴헤브리디스

피지 제도

뉴벨칼레도니

오스트레일리아

20º

시드니

뉴질랜드

40º

160º 180º 160º

범례:
- 1944.12.31 일본 점령 지역
- 1942.8 일본 통제선
- 1944.12.31 미국과 연합국 진출선
- X 주요 해전

〈지도 7〉 2차 세계대전 시기 일본의 방어선과 주요 해전(출처 : Imperial War Museum, Duxford, Pacific War Exhibit).

지나고 나서 보니까, 연합군 주요 사령관들의 무능, 안주, 잘못된 판단이 심지어 일본인들이 기대했던 것보다 초기 공격을 더 쉽게 만들었다. 예를 들어 더글러스 맥아더 장군이 미국 방어를 책임지고 있던 필리핀에서, 진주만 공격 후 수일 안에 접근해 올 일본 침입군을 박살낼 수도 있었던 미국의 B-17 중폭격기는 일본의 공격 항공기가 와서 파괴해 버릴 때까지도 위장도 하지 않은 채 클라크 필드에 줄을 맞추어 쭉 들어서 있었다. 링가엔 만 상륙을 막기 위한 맥아더의 노력도 아무런 성과를 거두지 못했다. 그의 명령하에 있는 미국인과 필리핀인 병사들의 사기가 부족해서라기보다는 전략 미숙의 결과였다. 바탄 반도와 코레히도르에서 그의 군대가 일본에 연이어 참패하자 맥아더는 그 유명한 '돌아오겠다'는 맹세를 하며 오스트레일리아로 철수했다. 포로로 잡힌 그의 군대는 악명 높은 죽음의 바탄 행진 과정에서 수도 없이 쓰러졌다.

반면, 싱가포르 근처의 수역에서 영국 제독 톰 필립스는 두 주력함인 전함 프린스 오브 웨일즈호(Prince of Wales)와 전투 순항함 리펄스호(Repulse)에 대한 전투기 엄호를 적시에 해야 함에도 불구하고 이를 무시하고 말라야의 동부 연안에 있는 일본 침입 함대를 요격하기 위해 전투기를 출격시켰으나 실패했다. 두 항공모함 모두 폭격기와 어뢰 항공기의 공격으로 바로 침몰했으며 필립스 제독을 포함해 840명의 장병이 목숨을 잃었다. 진주만에 있는 미국 전함 그리고 싱가포르 근처에 호위 구축함을 두고 전투태세를 갖춘 영국 주력함에 대한 일본군의 성공적인 공습은 해전사에서 전투함 시대의 종말을 알렸다. 그때부터 2차 세계대전의 나머지 기간 동안 해군 항공력은 태평양에서 전쟁의 주력이 되었다.

영국과 네덜란드 남양 식민지에 있는 유전을 통제한다는 일본의 전략 목표는 6개월이 채 되지 않아 달성되었다. 이 지역에 있는 연합군의 해군, 공군, 육군은 필리핀, 말라야, 싱가포르, 네덜란드령 동인도에서의 항복과, 자바 해 전투에서 미국, 네덜란드, 오스트레일리아, 영국 순양함과 구축함으로 구성된 합동해군기동부대의 제거로 급속도로 무력화되었다.

1942년 초 처음 설치된 이래 초속으로 강화된 일본 외곽 방어선의 핵심은 마리아나 제도와 캐롤라인 제도에 있는 사이판과 투르크, 그리고 뉴브리튼의 가젤 반도 라바울에 있는 해군 기지들이었다. 일본은 포트 모레스비와 밀른 베이를 점령하기 위해 뉴기니에서 공격을 개시함으로서 일본의 외곽 방어선 확장 계획을 실행에 옮기기 시작했으며, 부갱빌, 길버트 제도에 있는 타라와, 솔로몬 제도에 있는 과달카날 섬에 공군 기지를 건설하기 시작했다. 이는 일본에게 코랄 해를 통제하고 중앙 태평양에서 오스트레일리아로의 북부 접근로를 마련해 줄 것이었다. 이 지점까지의 일본의 성공은 태평양의 섬 환경을 전략적으로 잘 이용했기 때문이다. 일본은 태평양의 광활함과 미로 같은 섬들을 이용하고, 야전 전투 능력을 잘 갖추고 있으며 육지에서 떨어진 곳에서 살아남도록 훈련된 군대를 동원해, 산발적으로 흩어져 있으며 별다른 무장도 갖추지 못한 방어자를 일본이 선택한 때와 장소에서 패배시켰다. 그러나 일본인들은 새로운 상황에 적응하거나 혁신하는 데에는 다소 느렸다. 또한 이들은 암호 해독장치, 상륙전함, 레이더와 같은 기술을 사용해 치명적인 결과를 가져다주었던 적군들이 가진 기술적이고 산업적인 능력이 부족했다. 일본의 초기 성공은 일본군의 우수성에 대해 지나친 자신감을 심어주었다. 그러나 1942년 4~5월경 전쟁의 행운은 일본에 등을 돌리기 시작했다.

어떤 의미에서 일본의 패배는 1942년 4월 18일에 시작되었다고 할 수 있다. 그날 북서 태평양의 텅 빈 해역으로부터 은밀하게 혼슈에 접근했던 항공모함 호닛호(Hornet)에서 제임스 둘리틀이 이끄는 미국 육·공군이 아무도 예상하지 못한 가운데 도쿄를 향해 폭격을 시작했다. 통상적으로는 항공모함에는 너무나 크다고 여겨졌던 쌍발 엔진의 B-24 중형 폭격기를 이용해 수행한 이 성공적인 폭격은 일본군 최고사령부를 경악하게 했다. 그때까지 도쿄는 미국의 어떤 지상파 폭격기의 사정거리 내에도 있지 않다고 간주되었기 때문이다. 미국 비행사들은 발사장소를 '지상 낙원'(Shangri-la)이라고 부르면서 이 미스터리를 영속화시켰다.

당시 이 공격은 연합국 측으로서는 군사적인 효과보다는 사기를 진작시키기 위한 실습으로 여겨졌다. 그러나 추후에 이루어진 분석을 보면 이 공격은 서부 태평양에서의 전쟁 전개 과정에 결정적인 영향을 미칠 결과를 가지고 왔다. 일본군 최고사령부는 당혹감을 감추지 못했으며 일본 제도를 방어하기 위해 인도양 함대를 철수시켰으며 피지, 누벨칼레도니 그리고 오스트레일리아 북부로의 침입 계획을 연기시켰다. 그 대신 일본의 방어선을 강화시키고 북부 태평양에 있는 미군을 몰아낼 수 있는 전진 기지를 건설하기 위해 즉시 미드웨이 섬을 공략하기로 결정했다.

1942년 5월 일본의 포트 모레스비와 밀른 베이 해상 침입 계획은 일본 함대가 연합국의 함상기와 지상파 항공기의 공격으로 코랄 해에서 심하게 손상을 입는 바람에 시도로 해보지 못하고 좌절되었다. 코랄 해 전투에서 항공모함 쇼호(祥鳳)

의 손실, 다른 두 일본 항공모함의 파손, 그리고 77대의 우수한 항공기와 조종사의 손실로 일본의 해군 항공기편대의 전투 능력은 3분의 1이 줄었다. 육로로 포트 모레스비를 점령하려는 두 번째 시도도 오스트레일리아 민병대에 의해 코코다에서 격퇴당하면서 좌절되었다. 이로서 일본군은 육지전에서 처음으로 패배하게 되었다.

1942년 3월 미국 암호해독 전문가의 일본 해군 암호(JN 25) 해독으로 일본군의 계획은 중대한 차질을 빚었다. 이는 1942년 6월 초 엄청나게 많은 일본 침입군이 하와이 제도의 서쪽 끝에 있는 미드웨이를 향해 출항했을 때 정말로 중대한 사안으로 떠올랐다. 암호해독 덕분에 미국은 특정한 표적과 항공모함의 전력 그리고 침입 함대를 감싸는 수상함들의 전력을 포함해 일본의 전투 계획을 사전에 알 수 있었다. 이로 인해 미국 해군은 가장 적당한 시간과 장소에서 일본의 함대를 도중에서 요격하기 위해 레이몬드 스프루언스 제독이 지휘하는 미해군 항공모함 부대를 배치시킬 수 있었다. 미드웨이에서 기습공격으로 방어막을 뚫고 함정으로 미국 항공모함을 유인하겠다고 계산하고 있던 일본군은 거꾸로 자신들이 기습공격을 당했다.

태평양의 그 지역에 구름이 잔뜩 끼고 흐린 날씨는 다시 한 번 일본 공격군에게 유리하게 작용하는 듯 했다. 그러나 일본군은 미드웨이에서 정찰 비행기가 구름 사이에서 자신들을 발견하리라고는 미처 생각지 못했다. 그럼에도 불구하고 6월 4~6일 벌어진 미드웨이 전투는 미군이 결국 승리했지만 행운에 힘입은 바도 적지 않다.

항공함대가 미드웨이에 있는 지상 목표물을 처음 공격하고 돌아온 후 나구모 제독은—진주만 공격의 승자— 뒤늦게 항공모함 갑판에 있는 비행기에 실을 무기 유형을 바꾸라는 명령을 내리는 치명적인 실수를 저질렀다. 그는 미국 항공모함 한 대가 공격 유효 거리에 있다는 정찰 비행기의 보고를 받고난 후에 이런 명령을 내렸다. 미국 비행기들이 갑자기 덮쳐왔을 때 일본 항공모함의 비행갑판 위에는 연료를 채우고 있는 비행기, 폭탄, 어뢰가 여기 저기 흩어져 있었으며 그의 전함들은 가장 취약한 상태에 있었다. 일본의 전투기 엄호는 저준위 뇌격기의 첫 공격제파(攻擊梯波)를 막느라 제 위치를 벗어나 묶여 있었으며, 미국의 급강하 폭격기들을 요격할 수 있을 정도로 빠르게 고도를 높일 수도 없었다. 미국의 급강하 폭격기는 구름을 이용해 초기 탐지를 피하고 재빨리 일본의 주력 함대 항공모함 3척과 대다수의 공격 비행기를 격추시켰다. 얼마 후 4번째 항공모함이 파괴되었다.

일본이 북태평양에서 공세적인 작전을 수행할 수 있는 여력이 꺾이면서 바로 전쟁의 조류는 일본에 불리하게 바뀌었다. 일본은 이들 손실로부터 결코 회복할 수 없으며, 태평양에서 미국과 연합군의 힘은 계속 급속히 성장했다.

이후 태평양에서의 2차 세계대전은 장황한 일본의 실패담으로 구성되었다. 1942년 8월과 11월 사이 솔로몬 제도 근처에서 여러 차례 격렬한 해전이 전개되었으며 양 측 모두 심각한 손실을 입었다. 8월 미국 해병대는 과달카날에 상륙했으며, 사보 섬에서의 해전 중 상륙을 지원하던 한 대의 오스트레일리아와 세 대의 미국 중순양함이 침몰했음에도 불구하고 작전에 필수적인 비행장을 지킬 수 있었다. 10월 24일 산타크루즈에서의 전투로 일본은 이미 줄어든 항공모함 전력에 더 손실을 입었다. 11월 13~14일 사보 섬과 툴라기 섬 사이에서 솔로몬 제도 전투의 마지막 해전이 윌리엄 홀시 미국 제독하의 연합 함대와 이제는 항공모함 상의 공중 엄호도 없는 일본 기동부대 사이에서 벌어졌다. 일본군의 전투함과 순양함의 패배 때문에, 이미 고립되어 있던 미국 해병대를—이 섬에 만들었던 새로운 활주로를 경비하고 있던— 상대할 증원 병력이 상륙할 수도 없었다. 이 해전으로 전체 남서 태평양 지역에서 마지막으로 동원할 수 있었던 일본군 예비 병력을 수송하고 있던 11척의 일본군 수송선이 전멸했다.

미국의 '징검다리' 전략

1943년 2월 일본군대는 남부 솔로몬 제도에서 철수했으며, 전략적인 외곽 방어선은 처음 구축한 지 일 년이 안 되어 무너지기 시작했다. 이로 인해 더글러스 맥아더 장군이 지휘하는 연합군 지상군이 일본 군대를 뉴기니에서 몰아내는 기초가 마련되었다. 북부 태평양에서 체스터 니미츠 제독이 지휘하는 미국 해병대는 수륙양용의 상륙용 주정을 이용해 일본군이 점령하고 있는 해안에 신속히 공격군 대를 수송하는 '징검다리' 군사전략을 펼쳤다. 이 전략은 일본군 세력이 강한 지점을 우회하여 이들을 고립시키고 보급품과 병력 증강을 차단시켰기 때문에 일본군의 사기를 떨어뜨리고 혼란에 빠뜨렸다. 예를 들어 라바울에 있는 일본군의 핵심 요새는 침입을 당하지 않았지만 그 대신 진행 중인 전쟁에서 아무 역할도 할 수 없는 속수무책의 상태가 되었다. 미국의 다음 공격 목표는 캐롤라인 제도에 있는 군사 기지라고 예견한 일본은 이곳에 병력을 증강시켰으나, 실제 미국 침입 함대는 더 북쪽에 있는 좀 더 방어가 약한 마리아나 제도를 기습공격 했다. 이어진 필리핀 해 전투에서 (미국의 항공병들이 '대 마리아나 제도의 해보나마나 한 싸움'이라고 별명 붙인) 일본의 줄어든 해군력과 공군력은 거대한 미국 해군 항공기 편대와는 상대가 되지 않지 않았다.

몇 달 후 일본 해군은 필리핀 제도로 가는 길목에 있는 레이테 만에서 미국 침입군을 막을 마지막 기회를 놓쳤다. 구리타 다케오(栗田健男) 제독하의 일본군은 유인용 선박으로 미국의 주요 항공모함 부대를 따돌렸다. 때문에 미국 군수송선은 샌버너디노 수로를 들키지 않고 빠져나갔던 일본 주력군의 기습공격에 노출되게 되었다. 그러나 그의 계획은 스프래그 해군 소장하에 있는 16대의 호위용 소형 항공모함 비행기의 맹렬한 공격으로 그나마 남아 있던 함대들도 후퇴해야 하는 지경에 몰리자 좌절되었다. 지상파 가미카제 특공대들이 처음으로 사용된 이 전투 이후 일본 해군은 미국에게 위협적인 존재가 되지 못했다.

전쟁 말기에 일본은 최정예 선박, 비행기, 경험 많은 비행사들의 손실에 더하여 가장 뛰어난 사령관들도 몇 명 잃었다. 가장 노련하고 뛰어난 일본의 해군 전략가 야마모토 이소로쿠(山本 五十六) 제독이 일본 해군 암호의 해독으로 미국이 정확히 언제 어디에서 그의 비행기를 나포할 수 있을지 알게 된 결과 1943년 4월 18일 솔로몬 제도 상공에 있던 원거리 미국항공기에 의해 공중 매복 중에 죽임을 당했다. 나구모 주이치(南雲 忠一) 제독은 사이판의 일본군 기지가 미국의 손에 떨어졌던 1944년 7월 6일 의식을 치르고 자살했다. 주로 미국 잠수함과 항공기에 의한 일본 상선해군(商船海軍)과 허약한 보급로의—왜 그렇게 했는지는 이해하기 어렵지만 일본은 선단시스템과 같은 입증된 전술을 사용하지 않았기에 때문에 상선해군은 무방비 상태였다— 파괴는 일본을 궁극적으로 패배로 몰고 가는 데에 중요한 역할을 했다. 전쟁의 마지막 해가 다가올 때 즈음 일본은 이미 상선해군의 절반과 유조선의 3분의 2를 잃었다.

1945년이 시작될 즈음 일본의 패배는 거의 불가피해 보였다. 일본의 태평양 방어선은 무너졌으며 전함, 비행기, 상선해군, 군 인력의 손실은 대체 역량을 훨씬 넘어섰으며 일본은 석유와 여타의 생활필수품마저 부족했다. 그러나 전쟁을 계속하겠다는 의지는 꺾이지 않았으며, 연합군에 대항한 필사적인 반격 방안을 강구했다. 이에는 이오 섬(硫黃島)과 오키나와(沖繩)에서 감행했던 반격으로 많은 생명을 헛되이 했던 일본군의 '만세'(萬歲) 정면 돌파 공격 그리고 수백 년 전 몽골의 일본 침략을 좌절시켰던 '가미카제'(神風)에서 이름을 취한 가미카제 특공대가 포함되었다. 가미카제는 본질적으로 사람이 탄 나는 폭탄이었다. 자살 공격으로 천황을 위해 자신의 목숨을 바친 가미카제 특공대의 조종사들은 어리고 대부분은 정기훈련도 받지 않은 지원자들이었다. 연합군이 이오 섬과 오키나와에 상륙해 일본의 올가미를 조이자 수천 대의 가미카제 특공대가 연합군 전함과 군 수송선을 향해 날아들었다. 오키나와 공격으로 발생한 미국 측 사상자 수는 65,000명이 넘었으며, 일본인 군대와 민간인의 손실은 이 숫자의 두 배 이상에 달했다.

미국 합동참모본부는 일본 본섬으로 침입해 들어갈 경우 미증유의 빗발치는 자살 비행단과 방어자들의 인해전술에 맞닥뜨릴 것을 크게 우려했다. 만약 유럽에서의 오버로드 작전과—노르망디 상륙 작전의 연합군 측 암호명— 비슷한 통상적인 방식으로 침략한다면 양측의 예상 사상자수는 아마 100만이나 그 이상이 될 것이라고 보았기 때문이다. 가옥, 진지 등의 표적물을 소각 파괴할 목적으로 제조된 탄약인 소이탄을 이용해 B-29 폭격기가 대거 일본 도시들을 폭격해서 이미 민간인에게 충격적인 영향을 주었지만 가망성 없는 전쟁을 계속하겠다는 일본의 의지는 크게 줄어들지 않았다.

1945년 7월 미국은 일본에 항복을 강제할 수 있는 핵무기라는 수단을 가지게 되었다. 미국은 이미 같은 달 네바다 사막에서 핵무기 실험을 끝낸 상태였다. 이 이례적인 대안은 해리 트루먼 대통령의 승인을 받았으며 1945년 8월 6일 특별히 개량된 4발 중폭격기 B-29 에놀라 게이(Enola Gay)는 일본의 도시 히로시마(広島)에 '꼬마'(Little Boy)라는 별명을 가진 원자 폭탄을 투하했다. 이로 인해 핵무기 시대의 막이 올랐다. 완전 장전한 B-29 2000대와 맞먹는 파괴력을 가진 단 한 대의 비행기에 의한 이 공격으로 대부분이 민간인인 80,000명이 죽었으며 37,000명이 심한 부상을 입었고, 헤아릴 수 없이 많은 이들이 방사선에 노출되었으며, 핵폭탄이 터지는 지점 근처에 있던 시민 10,000명은 형체도 없이 완전히 사라져 버렸다. 3일 후에 두 번째 원자 폭탄이 나가사키(長崎)에 떨어져 35,000명이 죽고 6000명이 중상을 입었으며, 5000명이 실종되었다. 이 두 번째 공격 후 라디오 방송으로 히로히토(裕仁, 昭和) 천황은 그의 신민들에게 일본은 더 이상 전쟁을 계속할 수 없다고 간접적으로 항복을 알렸으며, 일본 정부와 군대는 항복했다. 9월 2일 일본은 미국 전함 미주리호(*Missouri*) 선상에서 무조건 항복 문서에 서명했다.

일본의 패배 후 연합군 점령군은 더글라스 맥아더 장군이 이끄는 군 정부하에서 태평양과 동아시아에 있는 일본 군대의 자유화, 무장 해제, 본국 송환을 감독했다. 러시아가 전쟁의 막바지에 일본에 선전포고를 하고 아시아 대륙과 인근 섬에 있는 일본 제국의 일부분을 인수했음에도 불구하고 이 연합국 점령군에는 소련의 군요원은 들어가 있지 않았다. 맥아더는 새로운 일본의 민간인 지도자들로 하여금 지금까지도 일본을 지배하고 있는 민주적이고 평화적인 헌법을 수용하도록 했다.

태평양 전쟁으로 미국은 이 행성에서 가장 강력한 국가로 부상했으며 이후 수십 년 동안 태평양 지역 대부분에 군사·경제·정치적 영향력을 투사했다. 예를 들어 미국은 2차 세계대전 전에 국제연맹의 위임통치로 일본이 지배했던 미크로네시아의 행정을 인수받았다. 불행하게도 국제연합으로부터 미크로네시아의 신탁통치를 허용받은 미국은 이 신탁통치지역을 무엇보다도 중요한 현지 거주민들의 복지와 희망을 보장하기 위해서라기보다는 핵무기 실험을 포함해 미국의 전략적 목적을 위해 이용했다.

한국전쟁

한반도에서 1950~3년에 일어났던 전쟁의 씨앗은 일본에 승리한 연합국이 전후 일본의 이전 식민지들—한국도 그중의 하나였다— 문제를 잘못 처리하는 바람에 뿌리를 내렸다. 소련은 김일성이 이끄는 한반도 북부에 있는 공산주의자들이 전후 한국을 통제해야 한다고 주장했던 반면 미국은 한반도 남부에 있는 반공주의자들을 지원했다. 결과는 적대적인 두 정권이 존재하게 된 한국의 분단이었다. 전후에 미국의 군사·경제적 지원이 심각하게 약화되면서 소련의 지원을 받은 북한의 군사 독재자는 남부를 통합시킬 때가 무르익었다고 판단했다. 1950년 6월 북한 공산주의자들은 남한을 침입했으며, 숫자나 화력 모두에서 우세한 한국과 미국 방어군 그리고 수많은 피난민을 한반도 남단의 항구 도시 부산으로까지 밀어붙였다. 미군과 국제연합군을 지휘했던 더글라스 맥아더 장군은 반격에 나서 공산주의자들이 장악하고 있는 서울에서 멀지 않은 도시인 인천에 수륙양용 상륙 작전을 폈다. 신속하게 인천을 함락한 미군은 북한군의 공급로를 차단시켰으며 이로 인해 북한군은 서둘러 북쪽으로 후퇴해야 했다.

한국과의 국경 부근에 외국 군대가 들어오는 경우 좌시하지 않을 것이라는 공산주의국가 중국의 경고에도 불구하고 맥아더의 군대는 북한의 압록강까지 밀고 올라갔으며, 여기에서 엄청난 숫자의 중국 보병 사단과 마주해야 했다. 이들은 미군의 진지를 공격했으며 미군과 국제연합군이 서울 이남으로 철수할 때까지 밀어붙였다.

1951년 초 트루먼 미국 대통령은 맥아더를 매슈 리지웨이 장군으로 대체했으며, 후자는 중국의 군대와 공급로에 대량의 공습과 대포 공격을 감행하여 중국군의 진군을 차단시켰다. 중국은 막대한 피해를 입으며 서울 이북으로 밀려났다. 그후 어느 쪽도 군사적인 국면을 타개하지 못한 교착 상태가 수년 동안 지속되었으며, 한쪽에서는 정전 회담이 진행되었지만 오랫동안 타결되지 못했다. 1953년 7월 판문점에서 휴전협정이 조인되었을 때에는 미국과 (대통령이 드와이트 아이젠하워에서 해리 트루먼으로 바뀌었다) 소련 (이오시프 스탈린이 얼마 전에 사망했다) 모두에서 지도자가 바뀌어 있었다. 북한과 남한 간에 평화 조약은 체결되지 못했으며 두 국가 간의 불안한 관계는 아직도 계속되고 있다.

태평양에서의 냉전

2차 세계대전에서 주축국을 이긴 미국과 영국이 이끄는 서양 민주주의 국가들과 공산주의 국가 소련과의 연합은 전후 세계의 재구성 문제를 논의했던 1945년 중반의 포츠담 회의를 지나 얼마 있다 깨어졌다. 서양의 약점으로 생각한 것에 대한 스탈린의 경멸은 그와 크렘린 계승자들로 하여금 지구의 여러 지역의 공산주의자와 좌익 정당이 수많은 혁명과 반란을 시도하도록 조장했다. 여기에는 말라야, 남부 필리핀, 베트남, 캄보디아, 한국, 인도네시아, 중앙아메리카, 칠레와 같은 환태평양 국가들이 포함되었다. 이들 모든 나라는 세계 강대국의 위협적인 핵무기 대치로 특징지어지는 이후 30년 간 공산주의자와 반공산주의자 군대 또는 민병대 간의 갈등과 내전을 경험해야 했다.

지구가 여러 차례 거의 핵무기 아마겟돈에 가까이 갔던 이 시기를 냉전 시기라고 부른다. 소련과 미국의 경제는 모두 핵무기와 재래식 무기 증강을 비롯한 막대한 군비 지출로 심한 부담을 안게 되었다. 이런 막대한 군비 지출은 결국 특히 소련을 약화시켰으며 이로 인해 베트남, 쿠바, 아프가니스탄과 같은 전 세계 공산주의 국가에 대한 소련의 계속적인 지지 불능 사태로 귀결되었다.

1985년 폴란드, 베트남, 중국, 러시아와 같은 여러 공산주의 정권은 교조적인 국가사회주의와 과다한 군비지출이 자신의 국가를 파산시키고 있다는 사실을 인정하면서 자본주의를 조심스럽게 도입하기 시작했다. 미카엘 고르바초프의 정권 하에서 스탈린 시기에는 있을 수 없었던 소비에트 영토에서의 정치적 자유도 고무되었으며, 이는 곧 수많은 이전 공산주의 공화국들의 독립 요구로 이어졌다.

냉전은 베를린 장벽의 상징적인 철거와 1990년 소련의 해체로 막을 내렸다. 이후 서구와 러시아 관계는 일정치 않았는데, 특히 독재적인 블라디미르 푸틴이 권좌에 오르면서 냉각되었다. 그는 동유럽과 중앙아시아에 대한 러시아의 패권을 다시 주장하는 데에 열중하고 있는 듯 보인다. 러시아는 석유가 풍부히 매장되어 있는 북극해에서 존재감을 높이고 있다. 그러나 러시아는 지금까지 냉전 시기에 블라디보스토크에 기지를 두고 있었던 이전의 강력한 태평양 함대를 개건하려는 움직임은 보이지 않고 있다.

베트남전쟁

아시아 환태평양 지역에서 일어난 두 번째 주요 갈등은 이미 한국전쟁이 맹위를 떨치고 있었던 시점에도 그 폭력성이 자라고 있었던 베트남전쟁으로, 이는 2차 세계대전 말부터 1975년까지 베트남을 집어삼켰다. 독일과 협력했던 비시 정권은 1940년부터 태평양 전쟁 말기 일본이 점령할 때까지 베트남 식민지를 경영했다. 일본은 협력에 대한 대가로 베트남 사람들에게 독립을 허용하겠다고 약속했다. 전쟁이 끝나고 프랑스가 다시 식민지 지배를 주장하자 소련과 중국의 무기로 무장하고 그 지원을 받은 공산주의자 세력이 프랑스의 통치에 도전했다. 미국은 인도차이나에 프랑스의 식민 통치가 복원되는 것을 환영하지 않았기에 카리스마 있는 지도자 호찌민이 이끄는 베트남공산주의자들을 몰아내려는 프랑스의 노력에 미온적인 지지만을 보냈다. 1954년 디엔 비엔 푸 전투에서 프랑스 군은 결정적으로 패배했으며, 1954년 식민통치를 종결한 제네바평화협정의 체결로 베트남은 공산주의자가 통치하는 북부와 비공산주의자의 남부로 분단되었다. 국가의 분단은 호찌민에게는 절대 수용할 수 없는 안이었으며, 베트남의 재통일은 다음 거의 20년이나 계속되고 국제적인 공산주의자들과 서구 지지자들이 휘말리게 된 베트남 내전의 목적이었다.

1964년 미국은 사이공에 있는 반공주의 정권의—그러나 정치적으로 위약하고 부패한— 편에 서서 전쟁에 직접 간여했다. 북베트남 근처 해안에 있던 미국 전함에 대한 북베트남의 공격은 미국 공군과 지상군이 전쟁에 간여할 수 있는 강력한 구실이 되었으며 1964년 미국 의회가 통킹만결의를 통과시키면서 정당화되었다. 오스트레일리아, 뉴질랜드, 태국, 한국을 포함한 다른 태평양 국가들도 거대한 미국 군사력을 지원하기 위해 소규모의 군대를 보냈다. 그러나 우세한 미국의 화력은 숲이 우거진 산과 메콩 델타의 늪에서 고립된 미군 기지를 선택적으로 치고 빠지는 공격으로 이루어진 게릴라 전술에는 별다른 위력을 발휘하지 못했다. 게다가 베트콩이라 불린 게릴라들은 농촌 대중의 광범위한 지지를 받고 있어 이런 게릴라 작전을 수행하는 데에 별다른 문제가 없었다.

베트콩이 1968년의 뗏 공세로 남부의 도시들을 폭격 대상으로 삼고 베트남에서 미군의 사상자 수가 놀랄 정도로 늘어나면서 베트남전쟁에 대한 미국인의 지지는 증발해 버렸다. 그 자리를 대신해 신랄한 논쟁과 반전 운동에 탄력을 받은 미군 철수 요구가 들어섰다. 이러한 상황은 베트남전쟁에 대한 미국의 정치적인 의지뿐만 아니라 군사적인 사기도 저하시켰다. 남베트남 군대는 계속 전투에서 졌으며 재충전한 공산주의자 군대는 사이공 근처 남부의 심장부까지 깊이 밀고 들어왔다. 사이공은 1975년 4월 승리를 구가한 북베트남군의 수중으로 떨어졌다.

베트남전쟁은 1812년 전쟁 이래 미국이 처음으로 군사적으로 패배한 전쟁이었다. 이 사실은 특히 태평양에서의 미국의 역할과 관련하여 미국의 군사 · 외교적인 전략과 정책에 광범위한 영향을 미쳤다. 여기에는 수많은 태평양 국가에서 미국 지상군의 철수와 군사 기지의 폐쇄, 전략적인 해상 항로를 보호하기 위해 지상 기지보다는 대형 태평양 함대에 대한 의존 강화, 그리고 중국을 비롯한 이전 적대국을 다룸에 있어 덜 대치적인 태도 등이 포함된다. 이전에 태평양에서 미국의 주요 의존국이자 협력국이었던 대만을 대신해 중국이 국제사회에서 공식적으로 인정을 받았으며 국제연합(UN)에 가입되었다.

핵무기 시대의 태평양

1945년 8월 일본 도시 히로시마와 나가사키의 원자 폭탄 투하는 태평양에서의 핵무기 시대를 연 사건이었다. 1946년부터 1990년대까지 미국, 영국, 프랑스는 광대한 중남 태평양의 대기권과 지하에서 여러 차례 핵 실험을, 그리고 후에는 수소폭탄 실험을 실시했으며 소련도 러시아 극동에서 같은 실험을 했다. 핵무기 실험 장소로 이용되는 먼 태평양 산호섬들은 세계 인구가 집중되어 있는 지역과는 아주 멀리 동떨어져 있기 때문에 방사선 낙진이라는 물리적인 파급효과를 최대한 줄였으며 그리하여 이러한 군사적인 실험 프로그램에 반대하는 세간의 부정적인 여론이나 비판이 급등할 수 있는 기회 또한 줄였다. 그러나 마셜 제도의—미국이 전후 초기 비키니 섬과 에니위톡 환초에서 대기권 내 실험을 했던— 거주민들은 당시의 느슨한 기준에서 보아도 안전한 수준을 크게 웃도는 방사선에 여러 차례 노출되었다고 호소했다. 영국이 첫 수소폭탄을 실험했던 키리바시에 있는 크리스마스 섬, 프랑스가 첫 수소폭탄과 중성자 무기를 실험했던 타이티 근처 무라로아 환초에서도 일부 태평양 사람들이 방사선의 위험에 노출되었다. 한편, 이전 소련이 캄차카 반도에서 한 핵 실험으로 먹이사슬이 방사선에 노출되었으며 이로 인해 그 지역 사람들의 암 발병률이 높다는 비난도 있다.

보다 최근에 중국과 북한이 '핵무기 클럽'에 가입했으며, 자신의 영토에서 핵무기를 실험했다. 도발적인 움직임을 보이며 북한은 최근 일본과 북태평양으로 탄도미사일을 시험 발사했으며 중국은 미사일 잠수함 부대를 양성하고 있다.

태평양 환경에 대한 핵무기의 위협에 놀란 남태평양 국가 그룹은 핵무기 실험 프로그램에 강력 반대하며 이들의 영토를 핵-자유 지역으로 선언했다. 원자력을 동력으로 하고 핵폭탄으로 무장한 미국 항공모함과 잠수함은 뉴질랜드에 있는 항구에 입항이 금지되었다. 그 대신 이들 항구에는 1980년대와 1990년대 프랑스의 원자폭탄 실험에 반대한 저항 선박들이 자주 입항했다. 그럼에도 불구하고 핵동력(核動力) 미국 전함들은 태평양을 횡단하면서 미국의 군사적인 위용을 확대하고 외국 기지에 대한 의존성을 줄였다. 또한 중거리 탄도탄 폴라리스와 트라이던트 미사일을 가득 실은 잠수함들은 냉전 시기 소련, 중국, 다른 공산주의 국가들과 공포의 균형을 유지하는 데에 도움을 주었다.

미국의 핵우산으로 냉전 시기 일본, 한국, 대만을 비롯한 태평양 국가들에 대한 공산주의자들의 총공격이 억제되었다고 믿어져 왔다. 역설적이게도 표면적으로 이 우산의 보호를 받았음에도 불구하고 오스트레일리아와 뉴질랜드는 전력 생산과 같이 평화적인 목적에도 원자력 사용을 반대했다. 그러나 오스트레일리아는 현재 핵확산방지조약의 서명국이자 핵무기 비사용을 약속한 다른 국가에 우라늄을 수출하고 있다. 현재 일본은 태평양에서 미국의 조지 워싱턴호(*USS Geroge Washington*)와 같은 핵동력의 대형 항공모함을 위한 항만시설을 유지하고 있는 유일한 나라이다. 그러나 2008년 이 항공모함이 요코스카(橫須賀)에 있는 기지에 들어오자 일본에서는 반핵 시위가 잇달아 일어났다.

태평양 영토를 두고 벌어지는 경쟁은 21세기의 첫 10년간에도 계속되었다. 1990년대에 홍콩과 마카오를 반환받은 중국은 대만을 흡수 통일하겠다는 의도를 내비쳤으며, 해저 석유와 천연가스의 중요한 매장지인 남중국해에 있는 스프래틀리(南沙群島)와 파라셀(西沙群島) 제도에 대한 주권을 주장하고 있다. 베트남, 대만, 필리핀, 브루나이, 말레이시아도 이곳에 소유권을 주장하고 있다. 베이징 올림픽이 열리고 있던 2008년 중국은 비평가들에게는 제국주의적 행동을 일삼으며 티베트 사람들을 지배하에 두고 탄압하고 있으며 남중국해에서도 수백 년 전의 영향력을 복구하는 데에 전념하고 있는 것처럼 보였다. 중국의 국제적인 위신은 자체적으로 디자인하고 만든 유인 우주선을 우주 공간으로 보낸 세계에서 세 번째 국가가 되면서 어느 정도 복원되었다. 2008년 9월 이 우주선의 한 우주비행사가 우주 유영을 하고 있는 장면은 널리 알려져 있다.

7장

태평양에 대한 표상

: 예술, 문학, 영화에서의 수반구

역사적으로 태평양은 인류의 문화, 예술, 문학, 그리고 사회과학과 자연과학 연구에 아주 주요한 공헌을 해왔다. 태평양 사람, 유럽인, 아시아인, 아메리카인 예술가, 작가, 영화 제작자 그리고 연구자는 오랜 세월에 걸쳐 태평양에 이름을 남겼다. 이 장은 태평양의 예술, 문학, 과학에 관한 중요한 두 가지 주제를 분석한다. 첫째 '태평양은 유럽인이 만든 가공물이다'라는 오스카 스페이트의 말은 그가 원래 의도했던 의미를 넘어서 확장되었다. 그에 따르면 유럽인의 예술, 문학, 영화에서 발견되는 태평양의 모습은 그 자체는 가공물로 태평양의 실제라기보다는 유럽인의 렌즈로 여과되고 만들어진 태평양이라는 것이다. 여기에서 태평양의 풍경, 문화, 역사적 사건은 유럽인의 기호와 감성에 맞는 방식으로, 유럽의 도덕, 미학, 행위 기준과 비교하여 평가될 수 있는 방식으로, 그리고 유럽의 상업 시장을 겨냥해 상품화되고 '포장되는' 방식으로 채색되고 왜곡된다. 그러나 태평양을 낭만화하고 허구화하는 과정에서 유럽인 예술가와 작가는 여러 미묘하고 다양한 방식으로 '진짜' 태평양에 의해 영향을 받아온 것도 사실이다. 그리하여 이 장에서 살펴볼 둘째 주제는 예술의 뮤즈이자 과학적인 실험실로서의 태평양이 한 역할에 초점을 맞추어 태평양이 영향을 주거나 그 밖에 인간의 상상력과 실험의 산물을 만드는 데에 적극적으로 개입하는 방식을 검토할 것이다.

월리스, 카터릿, 부갱빌과 같은 영국과 프랑스의 초기 탐험가들은—이들의 업적에 대해서는 3장에서 논의했다— 유럽인이 남태평양을 '열대의 낙원'이라고 로맨틱하게 상상하는 데에 기여했다. 1767년 월리스는 새로 발견한 타이티를 '에덴

동산'이라고 불렸으며, 일 년 뒤 부갱빌은 이를 사랑의 여신 비너스가 기거하고 있는 곳의 이름인 키테라 섬을 따서 뉴키테라라고 개명했다. 쿡과 부갱빌이 남태평양 항해를 마치고 유럽에 돌아갈 때 이들은 각기 파리와 런던의 부르주아 문화에서 큰 이야깃거리가 된 타이티인을 데리고 왔다. 파리에서 젊은 아오투루(Aotourou)는 비너스가 기거하고 있는 장소에 대한—부갱빌의 선원들이 상세하고 생생하게 묘사했던— 프랑스인의 판타지를 구현한 것처럼 보였다. 런던에서 오마이도 비슷한 정서를 불러일으켜 조수아 레이놀드 경은 환상적인 동양풍의 복장을 한 그의 초상화를 그렸으며 런던 사회는 그를 열렬히 환영했다. 탐험에 동행했던 예술가들은, 거의 유럽인과 비슷한 육체적인 특징과 피부 톤을 가진 매력적인 남성과 여성이 살고 있는 남해의 세속적인 쾌락의 동산이라는 커져만 가는 신화를 충족시키기 위해 현장 스케치를 윤색했다. 이내 이들 '고귀한 야만인'은 낭만적인 목가시와 공공연한 에로틱 예술의 소재가 되었다.

아무런 제약을 받지 않는 타이티인의 생활 방식에 매혹을 느끼고 폴리네시아 여성과 교제함을 거침없이 고백하고 심지어는 타이티 식으로 문신을 해서 영국 일각의 점잖은 사회를 충격에 빠뜨렸던 조지프 뱅크스와 같은 이들의 이야기는 목가적이고 신비로운 동양에 대한 점증하고 있던 판타지를 더욱 부채질했다. 그리하여 자극을 받은 유럽인은 이 멀고 낯선 영역에서, 생각과 감정의 억제를 벗어던지고 도덕적인 비난의 대상이 되지 않는 온전한 자유의지적 존재가 가질 수 있는 모든 즐거움을 만끽할 수 있을 것이라고 믿었다. 남해를 지구상의 천국으로 여기는 신화는 놀라울 정도로 오래 지속되었으며 상을 받은 영화를 비롯한 수많은 장르에서 서양 문화를 쇄도했다. 이 신화는 여전히 이 찾을 수 없는 꿈을 찾아 아직도 이 지역으로 많은 여행자들을 오게 만들고 있다.

빅토리아 시대 유럽에서 일어났던 일반적인 예술 동향의 일환인 오리엔탈리즘이라는 모호한 꼬리표가 붙은 폴리네시아에 대한 고정 관념은 19세기 직물, 장신구, 보석, 예술, 가구 등의 다양한 패션 디자인에 새로운 자극을 주었다. 마오리인의 티키(tiki) 조각품, 타이티인의 흑진주, 조개, 산호, 옥 장신구, 꾸지나무 껍질로 만든 천은 손쉽게 차용되었으며 신화화된 폴리네시아 문화의 상징으로 널리 알려지게 되었다. 에덴동산으로 낭만화되고 이상화된 태평양의 이미지에 끌려 많은 작가, 예술가, 시인, 몽상가들이 유럽에서의 삶을 버리고 이 경이로운 영역의 순수한 인간들이 가지고 있는 정수를 찾고 함께할 수 있기를 희망하면서 이 먼 남태평양의 섬 세계로 향했다. 이들과는 다른 사람들, 즉 냉철한 교역가, 고래잡이, 백단목 노동자 그리고 분명히 충분할 정도로 무시무시한 모험을 겪었던 이들은 자신의 경험을 바탕으로 책을 출판해 이를 간절히 고대하고 있던 유럽 시장에 내놓았다.

태평양 예술과 유럽인의 상상력

유럽인은 마르코 폴로 시절부터 '동방'에 있는 이국적인 지역을 묘사한 그림과 문학에 매료되어 있었다. 아시아 환태평양에서 온 예술품, 무늬 비단 직물, 장식용 도자기는 수세기 넘게 부유한 이들의 대 저택 안으로 들어갔으며, 동양의 이미지와 미술품에 대한 수요는 끊이지 않았다. 비-기독교 세계에 대한 왜곡되고 낭만화된 관념을 지속시켰던 유럽에서의 오리엔탈리즘의 흥기에 관해서는 이미 많은 책이 나와 있으며 여기서 다루는 범주를 넘어서 있다. 반면, 태평양 해역의 문화와 풍경에 대한 이미지는 18세기에 시작된 탐험과 식민화 시기 이전까지는 유럽에서 일반화되지 않았다. 그럼에도 불구하고 중앙 태평양을 주요 주제로 하는 예술적인 묘사에서 낭만주의와 이상화는 하나의 규범이었다.

서양의 삽화가들이 예술의 자유를 마음껏 누리며 묘사한 태평양 사람들의 복장과 (또는 나체) 자연 환경에는 몇 가지의 공통된 경향이 오랫동안 나타났다. 이들은 취향과 도덕성의 경계를 넘지 않으면서도 유럽인의 감성을 자극하려는 의도로 태평양 사람들을 종종 뻔뻔스러울 정도로 관능적이고 에로틱한 대상으로 만들었다. 그리하여, 쿡의 첫 번째 태평양 탐험에 동행했던 시드니 파킨슨과 같은 예술가는 태평양의 사람들과 풍경에 대한 200점이 넘는 그림과 약 600점의 스케치를 했으나, 모두 하나 같이 열대 태평양을 그린 사실적인 묘사라기보다는 그리스와 로마 신화의 소재를 취한 고전 회화와 더 비슷하게 닮아있다. 의심할 여지없이 이 회화들은 그의 예술 훈련, 퀘이커 교도라는 배경 그리고 미적 감각의 결과였다. 그는 옷을 걸치지 않은 나체 인간의 상은 고전적인 맥락이 아니고서는 추행이라고 간주하며 열대 풍경에 대한 사실적인 묘사는 이국적인 풍경에 대한 목가적

이상향적 해석에 익숙한 문화에서는 혐오스러우며 생경한 것으로 거부당할 수 있는 시대에 살고 있었다. 파킨슨은 항해 중에 세상을 떠났기에 그의 미완성 작품들은 다른 이들에 의해 ─그의 원래 스케치를 윤색했었을 수 있는─ 완성되고 판화로 제작되었다.

태평양 주제에 대한 사실적인 묘사는 루이 블브와에 의해 오스트레일리아에서 시작되었으며 하이델베르그 파라고 알려진 유파에게 많은 영향을 미쳤다. 이 유파와 작품들은 19세기 말에야 인정을 받았다. 그럼에도 불구하고 유럽 내에서 태평양에 대한 낭만주의적 이상화는 20세기까지도 태평양에 대한 예술 작품 세계에서 지배적이었다. 태평양 주제에 대한 목가적 이상향적 예술 형식을 최종적으로 청산했던 예술 혁명에서 선구자적 인물 중의 하나는 폴 고갱이었다. 그러나 역설적이게도 후기 인상파 프랑스인 화가인 폴 고갱은 가장 유명한 작품을 그렸던 폴리네시아에 대한 얼마간의 낭만적인 고정관념을 영속화시킨 장본인이었다.

폴 고갱의 태평양 회화

아마도 어떤 다른 화가보다도 1848년에 태어난 고갱은 그가 그려냈던 이미지만큼이나 이국적인 화풍으로 그려진 '뉴키테라'로 수 세대 유럽인의 상상력을 자극했다. 자신의 세대에서는 외면당했던 고갱의 상징적인 후기 인상주의적 화풍은 ─원시주의에 크게 의지하며 시각 예술의 지배적인 관습을 제거한─ 현대 회화에 엄청난 영향력을 가지고 있다. 어릴 때 페루에 살았으며 젊었을 때는 상선에서 견습 선원 생활을 했던 고갱은 열대와 그곳에서 본 어디에도 얽매이지 않는 생활 방식에 대한 애착을 키웠다. 그러나 사건이 겹치면서 그는 유럽에 머물러야 했으며, 입대해서는 북해에 있는 프랑스 제국 선박의 선원으로 가혹한 군대 기율을 견디어내야 했다. 그는 덴마크 여성과 결혼하고 다섯 아이를 두었으나, 점차 결혼 생활에 염증을 느꼈으며 증권 중개인이라는 음울한 직업에도 안주할 수 없었다. 고갱은 자신이 근본적으로 문제가 있고 쇠락하고 있는 문명이라고 보는 곳에서 벗어나 피난처가 되어 줄 마음에 드는 곳에서 ─단순한 삶의 방식과 사람들의 순수성이 그의 질려버린 감성을 소생시켜줄─ 온전히 화가로서 삶을 살기를 갈망했다. '너의 문명이 너의 병이며, 나의 야만은 나의 치유다'라며 파리를 떠나면서 자신의 비평가들에게 한 유명한 응수는 다시는 돌아오지 않을 것임을 의미했다 (Craven 2007 : 139에서 인용). 아내와 아이들을 버리고 서인도 제도로 향했으나 안착감을 느낄 수 없었던 그는 프랑스령 폴리네시아로 떠나 1891년 타이티에 도착했다. 수도 파페이테에서 50㎞ 떨어진 마타이에아(Mataiea)라는 마을에 정착한 그는 2년을 머물면서 생테티슴으로 알려지게 된 그의 독특한 화풍으로 그려진 60점이 넘는 작품을 완성했다. 다채로운 색으로 표현된 폴리네시아의 열대 풍경 그리고 마찬가지로 매력적으로 묘사된 그가 살고 있었던 마을의 사람들은 모든 그림의 공통된 주제였다. 이 주제들이 특이한 것은 음울하고, 감각적이며 거의 신비스러운 특징을 가지고 있기 때문이다. 고갱은 1892년에 완성된 마나오 투파파우 (*Manao Tupapau*)라는 제목의 그림을 비롯해 수많은 그의 회화에 등장하는 한 젊은 타이티인과 함께 살았다.

잠시 프랑스에 돌아와 있었던 1893~5년 고갱은 타이티에서의 경험을 상세히 글과 삽화로 담은『노아 노아』(*Noa Noa*)라는 제목의 책을 출판했다(Gauguin 1985). 그는 또한 그간 그린 작품을 전시했으나, 책도 타이티의 그림도 상업적으로는 성공을 거두지 못했다. 환멸에 빠지고 만성적으로 아프고 곤궁했던 고갱은 폴리네시아로 다시 돌아왔다. 지나친 자유의지론적 행위로 인해 타이티에서 추방된 후 그는 마르케사스 제도에 있는 히바오아 섬으로 갔다. 다시 한 번 그는 10대의 현지 여인과 살았으며 계속해 대부분은 낭만적인 풍경과 인물을ㅡ유럽의 미술 비평가들의 기호에도 체험에도 익숙지 않았던ㅡ 그렸다. 1898년 자살을 시도하기 얼마 전에 그는 자신의 걸작인「우리는 어디에서 왔는가? 우리는 무엇인가? 우리는 어디로 가는 것인가?」라는 제목의 대작을 완성했다.

만년에 고갱은 매도되고 기피당했으며, 주로 가톨릭 폴리네시아인의 혐오감을 유발한ㅡ그는 이들 사이에서 추잡한 주변 거주자로 살았다ㅡ 소아성애 성향으로 비난을 받았다. 고갱은 알코올 중독과 매독으로 1903년 54세로 생을 마감했다. 그가 죽은 직후 남아 있던 그의 작품이 다시 유럽에서 전시되었으며, 이번에는 특히 제국 러시아에서 인기를 끌면서 대대적인 성공을 거두었다. 반사회적인 고갱이 그린 많은 감탄을 자아낸 작품은, 그의 인격과는 일치하지 않은 듯 보이는 아름다움, 낭만주의 그리고 예술적 감성을 드러내고 있으며 지금 유럽과 북미의 세계적인 미술관에 걸려있으며 경매에서 비싼 값으로 팔리고 있다.

태평양 예술과 유럽의 도덕

영국인과 프랑스인 선원들이 돌아와서 전한 '뉴키테라' 사람들에 대한 끔찍한 이야기는 18세기 말과 19세기에 유럽의 상류사회에 충격을 주고 격분을 자아냈다. 조각품, 가면, 방패, 정교하게 깃털로 장식한 망토, 다른 현지의 미술품과 같이 선원들이 고향으로 가지고 돌아온 작고 특이한 수집품들 그리고 석조 '신상'과 숭배 대상 물체에 대한 이야기는 유럽인의 상상력을 자극했을 뿐만 아니라 태평양 문화를 우상 숭배와 비문명 사회로 보는 편견을 확인시켜 주었다.

조지프 뱅크스가 보통은 옷으로 가려지는 신체 부분에 온통 문신을 한 것이 드러나고 쿡의 첫 항해에 동행했던 다른 많은 이들과 마찬가지로 타이티 여성들과 밀접한 관계를 즐겼음이 알려지자 18세기 영국의 청교도 사회는 논란에 휩싸였다. 유럽인이 너무나 쉽게 원주민의 문화를 끌어안을 수 있다는 생각은 문명화된 행위에 대한 용납할 수 없는 위반으로 간주되었다. 그러나 역사학자 그렉 데닝은 쿡의 많은 선원들과 바운티호 반란자들의 몸을 덮고 있는 문신은 초기 탐험의 시기에 남해를 항해했던 선원들에게는 일종의 전용 클럽 배지와 같은 역할을 했음에 주목한다(Dening 1992 : 35-6). 동시에 문신은 태평양 원주민 사이에서는 널리 퍼져 있던 예술 형식이며 깊은 상징적인 의미를 가지고 있는데, 유럽인이 이를 지워지지 않는 개인적인 기념품으로 몸에 새겨 본국으로 돌아옴으로써 보수적인 사회를 자극하고 도발시킨 예에 속한다. 문신은 심지어 오늘날까지도 서구 사회에서는 일반적인 관행을 따르지 않는 하위문화의 표식으로 남아 있다.

첫 탐험가들을 뒤따라 태평양에 도착한 기독교 선교사들이 느낀 첫 충동은 원주민의 예술은 이교도 우상숭배자들의 작품이며 당연히 파괴해야 한다는 것과 문신, 색채 모래 그림, 심지어 춤마저도 근절시켜야 한다는 것이었다. 성인 개종자들은 서양식 옷으로 문신이 있는 신체 부위를 가려야 했으며 서양식 개념의 단정함에 힘쓰도록 강요되었다. 또한 전통적으로 최소화된 원주민의 의복이 습한 열대 기후에 더 적합하여 건강과 위생 모두에 좋은 반면 서구식 옷은 어디에도 좋지 않다는 증거가 있었음에도 불구하고 서구식으로 옷을 입게 했다. 시간이 흐르면서 도덕에 대한 기독교적 개념이 태평양의 많은 곳에서 우세하게 되었으며, 전통적인 예술 형식이나 행위 그리고 개인적인 치장이나 장식품 스타일은 이전에 가졌던 중요성을 잃어버리게 되거나 아예 완전히 자취를 감추었으며 이제는 박물관에서나 볼 수 있다.

태평양 예술과 유럽 시장

풍부한 태평양 예술과 문화 유물

활기찬 태평양 문화는 유럽 예술가와 예술 시장에 여러 다른 방식으로 오랫동안 영향을 미쳤다. 회화, 조판 기술, 조각, 장식용 직물, 도자기를 포함해 서구의 시각예술 양식은 아시아의 영향에 너무나 젖어 일본풍, 중국풍 그리고 오리엔탈리즘과 같은 설명어가 붙었다. 역동적인 태평양 문화와 예술은 서양적이고 토착적인 문화 요소들을 혼합하고 재창조하면서 발전해갔다. 다시 말해 현재 태평양 예술의 형태는 다른 지역의 문화를 풍부하게 함은 물론 다른 지역에서 온 문화에 의해서 풍요롭게 되었다. 현재 전 세계의 박물관, 개인 소장품과 미술관에는 환태평양 주변 제도와 태평양 해역의 섬 세계에서 온 수많은 태평양 예술품이 있다. 대양 그 자체가 이들 예술의 공통된 주제이다.

아시아 환태평양에서 중국인과 일본인의 예술도 태평양의 영향을 받았다. 예를 들어 몽골의 침입으로부터 일본을 구해준 '가미카제'와 같은 사건의 묘사에서뿐만 아니라 해양풍경화와 범선 그림의 인기 속에서 이를 볼 수 있다. 폭풍우 치는 태평양에 대한 가장 유명한 일본식 이미지 중의 하나는 1830년 가쓰시카 호쿠사이(葛飾 北齋)의 「가나가와 해변의 높은 파도 아래」(神奈川沖浪裏)라는 제목의 목판화인데, 이는 드가와 앙리 드 툴루즈 로트레크와 같은 프랑스 인상파 화가들에게 심대한 영향을 주었다(Mannering 1995 : 35). 태평양과 접촉함으로써 중국의 서예, 화선지 그림, 조각이 확산되었으며 장신구와 미술품에 옥과 같은 보석이 널리 사용되었다. 중국 미술의 영향은 남양으로뿐만 아니라 특히 19세기에는 유럽으로 퍼져나갔다.

아메리카 환태평양에서 틀링기트, 하이다 그리고 태평양 연안의 다른 이들과 연관된 토템 폴과 점판암 조각에는 범고래와 같은 태평양의 영물이 굉장히 매력적으로 형상화되어 있다. 타파 나무껍질로 만든 천에 넣은 무늬는 피지를 비롯한 멜라네시아에서 매우 세련되게 발전한 현대적인 예술 형태이다. 널리 퍼져 있는 폴리네시아의 티키(인류를 창조한 신) 상과 다른 상징을 이용한 마오리인의 나무 조각품은 독특하고 생기가 넘치는 예술로 발전했다. 수세기 전 이스터 섬의(라파 누이) 거주민들은 거대 석상 모아이(moai)를 만들어냈다. 길쭉한 사람 얼굴 모양의 석상인 모아이는 이들의 종교와 연관되어 있을 것으로 생각되었는데, 이는 첫 유럽인 방문자들을 얼떨떨하게 만들었으며 아메데오 모딜리아니와 같은 현대의 화가와 조각가들의 예술에 영향을 미쳤다. 한때는 폴리네시아에 널리 퍼져 있던 특유의 예술 형태였던 문신이 이제는 전 세계적으로 인기가 있다. 과거의―그리고 현재의― 많은 태평양 예술에는 종교적, 정신적, 상징적 의미와 중요성이 담겨 있다. 태평양 환경의 생산물인 이 토착 예술이 유럽의 예술 스타일과 문화에 심대한 영향을 미쳤음은 잘 알려져 있다.

유럽과 미국에서 이국적인 예술 세공품과 태평양에서 온 '현지' 골동품이 인기를 끌면서, 콜롬비아 이전의 모체 문화, 치무 문화, 잉카 문화의 도자기와 마야 문화의 비취와 같이 매우 귀중한 것에서 저렴한 관광 기념품에 이르기까지 다양한 예술품의 원작과 모사품 시장이 호황을 누렸다. 원래의 예술품과 세공품은 문화유산의 일부임을 인식하여 ―이미 수세대의 합법과 불법 수출을 통해 많이 고갈되었지만― 많은 태평양 국가는 문화재를 보존하는 엄격한 법률을 도입해 무단 반출을 금지하고 있다. 어떤 경우에 이런 조치는 탐나는 골동품의 상업적 가치만을 올리고 밀수를 더욱 부채질하기도 한다. 또한 이는 대부분 태평양의 유럽인과 미국인 관광객을 대상으로 한 타이티의 티키 신상, 발리의 우상, 피지의 카바로 만든 접시와 바구니, 그리고 마오리의 연옥(軟玉)이나 조개 장식품과 같은 세공품의 복재 생산 시장을 흥성하게 만들었다. 이들 세공품이 현재 특히 유럽인과 미국인에게 팔기 위해 생산되고 있는데, 이는 전통적인 태평양 예술품이 이제 보존되고 있으며 그 기술이 후세에 전수되고 있음을 의미하기에 중요하다고 볼 수 있다.

유럽 문학에 미친 태평양의 영향

마르코 폴로의 여행은 유럽인에게 동양의 예술에 대한 관심만을 불러온 것이 아니었다. 이는 교양 있는 유럽인 사이에서 동양과 신세계로의 여행과 모험담을 —이들 중 얼마간은 사실과 판타지를 자유롭게 오가며 전개되었다— 주제로 한 출판물에 대한 막대한 수요를 생기게 했다. 이제 현대의 많은 학자들은 마르코 폴로의 여행기는 폴로가 방문했다고 주장하지만 실제로는 가보지 않은 곳에 대해 상당 정도는 전해들은 이야기를 바탕으로 쓰였다고 본다. 그리하여 초창기부터 태평양에 관한 문학 작품은 신화와 낭만주의의 아우라를 영속화시켰으며, 이로 인해 이 수반구에 대한 유럽인의 일반적인 이미지가 왜곡되는 결과를 초래했다. 시대를 초월해 인기가 있는 다니엘 디포의『로빈슨 크루소』는 1704년 자신의 요청으로 칠레 해안가에 있는 후안페르난데스 제도에 고립되었던 알렉산더 셀커크의 실제 고생한 삶의 이야기에 바탕을 두었다고 하지만 한 조난자에 관한 허구적인 이야기였다. 식인종을 만나는 장면에 대한 묘사는 유럽인의 정신에 깊고 지속적인 인상을 주었으며 아이를 포함해 많은 독자를 소름끼치게 만드는 동시에 온통 마음을 빼앗아 갔다.

이처럼 강한 매혹과 불안의 혼합은 태평양에 관한 관심과 호기심을 더욱 부채질했다. 폴리네시아인과 멜라네시아인의 전쟁과 식인풍습에 관한 이야기는 특히 더 유럽인의 마음을 사로잡았다. 다음 수백 년 동안 이 수반구에 대한 이런 왜곡된 상은 뉴기니, 뉴질랜드, 마르케사스 제도, 피지와 같이 광범위한 지역에서 원주민과 유럽인 인질이 죽임을 당하고 먹혔다고 쓴 탐험가들의 일기, 선교사와 무역업자들의 이야기에 의해 더욱 강화되었다. 유럽인이 태평양 섬사람들을 상대로 저지른 악행과 폭력은 이들 이야기 속에는 전혀 등장하지 않거나 평화적인 유럽인에 대한 섬사람들의 선제공격에 대한 어쩔 수 없는 처벌적 대응으로 정당화되었다. 수반구에서의 문화뿐만 아니라 태평양의 환경도 여기가 위험한 곳이라는 인식을 주는 데에 공헌했다.

비교적 평화로운 대양이라는 태평양의 평판에도 불구하고, 무서운 열대성 사이클론 또한 극악한 분위기를 경험했던 대부분의 작가들에게는 공포의 전율을 자아냈다. 태평양에서 순진무구, 에로티시즘, 위험이나 모험의 이미지를 끌어내고 상기시켰던 초기의 작가들은 나중에 동양과 태평양을 항해하는 이들에게 영향을 주었다. 태평양에서 로버트 루이스 스티븐슨과 ─『보물섬』, 『지킬 박사와 하이드』 등의 걸작을 발표한 작가─ 같은 이들은 도시 산업 문명의 숨 막히는 제약을 벗어 버리고 그곳에서 만난 환경과 사람들을 끌어안았다. 반면, 조지프 콘래드와 ─배를 탔던 경험을 살려 『암흑의 핵심』, 『어둠의 심연』과 같이 해양 문학의 정수를 보여주는 작품을 발표한─ 같은 이들은 유럽인과의 접촉으로 인해 폴리네시아 혹은 아시아 문화가 저속화되었다고 인식했으며, 태평양 영역에서 비교적 단기간 체류한 후에 환멸과 혐오감을 느끼며 떠났다. 그러나 태평양에서의 실제 상황을 그린 문학은 이국적 정취와 강렬한 모험을 갈망하고 있었던 유럽에서는 잘 팔리지 않았다. 대부분의 태평양 작가들은 태평양의 현실 세계를 더 잘 알고 있었음에도 불구하고 흔쾌히 주로 유럽인과 미국인 독자에게 신비하고, 위험천만하며, 에로틱하고, 멀고 먼 ─그러나 신화화된─ 태평양에 관한 이야기를 들려주었다.

태평양 문학에서 드라마, 낭만주의, 모험

허먼 멜빌

1819년 뉴욕 시에서 태어났으며 가난하게 자란 허먼 멜빌은 19세 때 청교도적인 뉴잉글랜드의 음울하고 억압적인 실존에서 벗어나고자 사환으로 한 리버풀 행 선박에 몸을 실었다. 2년 뒤 그는 혼 곶을 돌아 1842년에 타이티에 기항했던 고래잡이 배 어쿠쉬네트호(*Acushnet*)의 선원이 되었다. 멜빌은 타이티에 매료되었으며 '요정의 나라'라고 묘사했다. 남해에 강한 흥미를 느낀 그는 마르케사스 제도에 있는 누쿠히바 섬에서 배에서 탈출했으며, 추격을 피해 타이피바이의 ─그의 첫 번째 소설 『타이피인 : 폴리네시아인 생활 엿보기』(*Typee : a peep at Polynesian life*)는 1846년에 출판되었다─ 험한 계곡에 숨었다. 이곳의 사람들은 사실 여부에 관계없이 식인종으로 평판이 나 있었지만 이 무방비의 이방인에게 친절을 베풀어 주었다. 멜빌이 누쿠히바에서 폴리네시아 사람들과 생활했던 이야기는 물론 허구적인 부분도 있기는 했지만, 의심 많은 출판업자가 그의 이야기를 '사실'로 받아들이지 않았기 때문에 소설의 형태로 출간되었다. 이 소설은 즉각적으로 상업적인 성공을 거두었으며, 남해를 고상한 야만인이 사는 목가적인 영역으로 보는 일반적인 인식을 확고히 하는 데에 일조했다. 멜빌은 다른 고래잡이배에 올랐으며 하와이로 갔다. 하와이에서 몇 개월을 보내고 나서 그는 호위함 유나이티드스테이츠호(United States)의 승무원으로 계약을 맺었으며 혼 곳을 돌아 1844년에 보스턴에 도착했다. 초기의 소설『타이피인 : 폴리네시아인 생활 엿보기』와 『오모』(Omoo)는 대서양 양 권역에서 대대적인 호응을 받았으며 당분간 그에게 상당한 명성과 경제적 안정을 가져다주었다. 그러나 1851년에 출간된『백경』(Moby Dick)과 같은 후기 작품들이 완전히 실패하면서 이내 명성과 경제적 안정 모두가 사라졌다.

멜빌은 폴리네시아 사회의 숭배자였으며, 로버트 루이스 스티븐슨, 조지프 콘래드와 같은 이들처럼 태평양 섬사람들을 '문명화'시키려는 선교사들의 시도에 대해 엄격한 비평가를 자처했다. 멜빌은 바로 이들의 노력이 하와이와 타이티와 같은 곳에서의 인구 감소와 문화 쇠락의 주요 원인이라고 보았다. 또한 그는 미군함 유나이티드스테이츠호에 탑승한 미국 해군 장교들의 행동과 태도에도 매우 비판적이었다. 그의 소설『화이트 자켓 : 군함 안의 세계』(White Jacket : the world in a man-of-war)에서 드러내고 있는 바와 같이 그는 이들을 영국을 상대로 한 독립 전쟁에서 미국인들이 싸웠던 평등주의적인 가치에 대한 배신자로 보았다. 비록 문학 작가로서의 멜빌의 명성은 그의 인생 후반기에 크게 땅에 떨어졌지만, 20세기에 그의 평판은 다시 부활했으며 오늘날 그의 작품『백경』은 19세기 영어 걸작 중의 하나이며 고래잡이배에서의 삶에 관한 최고의 이야기라는 찬사를 받고 있다.

로버트 루이스 스티븐슨

1850년 스코틀랜드 에든버러에서 태어난 로버트 루이스 스티븐슨은 유명한 엔지니어이자 등대 건축업자의 외아들이었다. 그는 법을 공부했으며 작가가 되겠다는 포부를 가지고 있었다. 전해진 바에 따르면 찰스 다윈의『종의 기원』을 읽은 후에 놀라운 판매고를 자랑한 중편소설『지킬 박사와 하이드』(The Strange Case of Dr Jekyll and Mr Hyde)를 썼다. 이국풍의 진기한 물건들에 강한 흥미를 느낀 스티븐슨은 그의 소설이 가져다준 부를 이용해 한편으로는 만성질환(결핵)을 치유하거나 최소한 진전을 늦추기에 적합한 기후를 찾아, 다른 한편으로는 유일한 생계수단인 저술 작업을 위해 영감과 자료를 찾을 목적으로 세계를 두루 다녔다.

1879년 그는 이민선을 타고 미국으로 여행했으며, 이민자를 태운 기차를 타고 대륙을 횡단해 캘리포니아로 가서 샌프란시스코에 정착했으며 이곳에서 결혼하고 문필 생활을 이어갔다. 태평양은 그로 하여금 더 여행하고 이야기를 위한 자료를 더 찾게 만들었는데 대부분 그의 작품은 일정 부분 그가 직접 선상에서 한 생활과 섬에서 한 체험에 바탕을 두었다. 1888년 그는 남해로의 6개월간의 여정을 위해 아주 호화로운 설비를 갖춘 톱세일 스쿠너 카스코호(Casco)를 전세 냈다. 그는 따뜻한 태평양의 기후가 병을 치료하는 데에 도움이 되기를 바랐으며, 또한 신문연합사에 보내기로 되어 있는 그의 여행 경험에 관한 일련의 서한 작성에 태평양이 영감을 줄 것을 기대했다.

1842년 프랑스에 합병되었으며 이미 프랑스어와 가톨릭 문화가 지배하고 있던 마르케사스 제도에 도착한 스티븐슨과 그의 가족은 왕족과 같은 대접을 받았다. 이전에 사람을 잡아먹는다고 알려졌던 마르케사스인이 그가 예상했던 대로 '야만인'이 아님을 발견한 스티븐슨은 폴리네시아인에 대한 적극적인 찬미자가 되었으며 그의 여생을 그들과 함께 보내게 되었다. 그는 런던에 있는 친구 시드니 콜빈에게 '모든 것이 다 사기다. 나는 이 제도에 가장 끔찍한 사람들이 있다고 해서 선택했는데, 그들은 우리보다도 훨씬 훌륭하며 더 문명화되어 있다'라고 썼다 (Ellison 1953, 17) 히바오아와 누쿠히바에서 스티븐슨은 인구가 급감하고 있다는 사실을 우려했다. 그는 근본적인 원인은 고래잡이배의 선원들이 가지고 온 유럽인의 질병이 심신을 쇠약하게 만든 데에다가 춤, 노래, 전통적인 의례를 금지시킨 선교사들의 청교도적인 가르침이 더해지면서 이런 현상이 발생했다고 확신했다. 그는 선교사들이 이 사람들에게서 이들 문화의 바로 영혼을 제거했으며 이들이 살아가는 힘을 잃고 낙담하고 우울하도록 방치했다고 보았다. 많은 마르케사스 청년들이 이러한 프랑스 지배하에서 계속 살기보다는 자살을 선택했다.

스티븐슨의 분석은 상당히 설득력이 있는 것처럼 보인다. 프랑스에 의해 합병되었을 때 약 2만 명이었던 마르케사스 제도의 인구는 20세기 중반에는 10분의 1로 줄었으며 오늘날에도 이전에는 사람이 살았던 섬들이 버려지거나 거의 그 지경에 가까이 있다. 그리하여 마르케사스 제도에서 스티븐슨은 이미 남태평양을 착취하고 이 사람들을 질적으로 저하시키고 있었던 공격적이고 탐욕스러운 식민지 경영에 반대하여 폴리네시아인의 믿음직한 옹호자가 되었다. 불안정한 건강과 하와이로의 항해를 위해 카스코호(*Casco*)를 수리할 필요가 있었기 때문에 스티븐슨은 타이티에 오래 머물러야 했다. 파페에테 섬의 반-폴리네시아 반-유럽 문화가 우울하다고 느낀 그는 타이티에서 좀 더 먼 곳에서 공동체 생활을 한껏 즐겼다. 남해에서 영구히 정착하겠다는 생각은 거의 불치병이 현지 여성이 폴리네시아 처방을 써서 간호해준 덕분에 치유되었을 때 마음에 뿌리를 내린 듯하다. 카스코호(*Casco*)는 북쪽으로 항해하여 하와이에 도착했으며 그곳에서 그는 선원들에게 임금을 주고 해고하고 나서, 와이키키에 있는 집에서 요양을 계속했다. 여기에서 그는 하와이 왕 데이비드 카라카우아와 친분을 쌓았으며 잠식해 들어오는 제국주의에 대항하여 모든 것을 빼앗긴 폴리네시아 왕의 정치적 투쟁에 관여하게 되었다.

태평양에서의 여정을 계속하고자 1889년 6월 그는 두 번째 배인 64톤급 스쿠너 상선 이퀘이터호(*Equator*)를 용선했다. 그 선장인 젊은 스코틀랜드인 에드윈 리드는 그때까지 최고 기록을 가지고 있던 가장 파괴적인 태평양 사이클론을 배에 흠집 하나 내지 않고 이겨낸 것으로 명성이 자자했으며 많은 이들의 존경을 받고 있었다. 선원으로서 리드의 의심할 여지 없는 기량으로 인해 스티븐슨은 폭풍에 대한 대단한 두려움에도 불구하고 작고 비좁은 이퀘이터호에 승선해 항해할 자신감이 생겼다. 그는 '나는 언제나 무엇보다도 바람 소리가 두려웠다. 나의 지옥에는 언제나 강풍이 불었다'라고 썼다(Stevenson 1895). 바다에서 폭풍에 갇힐지 모른다는 두려움은 무시무시한 강풍이 반복적인 주제로 등장하는 그의 이야기 속에 투영되어있다. 이퀘이터호는 스티븐슨과 그의 아내를 처음에는 부타리타리 섬으로 그리고는 길버트 제도에 있는 환상 산호도 아페마마로 데려갔다. 이곳에서 그는 양아들 로이드 오스본과 공동으로 무법천지인 북부 태평양에서 실제로 있었던 사건에 토대를 둔 미스터리 작품인 『난파자』(*The Wrecker*)라는 제목의 소설을 썼다. 이어 사모아에 있는 우폴루 섬에 간 스티븐슨은 푸르고 쾌적한 땅, '태평양의 아일랜드'를 발견했으며, 드디어 그가 찾아 헤매왔던 곳, 즉 그가 존경하게 된 폴리네시아인들 사이에서 기분 좋은 기후를 즐기며 여생을 보낼 수 있는 곳을 발견했다고 믿었다.

용선한 스쿠너 이퀘이터호가 1889년 12월 아피아 항구에 닻을 내릴 때 스티븐슨은 사모아의 합병이라는 사안을 놓고 금방 전쟁이라도 벌일 형국인 미국, 독일, 영국의 영사관 앞에서 나부끼는 국기를 보았으며, 1889년 3월에 있었던 커다란 사이클론의 파괴적인 결과를 여전히 낱낱이 드러내고 있는 항구에 정박해 있는 전함들을 목격했다. 난파된 미국 전함과 독일 태평양 함대 6척과 상선 5척의 선체가 암초와 항구의 주변에 흩어져 있었다.

수도 많지 않은 유럽인과 유럽혼혈인의 분열 상태에 대한 스티븐슨의 첫 관찰은 통찰력을 보여주고 있다. 그에 따르면 영국, 미국, 독일 영사들은

> 모두 서로 으르렁거리고 있거나, 기껏해야 둘이 한 패가 되어 다른 이를 적대하고 있다. 선교사들도 서로 다른 세 파가 있었는데 사이는 좋지 않다. 그리고 가톨릭교도와 개신교도들은 학교 수업 시간을 알리기 위해 나무로 만든 북을 쳐야 하는지 안 쳐야 하는지를 놓고 벌어진 다툼으로 아직도 치유되지 못한 채 악감정을 가진 상태이다(Ellison 1953 : 74에서 인용).

우폴루의 건강에 좋은 기후 조건과 아름다운 자연 경관에 반하고, 마피아에서 영국과 미국 모두로 오가는 우편 서비스와 배 운항 스케줄을 이용할 수 있다는 실용적인 사항에 대한 고려도 더해져서 스티븐슨과 그의 아내는 1890년 서사모아에 정착하기로 결정했다. 그는 스코틀랜드 동포에게서 토지를 매입했으며 5개의 개울이 합류하는 바일마 근처에 커다란 집을 지었다. 그는 집이 지어지고 있는 동안 오스트레일리아의 시드니로 항해했는데, 그곳에서 건강이 다시 악화되었다. 즉시 더 따뜻한 곳으로 돌아가라는 의사의 권유에 따라서 그는 증기선 자넷 니콜호(*Janet Nicoll*)에 승선했다. 사모아는 그가 5년 후에 세상을 떠날 때까지 그의 거주지가 되었다.

바일마에 안락하게 자리를 잡은 스티븐슨은 여러 섬들, 특히 마르케사스 제도, 투아모투 제도, 타이티, 길버트 제도(키리바시), 사모아를 두루 여행하면서 했던 경험을 자세하게 기록한 일기를 출판하는 것이 좋겠다고 그의 출판사를 설득했다. 이 일기는 원래 미국과 영국에 있는 신문사에 「바일마에서 온 편지」(Vailma Letters) 기획물로 연재되었다. 출판사는 이 일기를 종합해『남해에서』(*In the South Seas*)라는 제목으로 보다 웅장한 방식으로 태평양의 여러 섬과 문화를 비교해 서

술해야한다고 제안했다. 이 프로젝트에 대한 스티븐슨의 초창기 열정은 어떤 글은 생각이 깊지도 잘 쓰인 글도 아니었는데 일련의 이들 편지를 하나의 웅장한 서술로 바꾸는 작업이 쉽지 않음을 깨달아감에 따라 식어갔다. 이 프로젝트는 성공하지 못했다. 그 대신 그는 유럽인의 소비 시장을 위해서가 아니라 현지 폴리네시아인을 위해 작품을 쓰기 시작했다. 그는 사모아인 이웃과 친구들이 그에게 붙여준 '투시탈라 : 이야기꾼'(Tusitala : The Teller of Tales)이라는 이름을 자랑스러워했다.

스티븐슨의 제2의 고향은 그가 사랑하는 바로 이 섬을 차지하려고 독일, 미국, 영국이 제국주의 주도권을 둘러싸고 벌인 경쟁으로 망가져 갔다. 사모아인들도 두 영주 중에서 누가 더 정당한 통치자인가라는 문제를 놓고 분열되었다. 이들 중 한 명은 우유부단하고 동요하는 말리에토아 라우페파였는데, 이를 통제하고 자신들이 시키는 대로 하게 할 수 있다고 보았던 독일에 의해 지원을 받았다. 그의 상대는 심지가 굳은 사모아 민족주의자 마타파였는데, 그는 모든 외세를 몰아내고자 했다. 이어진 분쟁에서 마타파 세력이 패배했다. 이는 부분적으로 마파아 항구에 정박하고 있던 독일 군함으로부터 보복을 두려워한 많은 사모아인들이 그의 명분에 동참하기를 꺼려했기 때문이었다. 스티븐슨은 마타파의 명분을 지지했지만 사모아의 독일과 영국 해군 사령관들이 마타파와 그의 지지자들을 멀리 떨어진 곳 즉 독일이 지배하는 마셜 제도로 추방하는 것을 막을 수 없었다. 하와이로의 마지막 여행에서 그는 애석하게도 미국 농장주들 도당이라고 여긴 자들에 의해 하와이 왕이 폐위되었음을 알게 되었다. 그는 앞으로는 정치에 일체 간여하지 않겠다고 맹세하면서 유럽과 미국 제국주의의 불가피한 승리와 폴리네시아 문화와 민족자결권의 퇴색을 인정했다. 이상하게도 그는 스스로를 제국주의자라고 인정했던 조지 그레이 경을 한 결 같이 숭배했다. 뉴질랜드가 지도하는 범-폴리네시아 연방안이라는 조지 그레이 경의 발상은 남태평양의 발전 방안에 관한 스티븐슨 자신의 비전과 크게 다르지 않았다. 스티븐슨은 태평양에서 여러 번 그레이와 길이 교차했음에도 불구하고 만나지 못했다는 사실에 매우 실망감을 드러냈다.

그의 일기와 편지에서 드러나는 바와 같이 스티븐슨의 태평양에 대한 견해는 낭만적 이상주의와 스코틀랜드 사람의 실용주의가 뒤섞인 것이었다. 그는 사모아의 기후가 자신의 불안정한 건강을 치유해 줄 것이라고 믿으며 다음과 같이 썼다.

> 섬 생활은 그 어디에도 없는 매력을 가지고 있다. 인류가 앓고 있는 질병의
> 절반은 의사나 약 없이도 사랑스러운 이 세계에서 사는 것만으로도 없어질 것이
> 다. 유럽에 있는 친구들은 여기 사모아에서 발견할 수 있는 근심과 걱정 없는 안
> 락함을 알지 못한다(Ellison 1953 : 129에서 인용).

생계가 달린 출판과 문필가로서의 경력에 중요한 요소, 즉 다른 이들과 의사소
통을 잘 유지하는 것이 그에게도 역시나 필수적이었다. 그리하여 시드니, 샌프란
시스코, 런던과의 편리한 통신은 타이티나 마르케사스 제도와 비교해 사모아가
가지고 있었던 매력적인 장점이었다. 독일 정기 증기선이 마피아와 시드니 간을
운항했으며, 뉴질랜드 선박은 오클랜드와 타이티 사이를 오가며 사모아에 정박했
다. 편지는 샌프란시스코까지는 2주, 런던까지는 1달 그리고 유럽과 미국으로 전
신을 보낼 수 있는 오클랜드까지는 1주일 정도밖에 걸리지 않았다. 사모아는 '태
평양의 중간 여관'이라고 불렸다. 스티븐슨은 만족해하며 다음과 같이 고백했다.

> 바다, 섬, 섬사람, 섬 생활, 기후는 나를 정말 보다 더 행복하게 만들었다…나
> 는 단 한 번도 푸른 바다와 배에 대해 정절을 잃어본 적이 없다. 그래서 나에게
> 스쿠너와 섬이 있는 곳으로의 추방은 분명 어떤 의미에서도 좋지 않은 일이라고
> 할 수 없다(Ellison 1953 : 136에서 인용).

1894년 44세의 나이에 그리고 문학적 걸작을 완성하려는 그의 야망 실현이 바
로 코앞에 와 있다고 느꼈던 스티븐슨은 아마도 아편 팅크의 남용으로 야기되었
을 것으로 보이는 뇌졸중으로 갑자기 세상을 떠났다. 그의 바람에 따라 집이 내려
다보이는 바에아 산 산마루에 묻혔다. 그의 묘비에는 자신이 썼으며 가장 잘 알려
진 영시 레퀴엠이 새겨져 있다. '…즐겁게 살았고 기쁘게 죽노라…' 그의 사후 스
티븐슨의 저택은 제1차 세계대전 시기에 뉴질랜드 군대가 독일 군대를 추방하고
나서 서사모아의 총독 관저로 사용되었다. 그의 저택은 지금 아마도 사모아에서
는 가장 유명한 역사적인 인물의 삶과 작품을 기리는 박물관이 되었다.

문학적 명성과 환멸

잭 런던

1876년 샌프란시스코에서 태어난 잭 런던은 정기 간행 대중 잡지라는 새로운 장르에 단편과 모험 소설을 쓰는 작가로 상업적으로 성공을 거두었던 첫 미국 작가들 중의 하나였다. 당시 생활고에 시달리는 다른 많은 작가나 예술가들과 마찬가지로 그의 유년시절은 가난했다. 그는 어쩔 수 없이 독학으로 공부했으며 생계를 유지하기 위해 처음에는 굴 어선의 어부로 나중에는 태평양 상선의 선원으로 바다에 나가게 되면서 모험심을 가지게 되었다. 그는 1893년 바다표범 잡이 스쿠너인 소피 서덜랜드호(*Sophie Sutherland*)의 선원이 되었으며, 일본 연안에서 태풍의 공포를 직접 경험했다. 1897년 캘리포니아에 돌아온 런던은 클론다이크 강으로 향하는 채금꾼의 행렬에 끼어들었다. 그러나 노다지를 찾아내기는커녕 괴혈병으로 건강 상태가 심각하게 나빠졌다. 쇠약한 몸으로 샌프란시스코에 돌아온 그는 세터데이 이브닝 포스트(*Saturday Evening Post*)와 같은 대중 잡지에 금을 찾아 나섰던 참혹했던 경험과 해상 생활의 실상에 바탕을 두고 단편을 쓰기 시작했다. 그의 최초 성공작은 유콘에서 홀로 외로이 금을 탐사하고 있던 이의 궁핍과 분투를 그린 「불을 지피기 위해」(To build a fire)라는 제목의 단편소설이었다.

젊었을 때에는 열정적인 선원이었던 런던은 출판으로 번 돈으로 자신의 범선, 스나크호(*Snark*)를 가지게 되었으며 그의 두 번째 아내 샤미안과 몇 명의 선원들과 함께 1907년부터 1909년까지 태평양을 횡단했다. 그는 타이티, 마르케사스 제도, 피지, 솔로몬 군도, 오스트레일리아에 기항했다. 이 항해에 대한 이야기는 그의 책 『스나크호의 항해』(*The Cruise of the Snark*)로 출간되었다. 그러나 런던은 폴리네시아에 매혹되기보다는 자신이 목격한 것은 순진무구한 사람들의 유럽식 타락과 부패라고 힐난했으며 환멸을 느끼며 남해를 떠났다. 『남해 이야기』(*South Sea Tales*)라는 제목으로 1911년에 출간된 그의 책에 있는 몇 가지 이야기에는 20세기 초 태평양에서 이루어진 유럽인과 폴리네시아인 혹은 멜라네시아인 간의 인종 접촉, 특히 다른 문화를 다루는 데 드러난 유럽인의 물질주의가—예를 들어 진주 교역가들— 가지고 있는 부정적인 측면이 잘 반영되어 있다. 또한 그의 작품에는 자연의 힘이 가지고 있는 악의적인 측면에—그의 수많은 작품의 특징을 이루고 있는 태평양 사이클론— 관한 집착이 표현되어 있다. 태평양 환경에 대한 런던의 경험은 그의 범선이 가지고 있었던 결함으로 더욱 더 안 좋아질 수밖에 없었다. 스나크호는 심하게 물이 새고 모터는 불량에다가 중요한 순간에 아예 망가져 버렸으며, 식품 저장 시설이 작동하지 않아 식료품이 썩는 바람에 항해를 불가피하게 단축해야 했다. 『스나크호의 항해』에서 이야기하고 있듯이 그는 폴리네시아아의 나환자 식민지 몰로카이 섬을 —하와이 그룹에 있는— 방문하고 충격을 받았다. 사람을 우울하게 만드는 이 장소는 이전에 로버트 루이스 스티븐슨에게도 강한 인상을 준 바 있다. 스티븐슨은 하와이에 있는 개신교 선교사들의 중상모략이라고 생각한 것에 대해 분개하며 이 나환자 식민지를 책임지고 있는 벨기에인 가톨릭 신부 데미안을 방어하는 글을 썼다. 런던은 이 무시무시한 질병을 있는 그대로 받아들이고, 몰로카이의 나환자들을 동정하거나 비난하거나 피해야하는 버림받은 이들이 아니라 사람으로 대하기 위해 여러 차례 심각하게 고민했다.

몰로카이 사회에서의 생활을 더 넓은 맥락에서 바라보며 그는 다음과 같이 썼다.

> 만약 나에게 남아 있는 여생을 몰로카이에서 살든지, 아니면 런던의 동쪽 끝,
> 뉴욕의 동쪽, 혹은 시카고의 가축 사육장에서 살아야 한다며 고르라고 한다면 나
> 는 망설임 없이 몰로카이를 선택할 것이다(Farrier 2007 : 197에서 인용).

그러나 솔로몬 제도에서 런던은 여러 피부 질환과 소화기 장애를 앓았다. 이로 인해 그의 태평양 여행과 저작 활동은 중단되었으며 스티븐슨이 수십 년 전에 그렇게 것처럼 시드니에서 병원 치료를 받아야 했다. 1915년 런던은 마지막 하와이 여행에서 본 '서핑'(surfriding)을 하와이 왕족들이 하는 스포츠라며 자세히 묘사했는데, 그의 이 묘사는 보트 서핑이 캘리포니아, 오스트레일리아와 다른 여러 지역에서 대중화되는 데에 기여했다. 말년에 런던의 문필력은 그의 기대를 저버렸다. 그는 스스로를 위대한 작가라고 믿었으나 그의 비평가들은 이를 자기기만이라고 여겼다.

조지프 콘래드

조지프 콘래드는 1858년 러시아령 폴란드에서 태어났다. 11살에 고아가 되어

정식 교육을 받은 것은 겨우 몇 해 정도에 지나지 않았다. 그는 독학으로 여러 언어를 익히고 콜럼버스와 발보아와 같은 영웅들의 모험에 관한 이야기들을 섭렵한 후, 초기 탐험가들에 관한 책에서 그가 발견한 황홀한 세계로의 탈출을 갈망했다. 16세에 그는 프랑스 마르세유에 도착했으며, 이 항구 주변의 수로 안내선에서 여러 달을 보낸 후, 프랑스령 카리브해 행 선박의 견습 선원으로 계약을 맺었다. 잠시 그는 아스핀월의 트랜스 이스머스 철도의 객차에서 불법화기를 내리는 작업을 감독하면서 콜롬비아에 있는 반란 집단에 총기를 밀반입하는 일에 간여하기도 했다. 약 20년 동안 젊은 선원 모험가로 세계를 여행하며 그는 소설과 단편의 소재를 모았다.

대부분 그의 작품들은 1874년과 1878년 사이 황혼기의 항해의 시대에 지구의 이국적인 모퉁이에서 했던 풍부한 개인적 경험에서 비롯되었다. 예를 들어 1878년 콘래드는 오스트레일리아에 가서 밀과 양모를 싣고 혼 곳을 돌아 영국으로 귀항하는 양모 클리퍼선인 두크 어브 서덜랜드호(*Duke of Sutherland*)의 선원으로 배에 올랐다. 이 항해로 콘래드는 상당한 난항을 경험했는데 이는 후에 남반구 해상에서의 삶에 대한 그의 소설과 단편의 소재가 되었다. 실제 콘래드는 혼 곳을 두 번 그리고 희망봉을 여러 번 돌았으며, 아시아 쪽 환태평양 지역에 있는 열대의 태평양 지역에 체류하기도 했다.

일반 선원으로서의 경력은 밑바닥 생활을 의미할 뿐임을 깨달은 콘래드는 영국에서 영국 상선의 장교 자격을 주는 시험을 보았으며 합격했다. 1880년 그는 글래스고 제너럴 해운회사가 소유한 클리퍼선, 라크 이티브호(*Loch Etive*)에 2등 항해사로 계약을 맺었다. 이 기간 동안 콘래드는 가장 성공적인 소설 중의 하나인 『짐 경』(*Lord Jim*)의 소재가 된 동부 해역에서 있었던 여러 극적인 사건을 알게 되었다. 이는 수백 명의 무슬림 순례자를 태우고 싱가포르에서 메카로 가고 있던 영국의 증기선 제다호(*Jeddah*)의 선장과 대다수 선원들이 도망치는 바람에 공해상에 버려진 고장 나고 과적된 배에 남겨져야 했던 불운한 승객들이 운명을 하늘에 맡길 수밖에 없었던 악명 높은 사건을 허구적으로 재구성한 소설이다. 단편 『청춘』(*Youth*)에서 기록하고 있듯이 콘래드는 방카 해협에서 폭발한 후 가라앉은 석탄선 팔레스타인호(*Palestine*)에서 죽을 고비를 넘기고 살아남았다.

그는 유럽과 동남아를 자주 오고갔기에 말레이와 보르네오의 연안과 강에 대해 매우 잘 알고 있었다. 그는 이곳에서 스쿠너식 범장을 한 증기 교역선 비다르호 (*Vidar*)의 1등항해사로 잠시(1887~8) 일했었다. 싱가포르 시내 또한 그에게는 매우 익숙한 곳이었다. 1887년 신경 장애로 걷는 데 문제가 있었기 때문에 그곳에 있는 종합병원에서 치료받기 위해 6주간을 보냈기 때문이었다. 퇴원한 콘래드는 처음으로 무역선 오타고호(*Otago*)의 선장이 되어, 티크를 싣고 오스트레일리아 시장으로 가기 위해 전염병이 돌고 있었던 방콕으로 항해했으며, 얼마 후 전염병이 걸린 한 선원과 함께 출항했다. 이는 스트레스가 많은 항해였지만, 콘래드에게 위험과 불편한 상황하에서 전개되는 인간상의 여러 단면을 공부할 수 있는 기회를 주기도 했다.

1901년에 쓴 『태풍』(*Typhoon*)에 나오는 이야기는 콘래드가 중국해에서 알게 되었으며 그가 난샨(南山)이라고 부른 배에서—중국인 쿨리를 고향으로 송환하고 있던— 발생했던 사건을 다루었다. 이는 열대 사이클론으로 인해 신체가 위험에 처하자 선원들이 보인 반응을 주제로 전개되는데, 여기에서 콘래드는 풍자적인 유머로 상황을 묘사했다. 콘래드가 젊었을 때 참을 수 없었던 상황은 지루함이나 단조로움이었다. 그는 자신이 누릴 수도 있었을 안전하고 특별한 일이 없이 평온무사한 생활보다도 위험과 고생을 선택했다. 그러나 말년에 오래전부터 그를 불편하게 했으며 벨기에령 콩고에서 얻은 병으로 악화된 마비장애가 더욱 심해졌다. 이로 인해 활기차고 열정이 넘치던 콘래드는 통풍을 닮은 고통스러운 증상에 시달리는 반-은둔자로 살아야했다. 켄트의 시골에서 세를 얻어 살던 작은 집에서 비참한 생활을 견뎌야 했으며, 그곳에서 심장마비로 64세의 일기로 생을 마감했다.

현대 역사 소설과 영화에 나타난 태평양의 사실과 환상

태평양에서 일어난 역사적인 사건과 동시대의 사건들을 묘사한 가장 성공적인 현대적 장르에는 역사 소설과 영화가 포함된다. 두 장르 모두 세계의 관객에게 신화화되고 낭만화된 태평양을 선사해왔다. 여기에서 다룰 몇 가지 예는 미국의 작가이자 기자인 제임스 미체너가 저술한 인기 있는 책들과, 바운티호 반란사건을 재현하고 다시 재현하고 있는 일련의 영화들이다.

미체너의 태평양 작품들은 원래 서남태평양의 제도에 있는 문제를 보고하라는 임무를 띠고 2차 세계대전 시기에 미국해군 역사가로서 한 경험에 바탕을 두고 있다. 프랑스의 식민지 누벨칼레도니에 있는 톤투타 공군기지를 근거지로 그는 뉴헤브리디스 군도, 사모아와 여러 섬들을 널리 여행하면서, 현지 사람들과 유럽인 관계의 긍정적이고 부정적인 측면을 관찰했다. 퀘이커 교도로 교육받았으며 '입지전적인 인물'인 그는 누벨칼레도니와 뉴헤브리디스에 있는 프랑스인 농장주 공동체, 일본의 군대 수송 사정을 보고했던 전시 오스트레일리아인 '연안 감시자들', 그리고 두 세계를 다리 놓았던 멜라네이사인-유럽인 혼혈인들을 포함하여 이 지역에 살고 있는 사람들이 보여준 결단력과 강인함에 존경심을 갖게 되었다. 기민한 관찰력으로 그는 1948년 퓰리처상을 받았으며 나중에 『남태평양 이야기』(Tales of the South Pacific)라는 단편집으로 출간했다. 사실과 허구를 결합한 이 소설이 상당히 성공하면서 남태평양(South Pacific)이라는 영화 대본의 기초가 되었다. 널리 애독되는 작가로 입지를 다진 미체너는 후에 역사 소설 작가로도 성공했다. 대표적인 『하와이』(Hawaii)와 『알래스카』(Alaska)는 그에게 세계적인 평판을 가져다 준 대하 역사소설이다.

아마도 어떤 다른 태평양 대하소설도 바운티호 반란에 관한 이야기 (상당히 낭만화되고 허구화된) 만큼이나 완전히 대중의 상상을 사로잡지는 못했다. 그만큼 이는 수많은 책과 최소한 5편 영화의 주제가 되었다. 처음 두 편의 영화, 즉 한 편은 1916년 시사회를 가진 무성 영화이며 두 번째는 「바운티호 사건 직후」(In the Wake of the Bounty)라는 제목으로 핏케언 섬을 다루었다. 이 두 영화는 오스트레일리아에서 제작되었으며 널리 배포되지 못했다. 1935년에 제작된 세 번째 영화는 전형적인 할리우드 모험 영화로 역사적인 사건을 어느 정도 왜곡했다. 예를 들어 블라이 선장이 나중 항해에서 반란자들을 다시 붙잡아 훌륭하고 정의로운 플레처 크리스천과 다른 선원들을 비인간적으로 다루는 사디스트로 묘사되었다. 각각 1962년과 1984년에 시사회를 가진 이 반란에 관한 최근의 두 영화들 또한 극적인 효과와 시각적 '리얼리즘'을 추구하면서 역사적인 정확성을 무시했다. 결과는 태평양, 태평양의 사람들 그리고 그 역사에 대한 부정확하고 지나치게 낭만화된 묘사 쪽으로 기우는 경향을 지속시켰다.

필요한 지식과 장비를 갖춘 일단의 학자, 천문학자, 수학자, 박물학자를 배에 승선시켰던 프랑스와 영국의 18세기 말과 19세기 초 탐험대들이 돌아오자마자 태평양에서 행한 과학적인 현장 조사 결과물이 출판되기 시작했다. 이상하게도 경쟁자들보다 1세기나 더 전에 태평양 탐험 항해를 했던 스페인인들은 이 지역에 대한 과학적인 지식을 축척하는 작업에서는 뒤쳐졌다. 1789~94년에 알레한드로 말라스피나의 스페인 탐험대에는 안토니오 피네다를 비롯해 3인의 과학자들이 승선하고 있었다. 그러나 이처럼 유명한 과학자들을 동반한 스페인 탐험대들도 별다른 과학적인 조사결과를 출판하지 않았다 (최소한 1885년 전까지는). 그리하여 우리가 지금 과학적이라고 —즉 면밀한 조사, 분류 그리고 체계적인 분석— 분류할 수 있는 초창기 연구는 조지프 뱅크스와 찰스 다윈과 같은 유명 인물들과 함께 시작되었다. 그럼에도 불구하고 이들 연구자들과 뒤를 이은 다른 과학자들은 태평양이라는 새로운 세계를 저술함에 있어 유럽중심주의를 피하지 못했다. 이들보다 앞서 갔던 과학과는 상관없는 탐험가들이 태평양 풍경에서 고향을 상기시키며 뉴홀란드, 뉴사우스웨일스, 뉴질랜드, 뉴기니와 같이 명명했듯이 동식물학자들 또한 자신들이 접한 새로운 식물, 새, 어류, 포유류에 적합하다고 할 수 없는 구세계의 이름을 붙여 주었다.

태평양 자연사 저술

조지프 뱅크스

제임스 쿡의 첫 태평양 항해에 동행했던 조지프 뱅크스는 귀족이었다. 링컨셔 (잉글랜드)의 부유한 지주이었으며 박물학자로, 스웨덴 식물학자이자 분류학자인 카롤루스 르네와 같은 유명한 과학자들의 영향을 받았다. 쿡의 탐험대에 합류했을 때 뱅크스의 나이는 25세에 불과했지만, 이미 높은 평가를 받고 있던 과학자였으며 영국 왕립학회의 회원이었다. 그는 쿡의 탐험대에 만 파운드를 기부하고 자신의 스승이자 르네의 제자였던 다니엘 솔랜더 박사를 —그는 연구 조교, 비서, 기술자들을 동행했다— 고용한 덕택으로 탐험대에 초청을 받아 합류했을 것으로 보인다. 또한 왕실천문학자의 이전 조교 찰스 그린과 두 명의 화가도 금성의 태양면 통과를 관찰하기 위한 여정에 함께 했다. 한 화가는 간질병이 있었던 알렉산더 버컨이었으며(타이티에서 간질로 죽은) 다른 화가는 식물 삽화를 잘 그리기로 정평이 나있었던 젊은 퀘이커교도 시드니 파킨슨이었다.

뱅크스와 팀원들은 쿡의 첫 태평양 항해에서 이제까지 과학계에 알려진 적이 없는 완전히 새로운 식물과 동물의 표본을 수집하고, 목록을 만들고, 설명하고, 그림으로 그리면서 매우 열심히 일했다. 이렇게 함으로써 이들은 뱅크스와 쿡에게 다음과 같이 왕립학회가 준 직무를 수행했다.

> 그 땅과 그곳 산물의 특징을 자세히 관찰한다. 그 땅에 살고 있거나 자주 오고 가는 짐승과 가금류, 강과 연안에서 발견되는 어류는 무엇이며 얼마나 많은지, 어떤 종류의 광산, 광물, 또는 가치 있는 돌이라도 발견하는 경우 각각의 표본을 가지고 돌아오며, 발견한 나무, 과일, 곡물의 씨앗도 모아온다. 왕립학회에 가져 온 모든 것을 우리는 적절하게 조사하고 실험할 수 있을 것이다.(Baker 2012 : 112에서 인용)

특히 인데버호가 목적을 달성하기 위해 정박했던 만이며 쿡이 보터니 만(Botany Bay)으로 개명한 뉴홀란드(오스트레일리아)의 동부 연안에서 아주 많은 발견이 이루어졌다. 영국으로 돌아오면서 뱅크스는 3600종이 넘는 식물 표본을 가지고 왔는데, 이들 중 1400종은 당시 과학계에 알려지지 않았던 신종 식물이었다.

뱅크스는 열성적인 박물학자였을 뿐만 아니라 카리브 해 있는 영국 농장주/귀족 그리고 식민 관료로 이루어진 공동체와 긴밀한 관계를 가진 지주였다. 그는 소시에테 제도에서 빵나무가 많이 자라고 있으며 경작도 쉽고 현지 폴리네시아인에게 풍부한 식량을 제공하고 있다는 사실을 발견했다. 이 소식은 미국 식민지의 상실로 노예를 위한 값싼 식량의 공급처를 잃어버리게 된 카리브 해 노예 주인들에게는 커다란 관심거리가 아닐 수 없었다. 뱅크스의 설득 그리고 카리브 해 농장주 공동체의 영향으로 인해 해군성은 윌리엄 블라이가 지휘하는 영국군함 바운티호를 파견해 영국령 카브리 해 지역에 있는 노예 식민지에 보낼 빵나무 묘목을 가져오게 했다. 이들 묘목을 수송하기 위한 블라이의 첫 시도는 잘 알려져 있는 바와 같이 그의 선원들의 반란으로 인해 실패로 끝났다. 그의 두 번째 시도는 이

보다 더 성공적이어서, 544그루의 빵나무 묘목을 세인트 빈센트 섬에 있는 식물원에 보낼 수 있었다. 이는 뱅크스가 식물과 동물에 대한 과학적인 연구를 통해 이루어진 발견을 실용적이고 기업가적인 이해관계와 결합하여 상업적으로 이용했던 여러 예 가운데 하나에 불과하다.

찰스 다윈

젊은 찰스 다윈이 자연세계에 대한 우리의 시각을 근본적으로 변화시킨 유명한 이론을 정립하기 시작한 곳은 조사선 비글호(*Beagle*)를 타고 갔던 갈라파고스 제도였다. 생물학적 진화에 나타난 자연 선택의 역할에 관한 그의 획기적인 이론은 에콰도르 연안에서 1000㎞ 떨어져 있는 이 제도를 방문한 이후 수십 년 있다가 출간되었다. 그럼에도 불구하고 진화론의 첫 씨앗은 그가 1835년 최근 화산 작용에 의해 만들어진 용암섬인 산크리스토발 연안에 발을 들어놓으면서 그의 마음에서 싹이 텄다.

처음 이 젊은 영국인 동식물학자는 뒤틀리고 일그러진 용암으로 이루어진 매우 건조한 대지, 물을 흡수해 버리는 화산재, 부석과 화산암재로 가득한 갈라파고스 제도는 황량하기 짝이 없고 무미건조하다고 생각했지만, 이내 이 제도가 화산 활동으로 아직도 형성 중에 있다는 사실을 알게 되었다. 지금 우리가 알고 있듯이, 이들 화산 봉우리는 지질 연대로 보면 아주 최근이라고 할 수 있는 약 3~4백만 년 전에 바다에서 시작되었다. 찰스 다윈의 탐구심은 비글호가 조사했던 각각의 섬이 가지고 있는 범상치 않는 동식물상의 특이성을 설명할 수 있는 방법에 집중되었다. 놀라운 동물상에는 갈라파고스 땅거북 14종이 포함된다. 그중 하나는 긴 목을 가지고 있으며 특이한 안장 모양의 껍질을 가지고 있다. 첫 스페인인 방문자들이 이 거북이의 이름을 따서 갈라파고스 제도라고 명명했다. 이 종에 속하는 거북이는 가뭄이 잦고 선인장이 산재해 있는 마르체나 섬에서 작은 나무 가지를 뜯어먹고 살지만, 초목이 더욱 무성하고 물이 더욱 많은 이 열도의 인근 섬들에 살고 있는 다른 거북이들은 짧은 목과 매끄럽게 생긴 둥근 등껍질을 가지고 있으며 풀을 먹고 산다. 비글호의 선원들은 과학적인 연구를 위해서가 아니라 신선한 고기를 먹기 위해서 많은 갈라파고스 땅거북을 배에 가지고 가버렸다. 때문에 다윈이 거북의 등껍질이 가지고 있는 특이성을 조사하거나 이들 간에 해부학적 차이가 있는 이유에 대해 결론을 내릴 수 있는 적절한 기회는 없었다.

다윈은 여러 종의 흉내지빠귀에 주목했다. 그는 남미에서도 이전에 이 새를 본 적이 있었는데 갈라파고스 제도의 여러 섬에 있는 흉내지빠귀는 미묘한 차이가 있음을 발견했다. 그는 여러 섬을 잠시 방문하면서 모아 보존한 새 표본을 나중에 연구하면서 이들 간의 차이는 각기 다른 섬에 있는 여러 다른 서식지와 먹이원의 차이와 관련이 있을 것으로 추정했다. 그는 또한 너무나 명백하게 드러나고 있는 바 만약 섬들이 새로이 형성된 화산 봉우리라면—이 제도의 바로 지질 자체가 끊임없이 변화하고 있음을 나타내는— 이곳에서 발견된 새, 동물, 식물의 종은 비교적 최근에 이곳에 왔을 것이며, 관찰로 알 수 있는 차이점은 이 종들이 이용할 수 있는 서식처에 적응하면서 시간이 지남에 따라 나타난 결과일 것이라고 추론했다.

흉내지빠귀를 관찰하면서 다윈은 자신의 추론이 닿은 매우 충격적이고 불안한 결론과 마주했다. 즉 지구 그 어느 곳에서도 찾아볼 수 없는 갈라파고스 제도 흉내지빠귀 종들 사이에 보이는 분명한 차이는, 개별적인 종의 원지(原地)에서의 특별한 창조가 일어나지 않는 한 아주 먼 과거에 남미 본토에서 온 단 한 종의 흉내지빠귀로부터 진화하면서 생겼음을 의미한다. 이러한 결론은 성경이 이야기하는 창조 설화에 의문을 제기하기 때문에 당시 정통적인 종교와 과학에 도전하는 것임을 다윈은 잘 알고 있었다. 그 누구도 정통 믿음에 감히 공개적으로 도전하기 어려웠다. 다윈도『연구저널』(Journal of Researches)에 갈라파고스 제도에서 '우리는 미스터리 중의 미스터리인 위대한 사실, 즉 이 지구에 새로운 존재의 첫 출현에 어느 정도 가까이 가게 된 것 같다'(Darwin 1845) 라며 넌지시 비치기는 했지만 자신의 이론을 출간하는 데에는 저어했다. 그럼에도 불구하고 다윈은 자신의 혁명적인 가설이 사실임을 증명하는 듯한 다른 독특한 동물과 새의 종들도 발견했다. 여기에는 육지 이구아나와 생김새가 매우 흡사하며 이들과 아주 가까이에 살고 있는 바다 이구아나, 날지 못하는 종 가마우지, 그리고 처음에는 전혀 아무 상관이 없는 속(屬)에 속한다고 잘못 이해되었으나 후에 모두 같은 되새류 속에 속함이 발견된 13개 종의 작은 새들이 포함되었다. 이들은 참으로 변하는 환경적 상황에 대한 자연 선택과 적응을 통해 새로운 종이 기원한다는 그의 가설을 확인시켜주었기 때문에 지금은 이들을 '다윈의 되새류'(Darwin's finches)라고 부른다.

진화론이 구체화되면서 나중에 다윈은 갈라파고스 제도의 각기 다른 섬이 가지고 있는 때로는 커다란 생태적 지위의 차이로 인해—지리적인 분리로 각 섬에 있는 동식물들은 다른 섬의 그것들과 이종 교배되지 못하는 상황에서 더욱 가중된—새들이 이에 적응하는 과정에서 각기 특이한 특징을 갖게 되었음을 알게 되었다. 여기에는 딱딱한 씨를 까 벌리거나 나무껍질 밑에서 곤충을 찾기 위해 각기 다른 크기와 모양의 부리로 진화된 것이 포함된다. 1859년 그가 다른 생물학자 앨프레드 러셀 월리스가 비슷한 이론을 가지고 독자적으로 연구하고 있으며 본질적으로는 같은 결론을 가진 저서를 출간함으로써 자신의 혁명적인 이론을 선수 치려고 한다는 사실을 안 다윈은 새로운 기원을 열게 될 책을 출판하기로 결정했다. 이 책의 전체 제목은 『자연 선택에 의한, 또는 생존 투쟁에 유리한 종족의 보존에 의한 종의 기원에 관하여』(On the Origin of the Species by Means of Natural Selection, Or the Preservation of Favoured Races in the struggle for Life)이었다. 이 책은 역사상 가장 영향력 있는 책 중의 하나이다. 다윈과 월리스가 섬이라는 특성으로 인해 섬의 생물학적 상황이 실험실과 같이 통제된 환경과 다르지 않았던 태평양의 환경이 가지고 있었던 특수성으로 인해 자연 선택과 적응이 종 다양화의 기초라는 결론을 끌어낼 수 있었다. 그리하여 태평양은 인간과 자연의 역사에 관한 저술에 혁명을—자연 선택 이론— 일으킨 물리적인 연구소였으며, 어떤 의미에서 이 이론의 중요한 주인공이었다. 과학의 역사는 태평양에서 근본적으로 변혁되었으며, 태평양 역사 그 자체도 비글호의 항해 결과로 변하게 되었다.

심지어 21세기에도 계속 다윈의 정당성을 입증하는 새로운 연구들이 나오고 있다. 예를 들어 최근 시카고 조류학자 트레버 프라이스를 비롯한 이들이 수행한 갈라파고스 되새류에 대한 DNA연구는 14종의 되새류는 유전자 상으로 하나의 공동 조상에서 나왔으나, 지리적으로 멀리 떨어져 있고 생태적으로 적응하는 과정에서 생리적으로 각기 다른 종들로 다양화되었음을 밝히고 있다(O'Neill 2008 : 26-7). 지리적으로 고립된 공동체와 생태적으로 각기 다른 환경에서 수 세대에 걸쳐 번식하면서 '자손' 종은 때로는 이들의 원래 발생지점으로 확산되면서 되돌아 갈 수도 있지만 여전히 계속해 다른 생태적 지위를 차지하면서 이들 친척 종과의 이종 교배를 피한다. 이는 씨를 먹는 되새류가 나뭇잎, 과일, 벌레를 먹이로 한 되새류와 이제 같은 섬의 공간을 차지하고 있지만 어떤 이종교배도 일어나지 않는 갈라파고스에서 목격했던 현상이다.

  '신사 과학자'를 태평양 해군 탐험대에 승선시키는 것을 포함해 19세기 영국 해군성의 전통은 1845~50년 오웬 스탠리 선장하에서 뉴기니와 그레이트배리어리프 지역으로 항해했던 영국군함 래틀스네이크호(*Rattlesnake*)에서도 계속되었다. 후에 19세기 말 영국의 과학계에 영향력 있는 인물이 되었으며 생태관광의 창시자로 알려진 토마스 헨리 헉슬리는 래틀스테이크호에 승선하여 외과 의사이자 자연연구가로서의 일을 시작했다. 1849년 그는 과학적인 업무 중에서도 뉴기니 연안 주변의 식물과 동물을 연구하는 책임을 맡았다. 깊은 좌절의 일화들에도 불구하고 헉슬리는 바다 생물에 대한 연구를 꾸준히 진행했으며 다윈과 월리스의 진화론을 지지하는 확고한 증거들을 확보할 수 있었다. 헉슬리는 후에 태평양 섬 문화 연구와 민속학으로 관심을 바꾸었으며, 태평양 섬사람들이 뉴기니 주변의 다도해에 있는 교역 상대들과 교류하는 것을 가능하게 했던 바다 항해 선박에 매우 커다란 관심을 보였다.

20세기 환경 연구

  태평양은 지구 기상학 연구에 중대한 실험실을 제공했으며 해양학과 해양 생물학에 대한 우리의 이해를 넓혀 주는 데 기여했다. 이들 분야에서 일어난 최근의 과학적인 성과와 공헌에 대한 전체적인 설명은 이 책의 범주를 넘어 서지만, 여기에서는 지구 공동체 전체에 영향을 미친 몇 가지 20세기 연구 프로젝트를 간략하게 언급하고자 한다. 이들 중 하나는 태평양에서의 순환 시스템에 초점을 두고 세계의 기상 양상을 이해하기 위한 과학자들의 공동연구이다. 태평양의 몇 곳에서는 처참한 재난을 가져왔던 1982~3년 엘니뇨 사건 이후, 유엔 세계기상기구(WMO)는 열대해양과 대기대순환의 상호작용 연구(TOGA) 프로그램을 가동시켰다. 이 프로그램은 선상 모니터링 시스템은 물론 기상 위성, 조수 게이지 시스템과 대양 중앙의 부표를 이용해 데이터를 수집하고 분석한다. 이들은 대양의 해수 온도, 기압, 바람의 양상, 해류, 해수면 변동 그리고 세계 환경에 관한 정교한 모델을 만드는 데 필요한 여러 다른 중대 변수에 대한 연속적인 데이터를 제공하도록 디자인되어 있다. 이들 모델은 기후 변화에 대한 장기적인 연구와 가속화되고 있는 기구 온난화하에서 해수면 상승률을 알아내는 기준점은 물론 더 정확한 기상 예보를 가능하게 한다.

두 번째 잘 알려진 프로그램은 프랑스 해양학자 자크 이브 쿠스토(1910~1997)가 디자인했다. 오랜 기간 쿠스토를 비롯해 촬영기사와 해양학자로 구성된 팀은 무수한 해양생물이 ―그리고 많은 태평양 섬 국가들의 사람들― 살고 있는 취약하고 위험에 빠져있는 암초 생태계를 세계의 사람들에게 인지시키기 위해 열대 태평양의 해양 환경을 글과 영상으로 기록했다. 21세기 캘리포니아 샌디에이고에 있는 스크립트 해양연구소와 환태평양 지구에 있는 많은 대학의 태평양 해양학 연구소들은 환경 문제에 관한 자료 조사의 거대한 필드 실험실이 된 태평양 해역에서의 광범위한 환경 문제를 집중적으로 연구하고 있다.

태평양에서 문화사를 담아내며

위에서 논의한 자연과학 부문에서의 몇 가지 성과와 마찬가지로 태평양에서 사회과학 연구는 유럽 중심적이었으며 서양의 연구자들이 중요하다고 생각한 측면만을 보고 강조하며 다른 많은 측면을 간과했다는 비난을 피해갈 수 없다. 여러 저명한 태평양 인류학자의 성과를 예로 들어보면 이러한 주장을 이해하는 데에 도움이 될 것이다.

인류학자와 민속학자의 중요한 연구

브로니스와프 말리노프스키

폴란드 태생의 브로니스와프 말리노프스키(1884~1942)는 영향력 있는 문화인류학자이다. 그의 현지 조사(필드워크)에 관한 이론과 방법론은 이후 태평양을 연구하는 인류학자과 민속-역사학자의 연구방법론에 상당히 기여했다. 문화는 그 내부적 역동성의 이해를 통해서 연구되어야 하며, 인류학적 분석을 위해서는 먼저 현지 조사 연구방법론에 숙달되어야 한다는 말리노프스키의 주장은 그를 사회인류학 한 분과인 기능주의학파의 창설자로 만들었다. 말리노프스키의 가장 유명한 저서는 트로브리안드 제도 사람들의 쿨라 링 교역에 관한 그의 첫 저작인, 『서태평양의 항해자들』(*Argonauts of the Western Pacific*)이다(Malinowski 1922). 그러나 그의 해석은 그의 연구 대상이 전통 사회에서 가장 중요하며 변하지 않는 측면은 외부 세계에 의해 영향을 받지 않았다는 가정에 기반을 두고 있다. 이러한 가정은 태평양 문화에 속한 이가 아니라 유럽 문화의 구성원이 자세하게 횡단면적으로 타임 슬라이스 기법을 사용한 현지 조사에 기반해서만은 뒷받침되기 어려웠다. 1차 세계대전 시기에 오스트레일리아 정부는 말리노프스키가 트로브리안드 제도에 머물 수 있도록 허용했다. 그 시점에 그는 엄밀히 말하자면 재류 적국인으로 수용되어 있었지만 연구를 계속할 수 있었다. 전후 말리노프스키는 영국 인류학계에서 존경받는 지도자가 되었으며, 후에는 예일 대학에 방문교수로 있었다. 그는 레이먼드 퍼스와 로버트 레드필드와 같은 인류학자에게 영향을 미쳤다. 그러나 그는 프란츠 보아스의 젊은 미국 학생 마가렛 미드의 저작에 대해서는 매우 비판적이었다. 그는 마가렛 미드가 태평양 섬 친족 구조, 언어, 다른 문화적인 측면에 관한 문제에—그가 생각하기에는 미드가 한 것처럼 단 몇 달의 현지 조사로 다 파악하기에는 너무나 복잡하다고 느꼈던— 대해서 아마추어라고 생각했다. 말리노프스키의 불인정에도 불구하고 후에 미드는 멜라네시아 문화에 대해 가장 널리 인정을 받은 권위자가 되었다.

레이먼드 퍼스

뉴질랜드 태생의 인류학자 레이먼드 퍼스는 말리노프스키의 학생이었다. 그는 화려한 경력을 가지고 있으며 태평양 섬 문화에 대한 수많은 책과 논문을 썼다. 1920년대 그는 산타크루즈 제도의 최남단에 있는 티코피아에 거처하며 이 섬의 문화적인 측면을 다룬 10권의 책을 저술했다. 티코피아는 멜라네시아인이 우세한 태평양의 솔로몬 제도에서 문화적으로 폴리네시아에 속하는 지역이다. 1936년에 출판된 『우리 티코피아 사람들』(*We the Tikopia*)라는 다소 주제넘어 보이는 제목을 가진 저서가 가장 유명하다. 퍼스의 해석에 따르면 이 섬의 문화는 관계를 강화시키기 위해 선물 교환, 방문자를 환대하는 관대함, 4명의 전통적인 영주 혹은 아리키(*Ariki*)의 통치에 기반을 둔 토지 소유권을 강조한다. 아리키의 통치 제도는 티코피아에서 여전히 상당한 무게를 가지고 있다. 이 작은 섬은 몇 이웃 섬들, 예를 들어 솔로몬 제도를 어려움에 빠뜨렸던 현대화의 유혹을 물리쳤다. 2002년에 삶을 마감한 퍼스는 사망기사에서 '현대 영국 인류학의 아버지'로 인정받았다.

마가렛 미드

태평양 문화를 저술한 인류학자로서 마가렛 미드는 무엇보다도 폴리네시아와 멜라네시아에서 여성과 청소년기 여학생에 대한 획기적인 현지 조사를 한 이로 잘 알려져 있다. 그녀의 책『사모아의 청소년』(Coming of Age in Samoa)은 후대 학자들이 1925년에 현지 조사를 수행하면서 관찰했던 사건과 상황에 대한 미드의 여러 가지 해석에 얼마간의 의문을 제기하고 있음에도 불구하고 고전임에 틀림없다 (Freeman 1983). 미드는 어떤 의미에서 인류학자의 사명은 다른 문화와의 접촉 이전부터 있었으며 그 문화의 본질이라고 간주할 수 있는데 사라져 가는 문화를 후대를 위해 기록하는 것이라고 생각했다. 인류학자로서의 책무의 긴급성에 대한 그녀의 철학은 대학원생이었던 시절에 한 다음 말에 잘 요약하고 있다. '라로통가 섬의 과거를 알고 있는 마지막 사람이 오늘 죽을 수도 있다. 나는 서둘러야 한다'(Mead 1972 : 338). 태평양 섬에 대한 미드의 인류학적 접근은 1925년 사모아에서 시작해 1938년 뉴기니에서 끝났다. 그녀의 후기 현지 조사는 애드미럴티 제도에 있는 마누스 섬에서 수행되었다. 당시 이는 뉴기니 (이전 독일령 뉴기니) 위임 통치령의 일부였다. 그 시절에 현지 조사에 대한 그녀의 접근법은 독일/미국 학자 프란츠 보아스의 영향을 받았음에도 불구하고 상당히 새로운 것이었다. 1930년대 그녀의 후기 저작에는 태평양의 문화에서 어떻게 남성과 여성의 행동 양식이 형성되는가에 관한 연구가 포함되었다. 한 사회 내에서 아이를 키우는 방식에 관심을 가졌던 그녀의 저작은 그렇지 않았다면 정적인 사회에 대한 '스냅 사진'(snap-shot)이나 횡단면도(橫斷面圖)이었을 인류학적 연구에 동적인 요소를 다루었다는 의미에서 혁신적이었다.

20세기 말과 21세기 초에 환태평양에 있는 연구 기관의 후원하에서 인류학자, 민속-역사학자, 다른 분야의 사회과학자들은 태평양 문화에 대한 연구를 많이 수행했다. 영어권 연구 기관 중에서 주목할 만한 곳은 호놀룰루에 있는 비숍 박물관, 하와이 대학의 동서연구소, 캔버라에 있는 오스트레일리아 국립대학의 태평양아시아연구소, 그리고 수바(피지)에 있는 남태평양 대학이다. 태평양의 문화에 대한 많은 학술적인 연구물이 데니스 플린과 알투로 히랄데즈가 기획한 야심차고 광범위한 총서, 『태평양 : 땅, 사람, 그리고 역사 1500-1900』(*The Pacific World : Lands, Peoples and the History of the Pacific 1500-1900*)를 통해 널리 알려지고 있다. 이 총서는 18권으로 기획되었으며, 일부는 출판되었고 일부는 그 과정에 있다. 이 총서 중 몇 권은 30년이 넘게 지속된 여러 학술지에 발표되었던 논문들로 구성된다. 책의 편집자가 쓴 서문은 의미 있는 개관과 종합이 들어가 있는 반면 사실적인 측면에서나 해석적인 의미에서 시간이 좀 된 자료들도 많다.

태평양에 관한 과학적 신화

태평양에 관한 몇 가지 잘못된 과학적 개념은 이 영역의 역사에서 중요한 역할을 했으며, 어떤 것은 놀랄 정도로 오랫동안 유지되어오다 최근에야 틀렸음이 입증되었다. 이런 많은 오해 가운데 여기에서는 평범한 사람뿐만 아니라 과학자도 믿었던 두 가지 예를 들겠다. 하나는 열대 태양의 강렬한 직사광선은 인간의 두뇌에 악영향을 미치고 열대 태평양의 열과 습기는 이러한 상황하에서 오랫동안 외부에서 신체 활동을 할 수 없는 유럽인에게는 해롭다는 것이다. 두 번째 신화는 태평양의 섬사람들은 아시아 환태평양에서 동쪽으로 이주했다기보다는 남미에서 서쪽으로 퍼져나갔다는 것이다.

노예무역의 존재 이유인 '해로운' 기후

두꺼운 섬유나 코르크로 안감을 댄 모자로 태평양에 있던 유럽인 선교사, 농장주, 관료의 초기 사진에서 자주 보이는 당시에는 어디에서나 볼 수 있었던 '솔라 토피'(solar topee)는 단순히 지위를 나타내는 패션의 일부분이 아니었다. 이는 두뇌와 척추의 신경을 손상시키는 '해로운' 직사광선을 막기 위해 의식적으로 길고 붉은 펠트로 된 척추-패드와 함께 밖으로 나갈 때 챙겼던 필수품이었다. 19세기와 20세기 초 많은 의료 '전문가들'은 일정 시간 보호 헬멧을 쓰지 않으면 태양의 직사광선에 노출되면서 정신적인 능력이 줄어들기에 유럽인은 조심해야 한다고 굳게 믿고 있었다. 식민부 차관이었던 윈스턴 처칠이 한 다음의 논평은 이러한 잘못된 의식을 전형적으로 보여준다. '태양의 직사광선은—일 년 내내 거의 수직으로— 사람과 짐승 모두를 쓰러뜨리는데, 가리고 다니지 않는 백인은 모두 화를 당할진저!'(Miller 1971 : 450에서 인용). 이와 비슷하게 유럽인은 생리적으로 열대의 태평양 기후에서 힘든 일은 수행할 수 없다고 생각되었다.

> 아침에 사탕수수에 떨어지는 무거운 이슬 그리고 사탕수수 나무 베기와 같이 숨이 막힐 듯한 노동은 건강 때문에 백인들 대다수는 계속할 수 없는 일이다 (Smith 1892 : 1).

다른 한편으로는 인도, 아프리카, 열대 태평양에서 온 노동자들은 이러한 일을 하도록 '타고난' 사람들이었다. 퀸즐랜드, 피지, 하와이의 사탕수수 농장에서 기간 계약노동을 하는 아시아인이나 멜라네시아인 노동자들은 당시 지배적이던 의학적이고 과학적인 믿음에 따라 유럽인에게는 생리적으로 적합하지 않은 일을 수행하기 위해 쿨리나 육체노동자로 수입되었다. 오늘날 피지, 하와이를 비롯해 많은 태평양 섬 문화권에서 강제 쿨리 노동의 유산을 볼 수 있는 것도 이러한 잘못된 믿음의 결과이기도 하다. 앞서 보았듯이 오스트레일리아에 기간계약으로 온 카나카 노동자들, 즉 수십 년 전에 고향 섬을 떠나야 했던 이들은 1901년 연방 성립 이후에 퀸즐랜드에서 강제로 본국으로 송환되어야 했다. 직사광선의 효과가 대한 신화는 2차 세계대전 시에 깨졌다. 이때 셔츠도 입지 않고 모자도 쓰지 않은 미국 해군 건설대원 수천 명이 타는 듯한 열대의 태양 아래에서 이전 의학 전문가들이 예견한 무서운 두뇌 손상이나 척추 신경 손상을 입지 않고 활주로와 군사 기지를 건설했다.

콘 티키와 폴리네시아인 아메리카 기원 신화

1950년대까지만 해도 폴리네시아인의 기원과 이들의 중부와 동부 태평양에 있는 '폴리네시아 삼각지대'로의 확산은 논란거리 중의 하나였다. 다수 인류학자는 아시아 기원론과 태평양 사람들의 동쪽으로의 확산을 믿었던 반면, 소수는 남미와 폴리네시아 문화 사이에는 어떤 유사성이 존재하며 이는 폴리네시아인이 페루나 아메리카 연안을 따라 서쪽으로 확산되었음을 보여준다고 주장했다. 유명한 노르웨이 인류학자 토르 헤위에르달은 폴리네시아인들의 식민화는 발사 나무로 만든 원시적인 뗏목인 콘 티키(Kon Tiki)를 타고 서쪽으로 태평양을 횡단하여 투아모투 제도로 항해하면서 이루어졌음을 증명하기 위해 1948년에 같은 방식으로 항해를 했다. 그러나 헤위에르달은 이러한 항해가 실현 가능하다는 사실은 증명했지만 폴리네시아인들이 실제로 과거에 남미로부터 항해해 가서 태평양에 정주했다는 이론을 증명하지는 못했다. 이후 고고학자, 언어학자, DNA 전문가들이 태평양 사람들과 그들의 문화는 서쪽으로가 아니라 동쪽으로 확산되었음을 설득력 있게 증명해 보였다. 태평양 섬들의 예술에 대한 고고학자들의 철저한 연구가 이 미스터리를 푸는 데에 도움이 되었다는 사실은 특히 언급할 만한 가치가 있다. 라피타라고 불리는 특이한 도자기 양식은 다른 곳에서 언급했던 바처럼 고고학자들이 태평양 문화의 확산이 서부 태평양 지역으로, 뉴기니에서 피지와 그 밖의 섬들로 확산되었음을 추적할 수 있었던 중요한 증거이다.

8장

태평양 개발하기

: 정치 독립, 경제 발전 그리고 환경 보호

이 장의 주제는 최근 태평양에서 대두된 정치, 경제, 환경 문제이다. 특히 태평양 미소국가(微小國家)에서의 국가건설, 도시와 산업의 팽창, 해운 기술의 변화, 항구 발전과 상품 유통, 그리고 이러한 발전이 태평양의 생태계와 환경에 미치는 영향에 주목한다. 대외 원조, 투자, 금융, 관광, 교육, 산업 다양화를 논의하며 현재 발전 경향과 심각했던 2008~9 경기침체의 영향을 비롯한 문제도 다룬다. 유해한 개발로부터 글로벌 코먼즈를 보호하고 불가피해 보이는 기후 변화의 효과를 완화하기 위한 노력도 논의될 것이다.

태평양 해역에서의 국가건설

이제 식민 통치에서 자유로워진 다도해로 구성된 신생 미소국가들은 작고 여기저기 흩어져 있는 때로는 문화·환경적으로 서로 다른 영토들을 묶어 하나의 통합적인 사회와 실행 가능한 경제를 구축해야 하는 벅찬 도전에 직면해 있다. 이들 몇 태평양 미소국가가 어떻게 독립에 이르게 되었는지를 알게 되면 이들이 당면한 발전 문제가 무엇인지 감을 잡을 수 있다. 대부분은 유럽 국가들이나 다른 태평양 강국들의 식민지였거나 신탁통치 지역이었지만, 많은 미소국가들은 매우 비슷한 역사와 독립 국가로의 이행 중에 발생하는 많은 유사한 문제를 공유하고 있다. 몇 가지 예를 들어보면 다음과 같다.

- 이전 미국의 태평양제도 신탁통치 지역 (미크로네시아연방공화국, 북 마리아나제도연방, 괌, 팔라우공화국, 마셜제도공화국)
- 이전 뉴질랜드의 신탁통치 지역 (사모아, 쿡제도)
- 이전 영국 식민지 (피지제도공화국)
- 이전에는 네덜란드령 동인도의 속했지만 지금은 인도네시아의 소외된 지방인 서이리안(서뉴기니)과 국경선 분쟁이 잦은 이전 오스트레일리아의 신탁통치 지역 (파푸아-뉴기니)

현재 프랑스령 폴리네시아를 구성하는 식민 영토이지만 앞으로 독립 국가가 될 수 있는 지역도 검토될 것이다.

이전 미국의 신탁통치 지역

뉴기니의 북쪽 캐럴라인 섬 그룹에 있는 600개가 넘는 작은 섬과 환초로 이루어진 미크로네시아연방공화국은 1986년에 미국으로부터 독립했다. 그러나 독립하면서 2차 세계대전 종결 이후 유엔 신탁통치 지역으로 이곳을 통치했던 미국과 자유연합협정을 체결했다. 일찍이 이 지역은 스페인의 통치를 받았으며 1899년 독일에 팔렸다. 일본이 1차 세계대전 시기에 이 제도를 점령했으며 국제연맹 위임하에서 공무를 집행하다 2차 세계대전 시기에 미군에 의해 축출되었다. 연방공화국의 4개 주요 섬에는 길고 복잡한 식민 역사를 반영하고 있는 미크로네시아-아시아 혼혈 인구가 있다. 너무 멀리 떨어져 있고 공공사회기반시설도 잘 갖추어지지 않아 관광업이 발전하기에도 불리하다보니, 약 11만 명의 인구는 주로 생계형 농사, 어로 그리고 약간의 구아노 채굴과 미국의 대외원조에 의존하고 있다. 미국에의 계속적인 의존은 공식 화폐로 미국달러를 선택한 데에도 반영되어 있다. 1인당 평균 연간 소득은 약 2000달러이다.

북마리아나제도연방은 미크로네시아연방공화국 인근에 위치하고 있지만 후자가 독립 시에 이에 가담하지 않고 연방공화국과는 정치적으로 따로 분리되었다. 이는 환초와 화산섬으로 이루어진 군도로 약 8만 명의 차모로인과 필리핀인 후손의 혼혈인들이 살고 있으며 사이판이 그 수도이다. 16세기에 이 제도를 식민화한 스페인은 필리핀 노동자를 수입하고 차모로 문화를 거의 절멸시켰지만 지난 세기에 차모로 문화는 느리지만 이전의 몇 가지 특성을 되찾았다. 1895년 미국-스페인 전쟁을 이어 이 제도는 미국령과 (괌에 병합된) 독일령으로 분할되었다. 일본은 1차 세계대전 기에 독일 소유였던 이 제도를 점령했으며 1942년에는 괌도 장악했다. 일련의 격렬한 전투로 결국 일본인을 몰아냈으며, 전후에 미국이 태평양제도 신탁통치령의 일부로 이 군도를 통치했다.

그 이웃과 연방 형성에 부정적이었던 북마리아나 제도는 1975년 미국의 자치령이 되기로 선택했다. 이후 미국 본토에서 온 몇 기업가들이 이곳의 낮은 임금 수준을 이점으로 활용해—미국 최저 임금보다 훨씬 낮은— 의류제조 산업을 세웠다. 이들은 '미국제조 상표'를 달았기 때문에 미국에서 합법적으로 상당히 높은 가격에 팔릴 수 있는 의류를 재봉하기 위해 중국 여성 노동자를 수입했다. 이 여성 노동력의 유입 결과 마리아나의 인구는 성별 불균형이 심해졌다 (당시 이 제도의 남녀성비는 약 7 : 10이었다). 최근 이 사업은 쇠퇴했으며 경제는 일본 관광객뿐만 아니라 미국 정부의 보조금과 장려금에 의존하게 되었다.

북마리아나와 마찬가지로 차모로 문화를 공유하고 스페인, 미국, 일본 통치하에서 어느 정도 비슷한 역사적 경험을 공유하고 있다는 사실에도 불구하고 마리아나 제도에 위치한 괌은 독립 시에 북마리아나제도연방과는 다른 정치적인 선택을 했으며 미국의 영토가 되었다. 괌의 상대적으로 높은 생활수준은—174,000명 인구의 평균 수입은 약 21,000달러이다— 주요 미국 군사기지로서의 역할과 일본 관광객의 리조트로서의 기능에서 비롯되었다. 100명의 여성에 대해 104명의 남성이라는 현재 성별 불균형은 북마리아나의 군사적인 성격을 반영하고 있다. 1994년에 독립한 근처의 팔라우공화국에는 오스트레일리아와 인도네시아에서 기원했다고 보이는 비-미크로네시아인 거주자들이 살고 있다. 이 사실은 미크로네시아 연방공화국과 북마리아나에 있는 인접 제도들과 그 식민 역사가 같음에도 불구하고 팔라우가 정치적으로 분리되어 남고 싶었던 이유를 일부분 설명한다. 팔라우는 미국의 자치령으로서의 지위를 유지하다 1994년에 완전 독립했으며 인구는 오직 2만 명으로 태평양 미소국가들 중에서도 가장 작은 국가에 속한다. 이전에 알루미늄 원광인 보크사이트와 인산염 광상에 의존했던 경제는 이제 미국의 재정 지원, 소규모 농업, 어업과 관광에 기초하고 있다.

이전 미국의 태평양제도 신탁통치령에 속했던 지역 중에서 마셜제도공화국은 아마도 최대의 발전 위기를 겪고 있다. 1885년 독일에 의해 처음 식민화되었으며 1차 세계대전 시에는 일본에 의해 점령되었고 1944년 미군이 이 군도를 점령할 때까지 국제연맹 위임통치령으로 일본의 통치하에 있었다. 마셜 제도는 1946년과 1958년 사이 미국 핵무기 실험장이었으며 방사선에 노출된 결과 섬사람들의 건강은 악화되고 환경은 파괴되었다. 1979년 이는 자치령이 되었으며, 1986년부터 이 공화국은 미국과의 자유연합협정하에서 주권 국가가 되었다. 그러나 유엔 신탁통치령이라는 지위는 1990년까지도 끝나지 않았다. 지난 몇 년 동안 마셜 제도는 계속된 가뭄과 석유—이 작고 먼 그리고 비교적 가난한 국가가 전력을 생산하기 위해서라도 필수적인— 가격의 급상승으로 인한 에너지 부족으로 어려움을 겪었다. 지구온난화의 결과로 발생한 해수면 상승으로 몇 십 년 안에 이 군도에 있는 낮은 환초 얼마간은 침수될 것이라는 우려도 있다.

이전 뉴질랜드의 신탁통치 지역

사모아(이전 서사모아)와 쿡 섬은 폴리네시아 문화유산을 공유하고 있으며 둘 다 독립 전에는 뉴질랜드의 신탁통치령이었다. 두 국가의 본섬은 화산섬이며 일부분은 산호환초로 되어 있다. 19세기 독일, 미국, 영국 등 제국주의 강대국들이 이를 둘러싸고 대립한(6장에서 논의했다) 후 사모아는 1차 세계대전 시기에 뉴질랜드가 점령할 때까지 독일의 식민지로 있었다. 이때부터 1962년까지 뉴질랜드는 때때로 소요와 정치적인 저항에 직면했음에도 이 영토를 지배했다. 독립 이래 사모아와 여전히 미국의 태평양 영토에 포함되어 있는 아메리칸사모아 간에는 현격한 차이가 벌어졌다. 약 50만 명 인구가 두 본섬에 집중되어 있는 사모아는 인구에서 차지하는 폴리네시아인의 숫자가 뉴질랜드 다음으로 많다. 사모아는 뉴질랜드와 자유연합협정을 맺고 있는데, 최근 수십 년 동안 많은 사모아인들이 뉴질랜드로 이민했다. 이 섬 국가의 경제는 외국 원조와 코프라와 바나나 수출에 더하여 국외 거주 사모아인들의 송금에 상당 부분 의존하고 있다.

쿡 제도의 자치령 민주주의 국가를 구성하는 15개의 섬들에는 마오리인들이 거주하고 있는데, 이들 대부분은 라로통가의 남부 화산섬에 살고 있다. 개신교 영국 선교사들이 1821년에 이곳에 도착했으며, 그 결과 약 15,000명의 인구는 지금도 독실한 기독교도이다. 1901년 뉴질랜드에 합병된 쿡 제도는 1965년에 독립했다. 사모아처럼 이들 또한 뉴질랜드와 자유연합협정을 맺었다. 뉴질랜드에는 약 58,000명의 쿡 섬 마오리인들이 영구 거주하고 있다. 그리하여 쿡 제도는 자신의 영토보다 더 많은 인구가 해외에 살고 있는 수많은 태평양 미소국가들 중의 하나이다. 국외거주자들이 한 송금은 관광, 오프쇼어 금융, 진주양식 산업, 열대 과일 수출과 함께 쿡 제도의 경제를 지속시키는 중요한 요소이다. 현재 세계적인 경제 침체기에 쿡 제도와 사모아 모두 관광객 감소와 수입 상품과 연료 가격의 상승으로 경제 사정이 좋지 않다. 어려운 경제 상황에서 항공기 승객이 감소하면서 이 두 소국은 태평양 항공 운항편이 ㅡ이들의 경제적인 생명줄ㅡ 계속 기능할 수 있도록 더 많은 보조금을 주어야 한다고 요구하고 있다. 경제 침체를 피하기 위한 방편으로 여러 태평양 국가들은 항공 연료를 싸게 구입하기 위해 공동출자와 같은 주도적인 방책을 강구하고 있으며 쿡 제도에 개발 지원을 제공하고 있는 중국 과도 밀접한 관계를 강화시키고 있다.

이전 영국 식민지, 피지

1874년부터 1970년까지 영국의 식민지였던 피지제도공화국은 약 300개의 환초와 여러 커다란 '대륙 섬'으로 ㅡ이들 중 거의 3분의 1의 섬에 사람들이 산다ㅡ 이루어진 군도이다. 대부분이 멜라네시아인인 거주민의 85%가 넘는 이들이 두 개의 본섬인 비티레브 섬과 바누아레브 섬에 집중적으로 거주하고 있다. 영국 통치시기에 인도 아대륙에서 수많은 기간계약노동자들이 현지 피지인들이 원하지 않았던 사탕수수 농장에서 일하기 위해 건너왔다. 멜라네시아인들보다 아주 급속한 인구증가를 보인 인도인 노동자들의 후손은 독립 당시 이 제도 인구의 거의 절반을 차지했다. 그 이후로 민족 대립은 피지 정치를 좌우했으며 경제를 어렵게 하고 피지 인도인들의 인구유출을 야기했으며 이웃 태평양 국가들과의 관계를 틀어지게 만든 여러 차례의 쿠데타를 가져왔다. 2009년까지도 민주정부는 여전히 피지로 돌아가지 못했으며, 불안한 정세로 인해 주요 외화 수입원이자 많은 피지인들의 고용원인 관광 산업은 발전하지 못했다. 2008~9년 글로벌 경제 위기의 파급 효과로 피지의 발전 문제는 더욱 난관에 부딪쳤다.

파푸아뉴기니의 발전

파푸아뉴기니는 오스트레일리아의 식민 통치를 종결하고 1975년에 독립했다. 오스트레일리아의 식민통치는 1907년 영국이 파푸아를 병합하겠다는 오스트레일리아의 요구를 수용하고 1914년 오스트레일리아 군대가 당시 독일령 뉴기니를 점령하면서 시작되었다. 독일령 뉴기니의 중앙정부는 라바울에 있었으며 오스트레일리아는 포트모르즈비에서 수도행정 기능을 강화시켰다. 오스트레일리아 식민행정부는 교역에 앞장서고 있는 백인 농장주 특권계층과 함께─1차 세계대전 시에 이곳에 온 병사/정착민으로 구성된─ 열대 과일, 커피, 고무, 설탕, 코코아 농장들로 경제를 활기에 넘치고 발전하도록 하겠다고 마음먹었다. 오스트레일리아인 '키압스'(kiaps)가─오스트레일리아의 지방 정부와 식민 정부 소속 지역담당관들─ 이 제도의 발전을 살피고 이 변경 지역에서 법과 질서를 유지하는 반면, 현지인들은 농장 노동력을 제공하면 이 계획은 성공할 것이라고 기대했다.

현실은 원래 계획과 다르게 전개되었다. 백인이 소유하는 농장을 위해 일할 현지인을 찾는 일은 쉽지 않았으며, 열대 태평양의 다른 곳에서 도입된 인도인이나 중국인 쿨리 노동과 같이 다른 공급원으로부터 노동력을 수입하는 문제도 오스트레일리아 정부의 정책에서는 배제되었다. 선교사들은 현지인들에게 농사를 가르치려 했지만 이 또한 커다란 성과를 거두지 못했다.

1960년까지 오스트레일리아는 뉴기니의 신탁통치 관리자로서 유엔 안전보장이사회의 신탁관리위원회에 보고했으며, 나중에는 유엔 총회에서 조직된 이와 유사한 기구인 탈식민지화위원회에 보고했다. 이 위원회는 모든 식민행정 구조의 해체를 감독하는 일을 담당했다. 독립 즈음 파푸아뉴기니 경제는 상당히 취약했기 때문에 이 영토에서 행정 기구가 계속 기능하려면 보조금은 물론 외부인 투자에 의존해 금과 구리를 채굴해야 했다. 대주주가 콘징크-리오-틴토 오스트레일리아인 부갱빌동회사가 운영한 팡구나 구리 광산 그리고 옥테디 구리 광산이 독립 후 얼마 간 파푸아뉴기니의 경제를 뒷받침했다.

첫 수상 마이클 소마레하에서 새로이 독립한 파푸아뉴기니는 첫 10여 년간 정치적인 안정을 누렸다. 오스트레일리아의 공식적인 보조금은―독립 후 첫 10년 동안에는 국가 예산의 절반 정도를 차지했던― 새로운 행정부가 여기 저기 흩어져 있으며 문화적으로 이질적이고 고립되어 있던 인구에서 비롯된 상당히 파편화되고 분권화된 국민국가가 행정 조직과 농업 확장 사업은 물론 학교, 병원, 병동, 교통 기반시설을 구축하고 운영하는 데에 도움이 되었다. 국가 건설과 유지는 그 어느 신생 독립국가에게도 만만치 않은 도전이었을 것이지만, 수백 개의 각기 다른 언어, 본토 주변의 바위산과 군도가 산재해 있으며 지리적으로 분산되어 있는 수십 개의 공동체로 이루어져 있으며, 전통에 익숙한 이들이 현대 세계에 적응할 시간이 아주 짧았으며, 1970년대 식민 강대국이 느닷없이 떠나버린 파푸아뉴기니에서 이는 극복하기 참으로 어려운 장벽이었다.

독립한 지 20연 년 동안 뉴브리튼 섬을 비롯해 여러 제도에서 소유권을 주장하는 이들이 나타나 토지 분쟁이 잦았으며, 외진 고지대에서는 오래된 부족 간의 적대와 경쟁이 재발했으며, 농장 경제는 무너지는 조짐이 확연해졌으며, 많은 이들이 이 나라를 떠났기 때문에 이들의 자리를 대신할 숙련된 파푸아뉴기니인들은 턱도 없이 모자랐다. 1990년대에 실업률이 급등하자 범죄율도 치솟았으며, 행정 각급에 광범위한 부패가 만연했다. 라바울과 여러 외딴 섬에서 토지폭동이 일어났으며 많은 이들이 목숨을 잃었다. 21세기 첫 십 년 동안 파푸아뉴기니와 인접국인 솔로몬 제도는 시민 사회의 붕괴를 암시하는 여러 징후로 몸살을 앓고 있다. 일반적으로 독립이 성취되면 태평양의 이 지역에서 일어나리라고 낙관적으로 기대했던 발전과는 완전히 상반되는 국면이 전개되었다.

서뉴기니의 역경

인도네시아 영토인 서이리안, 사실상 뉴기니 섬의 서쪽 절반이며 산이 많고 숲이 우거졌으며 인구가 적은 이곳은 문화·역사·지리적으로 멜라네시아에 속해 있지만, 네덜란드령 동인도의 일부분으로 통치되었다. 2차 세계대전 후 유엔이 네덜란드 식민주의자를 강제로 내몰았으며 이 영토는 10년 후에 실시될 독립 관련 국민투표가 있을 때까지 인도네시아가 통치하기로 되었다. 인도네시아는 20년간 이 영토를 자신에게 유리한 방향으로 통치했으며 인도네시아의 다른 곳에서 수십만의 말레이인 이주민들이 멜라네시아인의 서뉴기니로 이주해 왔다. 이들의 분명한 의도는 국민투표가 실시될 때까지 말레이 태생 투표권자들이 수적인 우세를 확보해 투표에서 현지인인 멜라네시아인들을 누르고 인도네시아의 일부로 남게 되는 결정을 하기 위한 것이었다. 그 동안 자카르타 정부는 현지인 사이에서 일어나고 있던 독립 운동을 탄압했다. 당연히 국민투표의 결과는 공식적으로 1963년에 서뉴기니가 인도네시아에 합병한다는 것으로 나타났다.

서이리안이라는 새로운 이름을 가지게 된 이 지역의 풍부한 자원, 특히 목재, 금, 구리, 석유는 거대 사기업체들에―이들 많은 사기업체들은 인도네시아 고위 군 장성들의 소유이다― 의해 착취되었다. 이 '발전'이 가져온 이익은 현지인에게 돌아가지 않았다. 이 영토의 공공기반시설, 교육, 토지 정책, 서비스 부문이 인도네시아의 통제하에 놓이면서 말레이의 문화와 언어, 인도네시아 기업가들과 정착민들이 토착의 파푸아 문화, 언어, 종교, 제도를 대체하기 시작했다.

이전 인도네시아 대통령 수하르토 정권하에서, 과밀한 자바와 마두라 지역에서 6천만 명이 넘는 이들을 '저개발된' 서이리안을 비롯해 인도네시아의 외딴 섬에 이주시키는 목적을 가진 이주 작전, 오페라시온 트란스미그라시 계획이 1980년에 시동을 걸었다. 토착민의 저항 운동 단체인 자유파푸아운동(OPM)은 인도네시아 정부의 이주정책에 반대하여 게릴라전을 시작했으나 외부로부터 지원을 거의 끌어낼 수 없었으며 말레이인 민병대와 인도네시아 군대의 가차 없는 보복을 당했다. 환경 장애, 토지 할당 스캔들, 게릴라의 공격으로 얼룩지면서 오페라시온 트란스미그라시라는 원대한 계획은 성공하지 못했다. 당장 궁핍한 많은 말레이인 정착민들은 무상 불하받은 토지를―보통은 전혀 농사를 지을 수 없는 땅― 포기하고 읍내로 이사하거나 고향으로 돌아갔다.

대기 중인 태평양 국가들 : 프랑스령 폴리네시아

프랑스령 폴리네시아는 투아모투 제도, 소시에테 제도, 마르케사스 제도, 누벨칼레도니 섬, 로열티 제도와 같은 섬 그룹을 포함한 거대한 식민 영토이다. 얼마 전까지 이들 섬에 사는 많은 토착인들 사이에서 독립의 희망이 높았지만 아직 현실화되고 있지는 않다. 진정한 독립으로 향하는 느린 진전에 대한 그리고 이들 섬 영토를 자신의 목적을 위해서 사용하는 프랑스의 정책에 대한 좌절로 인해 간간이 발생하는 폭력 사태는 오히려 이들 사회의 발전에 부정적으로 작용했다. 예를 들어 타이티 북동쪽 투아모투 제도는 20세기 말 프랑스가 수소폭탄 실험을 한 장소로 악명이 높다. 무라로아, 팡가타우파, 하오 산호섬들에는 핵무기 실험 프로그램과 연관된 군사 시설이 있었다. 비록 1997년경 실험 장소가 해체되었으나, 이들 실험이 가져온 환경 문제에 대한 불신과 의구심의 흔적은 남태평양에 여전히 남아 있다. 5장에서 언급했듯이 누벨칼레도니의 농지와 광산에 대한 프랑스의 지배로 야기된 문제도 유럽인 식민주의자들과 현지인 태평양 섬사람들의 서로 상충하는 열망을 보여준다.

프랑스령 폴리네시아에서 관광은 주요한 성장 산업이었다. 소시에테 제도는 많은 이들이 관광책자에서 보는 남태평양 파라다이스의 전형이다. 관광객이 주로 찾는 섬은 타이티, 무레아, 보라보라 섬이다. 동남태평양에서 가장 큰 도심지인 파페이테는 주요 국제공항일 뿐만 아니라 프랑스 식민 행정부의 중심지이다. 가장 커다란 3개의 섬은 화산섬이며 초호와 검은 모래 혹은 멋진 산호 해변 위에 우뚝 솟아 장관을 이루는 봉우리가 인상적이다. 파페이테의 북동쪽에는 제임스 쿡과 윌리엄 블라이가 타이티를 방문하는 동안 닻을 내렸던 마타바이 만과 비너스 포인트가 있다. 파페이테에 인접하며 마에바 비치와 마주보고 있는 무레아 섬은 그림 같은 곳으로 관광객의 섬이며 동남 태평양에서 처음으로 기독교 교회가 세워진 곳이다(사진 5). 라이아테아는 동남 태평양에서 두 번째로 크고 두 번째로 인구가 많은 섬 그룹이며, 파페이테 다음으로 가장 큰 도시 지역인 유투로아가 위치하고 있는 지역이다. 오스트랄 제도에 있는 외진 투부아이는 바운티호 반란자들이 핏케언 섬으로 옮겨가기 전에 정착하려고 했던 곳이다. 이들 섬은 접근이 매우 어려워 인기 있는 리조트 섬들이 거두고 있는 경제 발전의 기회를 놓치고 있다.

지역 효과

많은 이들이 급성장하고 있는 환태평양 지역을 미래 글로벌 경제의 성장 엔진으로 여긴다. 지난 20여 년이 넘게 이 지역의 폭발적인 성장 뒤에 있는 추진력은 이미 세계에서 최대 경제국의 하나가 된―GDP 면에서― 중국 본토이다. 중국은 매년 10% 정도의 성장률을 유지했으며 2008~9년 경제 침체기는 8%를 밑돌았다. 구매력이라는 면에서 보아도 중국은 세계에서 두 번째의 최대 경제체이다. 그러나 다른 선두적인 환태평양 국가들의 투자, 시장, 원자재 공급이 없었다면 중국이 이런 성장을 이루어내지 못했을 것이다. 일본, 미국 그리고 '리틀 타이거즈'라고 부르는 싱가포르, 한국, 이전의 홍콩, 대만은 중국의 제조 상품에 대한 투자와 기술 그리고 시장을 제공했으며, 오스트레일리아, 캐나다, 동남아는 중국의 거대한 원자재와 식량 수요를 감당했다. 이들 선두적인 태평양 경제는 미국 발 2008~9년 금융위기의 결과로 어느 때보다도 더 긴밀하게 연계되어 있다. 미국의 외채는 10.6조 달러로 커졌으며, 미국연방 재무성 채권의 47%를 일본과 중국의 중앙은행이 보유하고 있다. 불행하게도 환태평양의 자연 환경을 보호하기 위한 노력은 성장 논리의 뒷자리로 밀리고 있으며 글로벌 금융 위기로 더욱 뒷전으로 처졌다. 참으로 이 지역은 온실 가스를 비롯한 오염 물질의 주요 급원이 되었으며, 숲과 목초지는 지금 도시 건설 프로젝트에―그 자체가 불확실한 미래와 마주하고 있는― 자리를 내주기 위해 불도저로 밀리고 있다.

태평양의 도시, 산업, 금융 발전

지구에서 가장 커다란 30개의 광역도시권 중에서 16개는 태평양 영역에 있으며, 이중 13개가 아시아에 있다. 도쿄는 산이 많은 이 나라에서 얼마 안 되는 평지 중의 하나인 혼슈의 간토 평야에 위치하며 이 나라 최고의 항구 중의 하나인 요코하마와 인접해 있다. 도쿄는 세계에서 최대를 자랑하는 현재 3500만 명이 넘는 인구를 가진 광역도시권의 도심이다. 환태평양에 있는 다른 대도시에는 로스앤젤레스(1200만), 오사카(1100만), 베이징(1100만), 서울(1000만), 마닐라(1000만), 상하이(1500만), 멕시코시티(2000만), 자카르타(900만)가 포함되며 그 외에도 200만이 넘는 도시가 20개가 넘는다.

최근 수십 년간 선진경제와 개발경제 모두에게 성장 동력을 제공하는 글로벌 기업 네트워크의 허브인 새로운 여러 금융 센터가 태평양 영역에 들어섰다. 홍콩과 상하이는 법인 주식 거래와 투자 자본의 주요 허브로 부상해 '오래된' 세계 금융의 허브인 뉴욕, 런던과 어깨를 나란히 하게 되었다. 이전에는 주요 센터였던 도쿄는 상대적으로 위축되었으며, 싱가포르는 동남아의 투자 프로젝트와 금융 서비스 지역 센터로 번창했다. 홍콩과 싱가포르는 아시아계는 물론 비-아시아계 기업들이 다언어 시장 환경에서 편하게 활동할 수 있기 때문에 국제적인 투자자들이 선호한다.

환태평양 국가들의 경제 발전을 통합된 방식이 아니고 개별적으로 다루는 것은 적절하지 않다. 이 지역에서의 제조 생산과 소비는 서로 밀접하게 연관되어 있으며, 중국과 베트남과 같은 주요 '행위자들'은 사회주의 정부 체제를 유지하고 있음에도 불구하고 민간 부문 기업체와 다국적 기업체들이 커다란 역할을 하고 있기 때문이다. 생산 장소는 다음을 포함해 여러 복잡한 요소로 인해 선택된다.

- 노동력 공급, 예상 임금 수준, 숙련도, 노동력의 유연성과 근면성
- 관대하지만 효율적인 규제 분위기
- 투자와 금융 유용성과 신뢰성
- 낮은 세금과 매력적인 지역 생산 인센티브
- 소비자로의 접근성 그리고 어떤 경우에는 경쟁자와의 거리도
- 제조 기술, 사회기반시설, 교통 시설, 주택 공급과 생활 편의시설 등의 현황
- 전기, 수도, 통신과 같은 공공요금

부품 제조, '적시' 조립과 제작의 아웃소싱, 디자인과 생산 방법을 사정에 맞게 변경하는 능력으로 인해 해안 지대나 강어귀에 있는 커다란 도시-산업 중심지들은 최종 조립과 완성된 제품의 선적을 위한 장소로 선호되는 경향이 있다. 이들 제품은 컨테이너나 로로선 그리고 전문화된 고정 편성의 화물 열차에 실려 세계 시장으로 향한다. 그리하여 인도네시아, 말레이시아, 태국, 일본, 한국에서 조립된

부품들은 통상 중국의 해항도시로 가서 최종 조립, 포장을 거쳐 아시아, 북미, 유럽으로 향한다. 2008~9년 글로벌 경제위기로 인해 이러한 활동은 줄어들었으나 길게 보면 전반적인 패턴은 크게 변화하지 않을 것으로 보인다.

인도에서의 인구증가율은 중국보다 더 빨리 진행되고 있어 곧 1위를 차지할 것이지만 13억의 인구를 가진 중국은 여전히 세계 최대의 인구를 가진 국가이다. 1976년 공산주의자의 아이콘인 마오쩌둥(毛澤東)이 죽고 실용주의자인 덩샤오핑(鄧小平)이 집권한 이후 중국 경제 정책은 변했으며 이후 지난 수십 년간 폭발적인―이 기간 평균 경제성장률은 9% 정도였다― 성장을 기록했다.

덩샤오핑은 '쥐를 잡기만 하면 고양이가 검든 희든 상관없다!'라는 유명한 말을 함으로써 공산주의 대 자본주의 이념 논쟁을 일축했다. 교조적인 중앙 계획경제를 고수하고 서양의 경제적, 기술적 발전을 배제하던 태도는 국가가 용인한 사기업과 함께 자본과 기술의 조심스러운―나중에는 대규모로― 도입에 길을 내주었다. 1978~84년 기간 덩샤오핑과 지지자들은 태평양 연안을 따라 수많은 경제특구를 조직했으며, 14개의 해항도시를 해외무역에 개방하고 중국인 산업에 외국인 투자를 유치했다.

1984년 쟈오쯔양(趙紫陽)은 제2차 경제개혁을 단행해 해항도시를 통상과 무역에 대한 숨 막힐 듯한 국가 통제에서 자유롭게 했다. 더불어 글로벌 무역에 참가하는 외부지향적 수출 경제정책에는 적절치 않았던 중국 내에서의 산업 발전이라는 마오쩌둥의 관념을 버리고 연안 발전 전략에 착수했다. 상하이는 현대적인 푸동신구(浦東新區)의 발전과 함께 산업의 허브가 되었으며 해안 지역과 양쯔 강 유역에 있는 십여 개의 도심지를 외국인 자본 투자에 개방했다. 2003년까지 세계 일류 제조업체 중 최소한 250개 기업체가 중국 수출의 약 3분의 1을 담당하고 있는 주장 델타(珠江三角洲)의 선전(深圳), 광저우(廣州), 둥관(東莞)에 다투어 공장을 지었다(Frost 2008 : 74). 동시에 정부는 '한 가구 한 자녀'라는 인구 정책을 유지했다. 이는 거대한 중국의 인구를 성공적으로 억제했으며 다른 저개발 국가에서 발생했던바 급격한 인구 증가가 경제 발전을 삼켜버리는 현상을 막았다. 중국의 부가 증가하면서 생산 면에서 중국은 세계 네 번째, 총 구매력 면에서 세계 두 번째 경제 대국이 되었으며, 미국에 이어 두 번째로 세계에서 석유를 가장 많이 소비하는 국가이기도 하다. 만약 중국의 경제성장률이 줄지 않고 이대로 간다면 중국은 머지않아 불황에 빠져있는 미국을 제치고 세계 최대의 경제대국이 될 것이다.

홍콩, 마카오와 같이 남중국해 연안에 있는 이전 서양의 식민지들은 서양의 자본과—홍콩을 거쳐— 풍부하고 값싼 노동력 그리고 활기찬 중국인 기업 문화를 결합하여 선전과 같이 신흥 산업 지역의 핵심지역이 되었다. 20세기 말 영국령 홍콩과 포르투갈령 마카오가 중국에 반환된 이후 이들 도시와 상하이(上海)와 같은 이전 외국인 거류지가 있었던 지역의 변화가 가속화되었다.

집단화와 관료주의적 통제 완화로 가능해진 중국의 농업 생산성 향성 그리고 자급용 농작물에서 더 수익성이 높은 상업적인 작물로의 전환은 노동집약적인 농법은 더 이상 필요치 않음을 의미했다. 수백만의 농촌지역 중국인들이 도시로 방출되면서 연안의 산업 장려 특구에 속속 들어서고 있던 새로운 공장에 값싼 비숙련 노동력을 제공하고 있다. 이리하여 주장과 양쯔 강 델타는 세계적인 수준의 제조업 허브가 되었다.

태평양 연안을 따라 있는 중국의 현대 도시들은 이러한 경제체제 변화의 산물이며 이면에는 높은 농촌 실업률과 빈곤 문제가 있다. 도시 부유층과 농촌 빈곤층 간의 크고 넓어가는 격차는 수상 후진타오(胡錦濤)가 언급했다시피 중국이 당면한 중요한 문제이다. 외국인 투자, 기술 수입, 경영 관리, 마케팅 전문기술, 낮은 제조업 임금, 급증한 글로벌 수출에 의해 힘을 얻어 20년이나 넘게 놀라운 경제 성장을 이룬 덕택에 수백 만 중국인은 빈곤으로부터 벗어났지만 이보다 더 많은 중국인은 농업 토지가 도시의 콘크리트 밑으로 혹은 댐 발전소 수로 속으로 사라지는 것을 안타깝게 바라봐야 했다. 이제 중국은 태평양과 이를 넘어 무역하고 계속 발전하게 해 주는 제조 산업에 투자할 수 있는 거대한 현금 보유고를 가지고 있는 아시아의 산업 허브이다.

현재의 하락세에도 불구하고 산업 붐이 계속된다면 변변찮은 급여를 받으며 부지런히 일하려는 노동 예비군은 물론 원자재와 연료도 더 없이 많이 필요할 할 것이다. 중국에서 평균 1인당 수입은 여전히 낮다. 중국인의 거의 3분의 1이 하루에 2달러 정도를 번다. 중국이 성장하고 있는 경제에 필요한 산업 원자재와 연료를 확보하려면 다른 국가들과의 관계가 중요하다. 예를 들어 2006년 중국은 충분한 철광석을 수입해 미국, 일본, 러시아, 한국의 강철 생산량을 합한 것보다 많은 352백만 톤의 강철을 생산했다. 원자재 공급원과 제조상품의 시장을 외국에 의존하고 있음을 감안한다면 중국이 경제 성장을 계속하기 위해 동아시아 지역에서의 정치 · 군사적 안정과 평화는 매우 중요한 요소이다.

세계무역기구에 가입한 이래 중국은 놀라운 경제성장을 경험했다. 중국이 글로벌 무역에서 차지하는 몫은 1980년대 초와 비교해 열 배가 되었으며, 2004년에는 일본을 제치고 세계 3대 무역국가가 되었다. 중국은 거대한 경상 수지 흑자를 유지했으며 2007년 외환보유고가 1조 달러에 이르렀고, 2004년에는 600억 달러의 외국인 직접투자를 유치했다. 2007년 11%로 최고의 경제성장률을 기록했다(Frost 2008 : 114). 2008년 올림픽게임 유치는 현대식 공공기반시설을 구축하는 촉매제가 되었다. 이 과정에서 때로는 공용으로 예전부터 농촌 토지를 차지하고 있었던 이들을 희생시켜 도시와 도시의 도로를 확장했다. 지난 20년간 중국 국영 산업체의 제조업 고용 비율은 반으로 줄어 전체 도시 고용의 3분의 1수준 이하이다. 자유 시장, 개인이 소유한 기업과 맥락을 같이 하여 세워진 새로운 공장들이 앞을 다투어 들어서면서 매년 20%씩 늘어하고 있다.

그러나 고도경제성장은 아직 성숙하지 못한 은행 체제, 2008년 낙농산업 사건과 같이 심각한 산업 부패, 외국 기술에 대한 의존 그리고 환경 문제와 같이 중국의 사회 · 정치 · 경제 구조에서 비롯된 거대한 문제를 뒷면에 가지고 있다. 현재의 글로벌 경제 분위기에서 현실적인 가능성이 있는 경제성장률의 급격한 하락은 이들 문제를 정면으로 부상시켜 파괴적인 결과를 가져올 수도 있다. 중국은 2008년 베이징 올림픽게임까지 역사에서 전례를 찾기 어려울 정도로 산업과 공공기반시설에 많은 투자를 했다. 중국은 특히 1951년에 재정복했던 (티베트는 만주 제국이 무너지면서 1911년 분리 독립했다) 티베트에 대한 인권 문제로 국제사회의 비난을 계속 받고 있다. 일본이 인구연령구조, 커다란 부채부담, 최근의 금융사고, 높은 임금, 외국 원자재 의존으로 인해 아시아의 21세기 경제에서 중국이라는 거대한 이웃과 보조를 맞출 수 없게 되면서, 중국은 아시아 환태평양에서 오랫동안 경제 지도력을 발휘해왔던 일본을 대체할 준비가 되어 있다.

태평양 발전에서 해상운송과 항구

점점 더 벌크와 컨테이너 화물이라는 단순한 이분법으로 나누어지고 있는 해상

운송과 물류에서 규모의 경제는 오직 소수의 항구와 화물 센터만이 현재 거대한 규모의 해상운송 무역을 감당할 수 있음을 의미한다. 세계에서 가장 바쁜 항구들은 대부분 글로벌 무역의 허브인 태평양에 있다. 6대 최대 컨테이너 항구들이 환태평양에 위치하고 있다. 최대의 벌크 화물 항구도 마찬가지이다. 해상운송의 현재 이슈와 역사 그리고 주요 초대형 항구의 역할을 간략하게 살펴보면 21세기 글로벌 경제의 주요 성장 엔진으로서 태평양 영역의 부상이 가지고 있는 중요성을 분명히 이해할 수 있다.

해상운송은 현대 아시아의 생명선이다. 컨테이너 혁명으로 아시아의 상품이 값싸고 빠르게 세계 시장으로 나가는 동안 광석, 석탄, 석유 벌크선 그리고 가스 운반선은 성장하고 있는 일본, 한국, 대만, 중국의 산업에 필요한 원자재와 연료를 싣고 아시아로 오고 있다. 중국의 수출은 연간 평균 20%가 넘는 속도로 성장하고 있으며, 대부분은 20피트나 40피트 표준 컨테이너에 실려 운송된다. 현재 세계에서 사용하고 있는 2천만 컨테이너의 4분의 1이 중국에서 생산되고 있다. 80여 개 국가에 서비스를 제공하는 100개가 넘는 컨테이너선을 운영하고 있는 대만의 에버그린 해양공사는 세계에서 가장 큰 해운회사 가운데 하나이다(덴마크 코펜하겐에 본부가 있는 머스크가 현재 세계 최대 해운회사이다).

상품 수송에서 보다 큰 규모의 경제를 추구하면서 해운회사들은 아주 커다란 컨테이너 선, 벌크 광석 운반선, 초대형 유조선을 위해 대부분이 아시아에 있는 조선소들과 계약을 맺고 있다. 이러한 거대 선박들과 이에 수반되는 경제적인 필요는 태평양의 무역과 산업 패턴을 바꾸고 있다. 이전에는 북적이던 태평양 항구들 중 몇은 21세기 최첨단 해운을 대표하는 거대한 신형 컨테이너와 벌크선의 필요를 충족시킬 수 없는 문제를 안고 있다. 심지어 파나마운하도 이들 선박의 흘수와 폭이 너무 커서 이 운하의 수문과 수로에 출입할 수 없기 때문에 이들 선박을 더 이상 처리할 수 없다.

태평양에서의 포스트-파나맥스 해운

파나마운하의 제한적인 규모로 인해 생긴 해운의 제약은 최근 수십 년간 계속 골칫거리였다. 파나마운하를 통과할 수 있는 최대 크기의 선박은 수문의 규모와 수로의 깊이, 발보아에 있는 운하를 가로지르는 브리지오브더아메리카의 높이 때문에 정해져 있다. 이는 최대 높이 약 294m, 넓이 32m, 흘수 12m, 수면 위의 높이인 에어 흘수 약 57m이다. 이런 제한은 파나맥스 선박의 적재량을 약 65,000톤 또는 컨테이너선의 용적은 약 4000~5000TEU(20피트 상당의 단위)로 제한한다. 운하를 통과하는 데에 걸리는 시간 그리고 이를 이용하는 데 드는 비용 또한 해운에 제약으로 작용한다.

지난 십 년간 이 운하를 통과하기에는 정말로 너무나 큰 신형 선박들이 태평양에 나타났다. 포스트-파나맥스라고 불리는 이들 선박의 거대한 크기는 심해 항로를 이용해 태평양과 대서양 항구들 간의 상품 해운에 중요한 규모의 경제를 가능하게 만들어 급기야 얕은 운하를 가로질러 지름길을 이용하여 생겼던 이점을 상쇄시켰다. 지금 많은 컨테이너선은 9000TEU를 능가하는 적재량을 가지고 있는데, 이는 파나맥스 선박보다 35% 이상의 비용을 절감하는 효과가 있다. 15,000TEU가 넘는 용적률을 가진 거대선박도 지금 태평양의 무역 루트를 정기적으로 왕래하고 있다. 태평양에서 벌크 상품 무역, 많은 초대형 탱크선, 석탄과 철광석 운반선 그리고 얼마간의 다른 종류의 선박들은 지금 15만 DWT를 초과하며, 어떤 것들은 25만 DWT를 넘는 것도 있다. 태평양에서 손에 꼽힐 만한 항구들만이 이런 크기의 선박을 유치할 수 있다.

아시아 환태평양의 주요 항구

여러 측면에서 아시아 환태평양의 주요 항구의 역사는 서구의 등장과 함께 시작되었다. 요코하마(橫浜)나 상하이와 같은 오늘날 최대를 자랑하는 몇 항구는 19세기에 서양이 서양과의 무역을 꺼려하고 내항적이었던 일본과 중국에게 개항을 강요했던 시기에 만들어졌다. 싱가포르나 홍콩과 같은 항구들은 식민지 본국의 투자 자본의 힘을 빌려 새로 만들어졌다. 서양과의 무역, 운송과 상품 취급에 대한 서양의 기술로 인해 위치와 용적이 우수한 몇 항구가 부상했으며 다른 항구들은 쇠락했다. 현재 세계에서 가장 바쁜 컨테이너 항구들은 태평양 주변에 위치하고 있다.

지금 '슈퍼 중추 항만'으로 분류되고 있는 일본의 항구 요코하마는 6장에서 논의한 바 1854년과 1858년 가나가와-해리슨 조약을 이끌어냈던 미국 페리 제독의 강요에 못 이겨 개항했다. 1896년까지 요코하마는 급속히 산업화되고 있는 간토 평야(関東平野)에서 생산된 실크와 다른 직물을 수출했다. 1923년 관동대지진으로 인해 폐허가 되었으나 이후 재건되고 확장되었다. 2차 세계대전의 말기에 이 항구는 다시 미국의 폭격으로 심각한 피해를 입었다. 전후에 요코하마 항구는 미국의 해군기지과 군수 창고가 되었으며 이후에 요코하마 시 당국에 양도되었다. 1950년대 말까지 이 항구는 강철, 자동차, 석유 제품, 비철금속을 포함해 전전 무역량의 두 배 이상을 처리했다. 1967년 표준화된 컨테이너를 사용해 상품을 취급하는 방식에 혁명적인 변화가 일어나자 요코하마는 매립지를 이용하여 항구를 확장시킬 기회를 잡았으며 그리하여 선두적인 컨테이너 항구로 거듭났다. 1993년 전체 2백만TEU의 컨테이너 화물을 취급하던 항구는 이제 그보다 수배가 늘어 매년 총 140백만 톤의 화물을 다루고 있으며 42,000척의 선박을 수용하고 있다.

중국 본토 연안 양쯔강의 어구에서 가까운 상하이는 취급하는 화물 톤수에서 본다면 세계에서 가장 바쁜 항구가 되었다. 19세기 아편전쟁 후에 서양 무역에 강제로 개항된 상하이는 여러 국내 수로와 국제 해운 항로가 만나는 나들목에 위치하고 있어 일찍부터 발전했다. 상하이는 중국의 정책 변화와 경제개혁으로 외국과의 접촉을 확장하고 태평양을 횡단하는 컨테이너 무역에 참가하게 된 1991년까지 공산주의 정권하에서 오랫동안 침체기에 있었다. 이후 수출과 수입의 성장은 전례 없는 수준으로 급속하게 진행되었다. 2006년 상하이는 26백만TEU의 컨테이너 화물을 포함해 540백만 톤의 화물을 취급했으며, 2008년까지는 약 30백만 TEU를 취급하면서 세계에서 최대의 컨테이너 항구인 싱가포르와 견줄 수 있게 되었다.

싱가포르는 2005년 총 15억 톤을 취급하여 총 해운 톤수라는 면에서 세계에서 가장 바쁜 항구로서의 명성을 여전히 누리고 있다. 국제적인 연계를 가진 무역 항구로서 싱가포르가 출현한 때는 1819년, 선견지명이 있는 영국인 스탬퍼드 래플스가 싱가포르를 네덜란드의 수출입항인 바타비아에 (현재 인도네시아의 자카르타) 필적하는 자유 항구로 건설하면서 부터였다. 남중국해와 믈라카 해협이라는 두 주요한 해운 항로의 교차로라는 전략적인 위치로 인해 환적 항구로서의 성공이 보장되었다. 영국이 군사 요새를 세우고 중무장한 대포 포좌를 두어 바다로부터 오는 공격에 대비했지만, 싱가포르는 2차 세계대전 초에 일본의 수하로 떨어졌으며 이후 오랫동안 침체를 경험했다. 1965년 도시 국가로 독립을 성취한 이래 싱가포르의 산업 발전과 무역 부활은 놀라운 것이었다. 컨테이너 터미널과 급유 시설을 포함하여 케펠 항구(吉宝港口)에 있는 시설은 싱가포르를 세계의 주요한 선박 급유(벙커링)의 중심으로 만들었다. 싱가포르는 매년 25백만 톤의 벙커 오일 서비스를 제공하며, 컨테이너 시설이 취급한 물동량은 2007년에 26백만TEU에 달했다.

아시아 환태평양에 있는 다른 중요한 항구에는 중국 주장 어구에 있는 이전 영국의 주요 중계무역지였던 홍콩, 대만에 있는 가오슝, 그리고 한국에 있는 부산이 포함된다. 홍콩은 아편전쟁 시기에 만주 중국이 영국에 조차했으며 1997년에 다시 중국에 반환되었다. 홍콩은 현재 세계 세 번째로 큰 컨테이너 항구이며, 9개의 컨테이너 터미널에서 약 18백만TEU를 취급하고 있지만, 지난 십 년간 중국 본토에 있는 주요 항으로서는 상하이에 뒤떨어지게 되었다. 가오슝도 다른 아시아 태평양 항구에 자리를 내주고 있다. 이는 1990년대 초 세계에서 세 번째로 큰 컨테이너 항구였으나 지금은 매년 약 7.5백만TEU가량을 취급하며 7위로 내려앉았다. 부산은 한국에서 가장 큰 항구이며 13백만TEU 컨테이너 용적률을 가지고 있다. 부산은 또한 미국의 태평양 함대의 중요 기지이기도 하다. 그러나 이는 폭풍 피해에 취약하다. 1959년 9월 15일 부산은 매우 강력한 태풍으로 황폐화된 적이 있다. 사실 싱가포르를 제외하고 아시아 환태평양의 모든 주요 항구는 태풍 지대에 놓여 있으며 정기적으로 폭풍으로 인해 피해를 입고 있다.

아메리카 환태평양의 항구

미국은 여전히 아시아 환태평양에서 수출한 제조 상품의 가장 큰 시장이다. 서부 연안에 있는 미국의 3대 주요 항만 단지인 로스앤젤레스-롱비치, 샌프란시스코-오클랜드, 그리고 시애틀은 태평양을 횡단한 수출입의 대부분을 처리한다. 로스앤젤레스는 미국에서 가장 바쁜 항구이며 2004년에는 8백만TEU 이상을 취급했다. 인접한 항구인 롱비치는 취급한 TEU에서 보면 로스앤젤레스에 비할 만하며, 이 두 항구를 합하면 세계에서 다섯 번째 큰 컨테이너 항만단지가 된다. 로스앤젤레스는 아메리카 환태평양에서 가장 큰 크루즈 터미널이기도 하다. 샌프란시스코-오클랜드는 취급하는 화물량에서 본다면 로스앤젤레스-롱비치에 다음가지만, 확장할 수 있는 적당한 땅이 부족한 관계로 그 지위가 약해지고 있다. 그럼에도 불구하고 오클랜드는 미국에서 네 번째 큰 컨테이너 항구이다. 큰 컨테이너 터미널이자 브레이크 벌크 터미널인 시애틀은 아시아 본토에 가장 가까운 미국의 항구라는 이점을 가지고 있다. 이는 대량의 곡물(매년 약 5백만 톤) 수출을 취급하며 2007년에는 거의 2백만TEU의 컨테이너 화물을 취급했다.

아메리카 환태평양에 있는 다른 두 개의 항구 밴쿠버(캐나다)와 발파라이소(칠레)도 언급할 가치가 있다. 거대한 벌크 석탄 시설인 로버츠 뱅크를 포함하는 밴쿠버 항구는 캐나다에서 최대이며, 취급하는 총 미터 톤수라는 면에서 보면(2007년 76백만 톤) 아메리카 환태평양 최대의 항구이다. 컨테이너 시설은 2005년 1.8백만TEU을 취급해 북미에서 다섯 번째 큰 항구가 되었다. 발파라이소는 칠레의 최대 항구로 2007년에는 75만TEU가 넘는 컨테이너 화물을 취급했다. 2008년에는 11백만 톤이 넘는 화물을 취급할 것으로 보인다. 샌프란시스코 항구와 같이 발파라이소는 3000명이 넘는 인명을 앗아간 1906년 지진으로 황폐화되기도 했었다. 아시아 항구들이 태풍으로 인해 지장을 받을 가능성이 많은 반면 아메리카 태평양 연안에 있는 항구는 태풍은 덜 잦은 반면 지진과 쓰나미의 영향에 더 취약하다.

일반적으로 북아메리카의 연안 항구 그리고 캘리포니아에서 브리티시 콜롬비아까지 태평양 연안에 있거나 가까이에 있는 수출 지향적인 지역 경제는 미국과 아시아 간 제조업 무역 불균형으로 인해 매년 롱비치에서 서쪽으로 수천 개의 빈 컨테이너가 운송됨에도 불구하고 21세기의 첫 십 년 동안 호황을 경험했다. 그러나 2008년 태평양을 횡단하는 컨테이너 해운은 글로벌 경제 침체로 급격하게 줄어들었으며, 많은 컨테이너 선박이 화물 부족으로 인해 움직이지 못하고 있다.

오스트레일리아의 항구

석탄과 철광석의 벌크 수출은 여러 오스트레일리아의 항구, 특히 포트헤들랜드(서부 오스트레일리아)와 뉴캐슬(뉴사우스웨일스)의 상당한 부분을 차지한다. 19678년 웨일백 산에서 엄청난 양의 철광석 광상이 발견된 이래 일본으로의 수출은 계속 증가해, 포트헤들랜드는 수출 톤수라는 면에서 오스트레일리아의 주요 항구가 되었다. 이는 총 25만 톤이 넘는 벌크 철광석 운반선을 수용할 수 있다. 뉴캐슬은 세계 최대의 석탄 수출 항구로 매년 77백만 톤 정도를 취급하고 있다. 브리즈번은 오스트레일리아의 세 번째 바쁜 항구로 매년 28백만 톤의 화물을 취급하고 있다.

멜버른 항구가 계속 오스트레일리아 컨테이너 수송의 약 39%를 취급하고 있지만, 브리즈번도 이 나라에서 가장 빨리 성장하고 있는 컨테이너 항구를 가지고 있다. 시드니 항구는 남태평양의 주요 크루즈 터미널이다.

태평양에서 접근성과 소통 증진

중국과 북미 동해안 간 해상 무역의 증진으로 파나마운하를 통과하는 대형 화물 선박의 숫자가 증가했다. 이전에 논의한 것처럼 대형 컨테이너 선박에게 운하는 병목이 되었다. 기존의 파나맥스로 설계된 선박은(기존의 운하를 간신히 통과할 수 있는) 이제 더 새롭고 더 큼직한 컨테이너 선박과 비교해 경쟁 열위에 놓여 있다. 2008년 세계 컨테이너 선박의 절반 이상이 파나마운하를 통과할 수 없을 정도로 크며, 이로 인해 파나마운하는 구식이 되어 가고 있다.

파나마운하의 확장

미국이 파나마운하 지대에서 철수하고 그 시설을 파나마 정부에 이관한 이래 파나마운하의 재정 상태는 악화되었다. 구식의 장비를 유지하기 위해 비용은 증가했으며 때마침 해운 회사들은 포스트-파나맥스 선박을 더욱 더 선호하기 시작하면서 병목현상을 일으키는 운하를 피했으며 파나마가 수익자 부담금으로 조달하는 재원은 줄어들었다. 더 큰 선박을 유치할 수 있도록 운하를 넓히고 깊게 하는 계획과 새롭고 더 효율적인 수문을 건설하는 계획이 마련되었다. 확장 공사는 2015년에 완공될 예정이었다. 그러면 11,000TEU의 용적을 가진 컨테이너 선박도 이 운하의 향상된 시설을 이용할 수 있을 것이며 운하의 유용성은 상당정도 연장될 것이었다. 그러나 지구온난화로 대서양과 태평양 사이에 일 년 내내 얼음이 없는 북극 항로가 이 세기의 중반이나 그보다도 먼저 상용화될 수 있다. 그리하여 유료의 파나마운하를 통해서가 아니라 아시아에서 베링 해협을 통하고, 보퍼트 해를 횡단해, 알래스카 북부 연안과 캐나다에서 배핀 만으로, 그리고 나서는 데이비스 해협으로 내려와 노바스코샤의 칸소 해협에 있는 새로운 컨테이너 항구나 또는 핼리팩스나 뉴욕의 롱아일랜드에 있는 기존의 시설에 이르는 무료의 대안 항로가 곧 나오게 될지. 모른다.

아시아 태평양 지역으로의 남서부 관문에서는 포스트-파나맥스 선박과 심지어 이보다 더 대형의 '갑이나 곶 크기의' 선박이 믈라카 해협을 피하고 대신 더 넓고 더 깊으며 현대 해적의 방해를 덜 받는 롬복-마카사르 해협을 통과하는 경향이 점차 증가하고 있다. 예를 들어 크라 지협과 코스타리카에서 완전히 새로운 운하를 건설한다는 아이디어도 제기되고 있다. 태평양에의 접근성을—글로벌 경제의 새로운 성장 엔진인— 증가시킬 필요성은 이미 누가 봐도 명백해 보인다.

태평양의 전자상거래와 항공 교통

인터넷은 아시아-태평양 지역을 가로지르는 중요한 성장과 현대화의 엔진이었으며, 이곳에서 인터넷 사용자의 숫자는 그 어떤 지역에서 보다 빠르게 증가하고 있다. 핸드폰과 인터넷 같은 전자 매체를 상거래에 이용하는 방식은 아시아를 전자 혁명의 선두로 도약하게 했다. 수백만의 중국인, 거의 9천만의 일본인 그리고 3천5백만의 한국인, 싱가포르와 홍콩의 70%의 사람들 그리고 60%의 대만인들이 인터넷을 정기적으로 사용하고 있다. 많은 이들이 범세계적 통신망의 공용어 이자(Frost 2008 : 65) 국제 항공의 공용어인 영어로 통신한다.

항공 화물의 움직임과 국제 항공 여행객의 숫자 또한 태평양에서 급격하게 증가하고 있다. 예를 들어 1985년과 1995년 사이 아시아에 있는 공항들이 감당한 세계 항공 화물 톤수는 30%에서 42%로 증가했으며(Frost 2008 : 69), 아시아 간 성장률은 매년 계속 8%를 넘고 있다. 아시아에서 급속하게 성장하고 있는 항공이용객은 탈규제와 저가 항공사들 간의 경쟁으로 인해 더욱 박차가 가해지고 있다. 중국에 있는 공항에서만 매년 거의 백만 대의 항공기가 이륙하며, 2008~9년 글로벌 경제 불황으로 인한 침체에도 불구하고 중국의 인구가 도시화되면서 그 숫자는 끊임없이 증가하고 있다.

태평양의 환경 보호와 발전

기후 변화의 원인인 온실 가스 배출을 막기 위해 마련된 교토협약의 운명은 잘 알려져 있다. 교토협약은 실패했다. 주로 중국, 인도와 같은 개발도상국이자 주요 오염원을 대상에서 면제시켜 주었으며 세계 최대의 오염원인 미국, 캐나다, 오스트레일리아의 보수 정권이 이들 비준하지 않았기 때문이다. 지난 몇 년 동안 보다 자유주의적이고 환경문제 의식적인 정부가 여러 곳에서 들어서면서 배출을 줄이는 어려운 결정을 내릴 가능성은 있지만 지금 취해질 수 있는 결정은 별다른 중요성이 없거나 이미 늦었다는 우려를 표명하는 과학자들도 있다. 급격한 산업 발전, 인구 증가, 심지어 생태관광이 환경에 미친 영향을 몇 가지 예를 통해 검토함으로써 태평양 영역이 가까운 미래에 안게 될 과제를 밝히고자 한다.

중국의 산업 성장이 환경에 미친 영향

중국이 현지에서 생산하거나 수입한 석탄, 석유, 천연가스를 연료로 사용해 지난 30년간 급속한 산업 성장을 이루면서 전체 태평양 영역에 환경적인 영향을 점차 더 미치고 있다. 2006년 중국은 27억 배럴의 석유와 석유환산 12억 톤의 석탄을 소비했다. 현재까지 교토협약의 배출 한계에서 면제국인 중국은 이제 세계에서 두 번째 최대 산업 대기 오염과 수질 오염원이다. 중국의 급속한 경제 생산에 성장 동력을 제공한 산업 기적은 황해, 동중국해, 남중국해 해항도시들 주변에 새로 건설된 수천 개 공장 단지에서 비롯되었다. 6억 중국의 농민과―하루에 2달러 정도로 살고 있는― 이보다 잘사는 도시 지역 주민들 간의 경제 불평등이 가속화되면서 농민은 대규모로 농업 중심의 내지에서 이들 해항도시로 이주하고 있다.

농촌으로부터의 이런 이주현상은 현재 자급자족적 식량생산 상황을 일변시켜 앞으로는 더없이 많은 식량을 수입하게 만들 것이다. 인구가 백만이 넘음에 따라 식량을 외부로부터 가져와야 할 필요성이 있는 중국의 도시는 이미 50개가 넘어서고 있다. 중국의 주요 해항도시에서 산업은 거대한 양의 석탄과 석유는 물론 철, 니켈, 구리와 다른 광석, 목재, 농업 원자재와 같은 수입 원자재에 의존한다. 이들 수입품은 대부분 오스트레일리아, 인도네시아, 페르시아 만, 캐나다와 같은 곳에서 철광석 운반선과 초대형 유조선을 통해 들어온다. 중국 연안에 있는 항구들은 이들 가공할 만한 수요를 위해 정박하는 선박, 화물과 수입 원자재의 보관과 처리로 부산하게 움직인다. 2006년 중국은 세계 세 번째 최대 상선대 (세계 선박 총톤수의 7.2%를 차지하며) 보유국이 되었음에도 불구하고 중국 항로를 오고가는 대다수의 선박은 외국국적을 가지고 있으며 태평양과 인도양의 해상 교통로의 안전은 압도적인 미국 해군력에 의해 확보되고 있다. 2001년 중국은 일본을 대신해 세계 두 번째의 최대 석유 수입국이 되었으며 2004년에는 하루에 평균 320만 배럴을 수입했다.

점차 중국은 새로운 원자재 공급처로 아프리카와 남미에 주목하고 있다. 최근 중국의 광산 대기업 차이나코는 개발이 완료된다면 세계 최대가 될 것이며 중국 산업체에 아주 저렴한 가격으로 구리를 공급할 것으로 내다보이는 페루의 구리 광상을 확보했다. 2005년 중국은 세계 산출량의 4분의 1이 넘는 조강(粗鋼), 시멘트 생산량의 47%, 면 생산량의 37%를 소비했다. 중국의 도시들은 세계 쌀 생산량의 32%를 소비했다. 중국 도시들의 물 공급은 위험수위에 가까이 있다. 세계 인구의 22%가 사는 중국은 세계 담수의 8%만을 가지고 있다.

태평양 환경에 미친 영향이라는 면에서 보면 중국의 탄소 '발자국'은―온실 효과를 유발하는 이산화탄소의 배출량― 태평양 전체에 점차 더 심각한 영향을 주고 있다. 중국의 산업은 여전히 주로 고도 오염 물질인 석탄을 사용해 동력을 얻고 있다. 중국의 이산화탄소 배출량은 2004년에는 전체 50억 톤이 넘어서면서 61억 톤을 방출한 최대 오염원인 미국을 뒤좇고 있다(Economist 2008 : 106). 온실가스를 가장 많이 배출하는 세계 20대 도시 중에서 중국의 도시가 16개이다(Flavin and Gardner 2006 : 9). 중국 도시의 대기 오염은 2008년 8월 베이징 올림픽게임 기간 동안 글로벌 이슈가 되기도 했다. 국제사회가 베이징에서 경기하는 선수들의 건강에 우려를 표하자 공기의 질을 높이기 위한 노력의 일환으로 공장의 문을 잠시 닫았으며 자가용 운행을 금지시켰다.

한국, 대만, 일본의 발전과 환경 문제

오랫동안 강력한 이웃 중국과 일본 사이에서 분쟁에 휩싸였던 한국은 공산주의 체제를 고수하고 있는 북한과 휴전 협정을 체결한 이래 발전을 거듭했다. 해외 자본 투자와 거대기업 재벌에 기반해 이루어진 급속한 산업화는 1960년대 초에 본격화되었으며, 이제 한국은 환태평양에서 부유한 국가에 속한다. 핵능력 보유국이지만 국가운영 방식에 문제가 있고 빈곤한 북한은―한국의 수도 서울에서 국경까지의 거리는 상당히 가깝다— 한국과 미국에게 중대한 관심의 대상일 수밖에 없다. 중거리 탄도 미사일과 크루즈 미사일의 시험 발사뿐만 아니라 일부분 성공적이었던 2006년 핵 실험에 이어, 북한은 영변 우라늄 가공처리공장을 재가동시키면서 아시아 환태평양 북부에서의 불안을 고조시켰다. 이는 단지 한국뿐만 아니라 일본, 잠재적으로 미국까지도 위협하고 있다. 중국은 북한의 호전적인 지도자들이 핵무기 프로그램을—태평양 환경을 위험에 처하게 만들 수 있다고 많은 이들이 우려하고 있는— 중단하도록 설득하는 데에 심혈을 기울였다. 2007년 평양이 핵 프로그램 추진을 보류하는 결정을 했지만 이는 갑자기 충분한 예고 없이 재개될 수 있으며 어떤 경우에든 규칙 준수를 감시하기는 어려울 것이다.

한국의 경제 생명선이 공산품 수출에 있다는 면에서 평화적이고 안정된 환태평양 환경과 해로의 확보는 매우 중요하다. 1997년 아시아 금융위기의 결과 어려움에 빠진 한국 경제를 강화시키기 위해 급격한 조치들이 적용되었으며 이로 인해 한국의 금융시장은 안정화되었다. 이들 조치에는 파산한 은행을 정부가 인수하고 국가 파산을 피하기 위해 국제통화기금(IMF)으로부터 구제 금융을 받고, 실패한 재벌은 외국인이 인수하거나 해체하며, 정치 부패와 경제 부조리를 억제하는 조치가 포함되었다. 이러한 조치들에 앞서 실업률이 높아지기도 했지만 경제, 외국인 투자 수준, 일자리 창출은 이전의 활기를 되찾아 갔다. 그러나 현재의 글로벌 침체로 최근 이룩한 이들 성과가 무의미해지려는 조짐이 있다.

중국이 소위 '비행'(非行) 영토인 대만과 갖는 관계를 보면 상당히 양면적인 태도를 드러내고 있는데 이는 앞으로 이 지역의 안정과 발전에 부정적인 영향을 줄 수도 있다. 대만에 있는 반공산주의 중화민국으로부터의—강력한 태평양 해운 네트워크를 발전시켰던— 투자와 무역은 본토 중국의 경제적 부활에 일조했다. 이는 대만의 정부와 베이징 지도자들 사이에 일종의 평화적인 공존에 의해 수월해졌다. 13억3천만의 본토 인구와 비교해 본다면 매우 적다고 할 수 있는 2천3백만의 인구를 가진 대만은 아시아 환태평양 지역 국가 중에서 작은 편에 속하지만 잘살고 경제적으로 활력이 있으며 1987년 계엄령 해제 이후에 민주주의를 견고하게 하고 있으며 미국 태평양 함대의 보호를 받고 있다. 그러나 사실상 독립 국가로서의 대만의 불확실한 지위는—국제 사회에서는 아직 중국의 한 지방으로 보고 있는— 21세기 어느 시점에서는 해결되어야 할 필요가 있을 것이다. 계속적인 중국 본토의 발전, 더욱 외향적으로 변하고 있는 도시 사회, 환태평양에 위치한 해항도시들의 정치적 자유, 그리고 대만과의 밀접한 경제·사회적 관계는 중국과 대만의 평화적인 재통일을 예고하고 있는 것인지 모른다. 어느 쪽이든 호전적인 행동이 시작되면 혼란과 파괴는 피할 수 없기에 평화적인 해결 방안이 분명 더 나은 결과를 가져올 것이다. 미국은 대만이 공격을 받을 경우 도울 것이라고 약속했지만 다른 국제 사회는 물론 미국도 대만의 공식적인 독립을 인정하고 있지 않다. 이러한 사실은 중국과 서양 간의 적대감을 완화시키고 태평양에서의 정치적 안정을 위협하는 잠재적인 위험을 진정시키는 데에 도움이 되고 있다.

1945년 무력으로 얻은 대동아공영권의 종말 이래 일본은 비군국주의, 자유 민주주의 정부, 대중 교육, 그리고 현재 글로벌 공동체에서 일본을 최대 경제국의 하나로 만들었던 산업 확장이라는 노선을 따랐다. 일본도 이 지역에서 발생할 수 있는 위험을 피하기 위해 미국의 군사 우산에 의존했으며, 이는 한국전쟁의 종결 이래 북부 환태평양에서의 안정과 평화를 유지하는 데에 도움이 되었다. 일본 대기업에 우호적이고 외국과의 경쟁에서 보호해주는 정부 정책, 산업 발전에의 관료의 밀접한 관여, 특정 대상을 목표로 한 우대 은행 금융, 그리고 외부로부터 도입한 기술의 개량과 세련화 등이 합하여 일본의 '기적'을—1945년 굴욕적인 패배 이후 일본의 부활— 만들어 냈다. 자동차 산업을 예로 들면 일본은 국내 시장용 소형에다가 경쟁력이 떨어지는 자동차를 생산하던 데에서 세계 최대의 자동차 수출국으로 발전했다. 도요타는 2007년에 처음으로 제너럴 모터스를 제치고 최대의 자동차 판매고를 올렸다. '적시' 부품 인도, 산업 설비의 로봇화 그리고 유연 생산 방식과 같은 기술이 오래된 생산 라인 기술을 대체하면서 더 높은 품질과 더 뛰어난 효율성을 가진 상품을 생산할 수 있었다. 현대 일본의 산업을 대표하는 거대한 산업 재벌들의 초기 자본은 수천만 보통 일본 사람들이 한 저축으로 마련되었다. 이들의 개인 은행 통장이 일본의 은행을 세계 최대의 은행으로 만들었으며 일본 산업체에 저리의 대출을 가능하게 했던 힘이었다.

그러나 1990년 이래 20년간 은행 업무에 대한 정부의 느슨한 감독, 일본과 다른 곳에서의 안전도가 낮은 투자 프로젝트에 대한 경솔한 대출, 그리고 정치 스캔들과 파벌주의는 일본의 경제를 옥죄었다. 일본 은행의 해외 투자 실패로 인해 얼마간의 은행이 문을 닫아야 했지만 정부는 긴급 구제로 이들을 회생시켰다. 이는 결함이 있는 은행 시스템을 여전히 힘없이 작동하게 만들었으나 소비자와 투자가의 신뢰가 떨어지면서 일본의 경제 부흥에 계속 브레이크로 작용하고 있다. 미국과 여타 지역의 대형 투자 은행과 모기지 보증회사의 '용락'으로 인해 야기된 2008~9년 미국 발 글로벌 경기침체에 큰 폭의 금리인하로 대응하지 못하자 일본의 금융 부문의 어려움은 더욱 배가되었다. 그리하여 일본은 1990년 이전에 거두었던 활기찬 성과에 비해 현재 초라한 경제적 성취를 달성하고 있을 뿐이다. 그럼에도 불구하고 1억2천8백만의 노령화되고 있는 인구는 동아시아에서는 가장 높은 생활수준을 유지하고 있으며, 국내총생산은 (2006년에 4.3조 달러) 중국의 거의 두 배에 가깝다(Economist 2008 : 26). 일본은 원자력 발전에 상당히 많이 투자하고 있음에도 오염을 유발하는 석탄과 석유의 수입에 여전히 의존한 산업 생산을 하고 있다. 일본은 또한 먼 태평양 지역에서 얻은 상당량의 수산품을 수입하고 있는데, 이는 자원 고갈 문제와 이 책의 앞에서 논의한 것처럼 어류 남획의 문제를 가중시키고 있다.

환경 압력과 발전 불평등 : 필리핀의 예

토지, 환경과 관련해 농촌 인구 압력이 있는 태평양 국가에서는 과잉의 농촌 노동력이 도시로 이주해 직업을 찾을 수 있도록 교육과 기술을 증진시키는 방안은 중요한 발전 전략이다. 베트남, 태국, 인도네시아, 필리핀에서 이런 전략이 시도되고 있다. 그러나 기술 훈련이나 교육 그 자체가 언제나 삶의 질을 바로 향상시키지는 않는다. 예를 들어 21세기로의 전환기에 필리핀은 일본과 한국에 이어 세 번째로 아시아에서 가장 높은 식자율을 자랑하고 있다. 8천5백만 필리핀 사람의 94%가 최소한 하나 이상의 언어나 방언을 읽고 이해할 수 있다. 그러나 아직 30%의 필리핀인이 최저생계를 유지하는 데 필요한 수입 수준인 빈곤선 훨씬 아래에 놓여 있으며, 단 15%의 인구가 이 나라 부의 85% 이상을 소유하고 있다. 이 엘리트 집단은 이렇듯 확연한 소득 격차를 줄이는 일을 사실상 방해하며 상당한 정치적 힘을 휘두르고 있다. 그리하여 가난한 필리핀인의 다수(65%)는 계속 경제를 장악하고 있는 지주 계급으로부터 부가 재분배되리라는 희망을 가지고 있지 않다. 대부분이 도시에 거주하는 전문직업인과 중위권 사업가와 공무원으로 이루어진 중산층은 인구의 20%를 차지한다. 이들 상당수는 삶의 수준을 높이기 위해 서구나 동남아의 다른 곳으로 떠나는 이민 대열에 합류하고 있다. 이들 국외 거주자들이 필리핀에 남겨진 가족에게 한 송금은—2006년 총액은 150억2천만 달러에 달했다(*Economist* 2008 : 38)— 필리핀 경제에 중요한 역할을 하고 있다.

서남태평양의 발전과 환경

서남태평양 지역에서 오스트레일리아와 뉴질랜드는 성장하고 있는 아시아 경제에 광물과 농업 작물을 수출하는 데에 힘입어 날로 번창했다. 이들의 영국과의 역사적인 관계에도 불구하고 오스트레일리아와 뉴질랜드는 자신들의 미래는 태평양에 달려있음을 알고 있으며 이러한 현실을 반영해 정책을 입안했다. 두 국가는 티모르-레스테(동티모르)와 솔로몬 제도와 같이 불안정한 지역 국가들에게 행정가, 경찰, 평화유지군은 물론 국내총생산(GDP)의 최소한 0.25%에 달하는 원조 자금을 공여했다. 이 두 국가는 또한 최근 수십 년간 모두 빼앗겨 아무 것도 없는 원주민들과 화해하기 위한 노력도 기울여왔다. 예를 들어 1993년 오스트레일리아 원주민 토지소유 권리법은 이전에는 비현지인에게 임차되기도 했던 정부 소유의 토지에 대한 권리를 포함해 현지인들의 전통적인 토지에 대한 권리를 인정했다. 태평양 이민이라는 골치 아픈 문제에 대해서 오스트레일리아는 최근까지도 난민 자격이 부여되기 전에는 난민 신청을 한 이들이 본토에 상륙하지 못하도록 하는 정책을 채택했다. 난민 신청자는 크리스마스 섬에서 절차를 밟았으며, 2007년 새 정부를 선출하기 전까지는 나우루 섬에서 절차를 밟으며 오스트레일리아 연방정부가 기금을 대는 구류시설에 머물렀다. 최근 2007년 오스트레일리아는 일본과 안보조약을 체결했으며 미국과 밀접한 동맹을 유지하고 있다. 남태평양 지역에서의 핵무기를 강력하게 반대하는 뉴질랜드는 이전 미국의 동맹국이라는 지위에서 멀리지기 시작했다. 뉴질랜드는 태평양에서 프랑스가 핵실험을 하는 데에도 강력하게 반발했으며 핵으로 무장했거나 원자력을 동력으로 하는 전함이 뉴질랜드 항구에 닻을 내리지 못하도록 금했다.

뉴질랜드는 쿡 제도와 사모아와 같은 태평양 섬 지역에서 오는 이민을 환영하고 있는(다른 지역에 대해서도 기술에 기반을 둔 이민 할당 제도를 유지하고 있다) 반면, 오스트레일리아는 파푸아와 나우루와 같은 곳을 식민 지배했던 역사에도 불구하고 태평양 섬사람들을 대규모로 수용할 생각이 없다. 그러나 1960년대 이래로 상당한 숫자의 토레스 해협 섬사람들과 뉴질랜드 마오리인들이 오스트레일리아에 정착했다. 농업 생산량의 상당 부분이 전통적인 영국과 유럽의 시장으로 향하고 있음에도 불구하고 오스트레일리아와 뉴질랜드의 수출국은 이제 대부분 미국, 캐나다, 일본 그리고 점차적으로 중국을 포함한 아시아와 동부 태평양 세계에 있는 새로운 시장으로 향하고 있다. 하나의 예로 오스트레일리아는 광둥성 주장(珠江) 델타에 있는 다펑(大鵬)에 새로 생긴 시설에 액화 천연가스(LNG)를 대량으로 수송한다는 역사상 최대의 무역거래를 성사시켰다. 약 200억 달러의 가치가 있는 이 거래는 매년 370만 톤의 LNG가 파이프라인 시스템을 통해 광둥, 선전(深圳), 홍콩의 전력발전소, 산업체, 일반가정집, 기업체에 공급됨을 의미한다. 지난 50년간 대부분은 인상적인 경제 성장을 경험했음에도 불구하고 오스트레일리아는 십 년이나 계속된 가뭄으로 경제 사정이 좋지 않은 상황에서 2008~9년 글로벌 경기침체의 영향을 받게 되면서 아직도 수출과 고용이 부진한 상태이다.

뉴질랜드는 꾸준히 '복지 국가' 정책에서 벗어나 시장이 주도하는 경쟁 체제로 움직이면서 수십 년간 높은 경제 성장을 이루었다. 그러나 사회적이고 문화적인 국면에서 뉴질랜드는 인접한 오스트레일리아와는 다른 길로 나아가고 있다. 마오리인의 토지소유권은 지난 수십 년간 주요한 이슈였다. 마오리인의 숫자는 백 년 전 저점을 찍은 이후 증가하고 있으며, 특히 불평등 조약과 토지 수용 등 불공정한 문제를 바로잡아야 한다는 이들의 요구를 무시하거나 물리치기는 불가능했다. 그러나 교육과 경제 부문에서 마오리인들은 계속 백인보다 뒤쳐져 있으며, 이 격차는 탈규제와 국고보조금의 삭제라는 현재의 분위기에서 더욱 벌어지고 있다. 그럼에도 불구하고 고도로 도시화된 4백만 인구를 가진 뉴질랜드의 경제 발전은 인상적인 수준이며 아시아 환태평양 지역에서 가장 높은 1인당 소득수준을 자랑하는 국가 중 하나이다.

남미 환태평양에서의 발전과 환경

20세기의 마지막 10년 동안 라틴아메리카 환태평양에서는 여러 상서롭지 않은 사건이 일어났다. 이 지역에서 맑시즘과 사회주의가 퇴각하고 칠레, 니카라과, 페루를 비롯한 지역에서 미국의 지원을 받은 반공 정권이 들어섰지만 희망해 마지 않았던 모두를 위한 민주주의의 확산과 경제적 번영은 오지 않았다. 그 대신 아편 무역과 소수의 부유한 지주 기업/군사 엘리트와 절대다수의 농촌 농민이나 슬럼 가에 사는 도시민들 간에 날로 심해져 가는 소득 불공평을 포함해 여러 문제가 생겨났다. 비교적 최근까지도 칠레와 아르헨티나와 같은 나라에서 정치적 견해를 달리하는 이들이 탄압당하며 사회적으로 진보적인 정책을 도입하려는 시도는 번 번이 좌절되었다. 예를 들어 높은 인구 성장률을 (1990년대 초 매년 평균 3.2%였던) 줄이기 위해 기안되었던 출산통제 조치는 가톨릭교회의 반대로 무산되었다. 농업은 계속해 대규모 사유지와 대규모 농장에서 재배되는 커피나 담배와 같은 비식량 작물의 수출에 경도되어 있다. 특히 코카인과 같은 불법 상품의 수출은 콜롬비아와 나중에는 이웃한 안데스 산맥에 있는 볼리비아와 페루에서 계속 확장 세에 있다. 마약 카르텔과 공모한 게릴라 반란들이 환태평양 지역에 있는 페루, 에콰도르, 콜롬비아의 고지대에서 계속되고 있다. 그러나 크고 비교적 잘 사며 정치적 권력도 가지고 있는 중산층이 있는 산티에고, 발파라이소, 리마와 같은 주요 해항도시들은 발전하고 있다. 피노체트 정권의 축출 이래 칠레는 라틴아메리카 환태평양에서 가장 진보적이고 발전된 국가 중의 하나로 부상했다. 거대한 광물 자원과 교육을 잘 받은 도시 중산층은 지난 수십 년 동안 번영으로의 길을 착실하게 다지고 있다.

중앙아메리카 환태평양을 따라 코스타리카, 과테말라, 엘살바도르, 니카라과, 파나마와 같은 나라들은 지난 수십 년간 운명이 엇갈리는 행보를 했다. 모든 국가가 높은 인구성장률을 보였으며, 부자와 (종종 토지 소유 스페인 후손들로 구성되는) 빈자 (대부분 농촌의 아메리카 원주민이나 메스티조) 간의 기록적인 불평등이라는 문제를 안고 있다. 이들 대부분 국가들은 아직도 지난 시기의 혁명과 내전으로부터 회복되는 과정에 있다. 강력한 민주주의 정부와 진보적인 토지 정책과 사회 정책이라는 전통을 가진 코스타리카는 가장 부유한 국가이며 1인당 국민소득이라는 면에서 가장 평등한 국가이다. 과테말라는 소득 격차가 높은 국가이며 이는 또한 민족별로 뚜렷하게 나누어져 있다. 스페인인-미국인 엘리트는 토지와 군대를 놀라울 정도로 배타적으로 통제하고 있다. 내전과 외부 간섭으로 동란을 겪은 이후에 엘살바도르는 안정을 되찾고 있는 듯 보인다. 엘살바도르는 커피와 같은 농장 수출품 무역을 확대하고 민주정부가 들어서고, 통화를 미국 달러에 고정시켜 경제 성장에 박차를 가하고 있다. 1980년대 니카라과 민족해방전선인 산디

니스타와 미국이 돈을 댄 콘트라 반군 간에 내전이 일어났던 니카라과는 높은 실업률에 시달리고 있으며 절대다수는 여전히 빈곤 상태에 있다. 중앙아메리카의 많은 지역에서 유나이티드 프루트 컴퍼니는(나중에 유나이티드 브랜즈 컴퍼니가 된) 주요 지주이자, 저임금 노동의 고용주이며 정부에게 유리한 정책을 시행하도록 영향력을 행사하는 강력한 정치 세력이었다. 온두라스, 과테말라, 엘살바도르, 니카라과, 파나마는 모두 상당 기간 동안 유나이티드 프루트 컴퍼니의 정치적인 영향력 아래 있었다. 베네수엘라를 비롯해 최근 여러 국가에 좌익 정부나 인민 정부가 들어서자 미국의 우려는 깊어지고 있다.

북미 환태평양

포르피리오 디아스 장군의 과두정치에 저항해 농민 반란이 일어났던 1911년에야 멕시코는 근대 국가가 되었다. 혁명적인 소요는 1914년 미국이 개입할 때까지 계속되었다. 우드로 윌슨 대통령은 해병대를 파견했다. 수십 년에 걸쳐 교회와 대지주의 권력과 부가 줄어들었으며 토지 개혁으로 농지가 농민들에게 폭넓게 재분배되었다. 석유와 같은 자원은 국유화되었다. 대규모의 농촌/도시 이주로 지금은 1900만 명이 살고 있는 멕시코시티와 같은 도시 지역의 인구가 불어났다. 이보다 더 많은 이주민이 멕시코를 떠나 인접한 미국으로 향했으며, 캘리포니아, 뉴멕시코, 텍사스와 같은 주에서 상당한 인구 비율을 차지하고 있다. 멕시코의 현재 인구는 1억8백만 명을 넘는다.

석유 수익의 증가, 멕시코의 북미자유무역협정(NAFTA) 가입, 관광산업의 성장 그리고 수백만 명의 소득을 증가시킨 마킬라도라(*maquiladoras*)에도 —값싼 노동력을 이용, 조립 · 수출하는 멕시코의 외국계 기업체들— 불구하고 대부분 멕시코인들 특히 아주 외진 곳에 속하는 남부의 주들에 살고 있는 이들은 여전히 매우 가난하다. 20세기 후반 수십 년 동안 멕시코 경제는 지불 불능 상태 직전까지 가곤했다. 거대한 외채와 채무 불이행이라는 위험 요소는 외국인이 지배하는 마킬라도라를 제외하고 멕시코에 대한 외국인의 투자를 꺼리게 만들었다. 조직적인 범죄와 마약 관련 폭력 사태의 빈발로 최근 멕시코는 더 많은 문제를 안게 되었다.

지난 50년간 미국은 점차 더 태평양으로 시선을 돌렸으며, 경제적인 차원에서 미국의 다른 환태평양 국가들과의 관계는 워싱턴의 중차대한 관심사가 되었다. 미국의 수출입을 합하면 3조 달러라는 막대한 규모를 차지하고 있는 이들 태평양 국가에는 캐나다(미국의 최대 무역 파트너), 중국, 멕시코, 일본, 대만, 한국이 속한다.

미국은 군사적으로도 2차 세계대전 이래 태평양 문제에 깊이 개입되어 왔다. 베트남 전쟁은 현대 미국에게 최악의 패배를 가져다주었지만 말이다. 부시 행정부하에서 1989년 미국은 아편을 취급한다고 알려진 대통령 마누엘 노리에가를 제거하기 위해 파나마에 군사적으로 개입했다.

1990년 중반 클린턴 행정부하에서 일본, 중국과의 무역은 중요한 정치적 이슈가 되었다. 중국의 경우 1989년 베이징의 톈안먼(天安門)사건 이후 갈가리 찢긴 인권 상황을 개선하도록 유도하기 위한 시도와 관련이 있었다. 클린턴은 미국 의회를 설득해 북미자유무역협정(NAFTA)을 지지하도록 했으며, 1993년 멕시코와 캐나다와 함께 이 협정에 서명했다. 또한 클린턴은 1994년 말 우루과이라운드 무역협상에서 관세무역일반협정(GATT)을—현재 세계무역기구(WTO)— 통해 세계 무역의 탈규제화를 선도했다. 그러나 이 기간 동안 아시아에 있는 파트너들, 멕시코, 캐나다와의 미국의 무역 적자는 늘어났으며 산업 국가들 중에서 최대 적자 국가가 되었다(현재 8천억 달러가 넘는다).

2003년 세계무역기구가 주최한 다자간 무역협상인 '도하 라운드'(Doha Round)는 글로벌 무역을 의미 있을 정도로 폭넓게 자유화시키는 결과를 가져오지 못했다. 인터넷 관련 산업 부문에서의 기술 변화는 부와 일자리 창출에 커다란 기여를 할 것이라는 비현실적인 기대를 부채질했으며 거대한 이익을 기대하는 많은 투자자들을 착각하게 만들었다. 대부분 젊고 사업에는 경험이 없는 '닷컴 백만장자들'은 '닷컴 버블'이 꺼지자 태평양과 다른 곳에서 많은 피해자가 발생했다.

2001년 9월 11일 테러리스트의 공격으로 글로벌 정치 불안정에 새롭고 불길한 경향이 자리 잡았다. 조지 부시 대통령이 북한을 이라크, 이란과 함께 '악의 축'으로 묶으면서 태평양 지역이 불안정에 휘말리게 되었다. 또한 부시 행정부는 일본 교토에서 앞서 협상한 글로벌 기후 변화에 관한 협정에 비준하기를 거부했으며, 그의 이러한 방침은 태평양 주변에 있는 다른 보수적인 정권들에 의해 답습되었다. 교토협약에서 세계 두 번째 최대 오염원인 중국이 면제되었기 때문에 (저개발

국가라는 이유로), 부시 행정부는 교토협약의 온실가스 감축 목표는 달성할 수 없으며, 그리하여 미국은 그 방출량을 감축하는 어떤 행동도 취할 의무가 없다고 주장했다. 미국과 그 남방대륙에 있는 히스패닉 국가들과의 관계는 북미자유무역협정으로 마련된 안정성에도 불구하고 등락을 거듭했다. 부시 행정부와 이에 노골적으로 반대 의사를 밝힌 베네수엘라 대통령 후고 차베스 간의 적대감이 불쏘시개가 되어 반미주의가 팽배해졌다. 차베스는 병약한 쿠바 독재자 피델 카스트로, 브라질의 룰라 다 실바와 같은 좌익 성향의 다른 지도자들을 지지하고 있었다. 공화주의자들의 패배와 2009년 민주당 대통령 후보 버락 오바마의 취임으로 미국적 가치에 대한 거부 경향과 이웃 미국을 불신하는 경향이 바뀌면서 환태평양에서 협력과 긴장 완화라는 새로운 시대가 도래할지는 두고 볼 일이다.

태평양 해역의 새로운 환경 도전

태평양 해역에 있는 미소국가들은 많은 문제에 봉착하고 있으며, 일반적으로 개발도상국들은 맞닥뜨리지 않는 몇 가지 부가적인 문제를 더 가지고 있다. 이러한 문제를 가진 태평양 섬 국가들의 사정을 생생하게 보여주는 예는 키리바시이다. 이전에 영국 보호령 길버트 제도였던 키리바시는 적도를 가로질러 350만㎢에 걸쳐 흩어져 있는 산호섬들로 구성되어 있다. 많은 섬 미소국가들이 당면한 발전의 어려움에 더하여, 세계 기후 변화로 해수면이 상승하면서 —가까운 장래에 가속화되리라고 예상하는 이들이 많다— 키리바시 영토의 전부 혹은 일부분이 가라앉을 가능성이 아주 농후하다. 이미 키리바시의 33개의 낮은 섬의 일부에 해수가 침투해 사람들이 식수로 하는 지하수가 염분으로 오염되었으며, 평균 해수면보다 2~3m 정도 높은 많은 산호섬들은 연안 침식으로 인해 사람들이 많은 마을을 버리고 떠났다. 작은 두 산호섬인 테부아(Tebua)와 아바누에아(Abanuea)는 1999년에 완전히 사라졌다. 2차 세계대전 당시 격렬한 전쟁터였던 주도 타라와는 이제 인구밀도가 너무나 높다. 키리바시의 107,000명의 주민 대부분은 솟아오른 이 산호섬 위에 몰려있다. 실업과 빈곤이 보편화되어 있으며 주요 수출품인 코프라, 생선, 해초로 이 작은 미크로네시아 국가가 벌어들이는 금액은 매년 5백만 달러 정도이다. 외국의 기부자들이 보내오는 변변찮은 지원과 지금은 없어진 바나바 —이 그룹의 신생 무인도 중의 하나인— 인산염 채석장 사용료에 기반을 둔 4억 달러의 신탁자금에서 나오는 수입이 부가적인 수입의 전부이다.

키리바시 정부는 섬들에 더 이상 살 수 없어 불가피하게 뉴질랜드나 오스트레일리아와 같은 다른 태평양의 국가들로 이민해야 할 때를 대비해 젊은이들에게 기술 교육을 증진시키는 방안을 찾고 있다. 염수 침입이 현재 속도로 진행된다면 키리바시의 종말과 그 주민들의 대이동은 앞으로 50년 이내에 일어나게 될 것이다. 키리바시의 운명은 해수면의 상승으로 매우 심각한 위험에 처해있는 다른 태평양 해역의 작은 국가들이 당면한 운명이기도 하다. 2008년 12월 폴란드에서 열린 유엔 기후회담에서 40개가 넘는 이들 국가들은 산업 강대국들을 향해 2020년까지 온실가스 배출량을 1990년 수준에서 40% 아래로 대폭 낮추어주고, 2050년까지는 모든 국가가 물에 잠기는 상황을 피할 수 있는 수준까지 급격하게 줄여달라고 촉구하는 청원서에 서명했다.

환경친화적 개발과 관광 : 갈라파고스 제도

태평양의 많은 섬과 오스트레일리아의 그레이트배리어리프에서 관광은 주요 소득원이 되었으며, 많은 경우에 이는 주요 경제 부문이며 너무나 필요한 외화의 제공원이다. 그러나 관광의 급증은 환경적 지속성과 관련해 심각한 문제를 가져왔다. 자연 환경을 보호하면서도 관광객과 지역 거주민들이 원하는 바를 충족시키기 위한 노력의 일환으로 일부 정부와 관광 회사들은 비교적 새로운 형태의 관광을 도입했다. 생태관광이라고 불리는 이 관광의 목표는 이들 지역에 수천 명씩 관광객을 끌어들이는 섬의 천연 서식지, 해양 자원, 야생동물을 보존하는 데에도 관심을 기울이면서 섬사람들에게 직업과 소득을 가져다주려는 서로 다른 목적을 결합시키는 것이다. 갈라파고스 제도는 환경적 지속성과 현지 섬사람들과 관광객의 수요를 적절하게 조정하고자 한 생태관광의 예를 보여준다.

생태관광의 탄생지라고 언급되는 갈라파고스 제도는 종의 기원에 대한 찰스 다윈의 혁명적인 이론에 영감을 준 곳으로 가장 유명하다. 19세기 영국 동식물학자인 토마스 헨리 헉슬리는 이 제도를 생태의 보물 창고로 —그리고 교양과 학식이 있으며 과학적인 사고를 가진 엘리트 관광객이라면 가볼만한 장소로— 널리 알렸다. 거의 100여 년 동안 13개의 주요 섬의 환경은 인간으로 인해 크게 바뀌지 않고 그대로였다. 오직 4개의 섬에 (산타크루즈, 이사벨라, 산크리스토발, 플로레아나) 만 소수의 어부들과 호구를 이어가는 거주민들이 살았다. 1959년 에콰도르 정부는 거의 백만 헥타르를 국립공원으로 확보했으며, 이곳의 독특한 야생동물을 보호하는 법을 도입했다. 이를 이어 수십 년간 관광객들이 급격하게 늘었는데, 대다수는 본토와 외국의 관광회사들이 운영하는 소형 크루즈 선을 타고 오며 정식 교육을 받은 동식물학자들이 동행하는 기항지관광을 한다. 소득을 얻는 산업, 즉 관광이라는 목적과 야생동물 종과 이들의 서식처를 보호하는 목적을 결합한 이 실험은 처음에는 아주 잘 진행되는 것처럼 보였다. 생태관광객이 지불한 비용은 국립공원에 필요한 비용을 대고 가이드와 공원 경비원의 임금을 지불하는 데에 쓰였으며, 생태관광과 과학적인 현장 조사연구는 양립할 수 있었다. 1986년 인근의 바다가 갈라파고스 해양 자원 보존지로 관보에 올랐으며 1998년에 보호 구역은 제도에서 40마일(64.4km) 범위로 확대되었다.

그러나 외국인 관광객이 가져온 외화는 저임금 본토인을 이들 섬으로 끌어들였으며, 상주인구는 거의 2만 명으로 늘어났다. 거기에다가 21세기의 첫 십 년 동안에 매년 이 제도를 방문하는 생태관광객 수는 10만 명이 넘었다. 대부분 상주인구와 관광호텔은 푸에르토 아요라 도심에 집중되었다. 외국인 관광 여행 안내원들과 지역의 어촌 공동체 간에는 마찰이 빚어졌다. 후자가 고갈되어 가는 해삼류와 상어류를 찾아 해양보호구로 잠식해 들어가 긴 낚싯줄로 보호대상인 바다 생물과 새들에게 커다란 타격을 주었기 때문이다. 여행 안내원들은 관광객을 유인하는 야생동물 종이 불법 어로로 위험에 처해 있으며 이는 전체 생태계의 건강과 지속성을 약화시키고 있다고 불만을 토로했다. 어촌 공동체는 정치적으로 적극적으로 나서서 보호 법률의 완화를 위해 로비를 하고 심지어는 관광 안내원과 연구자들을 폭력으로 위협했다.

반면, 많은 관광객을 실은 커다란 선박들이 들어서고 보다 많은 관광객들이 비행기로 찾아오면서 폐기물과 때로는 석유 유출로 오염이 심각해졌다. 결과는 현지 갈라파고스 어촌 공동체의 승리로 돌아갔다. 어촌 공동체는 관광 가이드 산업을 통제하게 되었으며 본토와 외국 관광 안내원을 대신해 관광 회사는 이제 섬사람들을 직원으로 채용해야 했다. 이는 생태관광 산업에 대해 현지인이 소유권을 가진다는 의미와 동시에 보존과 환경적 지속성에 대한 현지인의 보다 커다란 관심을 유도하겠다는 의도도 담고 있다.

그러나 지금까지의 증거로 보건데 현지 이해당사자들이 통제하는 생태관광은 원래 희망했던바 성공을 거두고 있지 못하며, 갈라파고스 제도의 환경은 악화일로를 걷고 있다. 인구와 경제 압력에 직면해 환경이 악화된 충격적인 예는 태평양에서 많이 찾아볼 수 있다. 때문에 많은 연구자들은 이 대양 세계의 미래에 대해 상당한 우려를 드러내고 있다.

21세기의 두 번째 10년이 변화와 혁신을 약속하면서 시작되었다. 환경과 경제라는 두 핵심 영역에서 근본적인 변화가 시급하며, 이 책이 지적한 것처럼 지구의 3분의 1을 차지하고 있으며 세계인구의 4분의 1이 살고 있는 태평양 영역에서 이는 그 어느 곳에서 보다 더욱 절실하다. 기후 변화 문제에 심각하게 대처하겠다는 고무적인 조짐이 이제 미국과 심지어 중국에서도―온실 가스를 가장 많이 배출하고 있는 두 국가― 나타나고 있으며, 이는 장기적으로 태평양 환경과 주민들에게 이익이 될 것이다. 또한 이 지역에서 경제적 · 정치적 협력의 시대가 도래하리라는 전망도 있다. 최소한 부분적으로는, 신-케인즈 이론으로 방향을 전환하면 번영을 회복할 수 있으리라는 낙관주의가 2008~9년 신보수주의 경제의 이행 불가능한 약속이 매우 극적으로 진상을 드러내면서 생긴 환멸을 대체하기 시작했다. 이 격동의 시기에 규제되지 않는 세계 시장은 '보이지 않는 손'의 현존이 아니라 매우 잘 보이는 아킬레스건을 드러내보였다. 최근 강력한 사업가들의 조소를 받고 있는 공공 재정 원조라는 목발에 사회주의 경제뿐만 아니라 자유 시장 경제도 의존하면서 수십 년간 최악의 위기를 절뚝거리며 지나왔다. 태평양 영역에서 미국, 일본, 중국, 베트남과 같은 국가를 분열시켰던 오랜 이념 차이는 사실상 사라졌다. 최근 실용주의로 돌아선 이들 국가는 이제 모두가 같은 배에 타고 있음을 그리고 현재 최대의 경제적이고 생태적인 위기는 함께 해결해야 할 과제임을 깨달았다.

글로벌 경제가―세계에서 최대 채무국(미국)과 채권국(중국)이 이끄는― 회복을 위해 분투하고 있는 이때야말로 역사라는 책에서, 특히 태평양을 다루는 페이지에서 배울 수 있는(의심할 여지없이 배웠어야 하는) 교훈에 대해 숙고할 절호의 시기일 것이다. 예를 들어 지난 20년간 일어난 경제 위기인 일본의 1990년 초기의 금융 위기와 1997~8년 '아시아경제파국'에서 많은 유사성이 발견된다. 2008년에 시작된 글로벌 경기침체도 몇 배나 더 규모가 컸음에도 불구하고, 그 원인이나 결과는 놀라울 정도로 이전의 이들 위기들과 닮아있다. 이들 예는 '언제나 역사는 반복되고 가격은 오른다'라는 냉소적인 논평을 상기하게 한다(Wright 2004 : 107).

지구온난화, 수산 자원의 소진, 현재의 극심한 경기 침체, 산림 파괴, 오염, 수자원 고갈, 멸종 위기에 처한 동식물 종들과 같은 심상치 않은 위기로 인해 악화된 현재의 극심한 경기 침체를 벗어나기 위해 필요한 변화를 즉시 실행에 옮기지 않는다면 미래에 대한 낙관주의는 제자리를 찾을 수 없을 것이다. 라파누이(이스터 섬)에서의 산림 파괴, 태평양 정어리와 멸치 산업의 붕괴와 같은 환경 재해가 교훈이 된다면 인도네시아의 티크 숲과 사모아의 참치 어장에 아직은 남겨진 것들을 구할 수 있는 조치를 취하는 데에 자극제가 될 것이다. 태평양의 역사에는 더 밝은 미래를 보장하기 위한 전략을 탐구하면서 검토해 볼 가치가 충분한 과거 인간의 어리석은 행동과 업적, 오해, 그리고 어렵게 얻은 지혜들로 가득 차 있다. 이들 거대한 문제 가운데 몇을 많은 연구자들의 글을 집대성하여 인간의 정착, 개발, 자원 착취, 제국 경쟁, 생태와 경제 발전이 이 광대하고 다양한 태평양 해양 환경의 여러 핵심적인 측면에 어떻게 영향을 주고 영향을 받았는지를 밝히고자 한 이 책에서 다루었다.

태평양 역사에서 가장 중요한 점은 이 수반구에 대한 최근 우리의 인식이 어떻게 발전하고 성숙했는가와 태평양이 인류사에 적극적으로 한 역할과 영향이다. 이 책의 첫 장에서 설명한 바와 같이 태평양의 크기와 특징에 대한 인간의 이해가 확고해지고, 그 환경, 지리, 인간의 정주에 대한 과학적인 지식이 무시, 환상, 잘못된 정보를 대체하는 데에는 수세기가 걸렸다. 판구조론, 대기와 해류의 순환, 해양 생태계 발전 등에 관한 개념으로 인해—비교적 최근에야 이해할 수 있었던 태평양 환경— 이제 우리는 이들 측면이 어떻게 상호작용을 했으며 수세기 동안 태평양 사람들에게 어떤 영향을 주었는지에 대해 보다 잘 이해할 수 있게 되었다. 그러나 최근까지도 대륙의 고정성, 가뭄과 홍수에 대한 완벽한 예측 불가능성, 원주민의 기원, 문화 위계의 '당연성'이 존재한다는 추정, 열대 태평양 환경의 백인 정주 불적합성과 같은 잘못된 신조와 왜곡된 발상이 광범위했다.

주의 깊게 데이터를 축척·분석한 결과에 기반 한 최근 학제적 연구로 인해 태평양 세계의 여러 측면에 관한 새로운 사실이 밝혀지고 근거 없는 믿음의 정체가 드러났으며 이 복잡한 지역에 대한 우리의 이해는 더욱 깊어졌다. 그러나 1장과 2장에서 언급했듯이 지난 수백 년 동안 태평양의 주변지역과 섬 세계에 거세게 밀려들어 고도로 다양한 인간 환경을 창출했던 이주의 시점, 이주의 공간적 유형과 원인, 정복, 내부 투쟁, 평화적인 교역, 문화 교섭과 같은 이슈에 관해서는 여전히 논란거리가 많다. 새로운 고고학 탐구와 민속학 연구로 인해 이 거대한 지역의 거의 모든 지역에 유럽인의 도래 이전에 이미 사람들이 정주하고 있었음이 밝혀졌지만 그 정착과정에 대해서는 여전히 모르는 부분들이 많다.

많은 섬 사회, 특히 미크로네시아에 있는 공동체들이 당면하고 있는 물리적이고 정치적인 고립은 여전히 피할 수 없는 현실로 남아 있다. 이는 선원의 안전한 정박을 거부하는 위험한 거초 암초 혹은 불리한 강한 바람과 해류 혹은 과거에는 일부 섬사람들로 하여금 외부인을 피하게 했던 불신과 외국인혐오의 결과일 수 있다. 그러나 고립에도 불구하고 많은 태평양 사람들은 이방인들을 환대하며 관대한 성품을 지니고 있다. 때문에 특히나 유럽인들은 이곳에 완전히 매혹되었다. 폴리네시아 문화에서 태평양 사람들이 물리적인 거리를 극복해 중립화시켰으며 현재까지 이어지는 문화적 연대 의식을 발전시켰던 놀라운 예를 발견할 수 있다. 자발적으로 제임스 쿡과 함께 서쪽으로 항해했으며 멀리 떨어진 아오테아로아(뉴질랜드)에 있는 마오리인들의 언어를 이해하고 대화를 나누었던 타이티 모험가 투파이아에 관한 이야기는 지금 범-폴리네시아 통합을 갈구하는 많은 이들에게 영감을 주고 있다. 지금 태평양 섬사람들의 뉴질랜드, 오스트레일리아, 미국으로의 이주는 과거 이들이 했던 대담한 이주와 동일선상에 있다고도 볼 수 있다. 그러나 이와는 아주 대조적으로, 2장에서 보여준 바와 같이, 어마어마하게 멀리 떨어져 있는 것도 아니고 뉴기니나 뉴브리튼에 있는 단지 몇 km 안 되는 산지 숲에 의해 분리되어 있는 인접 멜라네시아 공동체는 서로의 언어를 이해하지 못하며 상당히 다른 생활양식을 가지고 있었다. 어떤 지역에서는 여전히 분리주의적 정서가 강하다.

낡아 빠진 미지의 남방대륙과 북서항로라는 태평양 신화를 퇴치하고 항해와 해도작성(3장에서 논의한 것처럼) 상의 커다란 오류를 바로잡는 과정은 태평양을 탐험한 유럽인들에게는 수세기나 계속되었다. 150년 전만 해도 이 과정은 끝날 조짐이 없었다. 오직 제임스 쿡의 시기 정도가 되어서야 선원들은 비로소 태평양이 단지 고가의 화물을 얻을 수 있는 곳에 가기 위해 횡단해야 하며 괴혈병이 창궐하는 극악한 장애물이 아니라 귀한 상품을 풍족하게 제공하는 공급처들로 차있음을 깨닫게 되었다. 이후 항해, 해도 작성, 선박 디자인 발전으로(4장에서 논의한) '거리의 마찰'을 극복할 수 있게 되면서 사실상 이 수반구는 그리 크지 않게 인식되었으며 이전에는 접근 불가능했던 태평양 자원에의 접근이 가능해졌다. 5장에서 서술한 바와 같이 태평양은 상당한 수익을 가져다주는 고래 기름과 고래 수염, 바다수달과 바다표범 가죽, 어류, 해삼, 진주를 내주었다. 태평양의 섬들과 태평양 주변지역은 목재, 향이 좋은 백단목, 코코넛, 빵나무, 비료로 쓰는 구아노를 내주고 커피, 코코아, 설탕과 같은 열대작물을 생산하기에 최적인 비옥한 땅과 값싼 노동력을 제공했다.

이상하게도, 초창기 몇 유럽인 탐험가들은 태평양에 진출하고도 이를 완전히 이용하지 못했다. 예를 들어 네덜란드인들은 태평양에는 이익이 남을 만한 교역상품이 없다고 결론 내렸으며, 스페인인들은 오직 금, 은, 향료, 종교적 개종에만 관심을 기울였으며 유럽 경쟁자들이 '스페인의 호수'에 꼬여 들어오지 못하도록 자신들이 얻은 지식의 확산도 막았다. 나중에 태평양에 들어온 모험가들은—대부분이 영국인— 스페인인들의 포식자이거나 태평양 자원의 착취자였다. 몇은 아시아 환태평양에 있는 항구가 몇 개 열리자 끝이 없는 수요를 가지고 있었던 중국 시장에 태평양에서 얻은 상품을 공급했다. 15세기 명의 영락제(永樂帝) 시기 위대한 정화(鄭和) 제독하에서 제해권이 정점에 이르렀음에도 불구하고 중국은 공식적인 국제 무역 관계를 발전시키려고 하지 않았다. 그러나 사실 중국은 바다수달 가죽, 백단목, 해삼, 아편, 향료와 같은 태평양 상품을 실은 외국 선박에게는 수익성이 좋은 시장이었다. 나중에는 수천 명의 유럽인과 아시아인 광부들이 대양의 가장자리에 산재해 있는 곤드와나 대륙의 아주 오래된 결정질암에 있는 금, 은, 구리, 니켈, 알루미늄과 같은 광물을 찾아서 태평양을 횡단했다. 지성적이고 열정적인 정신을 가진 이들이 태평양이 제기하고 있는 수수께끼에 대한 답을 찾음에 따라, 상업적으로 유용한 지식은 물론 과학적인 지식도 같은 시기에 쌓이기 시작했다.

19세기에 누구보다도 다윈, 윌리스, 헉슬리는 관찰을 통해 자연세계에 대한 우리의 인식과 이해에 커다란 변화를 가져다주었다. 7장에서 서술한 바와 같이, 고갱, 멜빌, 콘래드, 스티븐슨과 같이 잘 알려진 이들이 태평양을 다룬 미술과 문학 작품들은 태평양 세계의 사람들과 환경에 관한 서구의 끊임없는 호기심을 충족시켜 주었다.

그러나 유럽, 미국, 러시아, 일본의 제국주의는 19세기 초부터 20세기 중반까지 태평양 역사의 어두운 장을 써내려갔다. 제국이 경쟁적으로 태평양을 식민화한 동기는 여러 가지였지만 일반적으로 다음 사항들이 포함되었다.

- 교역품의 새로운 공급원과 농업 잠재력을 갖춘 토지를 독점한다.
- 귀중한 목재, 어류, 모피, 혹은 광물을 얻는다.
- 안전한 항구, 해협 그리고 수로를 확보한다.
- 군사적인 중요성이 높은 땅과 해로에 경쟁자들이 접근할 수 없도록 한다.
- 값싼 노동력 공급원 혹은 죄수를 투기할 만한 장소를 찾는다.
- 그리고 현대에는 핵무기와 같이 위험한 실험을 수행할 장소를 찾는다.

본문에서 밝혔듯이, 제국주의자들은 예를 들어 가공의 금광을 찾고, 사람을 노예로 만들고, 종교적 독점을 행사하고 영토 소유권을 정당화하기 위해 '명백한 사명'을 들먹거렸을 때 심하게 잘못된 길로 들어섰다. 전략적인 접근과 군사 기지를 요구하면서 제국주의 강대국들은 태평양 사람들의 재산을 빼앗고 이들을 탄압했다. 콜롬비아 주권을 희생하고 파나마운하를 완공한 미국은 태평양에서 식민지 발판을 공고히 하기 위한 경쟁에서 경쟁국들보다 전략적인 이점을 누렸다. 멕시코에서 칠레까지 이전 스페인 식민지들 간의 경쟁은 일부분 태평양 자원과 무역에 접근하는 문제와 결부되었다. '태평양의 전쟁'(War of the Pacific)은 칠레가 해안 항구와 인산염 퇴적물을 놓고 그 북부 이웃국가들과 적대하면서 발생했다. 이 책이 보여주는 바와 같이 역사에서 가장 파괴적인 전쟁의 몇은 지난 세기 태평양 안과 주변에서 발발했다.

21세기 글로벌 성장 엔진으로서의 태평양의 부상은 이 수반구의 역사적인 역할에 관한 이 저서에 희망적인 후기를 쓰도록 한다. 8장에서 중국, 일본, 베트남, 인도네시아, 필리핀과 같은 아시아 환태평양에서 급성장하고 있는 경제 단위들이 북미자유무역지역의 산업 경제는 물론 유럽연합과도 활발하게 무역하고 있음을 논의했다. 무역 상보성 개념도 오스트레일리아, 동남아, 캐나다, 태평양 영역의 다른 곳으로부터 철, 알루미늄, 니켈, 구리, 석탄, 액화 천연가스와 다른 원자재를 포함한 지역적인 자원 흐름에까지 확대되었다. 이런 발전상이 보여주는 바와 같이 원거리 벌크 운송이 가지고 있는 '거리의 마찰'에도 불구하고 효율성과 규모의 경제뿐만 아니라 해운, 항공 운송, 통신 분야에서의 기술 발전으로 태평양 무역은 실행 가능할 뿐만 아니라 과거 어느 때보다도 더 수익성이 높다. 그러나 이와 같은 발전은 이미 취약해진 태평양의 생태계를 위태롭게 하고 있다. 세계에서 두 번째 최대 오염 유발국인 중국은 수십 년간의 수익성 높은 무역을 통해 거대한 현금 보유고를 가지고 현재 글로벌 경기 침체의 시기에 태평양 주변의 자원을 더욱 저렴하게 구매할 기회를 잡았다. 이는 중국이 적자에 허덕이는 태평양의 경쟁국인 미국과 일본을 앞지르는 기회와 함께 탄소를 배출하는 산업을 심지어 더 확장시키는 데에 필요한 원자재를 가졌음을 의미한다.

앞으로 이들 경제 대국은 번영을 회복하겠지만, 과거에 제국주의 경쟁자들이 탐내고 치열하게 경쟁했던 프랑스령 폴리네시아의 일부, 미크로네시아, 필리핀, 인도네시아뿐만 아니라 뉴기니, 솔로몬 제도, 피지를 포함한 태평양 섬 그룹의 몇 국가들에게도 같은 일이 일어나리라고는 기대하기 어렵다. 지구온난화가 야기한 해수면 상승은 저지대에 있는 투발루, 키리바시, 마셜 제도의 운명을 이미 가름했는지 모른다. 다른 태평양의 미소국가들에서 보이는 만성적인 경제와 정치 문제로 빚어지고 있는 징후들은 많은 이의 기대에 어긋나 있다. 태평양의 역사에서 아직 집필되지 않은 장은 이전에 한 실수의 반복이 되거나 새로운 재앙에 대한 긴 이야기가 되거나 그렇지 않다면 전도유망한 발전에 관한 이야기가 될 것이다. 그러나 과거의 심각한 경험과 현재의 난관에도 불구하고 '태평양의 세기'로 불리게 될 미래에 관해 낙관할 여지는 아직 남아 있다.

Allen, J. (1967) *The Sea Years of Joseph Conrad*, London : Methuen.

Baker, S. (2002) *The Ship : Retracing Cook's Endeavour Voyage*, London : BBC Worldwide.

Ballantyne, T. (ed.) (2004) *Science, Empire and the Exploration of the Pacific*, Aldershot : Ashgate.

Beaglehole, J. C. (ed.) (1968) *The Journals of Captain James Cook*, Cambridge : Hakluyt Society.

Belich, J. (1996) *Making Peoples : A History of the New Zealanders from Polynesian Settlement to the End of the Nineteenth Century*, Honolulu : University of Hawaii Press.

Broecker, W. S. and Peng, T. H. (1982) *Tracers in the Sea, Palisades*, NY : Eldigio Press.

Campbell, I. C. (1990) *A History of the Pacific Islands*, Brisbane : University of Queensland Press.

Campbell, S. (2008) 'Origins : the Peopling of Polynesia', *Polynesian Triptych*, Online : 〈http://www.zeco.com/library/polynesia=triptich.asp〉 (accessed 12 June 2009)

Clark, M. (ed.) (1971) *Sources of Australian History*, London : Oxford University Press.

Conrad, J. (1900) *Lord Jim : A Tale*, London : Blackwood.

_____ (1903) *Typhoon and Other Stories*, London : Heinemann.

Corris, P. (ed.) (1973) *William T. Wawn, The South Sea Islanders and the Queensland Labour Trade*, Canberra : Australian National University Press.

Craven, T. (2007) *Modern Art : The Men, the Movements, the Meaning*, New York : Simon and Schuster.

Cronin, K. (1982) *Colonial Casualties : Chinese in Early Victoria*, Melbourne : Melbourne University Press.

Dalrymple, A. (1996) Facsimile of the 1767 edition of *An Account of the Discoveries Made in the South Pacifick Ocean, Previous to 1764*, Australian Maritime Series No. 3, Potts Point : Hordern Press.

Darwin, C. (1845) *Journal of Researches into the Natural History and Geology of the Countries visited during the Voyage of HMS Beagle, 2nd edn*, London : John Murray.

_____ (1859) *On the Origin of Species by Means of Natural Selection, or the Preservation of Favoured Races in the Struggle for Life*, London : John Murray.

Dening, G. (1992) *Mr Bligh's Bad Language : Passion, Power and Theatre on the Bounty*, Cambridge : Cambridge University Press.

Docker, E. W. (1970) *The Blackbirders : The Recruiting of South Seas Labour for Queensland, 1863-1907*, London : Angus and Robertson.

Economist (2008) *Pocket World in Figures : 2009 edn*, London : Profile Books.

Ellison, J. (1953) *Tusitaler of the South Seas : The Story of Robert Louis Stevenson's Life in the South Pacific*, New York : Hastings House.

Emanuel, K. (2005) *Divine Wind : The History and Science of Hurricanes*, New York : Oxford University Press.

Evans, R., Moore, D., Saunders, K. and Jamison, B. (1997) *1901 : Our Future's Past*, Sydney : Macmillan.

Farrier, D. (2007) *Unsettled Narratives : The Pacific Writings of Stevenson, Ellis, Melville and London*, New York and London : Routledge.

Fernández-Armesto, F. (2003) *The Americas : History of a Hemisphere*, London : Weidenfeld and Nicolson.

Firth, R. (1936) *We the Tikopia : A Sociological Study of Kinship in Primitive Polynesia*, London : Routledge.

Fischer, S. R. (2002) *A History of the Pacific Islands*, Basingstoke : Palgrave Macmillan.

Flavin, C. and Gardner, G. (2006) 'China, India and the New World Order', Chapter 1 in *State of the World 2006*, Washington : World-Watch Institute.

Freeman, D. (1983) *Margaret Mead and Samoa : The Making and Unmaking of an Anthropological Myth*, Boston, Mass. : Harvard University Press.

Freeman, D. B. (2003) *The Straits of Malacca : Gateway or Gauntlet?* Kingston and Montreal : McGill-Queen's University Press.

Frost, E. L. (2008) *Asia's New Regionalism*, Boulder : Lynne Rienner.

Gauguin, P. (1985) *Noa Noa : The Tahitian Journal of Paul Gauguin*, New York : Dover.

Glover, L. K. and Earle, S. A. (eds) (2004) *Defying Ocean's End : An Agenda for Action*, Washington : Island Press.

Goodman, J. (2005) *The Rattlesnake : A Voyage of Discovery to the Coral Sea*, London : Faber and Faber.

Gray, W. (2004) *Robert Louis Stevenson : A Literary Life*, Basingstoke : Palgrave Macmillan.

Grenfell Price, A. (ed.) (1971) *The Explorations of Captain James Cook in the Pacific as told by Selections of his own Journals 1768-1779*, Sydney : Angus and Robertson.

Griffith, S. W. (1884) 'Correspondence Respecting Proposed Introduction of Labourers from British India', *Queensland Parliamentary Papers*, Brisbane : Government Printer.

Harley, J. B., Woodward, D. and Lewis, G. M. (1998) *The History of Cartography*, Chicago : University of Chicago Press.

Heylyn, P. (1674) *Cosmography*, London : Anne Seile and Philip Chetwind.

Hooper, B. (ed.) (1975) *With Captain James Cook in the Antarctic and Pacific : the Private Journal of James Burney, Second Lieutenant of the Adventure, on Cook's Second Voyage, 1772-3*, Canberra : National Library of Australia.

Im Thurn, E. and Wharton, L. (eds) (1922) *The Journal of William Lockerby*, London : Hakluyt Society, Second Series No. LII.

Katz, R. W. (2002) 'Sir Gilbert Walker and a connection between El Niño and Statistics', *Statistical Science*, 17 : 97-112.

Lewis, D. (1977) *From Maui to Cook : The Discovery and Settlement of the Pacific*, Sydney : Doubleday.

Linden, E. (2006) *The Winds of Change : Climate, Weather, and the Destruction of Civilizations*, New York : Simon and Schuster.

London, J. (1911) *South Sea Tales*, New York : Macmillan.

_____ (1913) *The Cruise of the Snark*, New York : Macmillan.

MacDonald, G., Coupland G. and Archer, D. (1987) 'The Coast Tsimshian circa 1750', Plate 13 in Harris, R. C. (ed.) *Historical Atlas of Canada*, Vol. 1, Toronto : University of Toronto Press.

Malinowski, B. (1922) *Argonauts of the Western Pacific : An Account of Native Enterprise and Adventure in the Archipelagoes of Melanesian New Guinea*, London : Routledge.

Mannering, D. (1995) *Great Works of Japanese Graphic Art*, Bristol : Paragon.

Mason, C. (2000) *A Short History of Asia*, Basingstoke : Macmillan.

Matthewman, S. (2002) 'Floods, Famines and Emperors : El Niño and the Fate of Civilizations' (Review), *Journal of World History*, 13 : 1, Spring, 196-9.

Mead, M. (1928) *A Coming of Age in Samoa*, New York : William Morrow.

_____ (1972) *Blackberry Winter : My Earlier Years*, New York : William Morrow.

Melville, H. (1846) *Typee : A Peep at Polynesian Life*, London : John Murray.

_____ (1847) *Omoo : A Narrative of Adventures in the South Seas*, London : John Murray.

_____ (1850) *White Jacket, or the World in a Man-o-War*, London : Richard Bentley.

_____ (1851) *Moby Dick, or the Whale*, New York : Harper and Brothers.

Menzies, G. (2002) *1421 : The Year China Discovered the World*, London : Bantam Books.

Michener, J. A. (1949) *Tales of the South Pacific*, New York : Macmillan.

_____ (1959) *Hawaii*, New York : Random House.

_____ (1988) *Alaska*, New York : Random House.

Miller, C. (1971) *The Lunatic Express*, New York : Ballantine Books.

Morris, E. (2001) *Theodore Rex*, New York : Random House.

National Geographic Society (1989) *Exploring Your World : The Adventure of Geography*, Washington : NGS Special Publications Division.

Northrup, D. (1995) *Indentured Labour in the Age of Imperialism, 1834-1922*, Cambridge : Cambridge University Press.

O'Neill, B. E. (2008) 'Investigations', *University of Chicago Magazine*, 100 : 3, 24-7.

Otfinoski, S. (2005) *Vasco Núñez de Balboa : Explorer of the Pacific*, New York : Benchmark.

Parker, G. (ed.) (2005) *Cambridge History of Warfare*, New York : Cambridge University Press.

Philbrick, N. (2000) *In the Heart of the Sea*, London : Viking Penguin.

Polo, M. (1979) (trans. R. Latham) *The Travels*, London : Penguin Classics.

Reclus, E. (1891) (trans. A. H. Keane) *The Universal Geography : The Earth and its Inhabitants, Vol. 14 : Australasia*, London : J. S. Virtue.

Regas, D. (2009) 'Ocean conservationists celebrate President Bush's decision to create three new marine national monuments in the central Pacific Ocean', Environmental Defense Fund. Online : ⟨http://www.edf.org/pressrelease.cfm?contentID=9042⟩ (accessed 9 January 2009).

Sahlins, M. (1981) *Historical Metaphors and Mythical Realities : Structure in the Early History of the Sandwich Islands*, Ann Arbor : University of Michigan Press.

Scammell, G. V. (1982) *The World Encompassed : The First European Maritime Empires*, Berkeley and Los Angeles : University of California Press.

_____ (1989) *The First Imperial Age : European Overseas Expansion 1400-1715*, London : Unwin Hyman.

_____ (1995) *Ships, Oceans and Empires*, London : Variorum.

Simpson, K. and Day, N. (1999) *Field Guide to the Birds of Australia, 6th edn*, Ringwood, Victoria : Penguin Books Australia.

Smith, A. C. (1892) *The Kanaka Labour Question with Special Reference to Missionary Efforts in the Plantations of Queensland*, Brisbane : Alex Muir and Morcom.

Spate, O. H. K. (1978) 'The Pacific as an Artefact', pp. 32-45 in Gunson, N. (ed.) *The Changing Pacific : Essays in Honour of H.E. Maude*, Melbourne : Oxford University Press.

_____ (2004) 'From South Sea to Pacific Ocean', in Ballantyne, T. (ed.), *Science, Empire and the Exploration of the Pacific*, Aldershot : Ashgate.

Steinbeck, J. (1945) *Cannery Row*, New York : Viking Press.

Stevenson, R. L. (1886) *The Strange Case of Dr Jekyll and Mr Hyde*, New York : Scribner.

_____ (1895) *Vailima Letters : Being correspondence addressed by Robert Louis Stevenson to Sidney Colvin, Nov. 1890-Oct 1894*, Chicago : Stone and Kimball.

Stevenson, R. L. and Osborne, L. (1892) *The Wrecker*, London : Cassell.

Storey, A. (2006) 'Layers of Discovery', *Terrae Incognitae*, 38 : 4-18.

Strahler, A. (1963) *The Earth Sciences*, New York : Harper and Row.

USGS (1999) *This Dynamic Earth.* Online : ⟨http://pubs.usgs.gov/publications/text/fire.html⟩ (accessed 28 January 2009).

Vernon, D. (2005) 'The Panguna Mine', in Regan, A. J. and Griffin, H. M. (eds), *Bougainville before the Conflict*, Canberra : Pandanus.

Vitale, J. L. (1993) *Spanish Appraisal of the Northwest Coast of North America : The Second Bucareli Expedition, 1775*, Department of Geography Discussion Paper 43, Toronto : York University.

White, M. (2000) *Running Down : Water in a Changing Land*, Sydney : Kangaroo Press.

Williams, G. (ed.) (2004) *Captain Cook : Explorations and Reassessments*, Woodbridge : Boydell Press.

Windschuttle, K. (2000) *The Killing of History : How Literary Critics and Social Theorists are Murdering our Past*, San Francisco : Encounter Books.

Windschuttle, K. and Gillin, T. (2005) 'The Extinction of the Australian Pygmies', *Sydneyline*, Online : ⟨http://www.sydneyline.com/PygmiesExtinction.htm⟩ (accessed 12 January 2009).

Woodruff, W. (2005) *A Concise History of the Modern World : 1500 to the Present*, 5th edn, Basingstoke : Palgrave Macmillan.

Wright, R. (2004) *A Short History of Progress*, Toronto : Anansi Press.

번역한『태평양』은 제프리 스캠멀이 기획하고 라우틀레지가 펴낸『해양과 역사』총서(*Seas in History*)를 완결 지은 마지막 저서이다. 한국해양대학교 해항도시의 문화교섭학 연구단에서는『태평양』을 시작으로『발틱과 북해』,『대서양』,『인도양』을 비롯해 전체『해양과 역사』번역총서를 내놓는다.『해양과 역사』총서는 해양인문학이나 바다로부터의 사유를 시작하고 심화시키는 데에 더할 나위 없는 분기점을 마련해 줄 수 있다고 보기 때문이다.

『태평양』을 읽기 전에 태평양은 독서 후의 태평양과는 매우 다를 것임을 확신한다. 그러나 독서 전후를 막론하고 주제를 명확히 하기 위해 없는「물리 환경과 인간 사회의 교섭사」라는 부제를 달았다. 일반적으로 광활하고 멀고 텅 비어있으며 우리와는 별다른 관계가 없다고 인식되고 있는 태평양을『태평양』의 매력지수를 높이기 위한 전략이자 이 책의 주제를 한마디로 풀어준 친절의 소산이다. 부제는 또한 이 책의 목적이 인류사의 전개 과정에서 태평양이 한 역할을 밝히는 데에 있으며, 이를 위해 주제별 접근 방법과 지리 · 지구환경과학 · 해양학 · 인류학 · 역사학 · 정치경제학과 같은 학문분과를 넘나드는 학제적 접근 방법을 취하고 있음을 강조한다.

이처럼 태평양을 한 권의 책으로 풀어내기에는 맨몸으로 태평양 한 가운데 뛰어드는 것만큼 용기와 어쩌면 무모함이 필요한 작업이다.『태평양』이 받을 수 있는 찬사나 비평 모두 이에서 연유한다. 분명한 점은『태평양』은 매력적이고 흥미진진한 내용으로 채워져 있으며 우리의 역사와 미래에 새로운 통찰력과 관점을 제공하고 있다는 점이다.『태평양』을 통해 문화적 영향력을 행사해 온 주체인 수반구, 태평양이 우리의 앞바다로 성큼 다가와 있기를, 머지않아 우리의 역사와 시선으로『태평양』을 다시 쓸 수 있기를 바란다. 마지막으로 오역 등을 통해 갑자기 드러날 수도 있는 역자의 가시성에 대해서는 어떤 지적도 문제될 수 없으며 감사함으로 받겠음을 밝힌다.

노 영 순

【기타】